LA SCIENCE DES HOMMES LIBRES

LA DIGRESSION DU *THÉÉTÈTE* DE PLATON

DERNIERS OUVRAGES PARUS DANS LA MÊME COLLECTION

A. BRANCACCI : *Antisthène. Le discours propre*, 288 p., 2005.

J.-Y. CHATEAU, *Philosophie et religion. Platon, Euthyphron, traduction et commentaire*, 320 p., 2005.

P. CHRISTIAS : *Platon et Paul au bord de l'abîme. Pour une politique katéchontique*, 416 p., 2014.

S. DELCOMMINETTE : *Aristote et la nécessité*, 646 p., 2018.

M. DIXSAUT, (dirigé par) : *Études sur la République de Platon* :

– 1. *De la justice. Éducation, psychologie et politique*, (avec la collaboration de A. Larivée), 360 p., 2005.

– 2. *De la science, du bien et des mythes*, (avec la collaboration de F. Teisserenc), 336 p., 2005.

D. EL MURR : *Savoir et gouverner. Essai sur la science politique platonicienne*, 336 p., 2014.

M.-A. GAVRAY : *Platon, héritier de Protagoras. Dialogue sur les fondements de la démocratie*, 390 p., 2017.

É. HELMER : *La part du bronze. Platon et l'économie*, 320 p., 2010.

« L'art de bien lire ». Nietzsche et la philologie, textes réunis par Jean-François BALAUDÉ et Patrick WOTLING, 304 p., 2012.

L'idée platonicienne dans la philosophie contemporaine. Jalons, textes réunis par Sylvain DELCOMMINETTE et Antonino MAZZÙ, 336 p., 2012.

J.-Y. LACROIX : *Platon et l'utopie. L'être et l'existence*, 416 p., 2014.

L. LAVAUD : *D'une métaphysique à l'autre. Figures de l'altérité dans la philosophie de Plotin*, 320 p., 2008.

P.-M. MOREL : *De la matière à l'action. Aristote et le problème du vivant*, 208 p., 2007.

La Mesure du savoir. Études sur le Théétète de Platon, dirigé par D. EL MURR, 432 p., 2013.

Richesse et pauvreté chez les philosophes de l'antiquité, textes réunis par Étienne HELMER, 320 p., 2016.

P. RODRIGO : *Aristote. Une philosophie pratique. Praxis, politique et bonheur*, 162 p., 2006.

S. ROSEN : *La Question de l'Être. Heidegger renversé*, traduction d'É. HELMER, 384 p., 2008.

F. TEISSERENC : *Langage et image dans l'œuvre de Platon*, 320 p., 2010.

C. VIANO : *La Matière des choses. Le livre IV des* Météorologiques *d'Aristote et son interprétation par Olympiodore*, 400 p., 2006.

TRADITION DE LA PENSÉE CLASSIQUE
Directeurs : Monique DIXSAUT ET Dimitri EL MURR

LA SCIENCE DES HOMMES LIBRES

LA DIGRESSION DU *THÉÉTÈTE* DE PLATON

par

Thomas BÉNATOUÏL

Ouvrage publié avec le concours
du Centre national du livre

PARIS
LIBRAIRIE PHILOSOPHIQUE J. VRIN
6 place de la Sorbonne, V^{e}

2020

Est classique le livre qu'une nation ou un groupe de nations ou les siècles ont décidé de lire comme si tout dans ses pages était délibéré, fatal, profond comme le cosmos et susceptible d'interprétation sans fin.

N'est pas classique (je le répète) un livre qui nécessairement possède tel ou tel mérite, mais un livre que les générations humaines, pressées par des raisons différentes, lisent avec une ferveur préalable et une mystérieuse loyauté.

Jorge Luis Borges

La citation de Borges est extraite de
Enquêtes, trad. Paul et Sylvia Benichou, coll. Folio / Essais,
Gallimard, Paris, 1967, p. 251-252

Imprimé en France

ISSN 1251-4756
ISBN 978-2-7116-2949-7

www.vrin.fr

Par Zeus, ne serions-nous pas tombés sans le savoir sur la science des [hommes] libres, et, alors que nous cherchions le sophiste, n'aurions-nous pas découvert auparavant par chance le philosophe ?

Platon, *Sophiste* 253c6-9

INTRODUCTION

> Et à quoi sert une libre recherche sans temps libre pour chercher ? Qu'advient-il des résultats ? Peut-être pourriez-vous montrer un jour à ces messieurs de la Signoria mes études sur les lois de la chute des corps et leur demander si cela ne vaut pas quelques écus de plus !
>
> Brecht, *La Vie de Galilée*

Quelle est la spécificité de l'activité de connaissance ? A-t-elle plus que d'autres besoin de conditions particulières pour se développer, par exemple de temps ou d'indépendance ? Dans quelle mesure la recherche scientifique est-elle, de fait et de droit, libre ou influencée par la société dans laquelle elle s'effectue ?

Ces problèmes classiques d'histoire, de sociologie et de philosophie des sciences, également sous-jacents à de nombreux débats politiques récents autour de la recherche, sont au cœur du présent ouvrage mais n'en sont pas le sujet apparent, puisqu'il ne porte que sur quelques pages du *Théétète*, un dialogue écrit il y a vingt-cinq siècles à propos de la définition de la connaissance et qui inclut un passage que les historiens de la philosophie antique ont pris l'habitude de nommer « la digression » et dans lequel le « philosophe » est opposé aux hommes politiques et au peuple aux yeux desquels il apparaît ridicule[1]. Cette incompatibilité et même l'hostilité fondamentales entre les vrais philosophes et la cité représentées dans la digression de manière vivante et dramatique trouvent des échos chez de nombreux penseurs antiques soucieux de délimiter voire d'isoler leur activité par rapport à la sphère collective, que ce soit par tempérament personnel, à cause du fonctionnement de la société ou

1. Platon, *Théétète* 172c-177c, dont on trouvera une traduction nouvelle et un résumé après cette introduction.

du pouvoir à leur époque ou du fait de la nature même de leurs intérêts intellectuels et de leurs écrits. La digression a dès lors des liens étroits avec le débat antique sur les genres de vie, et en particulier avec la défense de la vie dite « contemplative », c'est-à-dire consacrée à la connaissance théorique, contre la vie politique[1].

Comment un ouvrage d'histoire de la philosophie antique, qui plus est focalisé sur un court et unique texte, pourrait-il éclairer la définition voire la longue histoire de l'activité de connaissance et de la recherche scientifique?

La digression du *Théétète* est certainement la première, dans l'histoire occidentale, d'une très longue série de caractérisations du philosophe ou du savant par son loisir[2] et sa liberté. La lecture de ce texte peut donc permettre de comprendre l'origine de l'idée que l'activité de recherche de la vérité possède de telles spécificités par rapport à toutes les autres. Pour mettre en évidence cette nouveauté de la digression, on ne peut toutefois s'en tenir à un commentaire linéaire de ce texte, comme si son sens et ses enjeux étaient directement lisibles dans ses phrases. Il n'en va pas ainsi, en premier lieu parce que la digression n'est qu'une petite partie d'un dialogue sur la connaissance, au sein duquel elle doit être située pour être comprise, même si cela a longtemps été mis en doute et demeure encore largement sous-estimé. En second lieu, parce que la digression possède une dimension polémique et s'insère implicitement dans des débats philosophiques et politiques propres à son époque, sans lesquels ni son originalité propre ni la manière dont elle inaugure l'histoire occidentale de l'idée de libre recherche de la vérité ne peuvent être comprises.

La digression sera donc abordée dans cet ouvrage à partir de différents contextes complémentaires et plus ou moins larges, un peu à la manière dont on développait les films noir et blanc en les déroulant

1. Voir W. Jaeger, *Aristotle. Fundamentals of the History of His Development*, trad. angl. R. Robinson, Oxford, Oxford University Press, 1948[2], A.-J. Festugière, *Contemplation et vie contemplative selon Platon* (désormais *Contemplation*), Paris, 1975[4], H. Joly *Le thème philosophique des genres de vie dans l'Antiquité Classique*, *Mémoires de l'Académie Royale de Belgique, Classe des Lettres et des Sciences Morales et Politiques* 51 (3), 1956, O. Gigon, *La teoria e i suoi problemi in Platone e Aristotele*, Napoli, Bibliopolis, 1986, T. Bénatouïl et M. Bonazzi, « θεωρία and βίος θεωρητικός from the Presocratics to the End of Antiquity : An Overview », *in* T. Bénatouïl, M. Bonazzi (eds), *Theoria, praxis and the contemplative life after Plato and Aristotle*, Leiden, Brill, 2012, p. 1-14.

2. Ce point est déjà noté par J. Stocks, « ΣΧΟΛΗ », *The Classical Quarterly* 30 (3-4), 1936, p. 177-187, mais ce sont les analyses du « point de vue scolastique » par Pierre Bourdieu qui m'ont donné l'idée de « prendre au sérieux les réflexions de Platon sur la *skholé* » (P. Bourdieu, *Raison pratiques*, Paris, Le Seuil, 1994, p. 222, cf. *Le Sens pratique*, Paris, Minuit, 1980, p. 47).

dans l'obscurité puis en les plongeant dans des bains chimiques successifs permettant de nettoyer la pellicule, d'y révéler puis fixer les différentes couleurs et contrastes [1]. Le film pour le moins expérimental qui résultera de ces opérations, à savoir l'interprétation complète de la digression proposée dans ce livre, expliquera, du moins je l'espère, la présence et le sens de ce passage célèbre dans le *Théétète*, son originalité par rapport à d'autres textes similaires de Platon, sa position dans les débats de l'époque et la manière dont Platon y élabore et défend une idée nouvelle de la philosophie, et plus généralement de la connaissance, fondée sur la liberté. Il reviendra aux lecteurs de juger si cette conception peut encore inspirer notre modèle de la recherche scientifique ou permet, au moins, d'en éclairer la genèse, la valeur et certains problèmes, comme on essaiera de le montrer en conclusion.

Pour mettre en lumière ces différents aspects de la digression, on commencera dans un premier chapitre par se demander pourquoi ce texte a été compris (par ses lecteurs) et comment il a pu être écrit (par Platon) comme une digression. On examinera donc son contexte immédiat dans le dialogue, en particulier son point de départ, afin de mettre en exergue une fonction quasiment explicite de la digression mais négligée par la grande majorité des commentateurs : sa fonction réflexive. La digression vise d'abord à mettre en évidence les principes qui guident la discussion entre Socrate, Théodore et Théétète, à les opposer à ceux des orateurs et sophistes et à les rattacher à certaines dispositions éthiques et épistémologiques. Il faudra immédiatement défendre cette hypothèse contre des interprétations qui opposent Socrate aux philosophes décrits dans la digression. On sera alors conduit à examiner d'autres interprétations contemporaines du passage et de sa fonction, et à montrer qu'elles négligent ses dimensions polémique et politique, qui doivent être articulées à sa fonction réflexive. Si ce chapitre n'est pas indispensable à la compréhension des suivants et pourra sembler fastidieux par sa longue discussion centrale de la littérature secondaire récente sur la digression, il permettra de proposer une critique préalable de certaines de nos attentes (politiques, herméneutiques ou métaphysiques) à l'égard de Socrate ou de Platon et de leurs effets plus ou moins conscients sur notre lecture des textes.

1. Cette méthode aura l'inconvénient de m'obliger à circuler en tout sens dans la digression et à revenir plusieurs fois d'un point de vue différent sur de nombreux passages. L'index des textes cités, à la fin de cet ouvrage, devrait néanmoins permettre aux lecteurs intéressés par un passage précis de la digression de trouver l'ensemble des analyses qui y sont consacrées.

Dans le deuxième chapitre, seront étudiées les diverses cibles probables de la digression afin de la situer dans les débats de l'époque de Platon sur les relations entre sagesse ou philosophie et politique : on montrera en particulier que la digression ne vise pas seulement les hommes politiques, les sophistes ou les comédies qui se moquent des philosophes, mais critique également des rivaux « socratiques » de Platon comme Isocrate et Antisthène en révélant la superficialité de leurs conceptions de la philosophie et du loisir. Dans le troisième chapitre, la focale sera élargie pour comprendre le contexte socio-politique à l'origine de ces débats, qui a donné leur sens initial aux notions de liberté et de *scholé* utilisées pour définir les philosophes dans la digression. Ceci permettra de montrer l'usage original que Platon fait de ces notions, non seulement par rapport à ses adversaires mais également par rapport à ses autres dialogues.

Dans le quatrième chapitre, cette lecture de la digression (comme appropriation et retournement de valeurs d'origine politique contre la cité et les adversaires de Platon et au profit de la recherche philosophique) sera mise à l'épreuve de sa partie la plus célèbre, la dernière, où Socrate recommande de fuir ce monde et de « se rendre semblable à dieu dans la mesure du possible ». Ce tournant métaphysique semble relativiser la liberté et le loisir du philosophe au profit de sa justice et de sa piété, elles-mêmes subordonnées à un modèle divin. On examinera le rôle précis de ce modèle à l'intérieur de la digression et la manière dont l'intelligence qui le suit peut néanmoins selon Platon demeurer libre au sens plein du terme tout en fondant la critique du relativisme.

Dans les deux derniers chapitres, la digression sera abordée dans le contexte du *Théétète* lui-même. Il s'agira d'abord de montrer comment elle explicite et articule les dispositions intellectuelles et les principes méthodologiques mis en œuvre par Socrate et Théétète pour rechercher une définition de la science et mis en scène par Platon pour distinguer la philosophie d'autres activités. On se penchera pour finir sur les relations qui existent entre le portrait du philosophe dans la digression et l'objet du *Théétète* afin de montrer comment la digression confère une dimension épistémologique à la liberté et contribue ainsi à la recherche d'une définition de la science et à donner un sens au dialogue dans son ensemble, et en particulier à sa fin aporétique.

Cet ouvrage doit beaucoup à plusieurs institutions qui m'ont généreusement accordé un loisir conséquent et une pleine liberté pour mener à bien mes recherches depuis dix ans : commencé en 2010 lorsque j'étais membre du *Laboratoire de Recherche en Histoire des Sciences et*

Philosophie-Archives Henri Poincaré (UMR 7117, Université de Lorraine et CNRS) et de l'*Institut Universitaire de France*, il a été poursuivi dans le cadre du laboratoire *Savoirs, Textes, Langage* (UMR 8163, Université de Lille et CNRS) et achevé en 2019 à la *Classics Faculty* de l'Université de Cambridge, grâce à une délégation d'un semestre au CNRS et à une *French Government Fellowship* de l'Ambassade de France et du *Churchill College*, auxquels je suis extrêmement reconnaissants. Issue du « chœur » des philosophes, mais aussi des mathématiciens, des médiévistes et des sociologues de Nancy, une première version de cet ouvrage a été présentée comme manuscrit inédit d'une *Habilitation à diriger des recherches*, soutenue à l'Université Paris-Sorbonne le 24 novembre 2012. Les nombreuses remarques des membres du jury, Michel Crubellier, Paul Demont, Laurent Jaffro, Carlos Lévy, Gretchen Reydams-Schils, David Sedley et Franco Trabattoni, m'ont permis de revoir et remanier mon manuscrit de manière approfondie. Je remercie Richard Bénatouïl, qui a relu et corrigé le manuscrit. Monique Dixsaut a généreusement accepté d'accueillir cet ouvrage dans la collection *Tradition de la pensée classique* et Dimitri El Murr en a supervisé la publication et m'a offert de nombreux conseils précieux. Edouard Mehl a été le meilleur des collègues et des exemples, y compris en matière d'historicisme philosophique. J'ai eu la chance de pouvoir présenter certaines de mes hypothèses sur la digression dans plusieurs séminaires, dont les organisateurs et participants m'ont beaucoup apporté par leurs questions et objections : les grandes conférences des Archives Poincaré (Univ. Nancy 2, 12 octobre 2010, G. Heinzmann, R. Pouivet, M. Rebuschi, L. Rollet, L. Soler), le séminaire platonicien (Univ. Paris-Nanterre, 27 mars 2015, L. Brisson, A. Michalewski et O. Renaut), le séminaire de l'UFR Humanités (Univ. Lille 3, 26 janvier 2016, G. Dal et B. Sève), la journée ANR « Travail, nature et technique dans la philosophie ancienne » (ENS Paris, 24 mars 2017, P.-M. Morel), le *B Club* (Classics Faculty, Univ. of Cambridge, 11 février 2019), où j'ai à nouveau eu la chance de pouvoir discuter de certaines de mes hypothèses avec David Sedley et bénéficié d'observations très utiles de Gabor Bétegh, Malcolm Schofield, Harold Tarrant et James Warren. Le séminaire de traduction et analyse du *Théétète* que Claire Louguet et moi-même organisons depuis la rentrée 2017 à l'UMR *Savoirs, Textes, Langage* m'a permis de revenir à loisir sur de nombreux passages et problèmes de la première moitié du dialogue, dans un cadre aussi libre qu'exigeant d'un point de vue philologique et philosophique (auquel contribuent en particulier, outre Claire Louguet, Michel Crubellier, Philippe Rousseau, Alain Lernould,

Ruth Webb, Shahid Rahman, Zoe McConaughey et Rodolphe Le Penru). Tout au long de cette recherche, Muriel Darmon m'a montré et rappelé que la *scholé* et la liberté de l'enquête visent la vérité, et j'ai bénéficié des encouragements constants de trois amis platoniciens, Arnaud Macé, Dimitri El Murr et Sylvain Delcomminette, qui ont eu la générosité de relire l'ensemble du manuscrit et m'ont énormément apporté par leurs observations et nos nombreuses discussions.

TRADUCTION DE LA DIGRESSION DU *THÉÉTÈTE* (172A-177C)

Le texte traduit est celui établi par F. Hicken, dans *Platonis opera, tomus I tretralogias I-II continens*, ed. E. Duke, F. Hicken, W. Nicoll, D. Robinson et J. Strachan, « Oxford Classical Texts », Oxford, Oxford University Press, 1995, p. 323-331.

Je m'en écarte sur les quelques points suivants :

172e4 : je ne supprime pas ἣν ἀντωμοσίαν καλοῦσιν

172e6 : je lis τὴν δίκην et non τινα δίκην

173a3 : je lis χαρίσασθαι et non ὑπελθεῖν

173d6 : je lis τι et non τις

175c2 : je lis αὖ τῆς et non αὐτῆς

175d4 : je lis βαρβαρίζων et non βατταρίζων

J'ai énormément appris de la traduction de Michel Narcy, que je citerai presque toujours pour les passages du *Théétète* autres que la digression. Je remercie les participants aux séances du séminaire de lecture du *Théétète* (2019-2020) consacrées à la digression, et surtout Michel Crubellier, Claire Louguet et Philippe Rousseau, qui ont relu une première version de cette traduction de très près et m'ont énormément aidé à l'améliorer.

J'ai distingué quatre « parties » dans la digression, auxquelles je me réfèrerai par commodité dans toute l'analyse qui va suivre. Elles sont délimitées simplement par certaines interventions significatives de Théodore et indiquées par des chiffres romains (en gras et entre parenthèses) dans la traduction.

Après l'introduction (172c3-d3), suivent

(I) la comparaison de l'éducation des philosophes et de celle des orateurs au tribunal (172d4-173b7), puis, après une hésitation de Socrate balayée par Théodore,

(II) la description du coryphée du chœur des philosophes (173c6-174a2), prolongée, après une demande de clarification de Théodore, par

(III) l'anecdote de Thalès et de la servante thrace, son application au philosophe, la description d'une situation symétrique où le philosophe interroge l'orateur, et la conclusion de la comparaison entre orateurs et philosophes, ponctuées par de courtes approbations de Théodore (174a4-176a2), puis, suite à une remarque de Théodore sur la paix et les maux,

(IV) l'explication de Socrate à propos de la nécessité du mal, de l'assimilation à dieu, de la fourberie et de la vertu, des deux types de vie et de la punition de l'injustice (176a5-177b7).

Socrate s'interrompt ensuite de lui-même de peur de trop digresser et reprend, presque malgré Théodore, le fil de la discussion antérieure.

THÉÉTÈTE
(172A-177C)

| SOCRATE : Donc, dans les affaires politiques également, les [actes] beaux et laids, justes et injustes, pieux et impies, tels que chaque cité, sur la base de ses croyances, leur donne force de loi chez elle, [la doctrine dira que] c'est ce qu'ils sont aussi en vérité pour chacune, et que dans ce domaine aucun individu ni aucune cité ne l'emporte en sagesse sur d'autres ; mais lorsqu'il est question d'arrêter ce qui est utile ou nocif pour elle, dans ce cas-là au moins, la doctrine accordera qu'un conseiller l'emporte sur un autre et le jugement (*doxa*) d'une cité sur celui d'une autre au regard de la vérité et elle ne | se risquerait pas à affirmer que tout ce qu'une cité arrête sur la croyance en son utilité pour soi, cela tournera à coup sûr à son avantage. Mais, dans le domaine que je dis, de ce qui est juste et injuste, pieux et impie, ils sont prêts à maintenir avec force qu'il n'y a rien de naturel et qui soit pourvu d'une réalité propre, mais que tel jugement collectif devient à chaque fois vrai quand on en a jugé et aussi longtemps qu'on en a jugé ainsi. Et, en tout cas, tous ceux qui ne veulent pas reprendre [à leur compte] la totalité de la doctrine de Protagoras font aller leur sagesse à peu près jusque là. Mais voici, | Théodore, qu'un argument plus important s'empare de nous à partir d'un moindre. **172a** **172b** **172c**

THÉODORE : Nous en avons sûrement le loisir, Socrate.

SOCRATE : Il semble bien. Et c'est d'ailleurs souvent, homme divin, que je me suis fait cette réflexion, aussi bien à d'autres occasions que justement en ce moment : il est naturel que ceux qui ont consacré beaucoup de temps aux discussions philosophiques se révèlent des orateurs ridicules quand ils se rendent dans les tribunaux.

THÉODORE : En quel sens dis-tu donc cela ?

SOCRATE : Ceux qui, depuis leur jeunesse, sont ballotés dans les tribunaux et les endroits de ce genre risquent fort en fin de compte d'être élevés, par rapport à ceux qui ont été élevés dans la philosophie et | les occupations du même genre, comme des serviteurs par rapport à des hommes libres. **172d**

THÉODORE : Comment cela ?

(I) SOCRATE : En ceci que les uns sont en permanence dans ce loisir dont tu as parlé et qu'ils élaborent leurs discours à loisir dans la paix. De même qu'en ce moment, nous remplaçons déjà pour la deuxième fois un discours par un autre, ainsi font-ils eux aussi, si le discours qui se présente à eux leur convient mieux, comme à nous, que celui qui les occupe. Et peu leur importe de parler longuement ou brièvement, du seul moment qu'ils atteignent le réel. Les autres, en revanche, s'expriment
172e toujours | sans loisir, pressés par l'eau qui coule, et on ne leur laisse pas le temps d'élaborer des discours sur ce qu'ils désirent ; au contraire, leur adversaire veille, car il dispose d'une contrainte, l'acte d'accusation, qui est lu point par point et dont [leur] parole ne doit pas s'écarter : on appelle cela le serment des parties. Et leurs discours [porte] toujours sur un [autre] esclave du même maître, qui siège face à eux et tient dans ses mains le jugement ; et les procès ne jugent jamais en général, mais toujours pour ou contre l'un des esclaves. Et souvent c'est même la vie
173a qui est l'enjeu | de la course [1]. Par conséquent, tout cela les rend virulents et agressifs, capables de flatter leur maître par leurs paroles et de lui complaire par leurs actes, mesquins et sans droiture pour ce qui est de leur âme. Car le fait d'être esclaves depuis leur jeunesse les a privés de croissance et d'honnêteté aussi bien que de liberté, les contraignant à des actions retorses en imposant à leurs âmes encore tendres de grands dangers et de grandes craintes ; ne pouvant les endurer avec l'aide de la justice et de la vérité, ils se tournent immédiatement vers la tromperie et [cherchent] à se venger les uns des autres, ils sont tout tordus et mutilés.
173b Dès lors, | c'est sans avoir rien de sain dans leur esprit que les adolescents atteignent l'âge adulte, devenus à ce qu'ils croient habiles et sages. Tels sont donc ces gens-là, Théodore, mais ceux de notre chœur, veux-tu que nous les examinions ou bien que nous les laissions aller, pour revenir à notre discours précédent, afin justement de ne pas excessivement abuser de cette liberté de remplacer un discours par un autre, dont nous parlions à l'instant ?

173c THÉODORE : Pas du tout, Socrate, examinons-les au contraire. | Car, comme tu l'as très bien dit, nous qui faisons partie de ce chœur, nous ne sommes pas au service des discours, mais les discours sont en notre pouvoir, comme des serviteurs, et chacun d'eux attend que nous le

1. *Cf.* Homère, *Iliade* XXII, 159-160 (trad. J.-L. Backès) à propos d'Achille poursuivant Hector : « ce n'est pas pour une victime ou une peau de bœuf qu'ils concouraient, pour des prix qu'on gagne avec ses pieds : ils couraient pour la vie d'Hector, dompteur de chevaux ».

menions à terme quand bon nous semble. Car, il n'y a chez nous ni juge ni spectateur qui, comme pour les poètes, ait reçu la charge de censurer et même de commander.

(II) SOCRATE : Il faut alors à ce qu'il semble parler, puisque c'est bien là ton avis, des coryphées. Que pourrait-on dire, en effet, de ceux qui se consacrent de manière médiocre à la philosophie ? Mais les autres, depuis leur jeunesse, ne savent sans doute pas le chemin de | l'agora, ni où est le **173d** tribunal ou le siège du Conseil ou tout autre lieu de réunions publiques de la cité. Les lois et les décrets, proclamés ou écrits, ils ne les voient ni ne les entendent. Les campagnes des partis pour [obtenir] une magistrature, leurs réunions, leurs banquets, leurs fêtes avec des joueuses de flûtes, il ne leur vient pas à l'esprit, même en rêve, d'y participer. Et si quelque chose de bien ou mal arrive dans la cité ou si quelqu'un a hérité d'un mal de ses ancêtres, soit par les hommes soit par les femmes, il [= le philosophe] en a encore moins connaissance que du nombre de pintes, comme on dit, contenues dans la mer. Et tout cela, il ne sait même pas | qu'il ne **173e** le sait pas. Car ce n'est pas pour se faire une réputation qu'il se tient éloigné de ces choses, mais du fait qu'en réalité, son corps seul gît dans la cité et y réside, alors que sa pensée, tenant toutes ces choses pour des broutilles et même pour rien, vole avec dédain dans toutes les directions, mesurant en géomètre "les profondeurs de la Terre", comme dit Pindare, et ses surfaces, observant en astronome "au-delà du ciel", et | explorant en **174a** tout sens l'ensemble des natures des êtres chacun [pris] dans sa totalité, ne s'abaissant elle-même vers rien de ce qui est proche.

THÉODORE : Que veux-tu dire par cela, Socrate ?

(III) SOCRATE : C'est la même chose que pour Thalès, Théodore : alors qu'il faisait de l'astronomie et regardait en l'air, il tomba dans un puits et une gracieuse servante Thrace pleine de répartie se moqua, dit-on, de lui [en remarquant] qu'il s'efforçait de connaître les cieux mais était aveugle à ce qui était devant lui et à ses pieds. La même plaisanterie s'applique à | tous ceux qui se consacrent à la philosophie. Car un tel homme est **174b** vraiment aveugle à qui est à ses côtés, à son voisin même, [et ignore] non seulement ses activités, mais quasiment aussi s'il est un homme ou une autre créature. Ce que peut bien être un homme, en revanche, et ce qu'à une telle nature, à la différence des autres, il convient de faire et de subir [1], il le cherche et c'est son affaire de l'examiner en détail. Tu comprends sans doute maintenant Théodore, n'est-ce pas ?

THÉODORE : Oui. Et tu dis vrai.

1. Je reprends ici la traduction de Michel Narcy.

174c Socrate : Eh bien dès lors, mon cher, quand un tel homme | rencontre quelqu'un, en privé ou en public, tout comme je le disais en commençant, quand au tribunal ou dans n'importe quel autre lieu, il est contraint de discuter de ce qui est à ses pieds ou sous ses yeux, il suscite le rire, non seulement des filles thraces mais du reste de la populace, en tombant dans les puits et dans toutes les difficultés par manque d'expérience, et sa maladresse est terrible et lui donne une réputation d'idiotie. Car, quand il s'agit de faire des reproches, il n'a rien de précis à reprocher à personne, étant donné qu'il ne sait rien de mal sur personne, puisqu'il ne se soucie
174d pas de cela; cette incapacité | le fait ainsi apparaître ridicule. Et quand il s'agit de faire des éloges et que les autres se vantent, ce n'est pas un rire feint mais bien réel qui le gagne sans qu'il puisse s'en cacher, et on trouve qu'il ne prend rien au sérieux. Car si un tyran ou un roi est l'objet d'un panégyrique, il croit entendre parler d'un gardien de troupeau, tel un porcher, un berger ou un bouvier jugé heureux à cause de tout le lait qu'il tire de ses bêtes. Il estime d'ailleurs que ces derniers font paître et traient des espèces d'animaux moins rétives et moins fourbes que [les gardiens d'hommes, qui], à cause de leur absence de loisir, ne peuvent à ses yeux
174e que | devenir en fait tout aussi rustres et incultes que les gardiens de troupeaux, leur citadelle les enfermant [comme] un enclos sur une colline. Et quand il entend parler de dix mille plèthres de terres ou plus encore, comme si celui qui justement les possède était propriétaire d'une étendue étonnante, cela lui semble minuscule, habitué qu'il est à embrasser du regard la terre entière. Et quand on célèbre les lignages et le fait qu'un tel est noble parce qu'il peut attester de sept ascendants riches, il juge que l'éloge vient de gens à la vue médiocre et mesquine, incapables, du
175a fait de | leur manque d'éducation, de toujours diriger leur regard sur le tout et de raisonner ainsi : chacun [de nous] a d'innombrables myriades d'ascendants et d'ancêtres [et], parmi eux, se trouvent bien souvent par myriades pour n'importe qui des riches et des mendiants, des rois et des esclaves, des barbares aussi bien que des Grecs. Par contre, ceux qui se vantent de leur liste de vingt-cinq ancêtres qu'ils font remonter à Heraclès fils d'Amphitryon, l'absurdité de [leur] mesquinerie est
175b manifeste à ses yeux; et dès lors que | le vingt-cinquième en remontant à partir d'Amphitryon était ce que le hasard avait bien voulu faire de lui, et aussi le cinquantième à partir de celui-ci, il rit de ceux qui ne sont pas capables de raisonner [ainsi] comme de délivrer de leur enflure leur âme insensée. Dans tous ces cas donc, un tel homme est ridiculisé par la foule pour ce qu'on estime être son attitude arrogante aussi bien que pour son

ignorance de ce qui est à ses pieds et son incapacité à se sortir de chacune de ces situations.

THÉODORE : Les choses se passent tout à fait comme tu le dis, Socrate.

SOCRATE : Mais, mon cher, à chaque fois qu'il tire effectivement quelqu'un vers le haut et | que cette personne veut bien renoncer avec lui **175c** à [demander] "en quoi est-ce que je t'ai injustement lésé ou toi moi ?", pour examiner plutôt la justice et l'injustice, ce qu'est chacune par elle-même et en quoi chacune diffère de tout le reste ou de l'autre, ou bien à [la question] "le Grand Roi est-il heureux ? Et celui qui possède de l'or ?", pour examiner la royauté, ainsi que le bonheur et la misère humaine en général, quel genre de choses ils sont et de quelle manière il convient à la nature humaine d'acquérir l'un et d'échapper à l'autre, quand, sur toutes ces questions, | cet individu à l'âme mesquine, agressif et chicanier est **175d** obligé de donner à son tour une réponse, il s'acquitte alors en retour de sa contrepartie. Pris de vertige du fait d'être suspendu au sommet, projeté dans les airs et regardant d'en haut, désorienté par manque d'habitude et incapable de s'en sortir et même de s'exprimer comme il faut, il suscite le rire non pas des filles thraces ou de tout autre inculte (car ils ne s'en aperçoivent pas), mais de tous ceux qui ont été élevés d'une manière opposée à celle des esclaves. Voici donc, Théodore, le style de chacun d'entre eux. L'un appartient à qui a été vraiment élevé | dans la liberté et **175e** le loisir, [celui] que tu appelles « philosophe » et qui n'a pas à être blâmé pour sa réputation de simplicité et pour sa nullité à chaque fois que lui tombe dessus une tâche servile, [c'est] le type [d'homme] qui ne sait pas préparer un sac de lit ni assaisonner un plat ou des discours flatteurs. Quant à l'autre style, il appartient à qui peut s'acquitter de toutes les tâches de ce genre promptement et efficacement, mais ne sait pas rejeter, en homme libre, son manteau avec élégance sur son épaule et encore moins | trouver **176a** les mots justes pour chanter comme il faut la vie des dieux et des hommes heureux.

THÉODORE : Si tu arrives à persuader tout le monde autant que moi de ce que tu dis, Socrate, la paix sera plus grande et les maux moins nombreux chez les hommes.

(IV) SOCRATE : Mais Théodore, il n'est possible ni que les maux disparaissent (car il est nécessaire qu'existe toujours quelque chose de contraire au bien), ni qu'ils s'établissent chez les dieux ; ainsi, ils hantent par nécessité la nature mortelle et ce lieu qui est le nôtre. C'est pourquoi il faut s'efforcer de fuir d'ici [vers] là-bas le plus vite possible. La fuite, c'est | l'assimilation au dieu dans la mesure du possible. L'assimilation, **176b** c'est de devenir juste et pieux avec intelligence. Mais par ailleurs, mon

bon [Théodore], il n'est pas du tout facile de persuader de ceci : les raisons pour lesquelles la vertu doit être pratiquée et la méchanceté non ne sont précisément pas celles en vue desquelles la foule dit qu'il faut fuir la seconde et s'attacher à la première, à savoir, en fait, afin de ne pas passer pour mauvais et afin de [passer] pour bon. Car c'est cela, le prétendu racontar de vielles femmes, à ce qu'il me semble. Ce qu'il en est en vérité, énonçons-le de la manière suivante. Un dieu n'est aucunement ni sous
176c aucun rapport injuste, mais le plus | juste qu'il est possible d'être, et il n'y a rien qui lui soit plus semblable que celui d'entre nous qui deviendrait à son tour le plus juste possible. C'est là que se situe la véritable habileté d'un homme ou son insignifiance comme son manque de virilité. Car c'est la connaissance de cela qui constitue sagesse et vertu véritables, alors que son ignorance est bêtise et méchanceté évidentes. Et toutes les autres prétendues habiletés ou sagesses s'abaissent au rang du vulgaire dans l'exercice des pouvoirs politiques [1] et, dans les arts, au rang des ouvriers.
176d Donc, à celui | qui se conduit injustement et parle ou agit de manière impie, il vaut dès lors beaucoup mieux ne pas accorder qu'il est habile du fait de sa fourberie. Car ils tirent gloire d'une telle accusation et croient entendre qu'ils ne sont pas des imbéciles, « vains fardeaux de la terre » [2], mais des hommes qui ont ce qu'il faut pour assurer leur sauvegarde dans une cité. Il faut donc dire la vérité : ils sont d'autant plus tels qu'ils ne le pensent pas, qu'ils ne pensent pas l'être. Ils ignorent en effet la rétribution de l'injustice, la pire des choses à ignorer. Car elle ne consiste pas en ce qu'ils croient, bastonnades et sentences de mort, peines qu'ils évitent
176e parfois | tout en se conduisant injustement, alors que celle-là, on ne peut y échapper.

THÉODORE : De quelle peine parles-tu ?

SOCRATE : Alors, mon cher, que des modèles se trouvent au sein de la réalité, le modèle divin qui est le plus heureux, le modèle sans dieu qui est le plus misérable, ils ne saisissent pas qu'il en va ainsi, et, par stupidité et
177a sous l'effet de | la plus profonde démence, s'assimilent à leur insu à l'un par leurs actions injustes et se rendent dissemblables à l'autre. Ils en payent assurément le prix en ayant une vie similaire à ce à quoi ils s'assimilent. Et leur dirions-nous que, s'ils n'abandonnent par leur habileté, [alors] ce domaine purifié des maux ne les recevra pas même à leur mort et ils

1. Je reprends la traduction de M. Narcy.

2. *Iliade* XVIII, 104 : face à sa mère qui lui annonce sa mort s'il va combattre Hector, Achille se désigne lui-même par cette expression, parce qu'il n'a pas participé aux combats du fait de sa colère et n'a pas pu protéger Patrocle de la mort.

auront ici-bas sans cesse ce mode de vie qui leur ressemble, méchants mêlés à des méchants, en entendant cela [ils réagiront] assurément tout à fait comme des [hommes] habiles et fourbes [confrontés] à des insensés.

THÉODORE : C'est certain, Socrate.

| SOCRATE : Je sais bien, mon ami. Une chose cependant leur arrive : **177b**
quand il faut en privé donner et recevoir des arguments sur ce qu'ils blâment, et qu'ils sont prêts à endurer cela virilement et longtemps, au lieu de fuir lâchement, alors étrangement, mon divin [ami], ils finissent par ne plus se satisfaire eux-mêmes sur les sujets dont ils parlent, et leur belle rhétorique, c'est comme si elle s'étiolait, si bien qu'ils semblent ne différer en rien d'enfants. Mais, sur ces sujets, puisque nos propos ont toute chance d'être accessoires, tenons-nous en donc là, | sinon affluant **177c**
toujours plus nombreux, ils submergeront notre discussion de départ. Revenons dont justement aux [propos] précédents, si c'est aussi ton avis.

THÉODORE : Pour moi, Socrate, de tels [propos] ne sont pas moins agréables à entendre, car ils sont plus faciles à suivre à mon âge. Cependant, si c'est ton avis, revenons en arrière.

CHAPITRE PREMIER

FONCTIONS, STRUCTURE ET ORIGINALITÉ DE LA DIGRESSION DU *THÉÉTÈTE*

> Les savants ont honte de l'*otium*. C'est pourtant une noble chose que le loisir et l'oisiveté.
> Nietzsche, *Humain, trop humain*, § 284

QU'EST-CE QU'UNE DIGRESSION ?

Dès la fin de l'époque hellénistique et jusqu'à la fin de l'Antiquité, la digression du *Théétète* a joui d'un statut particulier et prestigieux au sein du corpus platonicien[1], attesté par les nombreuses citations de ce texte que l'on trouve chez les platoniciens à partir du Iᵉʳ siècle[2], mais aussi chez des auteurs n'appartenant pas à la tradition platonicienne[3]. Ce succès n'est pas un hasard : en dépit du fait qu'elle se cache au milieu d'arguments complexes à propos de la connaissance, la digression devait figurer en bonne place dans les « morceaux choisis », les passages les

1. Le platonisme impérial y a trouvé une formule qu'il a érigée en définition platonicienne du souverain bien, la fameuse « assimilation à dieu dans la mesure du possible » (*Théétète* 176a7-b2), qui a été beaucoup étudiée, de Platon aux pères de l'Église : voir la partie « Études sur la réception du *Théétète* » dans la bibliographie, p. 279-280.

2. Outre les citations très nombreuses de la formule de 176a7, on trouve des références plus substantielles chez les néoplatoniciens, qui tiennent la digression pour la description canonique de la vie et des vertus « théorétiques » (Damascius, *Commentaire du* Phédon I, § 142) : voir Porphyre, *De l'abstinence* I 39, qui cite un long passage de la digression, et Jamblique, *Protreptique* 14, qui la recopie à partir de 173c7.

3. Un bon exemple est Marc Aurèle : voir *Pensées* VII 35, X 23 et II 13. Je me permets de renvoyer à T. Bénatouïl, « *Theôria* and *scholê* in Epictetus and Marcus Aurelius : Platonic, Stoic or Socratic ? », *in* A. G. Long (ed.), *Plato and the Stoics*, Cambridge, Cambridge University Press, 2013, p. 152-164.

plus lus de Platon dès l'Antiquité [1], dans la mesure où il s'agit d'un court et vibrant plaidoyer en faveur de la vie philosophique, qui regroupe et résume plusieurs thèses platoniciennes caractéristiques, non seulement à propos du philosophe, de ses valeurs, de ses rapports à la rhétorique et la politique, mais aussi à propos de la définition des vertus éthiques voire de la nature de la connaissance et du divin.

En outre la digression est nettement délimitée dans le cours du dialogue : son propos est désigné pour finir par Socrate comme secondaire ou accessoire (177b8 : πάρεργα), et elle interrompt effectivement la réfutation dialectique de Protagoras (172c), qui reprend ensuite (177c) au point où elle s'était arrêtée, comme si la digression n'avait pas eu lieu. Cela légitime de la traiter comme un passage ayant une unité et une certaine indépendance par rapport au reste du dialogue.

Comme nous ne disposons pas de commentaire antique complet du *Théétète*, nous ne savons pas comment les lecteurs antiques concevaient les rapports entre la digression et le dialogue dans son ensemble [2], mais, depuis la fin du XIXe siècle, plusieurs commentateurs, et non des moindres, n'ont pas hésité à la considérer comme isolable et autonome. Wilamowitz reconnaît les points communs qui existent entre Protagoras et les orateurs critiqués dans la digression, ainsi que l'allusion au procès imminent de Socrate [3], mais estime que cette *Episode* est un *Fremdkörper* très mal relié au reste du dialogue. Il soutient donc que la digression a été ajoutée par Platon au dialogue lors d'une seconde rédaction, pour consigner sa déception à l'égard des réactions des Athéniens à la *République* et son abandon subséquent de toute ambition politique, sa retraite à l'intérieur de l'Académie [4]. Ryle ou Goldschmidt [5] tiennent également la digression pour sans intérêt du point de vue de l'argument d'ensemble du *Théétète*.

1. Parmi les 45 *testimonia* sur le texte du *Théétète* répertoriés dans l'édition OCT, 12 concernent la digression : voir E. Duke, F. Hicken, W. Nicoll, D. Robinson et J. Strachan (eds), *Platonis opera, tomus I tretralogias I-II continens*, Oxford, Oxford University Press, 1995, p. 568-569.

2. Voir D. Sedley, « Three Platonist Readings of the *Theaetetus* », *in* C. Gill et M.-M. McCabe (eds), *Form and Argument in Late Plato*, Oxford, Oxford University Press, 1996, p. 79-103 et H. Tarrant, *Plato's First Interpreters*, Ithaca, Cornell University Press, 2000, p. 167-182 pour une présentation des principales interprétations antiques du *Théétète*.

3. Voir *infra*, p. 44 et 82.

4. U. von Wilamowitz-Moellendorff, *Platon. Erster Band : Leben und Werke*, Berlin, Weidmann, 1920 [2], p. 524-533, qui contient une traduction de la digression. *Cf.* P. Natorp, *Platons Ideenlehre. Eine einführung in den Idealismus*, Leipzig, Meiner, 1921, p. 95.

5. G. Ryle, *Plato's Progress*, Cambridge, Cambridge University Press, 2010 (1966), p. 278. Le fameux cours de 1931-32 de Heidegger ignore la digression dans son analyse du *Théétète* (*De l'essence de la vérité. Approche de l'« allégorie de la caverne » et du*

Cornford a au contraire soutenu qu'« il ne s'agit pas d'une simple digression » et qu'elle « indique la divergence ultime entre le platonisme et les conséquences extrêmes de la thèse de Protagoras », mais il concède qu'elle ne peut pas affirmer ces positions, car elle n'est qu'une « fenêtre sur le monde de l'être véritable » qui doit être « fermée », parce que « notre souci présent est le monde des apparences et ses prétentions à la connaissance »[1]. Bien qu'il doute que Platon se réfère aux Formes dans la digression, McDowell adopte une perspective similaire à celle de Cornford : il estime que la digression n'est pas « complètement sans pertinence » et compare son rôle à celui « que pourrait remplir, dans un livre moderne, une note de bas de page ou un appendice »[2].

En réaction à ces lectures de la digression comme sans incidence sur l'argumentation du dialogue, de nombreux commentateurs ont cherché à mettre en évidence le rôle de la digression, attesté par ses thèmes, son ton, ses échos d'autres dialogues ou sa position au centre exact du *Théétète*, et surtout la manière dont elle s'intègre à la réfutation de Protagoras[3].

Théétète *de Platon*, trad. A. Boutot, Paris, Gallimard, 2001), et il en va de même chez Victor Goldschmidt, *Les dialogues de Platon. Structure et méthode dialectique*, Paris, P.U.F., 1947, p. 81-90, qui s'intéresse néanmoins à la structure *commune* aux différents dialogues.

1. F. M. Cornford, *Plato's Theory of Knowledge. The Theaetetus and the Sophist of Plato translated with a running commentary* (désormais *Theory*), London, Routledge, 1935, p. 89. W. Guthrie, *A History of Greek Philosophy, vol. V : The Later Plato and The Academy*, Cambridge, Cambridge University Press, 1978, p. 91 *sq.* et P. Friedlander, *Plato : the Dialogues, second and third periods*, Princeton, Princeton University Press, 1969, p. 167-172 développent cette interprétation, que l'on trouve déjà esquissée chez Schleiermacher dans son introduction de 1805 au *Théétète.* Le premier lit la digression comme un rappel de l'existence des Formes, ignorées dans le reste du dialogue, et de l'enseignement de la *République*, du *Phédon* et du *Phèdre.* Le second pense que la lumière apportée par la digression éclaire la suite du dialogue en montrant une « incarnation vivante » de la connaissance et donc que celle-ci et le discours sont possibles, que l'on peut résister à et vaincre la thèse de Protagoras.

2. J. McDowell, *Plato : Theaetetus*, translated with notes, Oxford, Oxford University Press, 1973, p. 174.

3. Voir A.-J. Festugière, *Contemplation*, p. 408-420 (qui réagit contre Wilamowitz), E. Lee, « Hoist With his Own Petard : Ironic and Comic Elements in Plato's Critique of Protagoras (*Tht.* 161-171) », *in* E. N. Lee, A. P. D. Mourelatos, R. M. Rorty (eds.), *Exegesis and Argument.* Assen, van Gorcum, 1973, p. 225-261, A. Barker, « The digression in Plato's *Theaetetus* », *Journal of the History of Philosophy* 14, 1976, p. 457-462, A. Babut, « Platon et Protagoras : l'"apologie" du sophiste dans le *Théétète* et son rôle dans le dialogue », *Revue des Etudes Anciennes* XXCIV, 1982, p. 49-86, D. Bostock, *Plato's Theaetetus*, Oxford, Clarendon Press, 1988, p. 98, J. M. Cooper, *Plato's Theaetetus,* New York, Garland, 1990, R. Polansky, *Philosophy and Knowledge : A Commentary on Plato's Theaetetus* (désormais *Commentary*), Lewisburg, Bucknell University Press, 1992, p. 134-136, M. Narcy, *Platon. Théétète* (désormais *Théétète*), trad. inédite, introd. et notes, Paris, GF-Flammarion, 1994, p. 75 et p. 120, M. Burnyeat, *Introduction au* Théétète *de Platon* (désormais

Ces approches sont indéniablement plus éclairantes que les précédentes, pour la digression comme pour le dialogue, mais suscitent un problème qu'a bien formulé Myles Burnyeat : il est nécessaire de proposer une interprétation qui « donne à la fois à la Digression le poids qu'elle est manifestement censée avoir, tout en lui laissant le statut d'une digression qui n'interfère pas avec ni ne contribue à l'enquête principale »[1]. Le « poids » et le « statut » de la digression ne sont cependant pas aussi évidents que Myles Burnyeat le laisse entendre et leur équilibrage est donc difficile.

Le terme de « digression » est désormais canonique pour désigner notre passage, mais il mérite d'être interrogé[2]. *Digredior* signifie « s'éloigner, s'écarter, s'en aller ». Le terme est utilisé par Cicéron de manière figurée à propos d'un discours s'écartant de son objet (*Brutus* 322 : *a causa*), et c'est dans les traités de ce dernier sur la rhétorique que l'on trouve la *digressio* définie comme un élément typique du discours, qui s'éloigne de son objet principal pour charmer le public, même si elle peut avoir d'autres rôles et ne doit pas trop s'écarter du sujet de manière à pouvoir y revenir[3]. On retrouve cet enjeu chez Quintilien, qui associe la digression (qu'il appelle *egressus* ou *egressio*) surtout à l'agrément et l'ornement

Introduction), trad. M. Narcy, Paris, P.U.F., 1998 (paru en 1990 en anglais), D. Bradshaw, « The Argument of the Digression in the *Theaetetus* », *Ancient Philosophy* 18 (1), 1998, p. 61-68, F. Buddensiek, « Thales'Fall : Zur Funktion der Digression in Platons *Theätet* », *in* J. Kulenkampff, T. Spitzley (ed.), *Von der Antike bis zur Gegenwart*, Erlangen, Palm & Enke, 2001, p. 9-23, Z. Giannopoulou, « The digression in Plato's *Theaetetus* : observations on its thematic structure and philosophical significance », *Elenchos* 23, 2002, p. 75-88, P. Butti de Lima, *Platone. Esercizi di filosofia per il giovane Teeteto* (désormais *Esercizi*), Venezia, Marsilio, 2002, p. 25-27, E. Spinelli, « Socratismo, platonismo e arte della vita. Ancora sulla digressione del *Teeteto* (172c-177c) », *in* G. Casertano (ed.), *Il Teeteto di Platone*, Napoli, Loffredo, 2002, p. 201-215, T. Chappell, *Reading Plato's Theaetetus* (désormais *Reading*), Sankt Augustin, Academia, 2004, p. 118-120, D. Sedley, *The Midwife of Platonism* (désormais *Midwife*), Oxford, Oxford University Press, 2004, P. Stern, « The Philosophic Importance of Political Life : On the "Digression" in Plato's "Theaetetus" », *The American Political Science Review* 96 (2), 2002, p. 275-289, D. Xavier, *Con Socrate oltre Socrate. Il* Teeteto *come esempio del teatro filosofico*, Napoli, Loffredo, 2011, p. 151-184, L. Brisson, « The relations between the interpretation of a dialogue and its formal structure. The example of the *Theaetetus* », *in* F. Lisi, M. Migliori, J. Monserrat-Molas (eds.), *Formal Structures in Plato's Dialogues*, Sankt Augustin, Academia, 2011, p. 87-98.

1. M. Burnyeat, *Introduction*, p. 57.

2. Je remercie vivement Carlos Lévy d'avoir attiré mon attention sur ce point et sur l'intérêt de comparer l'usage platonicien et les usages rhétoriques ou littéraires de la digression.

3. Voir *De inventione* I, 27, où la *digressio* est un des trois *narrationum genera*, *De oratore* III, 203, ainsi que *De oratore* II, 80 et 311-312 ou *Brutus* 292.

mais insiste sur le fait qu'elle ne doit pas briser l'unité ou faire oublier les effets antérieurs et principaux du discours[1] : elle doit être *extra ordinem excurrens* mais *ad utilitatem causae pertinentis* (IV, 3, 14), ce qui est exactement le problème que pose la digression du *Théétète*.

Les commentateurs les moins intéressés par la digression du *Théétète* adoptent en un sens le point de vue rhétorique à son égard, puisqu'ils la tiennent pour une sorte de pause au milieu de l'enquête philosophique rigoureuse du dialogue. Il est vrai que Socrate marque nettement la différence entre la digression et la « discussion de départ », qu'elle risque de « submerger » si on ne la termine pas (177c1), et que Théodore juge « de tels propos [ceux de la digression] plus faciles à suivre à mon âge » (177c4). La digression est un discours d'un autre genre que la réfutation dialectique et qui semble fournir une sorte de délassement au lecteur, comme les digressions des orateurs[2].

Si la digression ne peut constituer une pièce *essentielle* de l'argumentation du dialogue, on ne peut la réduire à une parenthèse ou à un divertissement « rhétoriques » pour de nombreuses raisons. La première est qu'on ne peut pas tenir la conception que *Théodore* se fait de cette digression pour identique à celle de Socrate[3]. Ce dernier pourrait bien être ironique lorsqu'il désigne la digression comme « accessoire » au moment de la clore (177b8)[4]. Ensuite, Platon ne partageait certainement pas la conception du discours, de ses fonctions et de son organisation, qui était celle des orateurs. Les analyses rhétoriques des digressions ont commencé avec les rhéteurs grecs : Cicéron critique Hermagoras pour avoir fait de la digression une véritable « partie du discours »[5] et Quintilien dit que les Grecs la nomment παρέκβασις. Le terme est effectivement déjà utilisé pour désigner un discours chez Isée, qui est contemporain de Platon, mais avec

1. Quintilien, *Instit. Orat.* IV 3, 4-16.

2. G. Ryle, *Plato's Progress*, *op. cit.*, p. 21-54 a émis l'hypothèse – défendue à nouveau par N. Charalabopoulos, *Platonic drama and its ancient reception*, Cambridge University Press, 2012 – que, jusqu'à une certaine époque, les dialogues de Platon ont été écrits pour être joués, comme les pièces de théâtre, ou au moins lus devant un public. Si tel était le cas du *Théétète*, comme le suggère le prologue du dialogue (qui est lu à Euclide et Terpsion par un esclave : 143b-c), Platon peut avoir conçu la digression en partie comme une pause requise par la technicité des arguments du *Théétète*, certainement très difficiles à suivre à l'oral. La remarque de Théodore à la fin de la digression (177c4) aurait alors une pertinence d'un point de vue extradiégétique, ce qui n'empêcherait pas que la digression ait un lien avec le dialogue et un enjeu philosophique.

3. Voir p. 193-194.

4. D. Babut, « Platon et Protagoras … », art. cit., p. 75.

5. *De inventione* I, 96-97 = Hermagoras T 49 Woerther.

un sens péjoratif[1] ; παρεκβαίνω signifie d'ailleurs « dévier », « s'écarter de », mais aussi « transgresser », « enfreindre ». Le passage d'Isée ne permet pas de savoir si le terme a déjà un sens technique, mais il suggère une attitude des orateurs classiques à l'égard des digressions plus critique que celle de Cicéron ou de Quintilien. Ceci est confirmé par Isocrate[2], qui proscrit lui-même généralement les digressions mais ne respecte pas ses prescriptions[3]. À l'époque de Platon, les orateurs souhaitent au minimum *présenter* leurs discours au public comme focalisés sur leur sujet et s'interdisant les digressions, qui, lorsqu'elles ont lieu, ne sont pas assumées comme telles ou font l'objet d'excuses.

La digression du *Théétète* s'ouvre au contraire sur une critique du caractère « servile » de ce type de délimitation du discours : la digression est donc en premier lieu une preuve ou un exemple de ce qu'elle soutient, à savoir du fait que le discours philosophique n'est pas tenu à un style, à une durée ou à un objet uniques et fixes[4]. Le *Théétète* n'est pas pour autant une représentation immédiate – sans plan d'ensemble ni mise en forme littéraire – de la pensée à l'œuvre, une sorte de transcription d'une discussion réelle avec tous ses méandres. Il n'est pas question d'analyser ici les rapports entre rhétorique, philosophie et dialogue chez Platon, ni même le fameux passage du *Phèdre* sur la nécessité pour tout discours d'être organisé comme un être vivant[5], mais on remarquera qu'en insérant dans sa réfutation de Protagoras une digression qui fait l'éloge

1. *De Philoctemone* (*Orat.* VI) 59 : οἴεται ἐξαρκέσειν ὑμῖν παρεκβάσεις, où il s'agit de critiquer la méthode de l'adversaire, qui ne démontre pas ses affirmations et digresse pour masquer la faiblesse de sa cause (*cf.* Aristote, *Rhétorique* 1415b22-23 qui emploie διατρίβειν). Pour un usage figuré de παρεκβαίνω à propos du discours s'écartant de son objet, voir Aristote, *Eth. Nic.* I, 3, 1095b14 : Ἡμεῖς δὲ λέγωμεν ὅθεν παρεξέβημεν.

2. Voir *Panathénaïque* 74 : « J'observe que parler de choses en dehors de son sujet ne reçoit pas l'approbation et est jugé comme une cause de trouble ».

3. Voir O. Navarre, *Essai sur la rhétorique grecque avant Aristote*, Paris, Hachette, 1900, p. 194, M. Heath, *Unity in Greek Poetics*, Oxford, Clarendon Press, 1989, p. 31-34 et P. Butti de Lima, *Esercizi*, p. 101-105.

4. M. Heath, *Unity in Greek Poetics*, *op. cit.*, p. 22 et M. Dixsaut, *Le naturel philosophe. Essai sur les dialogues de Platon* (désormais *Naturel*), Paris, Vrin, 1985, p. 300, L. Palumbo, « Struttura narrativa e tempo nel *Teeteto* », *in* G. Casertano (ed.), *La struttura del dialogo platonico*, Napoli, Loffredo, 2000, p. 236, P. Butti de Lima, *Esercizi*, p. 137. J'y reviendrai.

5. *Phèdre*, 264c2-5. Sur le fait que ce réquisit d'unité organique est compatible avec les digressions, fréquentes dans les dialogues de Platon, et sur leurs fonctions, voir M. Heath, *Unity in Greek Poetics*, *op. cit.*, p. 12-27, N. Notomi, *The Unity of Plato's* Sophist, Cambridge, Cambridge University Press, 1999, p. 29-42, F. Trivigno, « Putting Unity in its Place : Organic Unity in Plato's *Phaedrus* », *Literature and Aesthetics* 19 (1), 2009, p. 153-182, M. Dixsaut, « Macrology and digression », *in* G. Boys-Stones, D. El Murr, C. Gill (eds), *The Platonic Art of Philosophy*, Cambridge, Cambridge University Press,

de la manière de vivre des philosophes, dont il fait partie, et blâme celles des ses adversaires orateurs, Platon semble suivre une méthode typique des orateurs [1] pour attaquer leurs discours et leurs valeurs. Chercherait-il à retourner la rhétorique contre ses adeptes? L'usage rhétorique positif des digressions semble postérieur à Platon, on l'a dit, mais ce dernier s'inspire quand même certainement d'un autre genre de discours public et codifié, à savoir la comédie.

LE MODÈLE DES PARABASES COMIQUES

Il est désormais établi que le genre des *sokratikoi logoi* et en particulier ceux de Platon présentent bien des traits communs avec la comédie attique [2], mais on s'est encore peu penché sur l'inspiration qu'elle a pu fournir à Platon pour la *composition* de ses dialogues [3]. Or la digression du *Théétète* partage un grand nombre de propriétés avec les « parabases » que l'on trouve dans neuf des onze comédies d'Aristophane conservées [4].

2013, p. 10-26, et A. K. Cotton, *Platonic Dialogue and the Education of the Reader*, Oxford, Oxford University Press, 2014, p. 187-224.

1. Selon Hermagoras, T 49 Woerther (= Cicéron, *De inventione* I, 97), la digression peut contenir en particulier « l'éloge de soi et le blâme de l'adversaire » et toute autre manière de se défendre ou d'attaquer qui ne consiste pas en arguments.

2. Voir notamment M. Mader, *Das Problem des Lachens und der Komödie bei Platon*, Stuttgart, Kohlhammer, 1977; D. Clay, « The Origins of the Socratic Dialogue », *in* P. A. Vander Waert (ed.), *The Socratic Movement*, Ithaca (N. Y.), Cornell University Press, 1994, p. 23-47; A. Nightingale, *Genres in dialogue. Plato and the construct of Philosophy* (désormais *Genres*), Cambridge, Cambridge University Press, 1995; p. 172-192, R. Blondell, *The Play of Character in Plato's Dialogues* (désormais *Play*), Cambridge, Cambridge University Press, 2002; N. Charalabopoulos, *Platonic drama and its ancient reception, op. cit.*; A. Capra, « Platon et la comédie : une apologie fantastique pour la poésie? », dans E. J. Pastré, R. Saetta Cottone (éd.), *Usages philosophiques des poètes : Huit études sur les dialogues platoniciens*, Paris, A.D.R.A, De Boccard, 2018, p. 111-127 et *infra*, p. 93.

3. Voir les références données par H. Thesleff, *Platonic Patterns*, Las Vegas, Parmenides Publishing, 2009, p. 28, ainsi qu'A. Capra, Ἀγων λόγων : *Il* Protagora *di Platone tra eristica e commedia*, Milano, LED, Edizioni Universitarie di Lettere Economia Diritto, 2001, p. 87-93 et N. Charalabopoulos, « The metatheatrical reader of Plato's *Protagoras* », *in* F. Budelmann and P. Michelakis (eds), *Homer, Tragedy and Beyond*, London, Society for the Promotion of Hellenic Studies, 2001, p. 154-158 sur le *Protagoras*, ou F. Trivigno, *The Philosophical Muse : On Comedy in the Platonic Dialogues*, thèse de doctorat soutenue à Boston University, 2008, p. 198-233 sur le *Lysis*, en particulier concernant la parabase.

4. Sur la structure des comédies attiques, ses origines et son évolution, voir P. Mazon, *Essai sur la composition des comédies d'Aristophane*, Paris, Hachette, 1904 (qui s'appuie sur les travaux pionniers de Zielinski); F. M. Cornford, *The origin of Attic Comedy*, London, Edward Arnold, 1914; M. Whittaker, « The Comic Fragments in their Relation to the Structure of Old Attic Comedy », *The Classical Quarterly* 29 (3-4), 1935, p. 181-91;

La parabase est un interlude, situé au milieu de la comédie[1] et qui en interrompt l'action dramatique : les personnages sortent de la scène, les choreutes enlèvent leur manteau et se tournent vers les spectateurs pour parler le plus souvent des mérites littéraires ou politiques de l'auteur de la pièce, attaquer ses rivaux ou ennemis et invoquer les dieux, puis les personnages reviennent et l'intrigue de la pièce se poursuit. De même la digression interrompt nettement *en son milieu* « l'action » du *Théétète*, à savoir l'examen des opinions de Théétète accouchées par Socrate et en particulier de la thèse de Protagoras, pour défendre les philosophes au moyen d'un discours continu.

La digression ne constitue certes pas, contrairement aux parabases, une rupture de l'illusion dramatique : Socrate, Théodore et Théétète restent en scène et ne s'adressent pas aux lecteurs pour faire l'éloge de Platon. Le groupe des philosophes est cependant désigné comme « notre chœur »[2], si bien que Socrate et ses interlocuteurs ne sont plus seulement les protagonistes d'un dialogue mais se présentent comme les membres d'un chœur qui prend la parole dans la digression. Il existe d'ailleurs des parabases comiques où le chœur parle de lui-même et de son rôle dramatique dans la pièce[3]. Socrate propose ensuite de parler περὶ τῶν κορυφαίων, de

J. Poe, « Entrances, Exits, and the Structure of Aristophanic Comedy », *Hermes* 127 (2), 1999, p. 189-207. Sur les limites de ce type d'approche, voir I. Ruffell, *Politics and Anti-Realism in Athenian Old Comedy*, Oxford, Oxford University Press, 2011, p. 158-170.

1. Sur la position de la parabase, qui a suscité de nombreux débats depuis Zielinski, voir P. Mazon, *Essai sur la composition des comédies d'Aristophane*, *op. cit.*, p. 174-175, P. Harsh, « The Position of the Parabasis in the Plays of Aristophanes », *Transactions and Proceedings of the American Philological Association* 65, 1934, p. 178-197, et G. Sifakis, *Parabasis and Animal Choruses : A Contribution to the History of Attic Comedy*, London, Athlone Press, 1971. Dans certaines des premières pièces d'Aristophane, on trouve une seconde parabase située peu avant la fin de la pièce.

2. 173b4 : τοῦ ἡμετέρου χοροῦ, repris par Théodore en 173c2 : ἡμεῖς οἱ ἐν τῷ τοιῷδε χορεύοντες. Sur des allusions similaires au chœur théâtral dans le *Protagoras* 315b2-8, voir N. Charalabopoulos, « The metatheatrical reader of Plato's *Protagoras* », art. cit., p. 159-161.

3. Voir le fragment 105 de Cratinus ainsi que les *Oiseaux* (678-800 et 1058-1117) et les *Thesmophories* (785-816), des pièces tardives où le chœur – respectivement des oiseaux et des femmes – fait son propre éloge (sans référence à l'auteur de la pièce). Sur le fait que la rupture de l'illusion dramatique n'est ni essentielle ni restreinte à la parabase et qu'elle n'est pas aussi isolable du reste de la pièce qu'on le pense de ce point de vue, voir I. Ruffell, *Politics and Anti-Realism in Athenian Old Comedy*, *op. cit.*, p. 249-253 et, déjà, G. Sifakis, *Parabasis and Animal Choruses...*, *op. cit.*, p. 20-32. Dans la parabase de *Lysistrata* (614-695), le chœur se divise en deux parties, les hommes et les femmes, qui se disputent et s'accusent mutuellement de trahison, ce qui peut faire songer à la confrontation des deux

décrire « les chefs du chœur » des philosophes (173c6-7)[1]. Or, dans les parabases des *Acharniens* et des *Cavaliers*, le chœur fait l'éloge de son « directeur », c'est-à-dire soit le metteur en scène de la pièce soit l'auteur lui-même, le « poète »[2]. Il existe certes une grande différence entre ces deux rôles et celui de « chef du chœur », qui est sur scène et intervient comme un personnage, mais le « chef du chœur » de Socrate est un philosophe accompli qui n'est pas l'un des interlocuteurs : comme le « poète » ou son metteur en scène pour une comédie, ce « philosophe » se trouve donc bien à la fois hors-dialogue et au principe du dialogue, dans la mesure où les interlocuteurs se considèrent comme des membres de son chœur et s'efforcent de discourir à la manière du philosophe. On observe donc un parallèle étroit entre ces parabases et la digression, qui constituent un éloge et une défense par un « chœur » de lui-même et de celui qui les dirige (absent de la scène) contre les attaques de rivaux et/ou à destination du public, spectateurs ou plus généralement membres de la cité.

Contrairement à de nombreuses digressions platoniciennes, la digression centrale du *Théétète* constitue dès lors un *intermède*, qui

chœurs de la digression. F. M. Cornford, *The origin of Attic Comedy*, *op. cit.*, p. 125-130 a fait l'hypothèse que cette parabase, bien que singulière, révèlerait la nature de *choral agon* et l'origine de la parabase, à savoir une dispute rituelle entre deux parties.

1. D. Xavier, *Con Socrate oltre Socrate...*, *op. cit.*, p. 163-172 interprète ces lignes comme indiquant que Socrate va présenter l'image que le sens commun se fait des philosophes, car le chœur exprimait souvent dans les tragédies le point de vue de l'opinion commune. Cette interprétation est impossible : a) Xavier affirme que ces lignes indiquent le passage du « chœur des serviteurs des maîtres et de la clepsydre » à celui des « hommes qui discutent de philosophie de manière superficielle » (p. 164), alors que Socrate a évoqué seulement « notre chœur », donc celui des philosophes, et que κορῦφαῖοι ne désigne pas simplement un chœur mais les chefs d'un chœur ou d'un groupe, donc en l'occurrence les chefs du chœur des philosophes mentionné juste avant, b) les coryphées sont les *objets* du discours (περὶ τῶν κορυφαίων) et non ceux qui le tiennent.

2. *Acharniens* 628 : Ἐξ οὗ γε χοροῖσιν ἐφέστηκεν τρυγικοῖς ὁ διδάσκαλος ἡμῶν..., *Cavaliers* 507 : Εἰ μέν τις ἀνὴρ τῶν ἀρχαίων κωμῳδοδιδάσκαλος ἡμᾶς ἠνάγκαζεν λέξοντας ἔπη πρὸς τὸ θέατρον παραβῆναι. Comme ses deux premières pièces perdues, les *Acharniens* n'ont pas été présentés sous le nom d'Aristophane mais sous celui de Callistratos, son metteur en scène. Même si c'est lui que désigne le chœur des *Acharniens*, il est probable qu'il s'agit d'une manière indirecte de faire l'éloge d'Aristophane tout en préservant son anonymat officiel, dont il sortira seulement avec les *Cavaliers*. Voir K. Sidwell, *Aristophanes the Democrat. The Politics of Satirical Comedy during the Peloponnesian War*, Cambridge, Cambridge University Press, 2009, p. 107-111 et O. Imperio, *Parabasi di Aristofane. Acarnesi, Cavalieri, Vespe, Uccelli*, Bari, Adriatica Editrice, 2004, pour le débat sur le sens de διδάσκαλος dans ces parabases.

suspend la marche dialectique du dialogue, plutôt qu'un *détour* qui réoriente cette progression vers un autre objet supérieur ou un problème qui doit être préalablement résolu [1].

Il existe également deux ressemblances thématiques saisissantes entre la digression et plusieurs parabases d'Aristophane. Dans leur première partie, ces dernières se réfèrent souvent avec précision au contexte politique athénien dans lequel vivent les spectateurs, attaquent les ennemis du poète, par exemple Cléon dans les *Acharniens* ou les *Guêpes*, les rivaux du poète qui présentent une pièce dans le même concours ou un précédent, et même les Athéniens dans les *Nuées* et les *Guêpes* (parce qu'ils n'ont pas su reconnaître les mérites d'Aristophane). La digression se réfère elle aussi à la vie politique athénienne et attaque les orateurs et le peuple qui se joint à eux contre les philosophes : comme ses éloges, les critiques de la digression ne sont pas *ad personam*, mais le contexte politique athénien est néanmoins évoqué avec précision. Les parabases font également l'éloge des « paroles justes » du poète [2] ou de la qualité de ses œuvres; la digression affirme quant à elle la justice authentique des philosophes et la supériorité de leurs discours, dont le reste du *Théétète* est un exemple. En outre, plusieurs parabases comportent en leur centre, dans l'ᾠδή [3], une invocation religieuse : le chœur adresse ses prières à

1. M. Dixsaut, « Macrology and digression », art. cit. note bien la spécificité de la digression du *Théétète* et la compare, comme D. Sedley, *Midwife*, p. 79-80, aux mythes eschatologiques qui concluent le *Gorgias* ou la *République*. Ce parallèle rend compte de plusieurs traits de la digression (son caractère non-dialectique, sa référence au divin, sa dimension éthique) mais n'explique pas les plus importants : position centrale dans le dialogue, contenu polémique et politique, dimension réflexive ou métadiscursive. L'analogie avec les parabases rend au contraire compte de *tous* ces traits. Si l'on cherche un autre passage similaire à une parabase et à la digression du *Théétète*, un bon exemple est *Phédon*, 88c-91c : cet interlude sur la misologie se situe au centre du dialogue, rompt partiellement l'illusion dramatique (Echécrate interrompt le récit de Phédon), fait l'éloge de Socrate, puis – revenant au récit – explicite réflexivement certains principes guidant Socrate dans le dialogue, après avoir critiqué une autre attitude (éristique) à l'égard du discours. Cette digression ne contribue pas directement au problème discuté, même si défendre la confiance dans les *logoi* a évidemment un lien et un effet indirects à l'égard de la purification philosophique de l'âme et de la possibilité qu'elle survive à la mort. Dans cette digression, manque apparemment un moment hymnique, mais Socrate a évoqué un peu avant le chant prophétique des cygnes, serviteurs comme lui d'Apollon (84e-85b).

2. Pour la défense des « paroles justes » d'Aristophane contre ses ennemis et leurs flatteries à l'égard des Athéniens, voir par exemple la parabase des *Acharniens* 630-658, en particulier 645 et 655.

3. Sur les différentes parties de la parabase, qui se distinguent par les mètres utilisés, par le contenu et par les locuteurs (tout le chœur ou une partie), voir P. Mazon, *Essai sur la composition des comédies d'Aristophane*, *op. cit.*, p. 11-12 et O. Imperio, *Parabasi di Aristofane*..., *op. cit.*, qui fournit également un état de la question complet sur les parabases d'Aristophane. Sur l'hymne, G. Sifakis, *Parabasis and Animal Choruses*..., *op. cit.*, p. 56-59.

des dieux précis en rapport avec l'action dramatique, par exemple la muse d'Acharnes dans les *Acharniens* (665-675) ou Poséidon dans les *Cavaliers* (551-564). Dans la dernière partie de la digression [1], est évoqué de même un dieu anonyme et absolument juste, modèle du philosophe, qui sait correctement chanter les dieux (176a1) et se distingue ainsi de ses rivaux sans vertu. Tous ces indices rendent plus que vraisemblable l'hypothèse que la digression du *Théétète* soit inspirée des parabases comiques, au moins d'un point de vue fonctionnel et formel.

La majorité des commentateurs récents reconnaît déjà, on l'a vu, l'hétérogénéité de la digression par rapport à l'examen dialectique du relativisme [2], mais l'interprète en fonction de cet examen, qu'elle complèterait en offrant une critique (reprenant celles du *Gorgias* et de la *République*) du relativisme appliquée aux valeurs de la cité (172a-b), ou en montrant « les implications fondamentales de la doctrine de l'homme-mesure, négation même, aux yeux de Platon, de toute morale comme de toute philosophie » [3].

Ces hypothèses sont pertinentes pour comprendre plusieurs passages de la digression ainsi que la position de Platon à l'égard de Protagoras, mais ont deux défauts dirimants. Le premier est de privilégier la dernière partie de la digression au détriment des précédentes. Myles Burnyeat affirme par exemple que « le thème central de la Digression est la relation entre justice et prudence » [4]. Or il s'agit plutôt de son thème *final*, à partir de 176b2. Son thème *principal* est la différence entre la vie des philosophes et celle des orateurs (voire de tous les autres hommes) et la supériorité de la première. La question de la nature de la justice est certes *implicitement* présente dès le début, du fait de l'évocation des tribunaux, et fait au moins deux apparitions discrètes (173a7, 175c1-2) avant la dernière partie, mais on peut difficilement réduire la fonction de la digression à une critique du relativisme en matière de valeurs, car cela ne rend pas compte de la description détaillée des philosophes que contient

1. Pour le plan de la digression utilisé dans cette étude, voir *supra*, p. 14.

2. Une exception est D. Bradshaw (« The Argument of the Digression in the *Theaetetus* », art. cit.), pour qui la digression montrerait une nouvelle auto-contradiction du relativisme et la nécessité d'une définition objective de la justice. Pour M. Dixsaut, *Naturel*, p. 302, la digression « constitue en fait la seule véritable réfutation de la thèse de Protagoras ». Sans la digression, la critique de Protagoras serait assurément incomplète, mais la digression est-elle pour autant une « réfutation » ?

3. D. Babut, « Platon et Protagoras », art. cit., p. 83.

4. M. Burnyeat, *Introduction*, p. 53. *Cf.* T. Chappell, *Reading*, p. 118-120. Léon Robin (Platon, *Œuvres complètes*, Paris, Gallimard, 1950, p. 1453) estimait déjà que la digression introduit une « question de droit », celle « de la vie selon la justice ».

la digression. Deuxièmement et corrélativement, ces interprétations ne lient la digression qu'à son contexte immédiat, à savoir la réfutation d'une interprétation politique particulière de la doctrine protagoréenne [1], ou au mieux à la première partie du dialogue.

Or la similarité de la digression avec une parabase, en particulier sa position – très souvent invoquée par les commentateurs – au centre exact du *Théétète*, plaide en faveur d'un lien organique entre la digression et *l'ensemble* du dialogue. Les études récentes des parabases d'Aristophane ont en effet bien montré qu'elles ont plusieurs fonctions plus ou moins explicites : elles réfèrent certains aspects ou la totalité de la comédie au monde extra-dramatique et en particulier au contexte socio-politique dans lequel est jouée la pièce, elles donnent une image des objectifs, de la carrière du poète et de la compétition avec ses rivaux, et insèrent la pièce dans l'ensemble de son œuvre, elles constituent un foyer où sont réfléchis et mis en exergue les principaux thèmes de la pièce [2]. Dès lors, au lieu de chercher à intégrer la digression dans le dialogue uniquement en lui trouvant une fonction implicite dans la réfutation de Protagoras, il faut la considérer également et même surtout du point de vue de l'ensemble du dialogue et de sa relation à son contexte (auteur, destinataires, cibles, rivaux). Je ne suggère pas ce faisant d'utiliser le modèle de la parabase pour réactualiser la thèse selon laquelle la digression aurait une dimension autobiographique [3], mais d'insister beaucoup plus qu'on ne l'a fait jusqu'ici sur sa dimension sociale et politique. En outre, s'il est désormais bien établi que la digression contient de nombreuses allusions à d'autres

1. F. Decleva-Caizzi, « Da Protagora al discorso "maggiore" (*Tht. 171d5-172c1*) », *in* G. Casertano (ed.), *Il Teeteto di Platone : strutture e problematiche*, Napoli, Loffredo, 2002, p. 63, 83 et 86, E. Spinelli, « Socratismo, platonismo e arte della vita », art. cit., p. 202-205 et D. Sedley, *Midwife*, p. 62-65.

2. Voir A. Bowie, « The Parabasis in Aristophanes : Prolegomena, *Acharnians* », *The Classical Quarterly* 32 (1), 1982, p. 27-40, T. Hubbard, *The Mask of Comedy : Aristophanes and the Intertextual Parabasis*, Ithaca, Cornell University Press, 1991 ; Z. Biles, *Aristophanes and the Poetics of Competition*, Cambridge, Cambridge University Press, 2011.

3. Cette thèse remonte au moins à T. Bergk et E. Rhode, *Kleine Schriften*, Tübingen, Mohr, 1901, p. 317 et se retrouve chez Wilamowitz ou Natorp (*Platons Ideenlehre*..., *op. cit.*, p. 95), qui estiment que le « chœur des philosophes » est le cercle de Platon et le « chef de chœur » Platon lui-même. Si la digression se réfère à une vie, c'est à celle de Socrate (voir *infra*, p. 43-57), mais il est difficile d'exclure que Platon justifie aussi une partie de sa propre vie et l'Académie lorsqu'il décrit le « chœur » des philosophes. L'important est toutefois qu'il le fasse de manière indirecte, implicite et dépersonnalisée, à travers la défense d'un *type* de vie, contrairement à Aristophane dans la parabase des *Nuées* (voir *infra*, p. 96) ou à Isocrate dans l'*Antidosis* (voir p. 97-99). Voir à ce sujet L. Edelstein, « Platonic Anonymity », *The American Journal of Philology* 83 (1), 1962, p. 1-22.

dialogues, il est nécessaire d'examiner systématiquement dans quelle mesure la digression contribue à situer le *Théétète* par rapport au reste de l'œuvre de Platon. On tentera par ailleurs de montrer, conformément à la troisième fonction implicite des parabases, que la digression pourrait mettre en relief le type de discours pratiqué et certains résultats obtenus par le dialogue lui-même, et jouer ainsi un rôle indirect dans l'éclaircissement de la nature de la science.

La fonction réflexive de la digression

Comment la digression est-elle introduite dans le cours du dialogue? Quel est son contexte au sens strict du terme? Socrate décrit les conséquences politiques tirées par certaines personnes de la thèse de Protagoras (172a1) et le relativisme social ou juridique qu'elles soutiennent à propos de la justice ou de la piété :

> … Et, en tout cas, tous ceux qui ne veulent pas reprendre [à leur compte] la totalité de la doctrine de Protagoras font aller leur sagesse à peu près jusque là. Mais voici, Théodore, qu'un argument plus important s'empare de nous à partir d'un moindre.
>
> Théodore : Nous en avons sûrement le loisir, Socrate.
>
> Socrate : Il semble bien. Et c'est d'ailleurs souvent, homme divin, que je me suis fait cette réflexion, aussi bien à d'autres occasions que justement en ce moment : il est naturel que ceux qui ont consacré beaucoup de temps aux discussions philosophiques se révèlent des orateurs ridicules quand ils se rendent dans les tribunaux [1].

Socrate va ensuite longuement expliquer l'opposition entre les philosophes et ceux qui fréquentent les tribunaux. Faut-il comprendre alors que la digression est un « argument plus long » (172b7 : λόγος μείζων) qui « se saisit » de Socrate et Théodore à la suite du « plus petit » qu'ils viennent de tenir? Telle est l'interprétation de certains commentateurs, qui observent néanmoins que μείζων désigne sans doute l'importance et la valeur du propos qui suit plutôt que sa taille [2]. Cornford admet ce

1. 172b6-c6 : καὶ ὅσοι γε ἂν μὴ παντάπασι τὸν Πρωταγόρου λόγον λέγωσιν, ὧδέ πως τὴν σοφίαν ἄγουσι. λόγος δὲ ἡμᾶς, ὦ Θεόδωρε, ἐκ λόγου μείζων ἐξ ἐλάττονος καταλαμβάνει. {ΘΕΟ.} Οὐκοῦν σχολὴν ἄγομεν, ὦ Σώκρατες; {ΣΩ.} Φαινόμεθα. καὶ πολλάκις μέν γε δή, ὦ δαιμόνιε, καὶ ἄλλοτε κατενόησα, ἀτὰρ καὶ νῦν, ὡς εἰκότως οἱ ἐν ταῖς φιλοσοφίαις πολὺν χρόνον διατρίψαντες εἰς τὰ δικαστήρια ἰόντες γελοῖοι φαίνονται ῥήτορες.

2. La taille d'un *logos* est généralement désignée par les adjectifs μακρός ou βρᾰχύς (*cf.* 172d8). Voir E. Spinelli, « Socratismo, platonismo e arte della vita », art. cit., p. 204, F. Decleva-Caizzi, « Da Protagora al discorso "maggiore" (*Tht. 171d5-172c1*) », art. cit.,

point, mais comprend λόγος μείζων comme se référant à la « théorie plus importante » qui n'est pas celle de Protagoras mais celle de ses disciples mentionnés juste avant, qui estiment que le juste et l'injuste n'ont aucune réalité naturelle [1]. Quelle interprétation est la plus plausible ? Il me semble peu naturel que Socrate se réfère dès 172c1 à la digression comme si elle *s'imposait* à lui et à Théodore (ἡμᾶς καταλαμβάνει) et comme s'il savait déjà qu'il allait s'y engager, alors même qu'il n'en indique le contenu qu'après. En outre, comment la digression pourrait-elle être plus importante que la réfutation du relativisme protagoréen qui la précède [2] ? Pour autant, je doute fort que Socrate désigne la seule doctrine qu'il vient d'exposer rapidement comme « plus importante » par rapport à celle de Protagoras évoquée précédemment ; c'est plutôt au traitement adéquat de ce relativisme des valeurs et à sa nécessaire réfutation que Socrate fait allusion.

Dès lors, la digression ne constitue pas le λόγος μείζων, « l'argument plus important », mais l'interrompt ou plutôt l'empêche de commencer. Si la digression était d'abord et avant tout une réponse au relativisme restreint aux valeurs de la cité [3], comme le pense la grande majorité des commentateurs récents [4], elle serait tout à fait indispensable et ne se distinguerait des réfutations précédentes que par le fait qu'elle résume

p. 63, et surtout A. Balansard, *Enquête sur la doxographie platonicienne dans la première partie du* Théétète (désormais *Enquête*), Sankt Augustin, Academia, 2012, p. 178-179, qui juge que Socrate pense « maintenant surtout » à l'opposition entre orateurs et philosophes à cause de sa convocation en vue d'un procès (voir 210d2-5), dont il pressentirait qu'il va y être ridicule.

1. F. Cornford, *Theory*, p. 82-83 distingue deux doctrines différentes en 171d8-172b9, celle de Protagoras (171d8-172b2 où les verbes sont au singulier) et celle d'autres penseurs qui vont *plus loin* que lui (172b2-c2 où l'on passe au pluriel), ressemblent au Thrasymaque de la *République* et seraient réfutés indirectement dans la digression. F. Decleva Caizzi, art. cit. affermit et enrichit la lecture de Cornford, mais reconnaît (p. 76-78) la plausibilité d'une interprétation qui amoindrit sa distinction. Pour des objections convaincantes à la distinction de Cornford, voir T. Chappell, *Reading*, p. 120 et A. Balansard, *Enquête*, p. 175-178. D. Labriola, « Plato v. Status Quo : On the Motivation for Socrates'Digression in the *Theaetetus* », *Apeiron* 45, 2012, p. 91-108 défend une autre distinction, à mon avis trop forte, entre Protagoras et un relativisme des seules valeurs issu du sens commun (voir *infra*, p. 83, n. 3).

2. λόγος ἐκ λόγου μείζων ἐξ ἐλάττονος suggère la succession de deux discours du même type, donc deux examens dialectiques, plutôt qu'un examen dialectique et une digression.

3. Je reviens sur cette fonction *infra*, p. 41-42, 81-87 et 163-169.

4. F. Cornford, *Theory*, p. 35, A.-J. Festugière, *Contemplation*, p. 414-420, J. McDowell, *Plato : Theaetetus*, *op. cit.*, p. 174, J. Cooper, *Plato's Theaetetus*, *op. cit.*, p. 82, D. Bostock, *Plato's Theaetetus*, *op. cit.*, p. 98, D. Sedley, *Midwife*, p. 65-66, Z. Giannopoulou, *Plato's* Theaetetus *as a Second Apology*, Oxford, Oxford University Press, 2013, p. 90, D. Labriola, « Plato v. Status Quo : On the Motivation for Socrates'Digression in the *Theaetetus* »,

allusivement des arguments développés dans d'autres dialogues [1]. Mais, si tel était le cas, pourquoi finalement désigner la digression comme « accessoire » (πάρεργα) puis reprendre exactement au même point comme si le propos avait été interrompu [2] ? En 177c-d, Socrate résume en effet le relativisme focalisé sur les valeurs de la cité, qu'il a introduit juste avant la digression [3]. Il est vrai que l'argument qui suit et invoque le futur vise à nouveau Protagoras et le relativisme en général (178b) [4] et que le relativisme concernant les valeurs de la cité ne semble donc finalement pas faire l'objet d'une réfutation spécifique, ce qui pourrait être un argument de poids en faveur de la lecture majoritaire assignant cette unique fonction à la digression [5]. Mais il n'en va pas ainsi.

Juste après la digression mais *avant* le début de l'argument concernant le futur, Socrate rappelle en effet que ce relativisme ne peut pas s'appliquer à ce qui est « utile » (ὠφέλιμα), car il serait absurde de prétendre qu'une chose est utile à une cité du seul fait qu'elle est nommée telle par cette cité. Ce qui est utile est en effet un objet (πρᾶγμα), irréductible au discours et *visé* par la cité à travers ses lois, si bien que la cité peut l'atteindre ou le manquer (177e-178a). Socrate remarque alors que ce qui est utile doit être examiné dans toute son extension, c'est-à-dire inclure la considération du futur, si bien que le nerf de l'argument concernant le

art. cit. et C. Kahn, *Plato and the Post-Socratic Dialogue. The Return to the Philosophy of Nature*, Cambridge, Cambridge University Press, 2013, p. 88-89.

1. Platon, *Œuvres complètes*, éd. Léon Robin, *op. cit.*, p. 129 met bien en évidence cette conséquence dans les divisions qu'il introduit dans sa traduction : en 172a, il indique « V. La discussion est étendue à la conception même de la vie : 1. pour la société », puis en 172c, juste après la réplique de Théodore sur le loisir, « 2. Pour l'individu. A) Deux sortes d'hommes », et finalement en 177c, après la digression, « VI. Troisièmes objections contre la thèse de l'homme-mesure : 1. Le problèmes des jugements de valeur par rapport au futur ». L'interruption de la discussion sur le relativisme civique et sa reprise (voir les deux notes suivantes) sont donc gommées et il n'y a plus aucune digression.

2. Selon A. Balansard, *Enquête*, p. 181, περὶ μὲν οὖν τούτων, ἐπειδὴ καὶ πάρεργα τυγχάνει λεγόμενα, ἀποστῶμεν (177b7-8) ne désigne pas l'ensemble de la digression, mais seulement ses dernières lignes (à partir de 177b2). On ne voit cependant pas en quoi les cinq lignes évoquant la conversion dialectique des orateurs seraient « accessoires » par rapport à ce qui les précèdent, menaceraient de submerger « l'argument de départ » ou seraient plus agréables à Théodore (177c3). Et Socrate reprend ensuite exactement l'argument de 172a-b (voir note suivante), preuve que celui-ci a été interrompu par la description des philosophes et des orateurs. C'est l'ensemble de cette description qui est qualifié d'« accessoire »,

3. Voir les parallèles indéniables entre 172a8-b6 : τολμήσειε φῆσαι… ἐθέλουσιν ἰσχυρίζεσθαι… et 177c9-d6 : ἐθέλειν διισχυρίζεσθαι… ὥστε τολμᾶν διαμάχεσθαι… bien soulignés par A. Balansard, *Enquête*, p. 191.

4. D. Sedley, *Midwife*, p. 86 se demande du coup pourquoi cet argument est requis, alors que Protagoras a été considéré comme réfuté avant la digression.

5. Je remercie vivement David Sedley de ses objections et suggestions sur cette question.

futur (178b-179b) est déjà formulé, avant même qu'il ne commence, à propos des lois de la cité. Pour cela, Socrate fait admettre à Théodore que la cité n'a pas d'autre fin que ce qui est le plus utile lorsqu'elle institue ses lois (177e5-7). Cette prémisse est décisive, puisqu'elle implique qu'il n'est pas possible d'isoler certaines lois portant sur le juste ou l'impie et de les considérer comme vraies du seul fait que la cité les promulgue, alors que d'autres lois porteraient seulement sur ce qui est utile et seraient soustraites à ce relativisme. Toutes les lois visent en réalité ce qui est utile, y compris celles formulées en termes de justice ou de piété, et peuvent donc réussir ou échouer[1]. La distinction sur laquelle s'appuyait le relativisme restreint aux valeurs de la cité est réduite à néant, si bien qu'il peut être inclus parmi les cibles de l'argument concernant le futur qui suit immédiatement. Ce dernier est donc bien le λόγος μείζων annoncé avant la digression (172c1)[2], à savoir un « argument plus important » par sa valeur dialectique et par sa portée, puisqu'il réfute aussi bien le relativisme restreint que le relativisme généralisé de Protagoras.

La digression commence donc seulement en 172c3 avec « la réflexion que [Socrate s'est] souvent faite » et non en 172b8 avec le λόγος μείζων. Dès lors, quand Socrate dit que lui revient à l'esprit « justement en ce moment » (172c4) l'opposition entre philosophes et orateurs, c'est non seulement parce qu'il a évoqué les lois qu'instituent chaque cité, mais surtout à cause de la réponse de Théodore à propos de leur loisir[3]. La preuve en est que cette réponse va être explicitement incorporée dans le discours de Socrate dès le début de la digression. Après avoir comparé

1. *Cf.* N. Thaler, « A *Hidden* Argument in Plato's *Theaetetus* », *in* S. Weisser, N. Thaler (eds), *Strategies of Polemics in Greek and Roman Philosophy*, Leiden, Brill, 2016, p. 59-63, qui présente cependant la réfutation du relativisme politique comme « cachée », alors que celle-ci n'est pas indépendante de l'argument du futur : elle montre juste préalablement et, certes, discrètement que le relativisme politique ne peut pas prétendre échapper à ce dernier argument.

2. Un bon signe en est qu'en 172a-b6, lorsqu'il présente le relativisme restreint, Socrate signale déjà la dimension diachronique des jugements de la cité (172b1-2 : ἃ ἂν θῆται πόλις (…) συνοίσειν (au futur), 172b5-6 : τὸ κοινῇ δόξαν τοῦτο γίγνεται ἀληθὲς τότε, ὅταν δόξῃ καὶ ὅσον ἂν δοκῇ χρόνον), ce qui montre qu'il aperçoit déjà le nouvel argument, fondé sur le temps, que la digression retarde et qui sera développé de 177d à 179b.

3. Ce point est bien vu par A. Miller, « Pindar, N. 4. 33-43 and the Defense of Digressive Leisure », *The Classical Journal* 78 (3), 1983, p. 214 et M. Dixsaut, *Naturel*, p. 299 : « C'est précisément à partir de ce mot : "loisir" (*scholé*) que s'opère dans le *Théétète*, abruptement, le passage à la digression… ». *Cf.* W. Guthrie, *A History of Greek Philosophy…*, *op. cit.*, p. 89. Le fait que Socrate réponde à Théodore en l'appelant « messager divin » (172c3 : δαιμόνιε) signifie peut-être qu'en parlant de « loisir », Théodore a deviné et anticipé la pensée de Socrate au moment où il s'interrogeait sur le λόγος μείζων. Cette apostrophe revient à la fin de la digression (177b4).

la différence entre philosophes et familiers des tribunaux à celle entre hommes libres et esclaves, Socrate l'explique par le fait (172d4-8) :

> ...que les uns sont en permanence dans ce loisir dont tu as parlé et qu'ils élaborent leurs discours à loisir dans la paix. De même qu'en ce moment, nous remplaçons déjà pour la deuxième fois un discours par un autre, ainsi font-ils eux aussi, si le discours qui se présente à eux leur convient mieux, comme à nous, que celui qui les occupe.

Théodore a dit que Socrate, Théétète et lui-même avaient « le loisir » de suivre un nouveau λογός à la suite d'un précédent moins important, et cela a rappelé et confirmé à Socrate l'importance d'un constat qu'il avait déjà fait auparavant, à savoir que les philosophes se caractérisent par leur liberté de discussion et que cela les rend incompétents dans les tribunaux, qui exigent une tout autre pratique du discours. La digression commence donc nettement par une évocation de l'activité en cours de Socrate, Théodore et Théétète, qui sont inclus parmi les « philosophes » décrits [1].

La digression est donc d'abord une parenthèse méthodologique, comme la fameuse présentation de son activité maïeutique que propose Socrate pour encourager Théétète à avancer une définition de la science (149a-151e) [2], à cette différence près que Socrate vient à peine de commencer à pratiquer la maïeutique dans le *Théétète* lorsqu'il la décrit, alors qu'il a déjà plusieurs fois « échangé (μεταλαμβάνομεν) un discours/argument pour un autre » [3] au moment où il met en lumière et justifie cette

1. 172d5 : ὥσπερ ἡμεῖς νυνὶ, d8 : καθάπερ ἡμᾶς ἀρέσῃ. Un peu plus loin, Socrate désigne les philosophes libres comme « ceux de notre chœur » (173b4 : τοὺς δὲ τοῦ ἡμετέρου χοροῦ) et, face à une nouvelle hésitation de Socrate à poursuivre leur description, Théodore décrit à nouveau la manière libre dont Socrate et lui traitent les discours (173c1-5). M. Narcy, *Théétète*, p. 72-76 interprète Théodore et Théétète comme des représentants du discours des orateurs, ce qui impliquerait que Socrate est ironique dans les passages où il les inclut dans le chœur des philosophes.

2. O. Gigon, *La teoria e i suoi problemi in Platone e Aristotele*, *op. cit.*, p. 68 souligne la continuité entre le passage sur la maïeutique, celui sur l'étonnement (155d) et la définition de la philosophie dans la digression, qui viendrait compléter et expliquer les deux passages précédents, sur lesquels je reviens *infra*, p. 50-52 et 199. Voir aussi M. Narcy, *Théétète*, p. 72-79 sur l'importance de distinguer la philosophie de la rhétorique pour la conduite du dialogue dans son ensemble.

3. Socrate parle d'un « troisième *logos* » (172d6). Il n'est pas évident de savoir à quels discours il fait référence. M. Valgimigli et A.-M. Ioppolo (*Platone. Teeteto*, introduzione e note aggiornate, Roma, Laterza, 1999, p. 238, n. 98 et p. 209, n. 133), M. Burnyeat, *Introduction*, p. 300, n. 27 ou M. Narcy, *Théétète*, p. 342, n. 240 proposent 1) 161b-169c, à savoir la discussion des thèses de Protagoras lors de laquelle Socrate défend lui-même Protagoras, 2) 169d-172b où Théodore se charge de la défense de Protagoras et 3) la

pratique. Ce qui suscite explicitement et en premier lieu la digression, son amorce si l'on veut, c'est la question du passage « à loisir » d'un λογός à un autre, et non l'exigence de réfuter le relativisme à l'égard de la justice, qui demeure entièrement implicite et constitue donc plutôt une sorte de *background*, qui va revenir progressivement sur le devant de la scène au cours de la digression.

Avant la remarque de Théodore en 172c2 (Οὐκοῦν σχολὴν ἄγομεν), Socrate a en fait déjà lui-même fait explicitement allusion au loisir de leur dialogue (154e8), qui sera également rappelé au début de la deuxième partie par Théétète avec une référence à la digression (187d6-e1). En outre, la première mention du « loisir » dans le *Théétète* n'est pas le fait d'un des personnages mais du narrateur, Euclide, dans le prologue (143a2), lorsqu'il décrit comment il a mis par écrit le dialogue auquel il a assisté : le *Théétète* représente une situation de loisir et cette représentation écrite n'aurait-elle même pas été possible sans loisir. J'analyserai plus loin ces autres invocations de la *scholé*, qui confirmeront que la digression est liée à l'ensemble du dialogue et non pas seulement à son contexte immédiat. Dès lors, la première partie de la digression, qui définit cette notion, apparaît comme cruciale pour comprendre la digression mais aussi le *Théétète* dans son intégralité, et il faudra lui accorder beaucoup plus d'importance que la grande majorité des commentateurs, qui la néglige au profit de sa quatrième partie, où figure « l'assimilation à dieu ».

La digression est donc bien, comme le dit Daniel Babut, « l'arrière-plan ou la toile de fond sur laquelle vient obligatoirement s'inscrire la discussion des thèses examinées dans le dialogue », un moment de « recul » [1], mais ce recul est en premier lieu *réflexif* ou métadiscursif : il explicite les conditions spécifiques du dialogue philosophique, les qualités requises de ceux qui s'y consacrent, qui se rattachent toutes ou

digression elle-même. L. Campbell, *The Theaetetus of Plato*, with a revised text and English notes, Oxford, Oxford University Press, 1861, p. 99, n. 8 estime que le troisième discours correspond à la discussion de la position protagoréenne en matière politique, qui commence avant la digression (172a), comme Léon Robin (Platon, *Œuvres complètes*, p. 1433, n. 4), qui pense que le premier discours correspond à toute la critique de la première définition de Théétète jusqu'à la défense de Protagoras (donc jusqu'à 168d, où Théodore devient l'interlocuteur de Socrate). Socrate fait cependant référence à ce qui vient ou est en train de se passer (172d6 : ὥσπερ ἡμεῖς νυνὶ), si bien que, comme me l'a suggéré Michel Crubellier, le premier discours pourrait être plutôt la présentation du relativisme restreint (171e-172b), le second « l'argument plus important » évoqué en 172c1, c'est-à-dire la réfutation de ce relativisme, et le troisième la digression elle-même, qui prend la place du second *logos* comme on l'a vu *supra*, p. 35-38, et naît donc d'une seconde bifurcation.

1. D. Babut, « Platon et Protagoras », art. cit., p. 84.

presque à l'idée de « liberté », au sein de laquelle la liberté du temps, le loisir, est soulignée [1]. La digression est un miroir, une mise en abyme du dialogue entre Socrate, Théodore et Théétète

Cette lecture n'est toutefois pas exclusive de celles, déjà mentionnées, qui posent une continuité thématique entre la digression et la réfutation de la thèse de Protagoras appliquée à la justice, et ce pour deux raisons au moins. D'abord, j'y ai déjà fait allusion, la digression est suffisamment longue et dense pour qu'on y distingue plusieurs moments distincts et qu'on puisse donc la revêtir de plusieurs fonctions. Si l'on se contente de suivre ses articulations explicites, on doit distinguer deux grands moments inégaux en elle (172c-176a4, 176a5-177c2) [2]. La comparaison des orateurs et des philosophes se développe en plusieurs étapes jusqu'en 174a2, où une demande de précision de Théodore conduit Socrate à raconter l'anecdote de Thalès et de la servante thrace. Celle-ci poursuit la description du philosophe, mais remet au centre de la digression l'observation initiale de Socrate (172c3), à savoir l'incompétence des philosophes dans les tribunaux, qui est alors décrite [3] : Socrate raconte et explique plusieurs interactions typiques entre le philosophe et les autres hommes, puis conclut en revenant aux caractéristiques fondamentales des deux groupes rivaux, la liberté et le loisir des philosophes (175e1), la servilité des autres hommes. Théodore évoque alors les conséquences éthiques et politiques positives qu'auraient les idées de Socrate si tous les hommes les adoptaient (176a2-3), ce qui relance la digression sur un sujet différent, à savoir l'origine du bien et du mal dans le monde, la différence entre les hommes et les dieux et l'exigence pour les premiers d'imiter les seconds en pratiquant la justice pour être véritablement sages, contrairement à ceux qui cultivent une habileté injuste. La forte présence des notions de justice et de piété dans ce second moment de la digression rappelle évidemment le passage qui la précède, où était évoquée la manière dont certains protagoréens envisagent ces notions de manière relativiste (172a1-2, b2-4). Ceci autorise à penser avec de nombreux commentateurs

1. *Cf.* M. Dixsaut, *Naturel*, p. 300-301 : la digression sert « à établir que loisir et liberté sont les conditions de la parole du philosophe », et M. Dixsaut, « Macrology and digression », art. cit., p. 26 : « insofar as it spells out the conditions for dialectical thinking, it is also a piece of metaphilosophy ».

2. O. Gigon, *La teoria e i suoi problemi in Platone e Aristotele*, *op. cit.*, p. 66-68 distingue ainsi deux étapes, le portrait du philosophe et la question de la justice.

3. Voir 174b7 : « Eh bien dès lors, mon cher, quand un tel homme rencontre quelqu'un, en privé ou en public, tout comme je le disais en commençant, quand au tribunal ou dans n'importe quel autre lieu, il est contraint de discuter de ce qui est à ses pieds ou sous ses yeux, il suscite le rire… ».

déjà mentionnés que la digression contribue à la critique du relativisme à propos des valeurs politiques, d'origine protagoréenne[1], bien qu'elle ne se présente pas ainsi au départ et suspende même indéniablement, on l'a vu, son examen dialectique.

La seconde raison qui va dans le sens de cette polyvalence de la digression, c'est l'objet même du *Théétète*. Dans la mesure où le dialogue cherche à définir, donc à connaître, ce qu'est la connaissance ou la sagesse, sa manière d'enquêter sur son objet ne peut pas être indépendante de cet objet[2], comme le soulignera Socrate (196d-e). Dès lors, la fonction réflexive ou métadiscursive de la digression et sa fonction argumentative ou critique (au sein de la première partie du dialogue) ne peuvent *in fine* être séparées qu'artificiellement. Quand Socrate explique et défend la manière dont un philosophe interroge ou cherche une définition, il esquisse nécessairement du même coup un modèle du savoir – ou, du moins, de sa recherche – qui peut être comparé avec ceux dont il discute avec Théétète et Théodore.

La digression et le passage sur la maïeutique sont d'ailleurs loin d'être les seuls moments méthodologique du *Théétète*, dont l'argumentation est sans cesse interrompue par des remarques sur ce que doit être un bon dialogue, en particulier dans la première partie. Il s'agit certes d'une caractéristique connue des dialogues de Platon. Elle s'explique souvent (*Protagoras*, *Gorgias*, *Rép.* I) par le fait que les interlocuteurs de Socrate sont hostiles à sa manière de discuter, qui doit donc être justifiée pour pouvoir continuer à être utilisée. Dans d'autres dialogues où les interlocuteurs coopèrent facilement, la réflexivité tient au fait que chaque dialogue vise non seulement à mieux connaître son objet mais aussi à « devenir meilleur dialecticien sur tous les sujets » (*Politique* 285d), et gagne donc à suggérer en quoi il constitue l'application à un objet d'une méthode plus générale. Le premier motif vaut pour la première partie du *Théétète*[3] et le second pour l'ensemble. Le *Théétète* pousse cependant cette tendance à son paroxysme dans la mesure où il ne porte pas sur n'importe quel objet mais sur ce qu'est la sagesse ou la science, à savoir

1. Voir *infra*, p. 36-37.

2. R. Blondell, *Play*, p. 252 : « [the] *Theaetetus* [is] peculiarly self-referential in a dramatic sense, in so far as its subject is the very process in which the participants are engaged ». La réflexivité du *Théétète* a également été soulignée par R. Polansky, *Commentary*, p. 209-213.

3. Bien que Protagoras ne soit pas un interlocuteur du *Théétète*, il est bien connu qu'il « résiste » à sa réfutation par l'intermédiaire d'un Socrate très scrupuleux et de son ami Théodore, ce qui rappelle les résistances de Polos et Calliclès dans le *Gorgias*.

sur l'objectif même des dialogues et de leur méthode [1]. De ce point de vue, la digression est moins une pause singulière dans le dialogue que l'amplification solennelle, la synthèse et le couronnement d'une ligne réflexive qui traverse tout le dialogue.

SOCRATE OPPOSÉ AUX « PHILOSOPHES » ?

L'hypothèse d'une fonction réflexive de la digression se heurte toutefois à un problème, celui des divergences qui semblent exister entre la conduite de Socrate (d'après les dialogues de Platon [2]) et le portrait du philosophe dans la digression. Certaines de ces différences ont été remarquées depuis longtemps [3], mais leur liste a été mise en exergue et allongée par plusieurs lectures récentes de la digression [4], certaines allant jusqu'à soutenir que la figure du philosophe de la digression, loin d'être un modèle pour Platon, est un repoussoir au même titre que la figure de l'orateur [5], deux excès

1. *Cf.* M. Lane, « "Emplois pour philosophes" : l'art politique et l'Étranger dans le *Politique* à la lumière de Socrate et du philosophe dans le *Théétète* », *Les Études philosophiques* 74 (3), 2005, p. 326 : « L'idée selon laquelle le *Théétète* est, sur des sujets d'importance, le commentaire d'autres dialogues est bien établie ».

2. Dans tout ce qui suit, il ne sera question que du personnage de Socrate chez Platon et non du Socrate historique.

3. Voir déjà W. Jaeger, *Aristotle. Fundamentals of the History of His Development*, *op. cit.*, p. 15-16 qui évoque « the apotheosis of the un-Socratic philosopher of Plato's later days » et même, avec plus de nuances, F. Cornford, *Theory*, p. 88 : « The tone of this digression (...) is far removed from the humanity of Socrates, who certainly knew the way to the market-place, though he deliberately kept out of politics ». Jamblique, *Protreptique* 14, p. 72, 9-11 Pistelli / p. 100 Des Places présente les « coryphées en philosophie » comme suivant les règles de Pythagore (et cite ensuite la digression de 173d1 jusqu'à la fin en supprimant ou paraphrasant les répliques de Théodore). Ceci peut suggérer que, déjà pour les néoplatoniciens, les philosophes décrits à partir de la deuxième partie de la digression étaient distingués comme des modèles particulièrement éminents, peut-être différents de Socrate.

4. Voir M. Waymack, « The *Theaetetus* 172c-177c : A Reading of the Philosopher in Court », *The Southern Journal of Philosophy* 23, 1985, p. 482-484, S. Hemmenway, « Philosophical Apology in the *Theaetetus* », *Interpretation* 17, 1990, p. 323-346, R. Rue, « The Philosopher in flight : the Digression in Plato's *Theaetetus* », *Oxford Studies in Ancient Philosophy* 11, 1993, p. 71-100, J. Annas, *Platonic Ethics, Old and New*, Ithaca, Cornell University Press, 1999, p. 55-71, R. Blondell, *Play*, p. 298-300, D. Sedley, *Midwife*, p. 66-67, M. Lane, « "Emplois pour philosophes" ... », art. cit., p. 330-332 et les interprètes cités dans la note suivante.

5. Voir H. Berger, « Plato's Flying Philosopher », *Philosophical Forum* 13, 1982, p. 385–407, R. Rue, « The Philosopher in flight : the Digression in Plato's *Theaetetus* », art. cit. suivis par P. Stern, « The Philosophic Importance of Political Life ... », art. cit. et *Knowledge and Politics in the Theaetetus*, Cambridge, Cambridge University Press, 2008, p. 162-182, A. Tschemplik, *Knowledge and Self-knowledge in Plato's* Theaetetus,

symétriques par rapport à Socrate, philosophe rigoureux mais modeste et citoyen d'Athènes préoccupé du sort des hommes qui l'entourent. Au risque de mettre provisoirement entre parenthèses l'analyse des fonctions et de la structure de la digression, il est nécessaire de discuter les bases de cette interprétation nouvelle.

Résumons les traits de Socrate prétendument incompatibles avec la description des philosophes dans la digression [1] :

1) Contrairement à Théodore et aux philosophes, Socrate ne vit pas dans le loisir, car il est au service du dieu et n'a pas le loisir des jeunes garçons de bonne famille qui le suivent (*Apologie*, 23b4-23c5) : en témoigne d'ailleurs dans le *Théétète* le fait qu'il met fin à la discussion pour se rendre à une convocation au Portique du Roi, à cause de l'accusation déposée contre lui par Mélétos (*Théétète*, 210d1-3) [2].

2) Socrate fréquente l'agora (*Apologie*, 17c), connaît le chemin du tribunal, où il se rend à la fin du *Théétète*, connaît les lois d'Athènes (*Apologie*, 32b ou *Criton*) et les procédures des tribunaux (qu'il décrit dans la digression) et sait bien se défendre à son procès, alors que le philosophe est présenté comme ignorant tout des tribunaux et des institutions de la cité, y compris leurs localisations, et se couvrant de ridicule s'il y entre.

3) Socrate s'intéresse à la conduite de ses concitoyens (*Apologie*, 29d-30b, *Théétète*, 143d1-6), voire à la famille de ses interlocuteurs (*Théétète*, 144b8, c5-8), déclare ne s'être jamais occupé de ce qui est sous terre et dans le ciel et critique sa représentation par Aristophane comme vivant dans les airs (*Apologie*, 18b-19d). La digression décrit le philosophe de manière opposée, indifférent à la cité et explorant la terre et le ciel (173e3-175b7) et le compare à Thalès.

4) Socrate préfère les réponses brèves aux longs discours (*Protagoras*, 334d-335c), se définit modestement par le fait qu'il sait qu'il ne sait rien (*Apologie*, 23b, *Théétète* 150c-d), ne possède que l'art d'accoucher les

Plymouth, Lexington Books, 2008, p. 142-144, C. Zuckert, *Plato's Philosophers : the Coherence of the Dialogues*, Chicago, The Chicago University Press, 2009, p. 624-625 et S. Peterson, *Socrates and Philosophy in the Dialogues of Plato*, Cambridge, Cambridge University Press, 2011, chap. 3.

1. Je m'appuie principalement sur R. Rue, « The Philosopher in flight : the Digression in Plato's *Theaetetus* », art. cit., p. 78-81 et S. Peterson, *Socrates and Philosophy in the Dialogues of Plato*, *op. cit.*, p. 61-62.

2. M. Burnyeat, *Introduction*, p. 55, M. Lane, « "Emplois pour philosophes" … », art. cit., p. 330-331, C. Zuckert, *Plato's Philosophers : the Coherence of the Dialogues*, *op. cit.*, p. 623, A. Länströmm, « Socrates, the philosopher in the *Theaetetus* digression (172c–177c), and the ideal of *homoiôsis theôi* », *Apeiron* 44 (2), p. 129.

âmes tel une sage-femme (149e4), alors que le philosophe s'accomode de discours longs comme brefs (172d8-9) et « ne sait même pas qu'il ne sait pas toutes ces choses » (173e1), à savoir les institutions, affaires et valeurs de la cité qui viennent d'être énumérées, et méprise les arts (176d1).

On doit faire plusieurs objections à cette mise en opposition de Socrate et du philosophe de la digression [1]. La première [2] est qu'elle prend au pied de la lettre certaines affirmations de Socrate sur le philosophe évidemment exagérées pour symboliser le contraste avec les orateurs et son ridicule à leurs yeux, par exemple celle selon laquelle il ne sait pas aller à l'*agora* [3], ni si son voisin est un homme ou une autre bête (174b1-3), ou celle sur son incapacité à distinguer un tyran ou un roi d'un porcher ou d'un berger (174d3-5) [4]. Est-ce la chute involontaire de l'astronome dans un trou, tout à fait digne d'une comédie et sans doute empruntée à Esope [5], ou ce qu'elle *représente* qui compte dans la digression (174a-b) ? Peut-on vraiment arguer de ces passages *interprétés littéralement* pour opposer le philosophe à Socrate ? La lecture « littérale » a été revendiquée par Ruby Blondell, qui tient le philosophe pour un idéal irréalisable, inhumain ou surhumain, qui ne serait pas critiqué mais donné en modèle par Platon [6].

1. Il n'est pas question dans ce qui suit de nier toute *différence* entre Socrate et le(s) philosophe(s) qu'il décrit, mais de montrer qu'il n'y a pas d'antagonisme ou de divergence réelle de valeurs ou conduite entre eux et donc aucune raison de supposer que le(s) second(s) pourrait être critiqué par Platon, qui nous donnerait Socrate comme (seul) modèle.

2. R. Polansky, *Commentary*, p. 137 et A. Balansard, *Enquête*, p. 188-184.

3. Cette phrase de la digression si souvent citée pour opposer Socrate au philosophe inclut, comme d'autres (voir note 3, p. 46 ci-dessous), un adverbe la nuançant (173c8-d1 : οὗτοι δέ που ἐκ νέων πρῶτον μὲν εἰς ἀγορὰν οὐκ ἴσασι τὴν ὁδόν). Ce που ne peut-il pas être compris comme indiquant qu'il ne faut pas prendre au pied de la lettre cet exemple de l'ignorance du philosophe ?

4. Voir par exemple R. Rue, « The Philosopher in flight : the Digression in Plato's *Theaetetus* », art. cit., p. 78-80 ou 88-89, justement critiquée par D. Bradshaw, « The Argument of the Digression in the *Theaetetus* », art. cit., p. 65-66, A-M. Ioppolo, *Platone. Teeteto*, *op. cit.*, p. XL, n. 67, Z. Giannopoulou, « The digression in Plato's *Theaetetus* », art. cit., p. 78, n. 6, F. Buddensiek, « Thales down the well : Perspectives at work in the digression in Platos'*Theaetetus* », *Rhizomata* 2 (1), 2014, p. 1-32, D. Sedley, *Midwife*, p. 66-67 et M. McPherran, « Justice and Piety in the Digression of the *Theaetetus* », *Ancient Philosophy* 30, 2010, p. 80. Je reviendrai sur les interprétations possibles de ces ignorances invraisemblables.

5. Voir *infra*, p. 88-92.

6. R. Blondell, *Play*, p. 290 (je traduis) : « bien que présenté comme un homme, le philosophe idéal est explicitement dépourvu des traits composant un être humain reconnaissable (...). Comme la divinité abstraite à laquelle il est assimilé, le philosophe qui ne peut reconnaître son voisin comme un homme est littéralement irreprésentable en tant que partenaire dialectique, puisqu'il est impossible de l'envisager comme participant à un discours rationnel. Cela est rendu manifeste par le fait que, si on interprète littéralement

Bien que l'ensemble de la lecture « dramatique » du *Théétète* par Ruby Blondell soit tout à fait convaincante dans sa méthode et bon nombre de ses conclusions, il me semble qu'elle fait fausse route sur ce point, car de nombreux éléments de la digression infirment son interprétation : sans même parler pour l'instant du fait qu'il y a plusieurs philosophes (173c-d), soulignons que le philosophe est présenté plusieurs fois comme « rencontr[ant] quelqu'un, en privé ou en public » [1] et discutant avec un orateur, soit parce qu'il y « est contraint au tribunal ou dans n'importe quel autre lieu » (174c1-2), soit parce qu'il a l'occasion d'interroger à sa manière un orateur volontaire (175b8 *sq.*). Le philosophe ne peut donc être tenu pour incapable de dialoguer ou désincarné [2] ?

On ne s'en tirera pas en disant que le portrait du philosophe est incohérent, puisqu'aucun des traits surhumains du philosophe n'est vraiment incompatible avec ses aspects humains. L'affirmation que « son corps seul gît dans la cité » (173e2) signifie d'abord que le philosophe a un corps et qu'il vit dans une cité, et toutes les remarques sur son ignorance à l'égard des valeurs, usages, lieux et institutions civiques ne désignent pas une absence totale de perception, mais une indifférence ou un mépris, comme l'explique clairement Socrate dans un passage sur lequel on va revenir (173d9-e4) [3]. Pour finir, l'objection dirimante à la promotion du philosophe de la digression au rang d'idéal est qu'elle confond le modèle avec la copie, puisque la digression souligne que le seul et véritable « modèle » à suivre est le dieu (176c1-3, 176e3-5) [4].

la digression, le philosophe idéal ne peut être conçu que comme mort, puisque son esprit a quitté son corps et s'est envolé sous la terre ou dans le ciel (173e). Ou peut-être est-il juste aveugle et sourd, puisqu'il ne peut lire ni entendre les lois écrites ou proférées (173d) (…). De plus, le fait que le philosophe de la digression est incohérent en tant qu'être humain réel ne le rend pas nécessairement incapable de jouer le rôle d'un idéal abstrait ou *paradeigma* pour des personnes vivantes dotées d'un corps (*cf.* 176e). Cela ne fait pas non plus de lui un anti-modèle ou une preuve de l'impossibilité de la philosophie ». *Cf.* J. Annas, *Platonic Ethics, Old and New*, *op. cit.*, p. 55, D. Sedley, *Midwife*, p. 67 et A. Lännström, « Socrates, the philosopher in the *Theaetetus* digression (172c–177c), and the ideal of *homoiôsis theôi* », *Apeiron* 42 (2), 2011, p. 129-130.

1. 174b8 : ἰδίᾳ τε συγγιγνόμενος ὁ τοιοῦτος ἑκάστῳ καὶ δημοσίᾳ.

2. T. Mahoney, « Is Assimilation to God in the Theaetetus Purely Otherworldly ? », *Ancient Philosophy* 24 (2), 2004, p. 323 note bien que le philosophe est opposé à des personnages bien réels dans un cadre tout à fait réaliste (voir *infra*, p. 149-150).

3. Lorsqu'il est dit que le philosophe ignore si son voisin agit ou est un homme (174b1-3), les termes sont soigneusement choisis : λέληθεν signifie d'abord « échapper à », « ne pas retenir l'attention » voire « oublier » et Platon ajoute un ὀλίγου qui indique bien qu'il ne faut pas entendre ce qu'il dit littéralement.

4. Cf. *infra*, p. 187-189 et 217-218.

Le second problème des lectures que j'ai résumées est qu'elles détachent plusieurs passages du *Théétète* de leur contexte, qui relativise sérieusement le contraste qu'elles prétendent établir entre Socrate et les philosophes de la digression [1] :

– À l'affirmation de Théodore selon laquelle (1) Socrate, Théétète et lui disposent de loisir (172c2), Socrate répond : « Il semble bien » (Φαινόμεθα). Ceci pourrait être une réserve implicite si ce n'était pas Socrate lui-même qui avait le premier affirmé sans ambiguïté que lui et ses interlocuteurs disposent d'un loisir abondant qui leur permet de revenir sur leurs pas dans leur argumentation [2]. La fin du dialogue ne dément pas cela, puisqu'elle n'indique aucune interruption ou perturbation du travail intellectuel en cours : l'examen des « enfants » de l'âme de Théétète a été accompli comme il devait l'être [3], avec tous les détours qui ont semblé utiles.

– Il est vrai qu'au tout début du dialogue, Socrate affirme (3) qu'il « aime » beaucoup moins les gens de Cyrène (d'où est originaire Théodore) que ceux d'Athènes, mais la manière dont il « se soucie » des gens autour de lui nous ramène précisément à la digression, puisqu'il souhaite savoir quels jeunes gens pratiquent « la géométrie ou une autre philosophie » (143d1-e3). Le « souci » de Socrate à l'égard de ses concitoyens n'est pas politique (au sens courant du terme [4]) mais strictement intellectuel, et ne contredit donc pas la digression. En outre, une bonne partie de la

1. Voir la liste des quatre traits censés opposés les philosophes à Socrate donnée page 44 ci-dessus.

2. 154e8 (trad. M. Narcy) : « Et dès lors qu'il en est ainsi, que ferons-nous d'autre que de reprendre à nouveau l'examen, lentement, puisque nous en avons largement le loisir (ὡς πάνυ πολλὴν σχολὴν ἄγοντες), sans nous montrer chicaniers, mais en nous soumettant nous-mêmes, réellement, à un examen détaillé ? ». Voir aussi 172d5-6 où Socrate affirme que Théodore, Théétète et lui-même sont *en ce moment même* (ὥσπερ ἡμεῖς νυνὶ) dans la même situation de loisir et de liberté que les philosophes, qui en jouissent *toujours* (ἀεὶ). Voir J.-L. Périllié, « Ascèse, contemplation et dialectique définitionnelle dans le portrait du philosophe du *Théétète* », dans B. Pérez-Jean (éd.), *Les dialectiques de l'ascèse*, Paris, Classiques Garnier, 2011, p. 133, et *infra*, p. 146-147. Sur Socrate comme « figure emblématique du σχολαῖος » chez Platon, voir L. Isebaert, « Le loisir selon Platon : épanouissement et bonheur », *Études classiques* 60 (4), 1992, p. 308-309.

3. Le fait que la question du *Théétète* ne trouve pas de réponse n'est en rien lié au manque de temps de Socrate, mais aux limites intrinsèques de son art maïeutique : Socrate ne possède aucun savoir propre.

4. Voir A. Macé et O. Renaut, « L'univers au service de la cité : l'image publique du philosophe », dans A. Macé (dir.), *Le Savoir Public*, Besançon, Presses de l'Université de Franche-Comté, 2013, p. 156-157.

description des philosophes est au pluriel [1] : les philosophes sont un groupe coupé du reste de la société, mais rien n'indique qu'ils ne s'occupent pas les uns des autres au moins d'un point de vue intellectuel, et donc des jeunes gens prometteurs qui pourraient les rejoindre.

– Quant à l'affirmation apparemment très antisocratique selon laquelle (4) le philosophe « ne sait même pas qu'il ne sait pas toutes ces choses », elle est suivie immédiatement par cette précision (173e1-4) :

> Car ce n'est pas pour se faire une réputation (τοῦ εὐδοκιμεῖν χάριν) qu'il se tient éloigné de ces choses, mais du fait qu'en réalité, son corps seul gît dans la cité et y réside, alors que sa pensée, tenant toutes ces choses pour des broutilles et même pour rien, vole avec dédain dans toutes les directions…

Ce passage n'exclut certes pas *stricto sensu* que l'ignorance inconsciente du philosophe soit mauvaise, comme celles des hommes politiques, des poètes ou des artisans (*Apologie*, 21c-22d), mais il montre qu'elle n'est (à la différence des autres [2]) que la conséquence de son souci de sa « pensée » (διάνοια) [3]. Or, n'est-ce pas justement « de la sagesse, de la vérité et de l'âme » plutôt que des « richesses, réputation et honneurs » (*Apologie*, 29d7-e3) ou « du corps et de la richesse » (30a8-9) que Socrate exhorte ses concitoyens à se soucier, en vertu de sa mission divine? L'ignorance du philosophe souligne, comme celle de Socrate, qu'il y a

1. Le passage du pluriel au singulier a lieu en 173d8. Michel Narcy, *Théétète*, n. 253 *ad loc.* adopte dans la phrase précédente la leçon τις (je traduis et souligne) : « Et si quelque chose de bien ou de mal arrive *à quelqu'un* dans la cité (173d6 : εὖ δὲ ἢ κακῶς τις γέγονεν ἐν πόλει…), ou si quelqu'un a hérité d'un mal de ses ancêtres, soit par les hommes soit par les femmes, il [= le philosophe] en a encore moins connaissance (173d8 : αὐτὸν λέληθεν) que du nombre de pintes, comme on dit, contenues dans la mer ». Il faudrait comprendre que les philosophes ne s'inquiètent pas de ce qui peut *leur* arriver de « mauvais » dans la cité, à l'instar de Socrate avec son procès (M. Narcy traduit donc : « Et l'un d'entre eux connaît-il le bonheur ou le malheur dans la cité, ou l'un d'entre eux a-t-il quelque handicap…). La leçon τι en 173d6 est toutefois solidement attestée (« si quelque chose de mal arrive dans la cité… »), évite une incohérence grammaticale et n'empêche pas de comprendre le passage du pluriel au singulier comme une *variatio* avec focalisation sur le prototype, qui va de pair avec l'usage d'une formule proverbiale. Je remercie Paul Demont pour ses éclaircissements sur ce point.

2. P. Butti de Lima, *Esercizi*, p. 67 oppose l'inconscience du philosophe au souci stratégique de son apparence propre au sophiste.

3. Voir aussi l'analyse de M. McPherran, « Justice and Piety in the Digression of the *Theaetetus* », art. cit., p. 81.

des choses qui méritent d'être connues et d'autres qui n'en valent pas la peine[1].

Bien plus, le philosophe interroge les orateurs, quand ils y consentent, sur ce qu'est la justice, le bonheur ou la royauté plutôt que sur des questions particulières (175c-176a), ce qui correspond exactement à la pratique de Socrate dans l'*Apologie* et les dialogues socratiques de Platon[2]. La digression ne soutient pas la thèse antisocratique que le philosophe se désintéresse des hommes ou de la cité au profit des astres ou de la Nature, mais, comme l'a bien vu Hans Blumenberg, celle de « l'excentricité du théoricien quel que soit son objet » : « la théorie de la pratique n'est pas moins théorie que la théorie des étoiles »[3].

Reste le problème (3) de l'exploration de la terre et du ciel par le philosophe (et Thalès) que Socrate nie avoir jamais pratiquée (*Apologie*, 19c-d). Il s'agit d'une véritable divergence, mais qui ne peut fonder à elle seule la thèse d'une opposition entre Socrate et le(s) philosophe(s) de la digression. En effet, le Socrate de Platon est notoirement incohérent sur ce point : sa déclaration de l'*Apologie* est infirmée dans ce que l'on appelle souvent son autobiographie du *Phédon*, où il raconte avoir été passionné par les recherches sur la nature dans sa jeunesse (96a-c). Par

1. Voir M. Burnyeat, *Introduction*, p. 56-57, A.-M. Ioppolo, *Platone. Teeteto*, *op. cit.*, p. XL-XLI et 238, n. 100, M. Lane, « "Emplois pour philosophes" : l'art politique et l'Étranger dans le *Politique* ... », art. cit., p. 330, n. 2, F. Buddensiek, « Thales down the well : Perspectives at work in the digression in Platos'*Theaetetus* », art. cit., p. 1-32. On pourrait ajouter, comme me l'a suggéré Sylvain Delcomminette, que le philosophe ignore des choses sur lesquels il n'existe sans doute pas de savoir au sens strict et que cette ignorance n'est donc pas un véritable manque.

2. M. Narcy, *Théétète*, p. 73 et A.-M. Ioppolo, *Platone. Teeteto*, *op. cit.*, p. XXXIX soulignent bien le socratisme de la digression sur ce point et d'autres. À l'inverse, S. Peterson, *Socrates and Philosophy in the Dialogues of Plato*, *op. cit.*, p. 62 n'hésite pas à opposer le fait que Socrate a pour « préoccupation première de ne commettre aucun acte injuste (μηδὲν ἄδικον) » (*Apologie*, 32d, trad. L. Brisson) au refus du philosophe de se demander « en quoi est-ce que je t'ai injustement lésé ou toi moi ? » (175c1 : Τί ἐγὼ σὲ ἀδικῶ ἢ σὺ ἐμέ) au profit de questions sur la justice et l'injustice en général, le bonheur ou la royauté et sur ce que l'homme doit faire à leur égard. Bien que ces questions fassent surtout penser au *Gorgias* ou à la *République*, comment ne pas voir que l'interaction que décrit ici la digression est exactement analogue à celle de l'*Euthyphron* (qui se déroule juste après le *Théétète*, comme le souligne S. Peterson, *Socrates and Philosophy in the Dialogues of Plato*, *op. cit.*, p. 63 pour prouver que le Socrate des deux dialogues est le même), où Socrate passe d'une discussion sur le procès particulier d'Euthyphron à une question générale sur ce qu'est la piété ? Voir aussi D. Labriola, « On Socrates and the Κορυφαῖος of Plato's *Theaetetus* : An Alternative to Sandra Peterson's Reading », *Classical World* 108 (3), 2015, p. 343-358, qui souligne notamment que 177b1-7 se réfère à l'art socratique de la réfutation.

3. H. Blumenberg, *Le Rire de la servante de Thrace*, trad. L. Cassagnau, Paris, L'Arche, 2000, p. 21. On reviendra sur ce point crucial (p. 225-233).

rapport à cette contradiction difficile à réduire[1], la digression se révèle nettement moins problématique, puisqu'elle n'attribue pas l'exploration du ciel et de la terre à Socrate lui-même et que Socrate ne condamne, ni dans l'*Apologie* ni dans le *Phédon*, cette connaissance *en tant que telle*, mais seulement dans la mesure où elle implique l'athéisme, produit des explications physiques insatisfaisantes, contradictoires ou qui négligent le meilleur[2], ce qui n'est clairement pas le cas dans la digression.

La différence entre Socrate et le philosophe à propos de la connaissance du ciel implique donc simplement que Socrate n'est pas le « chef du chœur » des philosophes, ou plutôt qu'il ne se décrit pas lui-même en parlant de ce personnage, mais elle n'exclut en rien que Socrate soit membre de ce chœur et fasse l'éloge de son chef. On peut alors supposer soit que Socrate représente un philosophe inabouti mais capable néanmoins d'annoncer le philosophe complet, soit qu'il existe plusieurs formes de philosophes complémentaires[3].

Le philosophe annoncé par Socrate dans le *Théétète*

Que la description du philosophe s'applique en bonne partie à Socrate est de surcroît confirmé par le *Théétète* lui-même, ce qui constitue un troisième type d'objection et une confirmation de l'hypothèse de la fonction réflexive de la digression. La première description des philosophes centrée sur le dialogue libre est, on l'a déjà noté, revendiquée par Socrate dans la digression elle-même (172d5-6), mais plusieurs aspects de la suite de la digression le sont aussi ailleurs. Rachel Rue remarque déjà justement que l'exigence de Socrate, au début du dialogue, d'envisager la science en elle-même et non tel ou tel exemple (146e7-10), trouve

1. Plutôt que de se demander trop vite quelle version est historiquement exacte, il faut tenir compte du fait que les textes de Platon à ce sujet sont des réponses au portrait de Socrate dans les *Nuées* d'Aristophane. L'*Apologie* est explicite sur ce point (19c), et on peut considérer l'autobiographie du *Phédon* et la digression comme des critiques d'un autre type adressées aux *Nuées* : voir M. Rashed, « Aristophanes and the Socrates of the *Phaedo* », *Oxford Studies in Ancient Philosophy* 36, 2009, p. 121-122 et *infra*, p. 87-92.

2. *Apologie*, 26b-27a et *Phédon*, 96c-e, 97c-99d. *Cf.* A. Balansard, *Enquête*, p. 184-185 sur le fait que le Socrate des dialogues « ne fait pas lui-même de la physique mais ne s'en désintéresse pas pour autant ».

3. A. Macé et O. Renaut, art. cit., p. 158 parlent de Socrate comme d'une « avant-garde au grand jour de ces philosophes qui viendront ». D. Labriola, « On Socrates and the Κορυφαῖος of Plato's *Theaetetus* : An Alternative to Sandra Peterson's Reading », art. cit. et « Philosophy in the *Theaetetus* », *Archiv für Geschichte der Philosophie* 97 (4), 2015, p. 397-415. montre la complémentarité de Socrate et du philosophe et ce qu'ils partagent.

un écho dans la perspective globale ou universelle du philosophe, qui ignore les cas particuliers (174a2)[1]. Socrate insiste également dans la digression sur le fait que le philosophe apparaît ridicule lorsqu'il discute des affaires de la cité, tout comme Thalès aux yeux de la servante thrace[2]. Or, dans un passage antérieur et négligé par les commentateurs de la digression, Socrate se moque de l'incohérence de Protagoras puis tire de son relativisme des conséquences quant à la valeur de sa propre pratique (161d8-162a3, trad. M. Narcy modifiée) :

> Pourquoi donc, mon ami, Protagoras était-il un savant, ce qui fait qu'on le tenait pour maître des autres, avec, comme il est juste, un gros salaire ? Et pourquoi étions-nous, nous, plus ignorants, pourquoi nous fallait-il aller apprendre auprès de lui : nous dont chacun est lui-même mesure de son propre savoir ? Comment ne pas affirmer que Protagoras amuse la galerie quand il dit cela ? Et encore, sur ce qui m'est propre, à moi et à mon art de pratiquer les accouchements, je garde le silence, tant nous sommes condamnés à faire rire (ὅσον γέλωτα ὀφλισκάνομεν), et aussi, je crois le travail dialectique dans son ensemble (καὶ σύμπασα ἡ τοῦ διαλέγεσθαι πραγματεία) ! Car examiner et mettre à l'épreuve de la réfutation les représentations et opinions les uns des autres – qui sont correctes aux yeux de celui à qui elles appartiennent (ὀρθὰς ἑκάστου οὔσας) –, n'est-ce pas du bavardage d'une longueur à donner le tournis, si vraie, non pas joueuse au contraire, fut la *Vérité* de Protagoras, quand elle parlait du fond du livre où elle est retirée comme en son sanctuaire ?

La maïeutique et la dialectique sont ridicules aux yeux de la plupart des hommes, si bien que Socrate ne préfère pas essayer de les présenter comme aussi bonnes voire meilleures que le savoir (autodestructeur) de Protagoras. En outre, toute discussion avec autrui pour examiner ses opinions devient absurde si la thèse de l'homme-mesure est sérieuse[3]. Ce ridicule de la dialectique dans un monde où toutes les opinions se valent est précisément décrit et expliqué dans la digression, qui fournit également une justification « prémonitoire » de l'issue du procès de Socrate[4], annoncé à la fin du *Théétète*.

1. R. Rue, « The Philosopher in flight : the Digression in Plato's *Theaetetus* », art. cit., p. 80.

2. 172c6 : γελοῖοι φαίνονται 174c3 : γέλωτα παρέχει, 175d1 : γελοῖος φαίνεται, 175b5 : καταγελᾶται.

3. Voir *infra*, p. 186-189 et 209-211.

4. M. Narcy, *Théétète*, p. 77, F. Decleva-Caizzi, « Da Protagora al discorso "maggiore" (*Tht. 171d5-172c1*) », art. cit., p. 86, D. Sedley, *Midwife*, p. 65.

Quant à la célèbre exhortation à « fuir d'ici [vers] là-bas le plus vite possible » et à « l'assimilation au dieu dans la mesure du possible » (176a5-c3), sans préjuger pour l'instant de la bonne interprétation de ces formules[1], il faut souligner que Socrate les esquisse de manière immanquable à deux reprises dans le *Théétète*. A la fin de sa description de son art maïeutique d'abord, Socrate remarque que certaines des personnes dont il a examiné et réfuté les opinions ont réagi violemment (151c7-d3, trad. M. Narcy) :

> C'est qu'ils ne croient pas que je fais cela par bienveillance (εὐνοίᾳ), éloignés qu'ils sont de savoir qu'aucun dieu n'est hostile aux hommes (οὐδεὶς θεὸς δύσνους ἀνθρώποις), et que moi non plus je ne joue nullement ce genre de rôle par malveillance (δυσνοίᾳ), mais qu'il ne m'est d'aucune façon permis de concéder le faux et d'affaiblir l'éclat du vrai (ἀλλά μοι ψεῦδός τε συγχωρῆσαι καὶ ἀληθὲς ἀφανίσαι οὐδαμῶς θέμις).

Ce passage a gêné certains commentateurs antiques, car Socrate s'y compare lui-même à un dieu[2]. Or il s'agit d'une référence au dieu qui a confié à Socrate sa mission d'accoucheur et auquel Socrate a déjà fait allusion plusieurs fois dans les lignes qui précèdent[3]. Le raisonnement est donc certainement le suivant : puisque la mission de Socrate vient d'un dieu et qu'aucun dieu n'est hostile aux hommes, alors les interlocuteurs de Socrate devraient comprendre qu'être examiné est un bienfait, et c'est d'ailleurs dans cet esprit bienveillant que Socrate s'acquitte de sa mission, à laquelle il n'a pas le droit de renoncer. La formulation elliptique et objectivement ambiguë que Platon met dans la bouche de

1. Les interprètes qui opposent Socrate aux philosophes de la digression considèrent l'assimilation à dieu soit comme un prolongement de l'*otherwordliness* du philosophe, soit, plus souvent, comme une critique « socratique » de ce philosophe *et* des orateurs, qui expliquerait ce que doit vraiment être la philosophie pour Platon : voir M. Waymack, « The *Theaetetus* 172c-177c : A Reading of the Philosopher in Court », art. cit., p. 482-484, R. Rue, « The Philosopher in flight : the Digression in Plato's *Theaetetus* », art. cit., p. 89-90 et P. Stern, « The Philosophic Importance of Political Life … », art. cit., p. 171-182. Mais rien dans le texte de la digression ne suggère une telle critique des philosophes (des trois premières parties) dans la quatrième, même si le mot « philosophe » n'y figure pas : voir *infra*, p. 163-164.

2. Voir les références données par D. Sedley, « Three Platonist Readings of the *Theaetetus* », art. cit., p. 93.

3. Voir 150c7-8 (trad. M. Narcy) : « procéder aux accouchements, le dieu m'y force, mais il me retient d'engendrer » (μαιεύεσθαί με ὁ θεὸς ἀναγκάζει, γεννᾶν δὲ ἀπεκώλυσεν) ainsi que 150d4, 150d8, 151a4 (δαιμόνιον) et 151b4. M. Narcy, *Théétète*, p. 316, n. 73 estime qu'il s'agit d'Apollon, frère d'Artémis, qui est nommée comme la déesse présidant aux accouchements (149b9-c3). D. Sedley, *Midwife*, p. 84-85 pense au contraire que l'anonymisation du dieu est volontaire et ferait allusion à la distance prise par Socrate à l'égard des divinités traditionnelles, que la digression confirmerait discrètement.

Socrate pourrait s'expliquer par le souci d'inscrire en conclusion du passage sur la maïeutique une référence proleptique à la digression, où il sera expliqué que la véritable justification de la vertu, ignorée de la plupart des hommes, est l'imitation de la perfection divine, en particulier de la justice [1] : contrairement à la plupart de ses interlocuteurs, Socrate sait qu'aucun dieu n'est malveillant, et s'emploie donc, comme il le recommandera dans la digression, à imiter les dieux : « moi non plus, je ne joue nullement ce genre de rôle par malveillance (δυσνοίᾳ)… » [2].

En outre, l'idée plus dérangeante de la philosophie comme « fuite » semble esquissée par Socrate dès la réfutation de Protagoras, lorsqu'il prend la parole pour défendre ce dernier et rappelle comment doit se mener une réfutation « juste » (167e1-168b2, trad. M. Narcy modifiée) :

> Aussi bien est-ce une grande absurdité, quand on se déclare préoccupé de vertu, de s'adonner exclusivement à être injuste dans ses propos (ἀδικοῦντα ἐν λόγοις). Et être injuste, cela arrive dans un cas de ce genre : quand on ne dissocie pas les moments qu'on emploie à soutenir une lutte et ceux qu'on emploie à dialoguer : dans le premier cas, celui qui donne la réplique, on joue à le faire trébucher autant qu'on peut, alors que dans le dialogue, on s'applique à le corriger, en lui signalant seulement les chutes où lui-même s'est précipité par sa propre faute ou par celle de ses précédentes fréquentations. Car, si tu fais ainsi, ceux qui ont affaire à toi s'imputeront à eux-mêmes, et non à toi, le trouble et l'impasse qui sont les leurs : toi, ils te rechercheront et t'aimeront, tandis qu'ils se prendront eux-mêmes en haine et, se fuyant eux-mêmes, ils se jetteront dans la philosophie pour devenir autres et se débarrasser de ceux qu'ils étaient auparavant (μισήσουσι καὶ φεύξονται ἀφ'ἑαυτῶν εἰς φιλοσοφίαν, ἵν'ἄλλοι γενόμενοι ἀπαλλαγῶσι τῶν οἳ πρότερον ἦσαν). Mais si tu fais le contraire, comme la plupart, c'est le contraire qui t'arrivera : à la place de philosophes, ce sont des gens qui détestent cette chose-là que tu révèleras en tes compagnons, quand ils seront devenus plus âgés.

1. « Ce qu'il en est en vérité, énonçons-le de la manière suivante. Un dieu n'est aucunement ni sous aucun rapport injuste, mais le plus juste qu'il est possible d'être, et il n'y a rien qui lui soit plus semblable que celui d'entre nous qui deviendrait à son tour le plus juste possible (ὃς ἂν ἡμῶν αὖ γένηται ὅτι δικαιότατος) » (176b8-c3). L'expression finale de ce passage ressemble à celle désignant Socrate à la fin du *Phédon* (118a15-17 : τοῦ ἑταίρου ἡμῖν ἐγένετο, ἀνδρός, ὡς ἡμεῖς φαῖμεν ἄν, τῶν τότε ὧν ἐπειράθημεν ἀρίστου καὶ ἄλλως φρονιμωτάτου καὶ δικαιοτάτου) et dans la *Lettre VII*, 324e2.

2. Sur le rôle du divin dans la maïeutique, qui permet de considérer Socrate comme « s'assimilant à dieu » au sens de la digression, voir Z. Giannopoulou, *Plato's* Theaetetus *as a Second Apology*, *op. cit.*, p. 51-54 et p. 90-101 et C. Titli, « Particularités de la maïeutique socratique : la métaphore de Socrate accoucheur dans le *Théétète* de Platon », *Bulletin de l'Association Guillaume Budé* 1, 2009, p. 89-93.

Ce passage est difficile à interpréter, puisque Socrate y joue le rôle de Protagoras faisant la leçon à Socrate [1]. Paul Stern estime que Protagoras définit ici les effets du discours « juste » d'une manière intéressée (se faire aimer de ses élèves) et illusoirement optimiste (les transformer complètement), qui s'opposerait à la conception socratique du dialogue maïeutique [2]. Il est vrai que Platon n'emploie pas ici les expressions dont il use ailleurs pour décrire les effets de la réfutation dialectique, par exemple le fait de devenir « moins pesant » et « plus doux » à l'égard d'autrui [3]. Il est donc possible que Socrate interprète (comme un acteur) de manière protagoréenne les bienfaits de la réfutation, de même que Théodore interprétera à sa manière l'invocation socratique du loisir.

Deux éléments empêchent toutefois de s'en tenir à cette lecture. D'abord, c'est bien Socrate qui parle ici : s'il fait assurément un effort pour défendre Protagoras et se mettre à sa place, il est plausible que, lorsqu'il met dans la bouche du sophiste un rappel des règles du discours « juste », il y mêle ses propres opinions à ce sujet. Le confirment l'emploi des termes « philosophie » et « philosophe », qui ne sont pas protagoréens, et l'utilisation conjointe du verbe φεύγω, association qui anticipe la « fuite » des philosophes dans la digression. Platon ne veut évidemment pas faire dire à Protagoras que le dialogue authentique conduit à fuir ce monde, mais il met ironiquement dans la bouche du sophiste une sorte de pressentiment de cette thèse, à travers l'idée tout à fait socratique que le dialogue bien conduit retourne les interlocuteurs contre eux-mêmes, à savoir contre leurs opinions fausses, et les incite à « fuir » leur ignorance au profit de l'éducation philosophique.

Daniel Babut a en effet me semble-t-il bien montré que la défense de Protagoras par Socrate comporte une bonne part d'ironie. Loin de signifier que Socrate doute de la rigueur ou de l'honnêteté de sa première réfutation, notre passage permet à Socrate de mettre dans la bouche de Protagoras des exigences intellectuelles légitimes que son relativisme n'est pas (selon Platon) capable de justifier mais que sa réfutation doit

1. Voir récemment A. Balansard, *Enquête*; M. Narcy, « Why was the *Theaetetus* written by Euclides? », *in* G. Boys-Stones, D. El Murr et C. Gill (eds), *The Platonic Art of Philosophy. Studies in Honour of Christopher Rowe*, Cambridge, Cambridge University Press, 2013, p. 150-166 et M.-A. Gavray, *Platon, héritier de Protagoras. Dialogue sur les fondements de la démocratie*, Paris, Vrin, 2017 pour des lectures assez différentes.

2. *Knowledge and Politics in the Theaetetus*, Cambridge, Cambridge University Press, 2008, p. 144-145.

3. Voir *Théétète*, 210c1-4 et *Sophiste*, 230b8-c3 cité par D. Babut, « Platon et Protagoras … », art. cit., p. 64.

néanmoins satisfaire[1]. Le passage est ainsi susceptible d'une double voire d'une triple lecture. En tant qu'il est énoncé par Protagoras faisant la leçon à Socrate, il représente une invocation, peut-être teintée d'une conception sophistique du discours, des règles et vertus du dialogue. En tant qu'il est mis dans la bouche de Protagoras *par Socrate*, il montre l'ambivalence voire la réticence du sophiste à l'égard du dialogue, dans la mesure où les expressions employées pour décrire ses bénéfices (« haine de soi », « fuite ») sont à première vue négatives et subjectives, et ne prennent leur sens authentique que du point de vue philosophique de Socrate, qui sera explicité dans la digression. Dès lors, ce passage confirme comme le précédent, quoique plus discrètement et même ironiquement, l'adhésion de Socrate à la conception de la philosophie comme « fuite » avancée dans la digression.

Il faut en effet souligner pour finir que Socrate n'est pas, pour Platon, ce philosophe séculier, populaire et au service de ses concitoyens[2] que certains commentateurs opposent au philosophe contemplatif de la digression[3]. Même dans l'*Apologie*, Socrate affirme sans ambiguïté que la participation à la vie politique athénienne est incompatible avec son activité philosophique (*Apologie*, 31c-33b), comme elle l'est pour les philosophes de la digression. Il est en particulier inexact de dire que Socrate exerce ses talents sur l'agora *chez Platon* : il fait parfois allusion

1. *Ibid.*, p. 64-72. Voir aussi F. Cornford, *Theory*, p. 68, E. Lee, « Hoist With his Own Petard », art. cit.; A. G. Long, « Refutation and Relativism in *Theaetetus* 161-171 », *Phronesis* 49 (1), 2004, p. 32.

2. R. Rue, « The Philosopher in flight : the Digression in Plato's *Theaetetus* », art. cit., p. 82 : « the philosopher (...) thoroughly lacks Socrate' worldly interests ». Voir aussi A. A. Long, « Plato's Apologies and Socrates in the *Theaetetus* », *in* J. Gentzler (ed.), *Methods in Ancient Philosophy*, Oxford, Oxford University Press, 1998, p. 127, qui reprend à propos du *Théétète* la distinction discutable avancée par G. Vlastos, *Socrate. Ironie et philosophie morale*, trad. C. Dalimier, Paris, Aubier, 1994, p. 73 entre la conception *demotic* de la philosophie du Socrate des premiers dialogues et la conception *elitist* du Socrate des dialogues postérieurs.

3. Ils s'appuient souvent sur le passage de la fin de l'*Apologie* (29b-31e), où Socrate donne une interprétation civique de sa mission qui ferait de lui le « taon » d'Athènes exhortant ses concitoyens à la vertu. Cette dimension politique est absente du premier discours de l'*Apologie* et donc en partie suscitée par la condamnation de Socrate, qui cherche à montrer aux Athéniens ce qu'ils perdront en se débarrassant de lui. Cette dimension politique est en outre entièrement absente de la description par Socrate de son art maïeutique dans le *Théétète*. Sur l'ambiguïté de l'*Apologie* à propos des relations entre philosophie et politique, voir L. Ward, « The Relation between Politics and Philosophy in Plato's *Apology of Socrates* », *International Philosophical Quarterly* 49 (4), 2009, p. 501-519.

à sa fréquentation de l'*agora* mais les dialogues ne l'y montrent pas[1] et se déroulent le plus souvent dans des lieux privés avec des interlocuteurs choisis[2]. Ils insistent en outre sur son incompétence civique de la même manière que la digression. Au début de l'*Apologie*, il précise que c'est la première fois qu'il comparaît devant un tribunal et ne sait pas comment il faut y parler (*Apologie*, 17d) : même si sa défense nous semble habile et convaincante, de nombreux indices montrent que, selon Platon, Socrate ne s'est pas comporté comme un orateur expérimenté (*Apologie*, 17b-c, 34c). Il précise d'ailleurs que sa défense naïve et son refus de faire appel à la pitié le font passer pour « arrogant » (ἀπαυθαδιζόμενος), comme le philosophe de la digression[3], et qu'il aurait pu convaincre les jurés s'il avait eu plus de temps pour dialoguer avec eux[4]. Dans le *Gorgias*, il raconte que le jour où il fut appelé à l'Assemblée pour compter les voix, il ne sut pas s'y prendre et fut la risée de tous (*Gorgias*, 474a1-2).

Rappelons en effet qu'un trait caractéristique du Socrate de Platon aux yeux de ses contemporains est son ἀτοπία (*Banquet*, 215a2), rappelée au début du passage sur la maïeutique (149a9, *cf.* 177b4). Cette excentricité est telle que Socrate, contrairement aux autres hommes exceptionnels, est absolument sans pareil d'après Alcibiade (221c-d). Elle se manifeste dans son courage (220e-221b), sa résistance physique au froid (220b), au sommeil ou à l'ivresse (223d), mais surtout dans une attitude étrange : Socrate demeure debout, immobile, parfois durant de longues heures, concentré sur ses pensées au point d'être insensible à ce qui l'entoure ou de ne pas entendre qu'on l'appelle (220b-d). Cette capacité de s'absenter

1. *Apologie*, 17c8 et *Gorgias*, 447a, où Socrate affirme justement que c'est Chéréphon qui « les a forcés à passer du temps sur la place du marché » (ἐν ἀγορᾷ ἀναγκάσας ἡμᾶς διατρῖψαι). L'*Euthyphron* se déroule au Portique royal, donc au bord de l'*agora*, mais précise qu'il s'agit d'un endroit tout à fait inhabituel pour Socrate et qu'il y est présent à cause de son inculpation (*Euthyphron* 2a), ce qui le rapproche à nouveau du philosophe de la digression. Il est possible que Platon cherche par ces remarques à corriger une image courante (et peut-être historiquement exacte) de Socrate.

2. Voir P. Demont, *La cité grecque archaïque et classique et l'idéal de tranquillité* (désormais *Cité*), Paris, Les Belles Lettres, 1990, p. 303, S. von Reden et S. Goldhill, « Plato and the performance of dialogue », *in* S. Goldhill et R. Osborne (eds), *Performance Culture and Athenian Democracy*, Cambridge, Cambridge University Press, 1999, p. 265 et M. Lane, « "Emplois pour philosophes" : l'art politique et l'Étranger dans le *Politique* ... », art. cit., p. 330, n. 2. Sur la question complexe du rapport de Socrate aux sphères privées et publiques, voir les études réunies dans A. Macé (éd.), *Socrate : vie privée, vie publique, Études platoniciennes* 6, 2009 et *infra*, p. 136-138 pour le cas particulier (chez Platon) de l'*Apologie*.

3. 175b5 : ὑπερηφάνως ἔχων, ὡς δοκεῖ, « ce qu'on estime être son attitude supérieure/méprisante ».

4. *Apologie*, 37a-b signalé par P. Butti de Lima, *Esercizi*, p. 92 ou D. Sedley, *Midwife*, p. 65-66.

de son environnement pour réfléchir rend Socrate assurément bien plus proche des philosophes de la digression que de ses concitoyens.

LE PHILOSOPHE ACCOUCHÉ PAR SOCRATE ?

Que ce soit du point de vue du seul *Théétète* ou en tenant compte des autres dialogues de Platon, il existe donc beaucoup moins de différences qu'on ne le pense souvent, et même plusieurs points communs cruciaux, entre Socrate et les philosophes de la digression ; ce n'est qu'en sortant de leur contexte certaines déclarations du Socrate de l'*Apologie* ou du début du *Théétète* que l'on peut dresser une opposition au terme de laquelle le philosophe devient un contre-modèle aussi unilatéral que l'orateur et Socrate une sorte de juste milieu, philosophe *et* citoyen, à la recherche de l'universel mais soucieux de ce qui se passe autour de lui.

On a noté cependant qu'il existe certaines différences entre Socrate et les philosophes de la digression, en particulier parce que la figure platonicienne de Socrate n'est pas unique et figée. Entre les premiers dialogues aporétiques et les dialogues dits « de la maturité », le personnage de Socrate acquiert certains traits nouveaux, comme l'intérêt pour les mathématiques ou la défense de l'hypothèse des Formes [1], qui le rapprochent encore des philosophes de la digression. Or, dans le *Théétète*, la définition initiale de la maïeutique et la fin aporétique du dialogue semblent pour ainsi dire remettre à l'honneur le Socrate des premiers dialogues, en dépit du fait que le *Théétète* a été écrit durant la période de maturité de Platon, au même moment que la *République* ou que le *Phédon* [2]. Cette singularité du *Théétète*, qui intrigue depuis longtemps les commentateurs, a été mise à profit par David Sedley dans son commentaire novateur du dialogue, *The Midwife of Platonism.* Selon son interprétation, le *Théétète* jouerait sans cesse sur deux niveaux, l'un socratique, l'autre platonicien, afin de montrer en quoi la philosophie de Platon a été engendrée et mise au monde par la maïeutique de Socrate : Platon voudrait faire comprendre que ses doctrines, quoique absentes chez Socrate, sont néanmoins des prolongements légitimes de la méthode, de la conduite et des principes

1. Voir la lecture classique, de G. Vlastos, *Socrate. Ironie et philosophie morale*, *op. cit.*, qui a fourni (involontairement) une impulsion décisive aux lectures de la digression que je viens de critiquer, dans la mesure où elle a mis en évidence le Socrate *demotic* et non-métaphysicien qui serait propre aux premiers dialogues. Ces lectures présupposent cependant que ce Socrate est aussi celui du *Théétète*, contrairement à Vlastos.

2. Voir C. Kahn, *Plato and the Socratic Dialogue. The Philosophical Use of a Literary Form*, Cambridge, Cambridge University Press, 1996, p. 42-47 pour un résumé des bases stylométriques de cette datation.

de son maître. Cette lecture permet « d'accueillir et de mettre à profit les ambiguïtés, plutôt que d'essayer de les trancher »[1] dans de nombreux passages du *Théétète* qui semblent à la fois intelligibles du strict point de vue intradiégétique de l'examen maïeutique (le point de vue de Socrate) *et* faire allusion à diverses thèses explicitées dans d'autres dialogues (le point de vue de Platon, que le lecteur éclairé peut reconstituer).

Selon David Sedley, cette interprétation rend particulièrement bien compte de la digression, qui est très riche en ambiguïtés de ce type[2]. Celle-ci définit d'abord les philosophes par leur enquête intellectuelle en les opposant aux orateurs, ce qui rappelle l'*Apologie* ou le *Gorgias*, mais les décrit ensuite de manière plus surprenante comme entièrement indifférents au monde qui les entoure. Cette dernière description concerne cependant les meilleurs des philosophes (173c6-7), et cette restriction indiquerait le caractère « idéalisé » du portrait qui suit et confirmerait que Socrate ne peut pas être identifié au philosophe[3]. La digression serait ainsi susceptible d'une double lecture : d'abord socratique, dans la mesure où elle est proposée par le personnage de Socrate qui prétend ne rien savoir et qui présente les philosophes comme radicalisant sa propre défiance à l'égard des institutions athéniennes ou son projet de parvenir à une connaissance générale de l'homme ou de la justice, mais aussi platonicienne, puisqu'elle ferait simultanément allusion aux doctrines métaphysiques (l'hypothèse des Formes), politiques ou cosmologiques de Platon et aux œuvres où il les présente, à savoir le *Phèdre*, la *République* et le *Timée*[4], dont Socrate serait présenté comme le « héraut ».

Cette interprétation est la lecture la plus précise et la plus fine qui ait été donnée de la digression dans son ensemble, dans le contexte du *Théétète* et par rapport aux dialogues antérieurs de Platon. Outre l'explication nouvelle et convaincante qu'elle propose de nombreux passages, elle met en évidence au moins deux traits cruciaux et jusqu'ici négligés de la digression : l'existence d'étapes ou d'une progression dans la description des philosophes et l'ambiguïté de la digression, qui fait évidemment allusion à plusieurs doctrines platoniciennes exposées dans la *République* mais maintient néanmoins ses allusions et tout son propos dans un cadre « non-métaphysique », que David Sedley interprète comme socratique.

Peut-on cependant mettre cette distinction entre socratisme et platonisme *au principe* même du *Théétète*? En décrivant le dialogue

1. D. Sedley, *Midwife*, p. 112, je traduis.
2. *Ibid.*, p. VI.
3. D. Sedley, *Midwife*, p. 66-67.
4. *Ibid.*, p. 68-77.

comme « a kind of autobiographical self-commentary on Plato's part »[1], David Sedley n'hésite pas à attribuer à Platon le point de vue rétrospectif et panoramique sur son œuvre qui est celui de ses exégètes depuis l'Antiquité. Il suppose en outre que Platon aurait pu écrire un dialogue pour répondre à un problème qui est à peu de choses près celui de ses commentateurs contemporains, et plus précisément celui posé par Gregory Vlastos[2] ? La question n'est pas tant celle de la justesse herméneutique de la distinction de Vlastos[3] que celle de savoir si une telle distinction pouvait effectivement apparaître à Platon comme un problème et le conduire à écrire un dialogue pour y répondre (tout en laissant ce problème entièrement implicite dans ce dialogue). David Sedley remarque que le *Ménon* et la *République* montrent le passage du Socrate semi-historique des premiers dialogues, dont la méthode aboutit à une aporie, à un Socrate métaphysicien qui vient la résoudre[4]. Or cela suggère non seulement que Platon tenait à présenter ses doctrines métaphysiques, épistémologiques ou politiques comme d'inspiration socratique, mais aussi qu'il avait déjà mis en scène (avant le *Théétète*) cet « accouchement » de manière très claire *et* qu'il ne voyait pas d'inconvénient à mettre ses doctrines dans la bouche de Socrate. Pourquoi aurait-il soudainement éprouvé le besoin de « revenir au Socrate semi-historique » des premiers dialogues et d'éviter scrupuleusement de lui attribuer des intérêts et thèses dont Socrate était le porte-parole dans la *République*, le *Ménon* ou le *Phédon* ?

1. *Ibid.*, p. 7.

2. Une différence est que G. Vlastos cherche à distinguer le Socrate historique (en s'appuyant sur les premiers dialogues de Platon mais aussi Aristophane, Xénophon et Aristote) du Socrate de Platon, alors que David Sedley distingue le Socrate « semi-historique » des premiers dialogues (D. Sedley, *Midwife*, p. 3) du Socrate métaphysicien des dialogues de la maturité.

3. Sur ce problème, voir F. Trabattoni « Il *Teeteto* di David Sedley », *Rivista di storia della filosofia* 63 (1), 2008, p. 65-66. On sait que l'interprétation de G. Vlastos est de plus en plus contestée depuis une vingtaine d'années. Une critique importante a été celle de Charles Kahn, *Plato and the Socratic Dialogue*, *op. cit.*, qui estime que Platon est en possession de ses principales doctrines (celle des dialogues de la maturité) dès qu'il commence à écrire et que ses premiers dialogues (à l'exception de l'*Apologie*, qui représenterait le Socrate historique) sont écrits comme des introductions progressives à la *République* ou au *Phédon*. Si l'on adopte cette perspective, le *Théétète* n'est plus du tout une exception, puisque tous les dialogues aporétiques de Platon sont déjà écrits avec les thèses platoniciennes de la maturité en tête et en vue. Cette lecture très féconde a cependant l'inconvénient de ne pas pouvoir distinguer ce qui relève de l'écriture proleptique et ce qui relève de la lecture rétrospective (comme le remarque M. Lane, « "Emplois pour philosophes" : l'art politique et l'Étranger dans le *Politique* … », art. cit., p. 327).

4. D. Sedley, *Midwife*, p. 9-10.

La question n'est pas rhétorique; il existe bien un contexte dans lequel Platon aurait pu être conduit à changer de stratégie littéraire en ce qui concerne Socrate[1], à « revenir » au dialogue aporétique et à un Socrate plus vraisemblable historiquement, voire (mais cela reste selon moi peu plausible) à adopter l'attitude auto-exégétique que lui attribue David Sedley. Ce contexte, c'est celui de la polémique avec des penseurs rivaux qui n'acceptaient aucune des doctrines épistémologiques ou métaphysiques du *Ménon* ou de la *République* et qu'il fallait donc réfuter dialectiquement à partir de leurs propres thèses. Dans un article où il se demande également pourquoi, selon l'interprétation de David Sedley, Platon tait ses propres doctrines dans le *Théétète*, Franco Trabattoni envisage cette motivation polémique mais la rejette pour deux raisons[2] : elle ne vaut que pour la première partie du dialogue et elle serait bien mieux satisfaite si Platon avait ajouté à la *pars destruens* une *pars construens* comme dans le *Sophiste* ou la plupart de ses dialogues. Mais on peut répondre à la seconde objection non seulement que la réfutation du faux a une valeur en soi pour Platon[3], mais surtout que le *Théétète* a pour autre originalité, dans l'œuvre de Platon, d'être inscrit dans un tryptique,

1. Anthony A. Long, « Plato's Apologies and Socrates in the *Theaetetus* », art. cit., qui anticipe une partie de la lecture de David Sedley en interprétant le *Théétète* comme un adieu de Platon à Socrate et une « dernière Apologie », estime qu'à un certain moment correspondant à l'écriture du *Parménide*, Platon « decides that his own intuitions and philosophical techniques have outstripped anything he can plausibly attribute to his own Socrates » (p. 132). Mais, à partir du moment où Platon avait attribué à Socrate les doctrines du *Phédon* et de la *République* (et lui attribuerait celles du *Philèbe*), pourquoi aurait-il jugé peu « plausible » de lui attribuer la philosophie « d'inspiration éléatique » (p. 134) de la seconde moitié du *Parménide* ou du *Sophiste*? Platon a assurément pris ses distances à l'égard de Socrate en le privant du rôle principal dans ces dialogues, mais cela peut difficilement être expliqué en termes de souci de la vraisemblance; il vaudrait mieux parler de « choix » littéraire et philosophique de la part de Platon et tenter d'en identifier les motivations dans chaque dialogue plutôt que dans leur chronologie hypothétique ou dans un éloignement supposé de la pensée de Platon par rapport à « Socrate ». Sur le fait que le genre du dialogue socratique n'impliquait aucune vraisemblance historique, voir C. Kahn, *Plato and the Socratic Dialogue*, *op. cit.*, chap. 1.

2. « Fondazionalismo o coerentismo? In margine alla terza definizione di ἐπιστήμη del *Teeteto* », *in* G. Mazzara, V. Napoli (ed.), *Platone. La teoria del sogno nel* Teeteto. *Atti del Convegno Internazionale, Palermo 2008*, Sankt Augustin, Academia, 2010, p. 307.

3. C. Kahn, *Plato and the Post-Socratic Dialogue*, *op. cit.*, p. 48 propose de lire le *Théétète* comme un examen des conséquences qui résultent de la négation des hypothèses de *République*, V (qui distinguent la connaissance et ses objets immuables de la sensation et de l'opinion), suivant la méthode prescrite en *Parménide*, 136a. Consacrer un dialogue entier à un tel examen se justifierait d'autant plus si cette négation n'était pas seulement théoriquement possible mais effectivement présupposée, selon Platon, par divers penseurs contemporains (auxquels *République*, V fait d'ailleurs allusion : voir *infra*, p. 110-115).

dont le *Sophiste* et le *Politique* constituent les deux autres parties : ils pourraient donc être tenus pour la *pars construens* que le *Théétète* prépare en réfutant les opinions qui empêchent d'y accéder[1].

Quant à la première objection, elle peut être refusée pour la bonne raison que, si la deuxième partie du *Théétète* n'a pas à première vue d'enjeu polémique, la troisième en possède un assez net avec la réfutation de la théorie du rêve, qui est non seulement attribuée à un penseur ou plusieurs contemporains anonymes (201c-e), mais possède en outre certains traits « socratiques ». La contextualisation polémique de l'interprétation de David Sedley que je propose ne consiste en effet pas seulement à supposer que c'est pour réfuter dialectiquement Protagoras, Héraclite et leurs disciples que Platon recourt à nouveau au Socrate des premiers dialogues. Si tel était le cas, rien ne distinguerait méthodologiquement le *Théétète* du *Gorgias* ou du premier livre de la *République.* Bien que je ne prétende pas proposer ici une interprétation d'ensemble du dialogue, il me semble que l'hypothèse du « double discours » du *Théétète* proposée par David Sedley pourrait être maintenue dans ses grandes lignes, mais rendue beaucoup plus vraisemblable historiquement, si l'on supposait que le *Théétète* a été également écrit par Platon pour attaquer d'autres *socratiques* sur leur propre terrain et pour défendre du même mouvement son propre socratisme. Cet objectif lui aurait imposé d'attribuer le moins possible à Socrate ses propres thèses métaphysiques, ce qui ne l'empêchait bien sûr pas d'y faire allusion comme seules issues possibles de certains problèmes soulevés dans le dialogue.

Mon hypothèse est donc que Platon serait revenu au dialogue aporétique pour réfuter à partir de leurs propres prémisses les doctrines épistémologiques de plusieurs adversaires[2], au nombre desquels se trouvent des Socratiques qui avaient contesté la fidélité de Platon à Socrate[3]. Plusieurs socratiques ont été depuis longtemps évoqués

1. Voir *infra*, p. 251-254.

2. Ceci expliquerait la spécificité de l'*elenchos* dans le *Théétète*, mise en lumière par G. Vlastos, *Socrate. Ironie et philosophie morale*, *op. cit.*, note 3.1, p. 364, à savoir le fait que Socrate n'y réfute pas l'opinion de Théétète mais « une construction de son imagination qu'il choisit de faire endosser à son docile interlocuteur », pourvu que l'on admette que cette construction n'est pas entièrement fictive mais représente (sans nécessairement les reproduire fidèlement) les doctrines d'adversaires de Platon. Sur cette construction doxographique propre au *Théétète*, voir A. Balansard, *Enquête*.

3. D. Sedley, *Midwife*, p. 10 note que les contemporains de Platon devaient probablement percevoir dans le *Ménon* ou la *République* le passage du Socrate semi-historique au Socrate porte-parole de Platon, mais n'envisage pas que cette transition ait pu être contestée par des socratiques antiplatoniciens. Diogène Laërce III, 35 atteste l'existence antique d'une mise

par les historiens comme cibles implicites du dialogue : Euclide et les mégariques pour les arguments éristiques, Aristippe et les cyrénaïques pour les positions subjectivistes réfutées dans la première partie et surtout Antisthène, qui a été identifié comme l'auteur anonyme évoqué dans le rêve de Socrate (201e) et réfuté par la troisième partie du *Théétète*[1]. David Sedley ne retient pas ces hypothèses[2] ; il préfère par exemple voir dans la théorie du rêve une sorte de reconstruction de l'épistémologie présupposée par la physique présocratique. Il me semble que l'hypothèse antisthénienne est plus plausible, plus satisfaisante pour comprendre la fin du dialogue *et* renforcerait, en leur donnant une justification contextuelle, plusieurs principes de la lecture que D. Sedley propose du *Théétète*.

La progression polémique de la digression

S'il a fallu s'aventurer sur le terrain accidenté de l'interprétation d'ensemble du *Théétète*, c'est d'abord dans le but d'éclairer la digression. La motivation largement polémique du *Théétète* qui vient d'être rappelée me semble en effet valoir également pour la digression et permet de mieux comprendre sa solidarité étroite avec le dialogue dans son ensemble, ainsi

en cause de la fidélité des dialogues platoniciens à la pensée de Socrate, mais il l'attribue à Socrate lui-même (qui aurait lu et critiqué comme mensonger le *Lysis*). On notera toutefois que ce témoignage figure au milieu d'une séquence sur les inimitiés entre Platon et les autres socratiques, à savoir Xénophon, Antisthène, Aristippe et Eschine (Diogène Laërce III, 34-36).

1. F. Schleiermacher, *Introduction aux dialogues de Platon (1804-1828), Leçons d'histoire de la philosophie (1819-1923)*, trad. M.-D. Richard, Paris, Le Cerf, 2004, p. 255-256 estime qu'à travers Protagoras, « ceux qui ne suivent pas complètement Protagoras » (172b6) et la digression, le *Théétète* attaque le sensualisme d'Aristippe et qu'Antisthène est également une cible du dialogue. Ces deux hypothèses ont été reprises et développées par F. Dümmler, *Antisthenica*, Berlin, Weidmann, 1882 et P. Natorp, *Platons Ideenlehre*, *op. cit.*, p. 93-94. Nous reviendrons sur la seconde. Quant à la première, il me semble plausible qu'en réfutant l'identification entre savoir et sensation, Platon vise non seulement Protagoras mais aussi des contemporains, dont certains sont des socratiques. Néanmoins la précision de l'attaque contre Protagoras empêche de le tenir pour un prête-nom : il est réfuté en tant que tel. Plutôt que de dire qu'Aristippe est visé à travers lui, il faut donc dire que Platon cherche à dénoncer comme non-socratiques et à reconduire à leurs origines sophistiques des thèses comme le sensualisme (adopté par Aristippe) ou certaines approches logico-linguistique de la connaissance (Antisthène). Pour une reprise récente de l'hypothèse que les cyrénaïques seraient visés dans la première partie du dialogue, voir U. Zilioli, « The wooden horse », *in* G. Boys-Stones, D. El Murr et C. Gill (eds), *The Platonic Art of Philosophy. Studies in Honour of Christopher Rowe*, Cambridge, Cambridge University Press, 2013, p. 170-172, qui a également défendu l'hypothèse que l'école mégarique serait visée, comme le suggèrerait le fait que son fondateur, Euclide, est celui qui a mis par écrit le dialogue (142c-143a) et que Socrate semble y critiquer certains arguments éristiques.

2. D. Sedley, *Midwife*, p. 41, 46 ; 158.

que sa « réflexivité ». La digression s'ouvre sur une critique assez violente de « ceux qui roulent leur bosse (κυλινδούμενοι) dans les tribunaux et dans les lieux analogues » (172c8, trad. Léon Robin), et vise ainsi à la fois un large ensemble de citoyens et certains personnages politiquement éminents, mais aussi sans doute certains sophistes[1]. Mais la dimension critique de la digression va plus loin. On a rarement remarqué que l'organisation ou la progression de toute la digression est pour ainsi dire polémique. Suite à la première partie qui critique les orateurs assimilés à des esclaves, Socrate propose à Théodore de décrire leur « chœur » (173b4), celui des philosophes, et introduit son propos ainsi, après avoir reçu l'accord de Théodore :

> Il faut alors à ce qu'il semble parler, puisque c'est bien là ton avis, des coryphées. Que pourrait-on dire, en effet, de ceux qui ont une pratique médiocre de la philosophie[2] ?

David Sedley, on l'a dit, a attiré l'attention sur cette articulation et l'interprète comme un signe discret de l'idéalisation à l'œuvre dans la description qui suit[3]. Mais, comme il le reconnaît, le passage vise d'abord à exclure des philosophes illégitimes, qui prétendent à ce titre mais ne le méritent pas. On peut en déduire que la description qui suit oppose non seulement les philosophes aux orateurs mais aussi les authentiques philosophes caractérisés par leur rupture avec la cité et ceux qui, ne comprenant pas la nature véritable de la philosophie, en donnent une version superficielle ou corrompue par l'opinion commune. Cette interprétation est rendue très vraisemblable non seulement par l'importance déjà accordée aux mauvais philosophes en *République*, V-VI[4], mais surtout par le début du *Sophiste*, où l'on trouve une allusion limpide à la digression, qui met en exergue cette distinction entre vrais et faux philosophes :

> Car ces hommes [= les philosophes] prennent les apparences les plus diverses pour "parcourir les cités" au milieu de l'ignorance populaire, et ceux qui sont réellement des philosophes – et non pas ceux qui le sont faussement – regardent d'en haut la vie des gens d'ici-bas. C'est ainsi que

1. Voir p. 81-83.
2. 173c6-8 : Λέγωμεν δή, ὡς ἔοικεν, ἐπεὶ σοί γε δοκεῖ, περὶ τῶν κορυφαίων· τί γὰρ ἄν τις τούς γε φαύλως διατρίβοντας ἐν φιλοσοφίᾳ λέγοι.
3. D. Sedley, *Midwife*, p. 67.
4. Voir en particulier *République*, VI 489d *sq.* sur la responsabilité des faux philosophes dans la mauvaise réputation de la philosophie dans les cités.

pour quelques uns, on ne peut leur concéder aucune valeur, tandis que pour les autres, ils sont dignes de tout[1].

On montrera plus loin qu'Isocrate et Antisthène figurent très probablement parmi les cibles de cette critique de la digression à l'égard de ceux qui se prétendent philosophes sans rompre avec les valeurs de la cité. En effet, ils souscrivaient à une partie de la critique contre les orateurs et à l'association entre philosophie et loisir. Ce que tenteraient donc la deuxième et la troisième parties de la digression, c'est de critiquer ces « philosophes » à partir de leurs convictions plus ou moins socratiques, afin de montrer que la conception platonicienne de la philosophie est bien plus fidèle à Socrate.

En outre, si l'on considère la quatrième partie de la digression, on constate qu'elle s'ouvre à nouveau sur une mise à l'écart, une correction d'une mauvaise compréhension de ce qui vient d'être dit de la philosophie (176a2-8) :

> Théodore : Si tu arrives à persuader tout le monde comme je le suis, Socrate, la paix sera plus grande et les maux moins nombreux chez les hommes.
> Socrate : Mais Théodore, il n'est possible ni que les maux disparaissent (car il est nécessaire qu'existe toujours quelque chose de contraire au bien), ni qu'ils s'établissent chez les dieux.

De même que la deuxième partie présente le sens véritable du loisir philosophique décrit dans la première partie et mal compris par les faux philosophes, la quatrième partie répond à l'interprétation démocratique – dans son espoir de « persuader tout le monde » – et optimiste que Théodore esquisse de la description du philosophe. Il est probable que soient visées, là encore, des conceptions pour ainsi dire philanthropiques de la sagesse, tant sophistiques que socratiques[2].

Quelles que soient les cibles exactes de Platon, la digression est donc largement structurée en fonction d'objectifs polémiques, qui évoluent au fur et à mesure qu'elle progresse afin de mieux distinguer le philosophe de ses contemporains[3]. Il existe ainsi une sorte de parallèle entre la

1. *Sophiste*, 216c4-8 (trad. N. Cordero) : πάνυ γὰρ ἄνδρες οὗτοι παντοῖοι φανταζόμενοι διὰ τὴν τῶν ἄλλων ἄγνοιαν "ἐπιστρωφῶσι πόλησ," οἱ μὴ πλαστῶς ἀλλ' ὄντως φιλόσοφοι, καθορῶντες ὑψόθεν τὸν τῶν κάτω βίον, καὶ τοῖς μὲν δοκοῦσιν εἶναι τοῦ μηδενὸς τίμιοι, τοῖς δ' ἄξιοι τοῦ παντός·

2. Voir *infra*, p. 109-110 et 160-163.

3. Pour une autre lecture, selon laquelle la digression procède à une définition de plus en plus précise du philosophe, voir J.-L. Périllié, « Ascèse, contemplation et dialectique définitionnelle dans le portrait du philosophe du *Théétète* », art. cit.

digression et le *Théétète* dans son ensemble, puisqu'ils procèdent tous les deux à une critique en trois grandes étapes consacrées chacune à une fausse conception de la sagesse ou de la science, chaque conception critiquée paraissant moins fruste que la précédente mais s'avérant incapable de s'en émanciper pour de bon [1].

Platon peut-il cependant avoir cherché à critiquer dans un même court passage des rivaux aussi différents que ceux qui viennent d'être mentionnés et qui étaient parfois opposés entre eux? Cela me semble plausible, dans la mesure où il existe des liens entre tous ces auteurs [2] : Antisthène, Isocrate et Alcidamas (que j'évoquerai plus loin) étaient tous connus comme des élèves de Gorgias, lui-même reconnu comme théoricien de l'art oratoire et sophiste, et pouvaient donc être perçus par Platon comme faisant partie d'une même famille de penseurs à laquelle appartenait également Protagoras [3], et qui accordait au discours en public, aux opinions communes ou aux sensations une valeur excessive et illégitime, incapable de fonder une sagesse véritable.

LA DIMENSION « RELATIVISTE » DE LA DIGRESSION

Quelle que soit la délimitation du groupe d'adversaires visé par la digression, comment les critique-t-elle? Selon l'interprétation la plus courante, la digression permettrait à Platon de rappeler dans le *Théétète* la conception de la vertu et de la connaissance qui est la sienne et qu'il a

1. Je n'irai pas pour autant jusqu'à suggérer que les cibles sont à chaque fois les mêmes (par exemple : Protagoras pour la première partie du dialogue et de la digression, puis Isocrate, puis Antisthène), ne serait-ce que parce qu'il est impossible d'identifier une cible précise ou unique pour la deuxième partie du dialogue et pour la dernière partie de la digression. Mon parallèle ne concerne donc pas les cibles mais la structure ou la stratégie d'ensemble. Il confirme cependant la mise en abyme propre à la digression.

2. Voir déjà J. Rancière, *Le philosophe et ses pauvres*, Paris, Fayard, 1983, p. 60 à propos des cibles de la fin du livre V de la *République* (Antisthène et les sophistes).

3. Isocrate est tenu pour un élève de Protagoras par certains témoignages mis en doute par les spécialistes : voir J. Lopez Cruces, P. Fuentes Gonzalez, « Isocrate d'Athènes », dans R. Goulet (dir.), *Dictionnaire des philosophes antiques*, t. 3, Paris, CNRS, 2000, p. 895. Protagoras et Antisthène ont tous les deux écrit un ouvrage intitulé *La vérité* et Diogène Laërce IX, 53 (*SSR* V A 154) leur attribue à tous les deux la thèse qu'on ne peut pas contredire. Plusieurs historiens ont fait l'hypothèse plausible qu'Antisthène a critiqué Protagoras mais aussi Isocrate (voir A. Brancacci, *Antisthène. Le discours propre* (désormais *Antisthène*), trad. S. Aubert, Paris, Vrin, 2005, p. 24-25, 35-38, 87-93 et 215-216 et G. Giannantoni, *Socratis Socraticorum Reliquiae*, vol. 4, Napoli, Bibliopolis, 1990, p. 265-276), mais cela ne remet pas en question ma lecture, qui suppose précisément qu'Antisthène est attaqué, aussi bien dans la digression que dans la troisième partie du dialogue, comme proposant une défense superficielle et fausse de la philosophie, de la science et du socratisme contre la sophistique.

exposée dans la *République*, conception qui constitue la seule alternative véritable à la sophistique et donc le fondement ultime (voire la conclusion implicite) de toute l'argumentation du *Théétète*. Cette interprétation formulée dans ses grandes lignes par Cornford a suscité un débat nourri depuis les années cinquante à propos de la présence et du rôle des Formes dans le *Théétète*[1], mais son principe a été rarement remis en question : la digression « ouvre une fenêtre sur le monde de l'être véritable », qui doit cependant être rapidement « close » pour revenir au « monde des apparences » à cause de la méthode maïeutique[2].

Il est effectivement impossible de nier que la digression fait allusion à la *République* et en particulier à l'allégorie de la caverne[3], et je mettrai même en évidence plus loin d'autres parallèles entre la digression et le *Phédon* ou *République*, V-VII qui ont été négligés jusqu'ici. L'importance de ces échos ne doit toutefois pas être surestimée, car il existe également des différences significatives. La digression n'invoque pas les distinctions ontologiques de *République*, V-VII contre les orateurs[4]. Elle présente d'abord au mieux les philosophes comme tournés vers « ce qui existe » (172d9 : τοῦ ὄντος) et les orateurs comme mensongers et « sans rien de

1. Voir la critique de Cornford par R. Robinson, « Forms and Error in Plato's *Theaetetus* », *The Philosophical Review* 59 (1), 1950, p. 3-30, auquel répond R. Hackforth, « Forms in the *Theaetetus* », *The Classical Quarterly* 7 (1-2), 1957, p. 53-58. J. McDowell, *Plato : Theaetetus*, *op. cit.*, p. 177 ; A. Barker, « The digression in Plato's *Theaetetus* », art. cit. ; J. Cooper, *Plato's Theaetetus*, *op. cit.*, p. 84 ; M. Burnyeat, *Introduction*, p. 57-60 ; D. Bradshaw, « The Argument of the Digression in the *Theaetetus* », art. cit. défendent des interprétations « sans les Formes ». W. Guthrie, *A History of Greek Philosophy…*, *op. cit.*, p. 91-92 ; D. Bostock, *Plato's Theaetetus*, *op. cit.*, p. 98 ; L. Brisson, « The relations between the interpretation of a dialogue and its formal structure », art. cit., p. 96-97 ; V. Ilievski, « Traces of the Platonic Theory of Evil in the *Theaetetus* », *Journal of Ancient Philosophy* 11 (1), 2017, p. 68-98 ; C. Rowett, *Knowledge and Truth in Plato : Stepping Past the Shadow of Socrates*, Oxford, Oxford University Press, 2018 ; p. 223-225 et E. Maffi, « The *Theaetetus* Digression : an Ethical Interlude in an Epistemological Dialogue », *in* M. Bonazzi, A. Ulacco, P. Forcignanò (eds), *Thinking, Knowing, Acting : Epistemology and Ethics in Plato and Ancient Platonism*, Leiden, Brill, 2019, p. 138-159 soutiennent que la digression fait référence aux Formes et rattachent donc le *Théétète* aux dialogues de maturité (*Phédon*, *République*). D. Sedley, *Midwife*, p. 69-81 et C. Kahn, *Plato and the Post-Socratic Dialogue*, *op. cit.*, p. 50-52 proposent une solution intermédiaire dans la lignée de Cornford.

2. F. Cornford, *Theory*, p. 89. Schleiermacher soutient déjà que, dans la digression, « le Vrai, le Bien se manifeste dans sa nature propre, tout à fait opposée à la sphère personnelle » et qu'elle constitue « un point de repère (…) dans les dédales tortueux du dialogue » pour le « lecteur attentif » (*op. cit.*, p. 252).

3. Voir les parallèles déjà répertoriés dans les notes de l'édition de L. Campbell, *The Theaetetus of Plato*.

4. D. Bradshaw, « The Argument of the Digression in the *Theaetetus* », art. cit., p. 63. D. Sedley, *Midwife*, p. 66 note aussi l'absence de « la métaphysique de la Caverne » au début de la digression et sa présence seulement allusive dans la suite.

sain dans leur pensée » (173a8-b1). Lorsque les allusions aux Formes se précisent (173e4-174b7, 175b8-c8), autant il est oiseux d'affirmer que la description de Socrate est *stricto sensu* compatible avec une position nominaliste ou positiviste [1] (que Platon n'a jamais soutenue), autant il est clair que cette référence à des objets ou problèmes abstraits et universels ne *fonde* par la supériorité des philosophes sur les orateurs, ne serait-ce que parce que les orateurs sont déclarés supérieurs aux philosophes dans les affaires ordinaires et civiques.

Un aspect tout à fait remarquable de la digression est en effet la symétrie de sa description des philosophes et des orateurs (joints au peuple). Comme Thalès moqué par la servante thrace, le philosophe suscite le rire de la foule du fait de son inexpérience des tribunaux (174a-175b). Rappelons qu'il s'agit de la leçon fondamentale de la digression, si l'on en croit la manière dont elle est introduite par Socrate (172c5-6). Or, un peu plus loin, il s'avère que « l'habitué des tribunaux » peut être interrogé par le philosophe et qu'« il s'acquitte alors en retour de sa contrepartie » [2] : l'orateur suscite le rire des philosophes (175d4-7). Les deux scènes comiques, comme plusieurs autres éléments des portraits croisés de l'orateur et du philosophe, sont symétriques l'une de l'autre [3].

La spécificité de la digression sur ce point apparaît bien si on la compare à un passage très similaire de la *République* tiré de l'analyse de l'allégorie de la caverne. Socrate y affirme que le philosophe suscite le rire quand il redescend dans la caverne qu'est notre monde (517a), mais avec deux nuances de taille. Le philosophe « semble ridicule », mais *seulement au moment où*, passant « des contemplations divines aux malheurs humains », il doit se défendre devant un tribunal (517d). Ce ridicule est restreint à une phase d'aveuglement liée à la transition entre la lumière et l'obscurité. En outre, comme le même éblouissement est produit par le passage inverse, de l'obscurité à la lumière, il ne faut pas « rire de

1. R. Robinson, « Forms and Error in Plato's *Theaetetus* », art. cit., p. 9.

2. 175d2 : πάλιν αὖ τὰ ἀντίστροφα ἀποδίδωσιν. Je m'inspire des traductions de L. Robin et M. Narcy.

3. C'est là un acquis important de l'analyse de Rachel Rue, « The Philosopher in flight : the Digression in Plato's *Theaetetus* », art. cit., p. 82-85, accepté par A. Macé et O. Renaut, « L'univers au service de la cité : l'image publique du philosophe », art. cit. L'idée est déjà esquissée par H. Blumenberg, *Le Rire de la servante de Thrace*, *op. cit.*, p. 29 : « Le Socrate du dialogue laisse les dieux s'estomper à l'arrière-plan ; il fait apparaître au contraire le conflit des concepts de réalité, l'impossibilité de leur entente comme ce dont le rire ici, ou la condamnation à mort là, n'étaient que des symptômes ». Friedemann Buddensiek (« Thales down the well : Perspectives at work in the digression in Platos'*Theaetetus* », art. cit.) souligne bien également l'importance du problème du perspectivisme non seulement dans la discussion avec Protagoras mais aussi dans la digression.

façon inconsidérée » en voyant une âme troublée et aveuglée (518a). Il faut plutôt déterminer si elle vient de la lumière ou de l'obscurité : dans le premier cas, elle est heureuse, dans le second à plaindre, et seul le rire à l'égard de la seconde n'est pas « ridicule ». Dans la *République*, Socrate dispose donc d'un critère pour établir une hiérarchie objective des rires : les philosophes rient légitimement mais ne sont pas risibles, parce qu'ils ont accès à la réalité, alors que les autres hommes sont entourés d'illusions [1].

Dans la digression, en revanche, aucun critère *de ce type* n'est avancé pour distinguer les rires symétriques. Les caractérisations des philosophes par le fait que leur esprit vole dans les cieux (173e3-5) ou par l'assimilation à dieu (176b1) peuvent sembler des critères objectifs de leur supériorité mais, comme l'a remarqué Ruby Blondell, Théétète a affirmé lui même qu'il ne serait « pas capable d'aller soutenir que ceux qui sont pris de folie ou qui rêvent ne pensent pas des choses fausses, quand les uns croient être des dieux, les autres avoir des ailes, et que dans leur sommeil ils pensent qu'ils sont en vol » (158b1-4, trad. M. Narcy) [2]. Loin de déchirer le voile des apparences, de constituer un intermède dogmatique dans un dialogue maïeutique, la digression présente l'opposition entre réalité et apparence de manière presque relativiste en se plaçant alternativement du point de vue des philosophes et des orateurs et en insistant sur leur symétrie sans commune mesure [3].

1. Sur la rectification du rire comique dans la *République*, voir A. Nightingale, *Genres*, 176-180.

2. R. Blondell, *Play*, p. 291. Sur le fait que les philosophes peuvent passer pour complètement fous, voir *Sophiste*, 216d1-2 : τοτὲ δ' ἔστιν οἷς δόξαν παράσχοιντ' ἂν ὡς παντάπασιν ἔχοντες μανικῶς. Ce qui n'est qu'un cas parmi trois possibles au début du *Sophiste* semble être inévitable dans la digression (voir *infra*, p. 155-156).

3. On objectera peut-être que, dans l'allégorie de la caverne, la supériorité de celui qui a vécu hors de la caverne n'est pas non plus reconnue par les prisonniers, qui le mettent même à mort. Mais Socrate, dont le point de vue est extérieur à l'allégorie, y invalide toute symétrie et y établit une hiérarchie objective d'au moins quatre manières : 1) l'allégorie est entièrement structurée par l'opposition du haut et du bas, de la lumière et de l'obscurité, qui exprime la métaphysique de *République*, V-VII, 2) les hommes dans la caverne sont prisonniers, les autres sont libérés ou libres (et représentent le fait d'être éduqués), 3) l'incompétence et le ridicule de l'homme libéré est provisoire : une fois qu'il se réhabitue à l'obscurité, il voit « dix mille fois mieux » que les prisonniers et peut ainsi leur prouver sa supériorité, 4) s'ils ont le courage d'être libérés et tirés vers le haut par l'homme libéré, les prisonniers peuvent découvrir et reconnaître que la vérité et le bonheur se trouvent hors de la caverne. Dans la digression, les hiérarchies (1) et (3) sont presque entièrement absentes ou contestées. La (4) est esquissée à la fin de la digression (177b1-7, auquel je reviendrai). En revanche, la hiérarchie (2) structure toute la digression et me semble devoir guider sa lecture.

La quatrième partie de la digression semble certes renoncer à cette approche, puisque Socrate y annonce qu'il va « dire la vérité » à propos de la vertu (176b6-7) et invoque apparemment un critère objectif voire métaphysique de distinction : il existe des « modèles au sein de la réalité » et « le modèle divin est le plus heureux, le modèle sans dieu est le plus malheureux » (176e3-4). Le critère n'est toutefois pas ici la distinction intelligible/sensible ou modèle/copie, puisqu'il existe deux « modèles », l'un mauvais, l'autre bon, ce qui suggère qu'il ne s'agit pas des Formes [1]. On en reste donc au critère de la proximité à Dieu, dont on vient de voir qu'elle passe souvent pour folie. Socrate précise d'ailleurs lui-même que les hommes injustes « ne saisissent pas qu'il en va ainsi », à savoir qu'il existe deux modèles de vie (176e3-5), choisissent le mauvais modèle et ne prêtent aucune attention aux exhortations qu'on pourrait leur adresser en évoquant ce qui leur arrivera après la mort (177a7-8).

Le dualisme socio-politique de la digression

Est-ce à dire qu'il faut finalement se résoudre à admettre l'hypothèse déjà évoquée selon laquelle le philosophe et l'orateur sont renvoyés dos à dos par Socrate ? Pas du tout. Comme l'a remarqué Rachel Rue, Socrate prend soin de dire que les philosophes *semblent* ridicules ou simples d'esprit (172c6, 174c6, 174d1, 175e2) et que les orateurs *apparaissent* intelligents ou bons (176b6, c6) dans le cadre des tribunaux. Du point de vue de Socrate, il n'y a pas de doute sur la supériorité morale et intellectuelle des philosophes. Il nous décrit néanmoins le conflit de manière symétrique ou plutôt protagoréenne, en ce sens que les impressions des uns s'opposent frontalement aux impressions des autres sans que des perceptions ou opinions objectives ne permettent de trancher [2]. Dans ces conditions, au nom de quoi Socrate peut-il prendre le parti des philosophes ? Se range-t-il simplement à l'opinion du « chœur » auquel il appartient, sans fournir la moindre raison ? La réponse est négative, comme le montre la fin de la seconde scène comique :

> il [= l'habitué des tribunaux interrogé par le philosophe] suscite le rire non pas des filles thraces ou de tout autre inculte (car ils ne s'en aperçoivent

1. Sur le modèle divin et la quatrième partie de la digression, voir *infra*, p. 163-169.

2. R. Rue, « The Philosopher in flight : the Digression in Plato's *Theaetetus* », art. cit., p. 83-85 : « We are left with a simple opposition of perspectives. From a Protagorean point of view, each is his own measure, and there is no way to judge between them ».

> pas), mais de tous ceux qui ont été élevés d'une manière opposée à celle des esclaves [1].

Socrate évalue les rires en fonction des rieurs. Si l'on ne peut pas recourir à un critère non-relatif ou consensuel, on peut tenir compte des qualités de ceux qui perçoivent. Socrate réutilise en fait implicitement une stratégie qu'il a employée précédemment : de même que Protagoras n'a pas osé déclarer que le cochon est la mesure de toutes choses et reconnaît qu'il existe des hommes plus sages que d'autres (161c-d), Protagoras et ceux qui le suivent oseront-ils prendre le parti d'une femme étrangère et servante ou de la populace sans éducation ni manières contre celui des hommes éduqués ? Les distinctions sur lesquelles s'appuie explicitement Socrate pour hiérarchiser les philosophes et les orateurs sont en fait largement sociales.

Mais Socrate ne s'arrête pas là ; il rapporte ces distinctions sociales à une opposition éthico-politique fondamentale, sur laquelle il a ouvert la digression : ceux qui rient du philosophe, femme thrace, peuple ou orateurs sont assimilables à des esclaves, alors que les philosophes sont des hommes libres. Juste après le passage qui vient d'être cité, Socrate conclut ainsi la troisième partie de la digression (175d7-e3) :

> Voici donc, Théodore, le style de chacun d'entre eux. L'un appartient à qui a été vraiment élevé dans la liberté et le loisir, [celui] que tu appelles « philosophe » et qui n'a pas à être blâmé pour sa réputation de simplicité et pour sa nullité à chaque fois que lui tombe dessus une tâche servile…

Socrate utilise ici ses critères initiaux de description de tous les philosophes – la liberté et le loisir – pour caractériser la conduite atypique du « coryphée » des philosophes décrite dans la deuxième partie *et* pour justifier la supériorité qu'il leur accorde dans leur conflit avec les orateurs. De son propre aveu, Socrate ne critique pas les adversaires de la (vraie) philosophie au nom d'un dualisme ontologique ou épistémologique, mais au nom d'un dualisme d'origine socio-politique, sur lequel repose l'unité de la digression. Ce dualisme est aussi celui qui permet à la digression de jouer son rôle métadiscursif, puisque la liberté et le loisir sont les principes qui permettent de caractériser le dialogue à l'œuvre entre les personnages.

Or, malgré son évidence dans le texte, ce dualisme est considéré comme rhétorique ou secondaire par la plupart des commentateurs récents ou, au

1. 175d4-7 : γέλωτα Θρᾴτταις μὲν οὐ παρέχει οὐδ' ἄλλῳ ἀπαιδεύτῳ οὐδενί, οὐ γὰρ αἰσθάνονται, τοῖς δ' ἐναντίως ἢ ὡς ἀνδραπόδοις τραφεῖσι πᾶσιν.

mieux, comme une allusion aux thèses du *Gorgias* ou de la *République*[1]. Il est vrai que la description des orateurs en compétition les uns avec les autres pour gagner les faveurs du peuple est largement développée dans ces deux dialogues, où le contraste avec les philosophes est également souligné. Je ne suggère donc pas que la digression propose des arguments nouveaux, absents de ces dialogues, mais qu'elle *met au premier plan* un type d'argument ou plutôt un critère de distinction (entre le philosophe et ses rivaux) qui joue un rôle subordonné (aux critères épistémologiques[2] et métaphysiques) dans les autres dialogues.

S'il faut donc rechercher la spécificité de la digression, comme y invite justement Franco Trabattoni, on ne peut pas se contenter de dire qu'elle « pense un dualisme métaphysique sans mentionner la doctrine des Idées »[3]. Il me semble qu'il faut parler plutôt d'un dualisme « éthico-socio-politique » qui vient, dans la digression, *jouer le rôle* critique que joue le dualisme métaphysique en *République*, V-VII. Non que ce dualisme socio-politique *se substitue* complètement au dualisme métaphysique et épistémologique, puisque la digression fait allusion à ces derniers, ni que le dualisme socio-politique soit absent de *République*, V-VII, mais les poids et rôles respectifs de ces deux dualismes s'inversent quand on passe de la *République* à la digression. Je me propose d'examiner les effets de cette inversion et de montrer ses fonctions dans le dialogue.

En effet, comment ne pas mettre cette spécificité de la digression en rapport avec l'originalité bien connue du *Théétète*, à savoir sa méthode maïeutique[4] et son ignorance apparente des doctrines métaphysiques

1. Voir par exemple P. Friedlander, *Plato : the Dialogues, second and third periods*, *op. cit.*, p. 169 ou D. Sedley, *Midwife*, p. 65-66, qui a le plus nettement montré que le dualisme métaphysique est absent comme tel de la digression, selon lui parce que Platon présente dans des termes « socratiques » sa doctrine sur l'objectivité de la justice et ne laisse apparaître ses fondements non-socratiques qu'entre les lignes (au niveau du *subtext*), et C. Kahn, *Plato and the Post-Socratic Dialogue*, *op. cit.*, p. 88-89.

2. Le *Théétète* se livre bien, comme le *Gorgias*, à une critique épistémologique des orateurs comme incapables de dépasser la persuasion et l'opinion, mais cette critique se trouve à la fin de la deuxième partie du dialogue (200d5-201c6, examiné *infra*, p. 214-221). Ceci constitue un signe supplémentaire du fait que la digression possède un angle d'attaque spécifique et original.

3. « Il *Teeteto* di David Sedley », *Rivista di storia della filosofia* 63 (1), 2008, p. 68.

4. M. Dixsaut, *Naturel*, p. 301-303 est à ma connaissance la seule à avoir vu le lien entre la maïeutique et la mise en avant de la liberté (et du loisir) comme critère de distinction des philosophes dans la digression. Elle n'examine toutefois pas la dimension socio-politique de ce critère et la tient même apparemment pour négligeable ou superficielle par rapport à un sens strictement philosophique de la liberté. Il me semble au contraire indispensable, même si l'on souhaite expliquer Platon d'un point de vue purement philosophique, de comprendre comment sa conception originale de la liberté et du loisir a été élaborée à partir d'idéologies

de la *République* ou du *Phédon*? La digression suspend la réfutation de Protagoras mais ne renonce pas à l'accouchement et l'examen de ceux qui, comme Théétète, subissent son influence; elle y participe sur un autre plan en utilisant une distinction socio-politique que les orateurs, les protagoréens ou les rivaux socratiques de Platon reconnaissent, et en la retournant contre leurs conceptions fausses de la sagesse afin de défendre celle mise en œuvre dans tout le *Théétète*[1]. Les dimensions réflexive, polémique, symétrique et politique que j'ai mises en évidence dans la digression sont donc entièrement solidaires. C'est du moins ce que je voudrais montrer dans les chapitres suivants, en examinant les différentes cibles contre lesquelles la digression polémique et sa stratégie critique à leur égard (deuxième chapitre), le(s) dualisme(s) socio-politiques qui la structure, leur origine et la manière dont elle les utilise et radicalise, y compris par rapport à d'autres dialogues (troisième chapitre), le rôle du détour théologique dans ce cadre (quatrième chapitre) et la façon dont la digression explicite réflexivement les conditions du dialogue philosophique platonicien et contribue ce faisant à la recherche sur ce qu'est la science dans tout le dialogue (cinquième et sixième chapitres).

et de débats socio-politiques des Ve-IVe siècles. Monique Dixsaut utilise par ailleurs déjà la formule « la science des hommes libres » (*Sophiste*, 253c7) comme titre de la partie de son livre (*Naturel*, p. 299-309) qui traite du *Théétète*, du *Parménide* et du *Sophiste*. Cette formule résume si bien ma propre lecture de la digression à la croisée de ses contextes socio-politique *et* épistémologico-dialectique, que je me suis permis de reprendre ce titre.

1. A. Barker, « The digression in Plato's *Theaetetus* », art. cit. est semble-t-il le premier à proposer de lire ainsi la digression, mais il suppose que « l'interprétation commune de l'expérience commune » à partir de laquelle Socrate argumente serait la différence factuelle qui existe entre orateurs et philosophes, entre discours sur des conventions sociales et discours sur les catégories morales universelles (p. 462). Or, non seulement je ne vois pas pourquoi Protagoras et les orateurs (qui sont les cibles de la digression selon Barker) seraient prêts à reconnaître l'existence de cette distinction bien peu factuelle, mais surtout, comme l'a noté D. Bradshaw, « The Argument of the Digression in the *Theaetetus* », art. cit., p. 62, Barker néglige les jugements de valeur que Socrate ajoute à la distinction. Il me semble donc que, si Platon argumente bien à partir d'une « expérience commune » dans la digression, celle-ci ne consiste pas en un ensemble de faits consensuels, mais en une échelle de valeur largement partagée à Athènes, à savoir les hiérarchies socio-éthico-politiques entre esclaves et hommes libres et entre *ascholia* et *scholé*.

CHAPITRE II

LE CONTEXTE POLÉMIQUE : LES CIBLES DE LA DIGRESSION ET LEUR CRITIQUE

En tentant d'identifier, à partir de la digression et des textes contemporains[1], ses cibles probables, il ne s'agit pas de prétendre que Platon avait à l'esprit tous les personnages et textes qui vont être mentionnés dans ce chapitre lorsqu'il écrivait la digression, mais de montrer comment les affirmations de Platon prennent sens, c'est-à-dire se situent et se distinguent, dans l'espace des positions sur les rapports entre politique et philosophie au début du IVe siècle[2]. Ces positions rivales et cibles vraisemblables seront présentées en partant de celles qui sont les plus évidentes et les plus nettement éloignées de Platon, celles des

1. La date du *Théétète* a fait l'objet de nombreux débats depuis la fin du XIXe siècle : voir E. Rohde, *Kleine Schriften*, Tübingen, Mohr, 1901, réédition Hildesheim, Olms, 1969, p. 256-308 et A. Diès, *Théétète*, Paris, Les Belles Lettres, 1926, p. 119-123. Le *terminus post quem* est fourni par la référence à la mort de Théèète lors d'une bataille à Corinthe (142a-b), mais il existe un désaccord pour savoir s'il s'agit d'une bataille de la guerre de Corinthe (393-391) ou d'une bataille ayant eu lieu à Corinthe en 369 : voir D. Nails, *The People of Plato. A Prosopography of Plato and Other Socratics*, Indianapolis, Hackett, 2002, p. 274-277. A cela s'ajoute le fait que le dialogue peut ne pas avoir été écrit en même temps que le prologue (par exemple s'il existait une première version écrite sous forme narrative ensuite transformée : voir H. Tarrant, « The *Theaetetus* as a narrative dialogue ? », *Proceedings of the Australasian Society for Classical Studies* 31, 2010 : classics.uwa.edu.au/ascs31) ou avoir été écrit bien après la date dramatique du prologue. Les hypothèses contextuelles proposées dans ce chapitre sont, dans la mesure du possible, indépendantes de la datation précise du dialogue. Elles présupposent en effet seulement a) que le *Théétète* est postérieur au *Gorgias* et au *Phédon* et antérieur au *Sophiste* et au *Politique*, ce qui est rendu très vraisemblable par la stylométrie (C. Kahn, *Plato and the Socratic Dialogue*, *op. cit.*, p. 42-47), et b) que le *Théétète* est postérieur à la *République*, ce que tous les commentateurs admettent aujourd'hui. Néanmoins, si la digression était antérieure à la *République*, la présente interprétation ne serait pas sérieusement affectée, sauf pour ce qui est de la question de l'intervention politique du philosophe (p. 148-158).

2. Mon approche est ici similaire à celle défendue par Quentin Skinner, *Vision of politics. Volume 1. Regarding methods*, Cambridge, Cambridge University Press, 2002, notamment p. 115-145.

orateurs, et en allant vers celles qui sont les moins explicites et les plus proches, à savoir les plus socratiques. Le second objectif de ce chapitre est de mettre en évidence la spécificité des critiques de la digression par rapport au *Gorgias* et à la *République*, non que la digression contienne des arguments entièrement nouveaux mais parce que, tout en faisant allusion à une bonne partie des thèses de ces deux dialogues, elle approfondit certaines critiques au détriment d'autres.

Les orateurs et les hommes politiques

En ouverture de la digression, Socrate annonce qu'il a souvent remarqué que les philosophes sont incompétents lorsqu'ils doivent parler devant un tribunal (172c5-6), mais il faut attendre 174b7 pour que Socrate développe cette première thèse en tant que telle. Dans l'intervalle, il explique ce qui distingue essentiellement les philosophes d'autres hommes et rend compte de l'inaptitude des premiers dans leurs démêlés avec les seconds. Il s'agit de la deuxième thèse de la digression, formulée suite à une demande de précision de Théodore (172c7), mais aussi de sa thèse fondamentale, puisque c'est elle qui est reprise lorsque Socrate conclut une première fois son propos en 175e1-176a1, et c'est également elle qui permet de faire le lien avec la dernière partie de la digression, où revient la question des deux manières de vivre. Cette thèse, qui consiste en une opposition, est formulée au moyen d'une analogie (172c8-d9) :

> Ceux qui, depuis leur jeunesse, sont ballotés dans les tribunaux et les endroits de ce genre[1] risquent fort en fin de compte d'être élevés, par rapport à ceux qui ont été élevés dans la philosophie et les occupations du même genre, comme des serviteurs par rapport à des hommes libres.

Les « orateurs » (ῥήτορες)[2] sont la première et la plus explicite des cibles de la digression. Le terme désigne à Athènes tout citoyen jouant volontairement un rôle actif dans une assemblée ou un tribunal, ce qui n'implique pas toujours de faire un discours en public, mais il semble bien que le début de la digression focalise l'attention sur des citoyens qui

1. οἱ ἐν δικαστηρίοις καὶ τοιοῦτοις ἐκ νέων κυλινδούμενοι. Ce dernier terme n'est pas facile à traduire. L. Robin propose « roulent leur bosse », qui reprend la métaphore du roulement, et M. Narcy « traînent ». Comme me l'a suggéré Claire Louguet, j'ai essayé de rendre plus nettement le caractère passif du participe. On pourrait presque traduire, comme me l'a proposé Zoé McConaughey : « sont pris dans l'engrenage des tribunaux… ».

2. J'emploie désormais ce terme pour désigner « ceux qui depuis leur jeunesse sont ballotés dans les tribunaux et les endroits de ce genre » (172c8-9). Socrate dit en 172c5-6 que les philosophes, quand ils vont dans les tribunaux, « se révèlent des orateurs ridicules » (γελοῖοι φαίνονται ῥήτορες).

consacrent la majeure partie de leur vie aux activités politiques[1]. Il faut souligner la provocation que constitue leur assimilation à des esclaves, alors qu'ils se considéraient comme des modèles d'hommes libres, en tant que citoyens participant activement aux affaires de leur cité. En témoigne le fait que les orateurs athéniens n'hésitaient pas à accuser leurs adversaires politiques, pour les disqualifier, d'avoir des origines ou une conduite serviles et donc suspectes[2]. Suite à une demande de précision de Théodore, Socrate explique sa comparaison entre philosophes et orateurs, dont on peut montrer grâce à un tableau qu'elle est tout à fait précise[3] :

	Discours des philosophes	**Discours des orateurs**
Rapport au temps	172d4 : « loisir toujours présent » (σχολή)	172e1 : « toujours sans loisir / dans l'urgence » (ἐν ἀσχολίᾳ) car « l'eau coule »
Relations entre eux	172d5 : « dans la paix »	« partie adverse » (ἀντίδικος), « luttes » (ἀγῶνες), « course » (δρόμος)
Choix des discours	172d7-9 : « à leur convenance » (ἀρέσῃ), « peu leur importe de parler longuement ou brièvement »	172e2-4 : « pas sur ce qu'ils désirent (…) ; au contraire, leur adversaire veille, car il dispose d'une contrainte, l'acte d'accusation, qui est lu point par point et dont [4] [leur] parole ne doit pas s'écarter. »

1. Voir M. Hansen, *La Démocratie athénienne à l'époque de Demosthène. Structures, principes et idéologie*, trad. S. Bardet avec Ph. Gauthier, Paris, Taillandier, 2009, p. 175-178 et 309-319, J. Ober, *Mass and Elite in Democratic Athens*, Princeton, Princeton University Press, 1989, p. 105-121 et H. Yunis, *Taming Democracy. Models of Political Rhetoric in Classical Athens*, Ithaca, Cornell University Press, 1996, p. 7-18 sur le terme ῥήτωρ, qui en vient à désigner les seuls hommes politiques (prenant fréquemment la parole à l'Assemblée ou au tribunal) à partir de la fin du Ve siècle, mais ce groupe n'avait pas de définition légale.

2. Voir J. Ober, *Mass and Elite*..., *op. cit.*, p. 270-279 et *infra*, p. 122-124.

3. Voir aussi H. Niehues-Pröbsting, *Überredung zur Einsicht. Der Zusammenhang von Philosophie und Rhetorik bei Platon und in der Phänomenologie*, Frankfurt am Main, Klostermann, 1987, p. 47-53 et D. El Murr, *Contrainte et cohésion : la notion de lien dans les Dialogues de Platon*, Thèse de doctorat soutenue le 10 décembre 2005 à l'Université Paris I Panthéon-Sorbonne, p. 122-126.

4. Le pronom relatif est au pluriel (ὧν ἐκτὸς οὐ ῥητέον). A. Diès, M. Narcy, *Théétète*, n. 243 ou F. Ferrari suivent une suggestion de Campbell et comprennent que le pluriel renvoie aux différents points ou articles de l'acte d'accusation ou de « la liste des griefs », comme traduit M. Narcy. On pourrait également comprendre qu'il y a deux éléments s'imposant au discours, la contrainte de l'adversaire et l'acte d'accusation (ἀνάγκην ἔχων ὁ ἀντίδικος ἐφέστηκεν καὶ ὑπογραφὴν), mais il semble que le droit d'objection de l'adversaire résulte directement de l'acte d'accusation reconnu par les deux parties (voir *infra*, p. 77, note 4).

Destinataire des discours	Eux-mêmes ?	172e5-6 : « un maître qui siège face à eux et tient dans ses mains le jugement / la sentence (τὴν δίκην) »
Objet, objectif ou enjeu des discours	172d9 : « atteindre la réalité / ce qui est » (τύχωσι τοῦ ὄντος)	172e6-7 : « toujours sur un compagnon d'esclavage », « les procès ne jugent jamais en général [1], mais toujours pour ou contre l'un des esclaves, Et souvent c'est même la vie qui est l'enjeu de la course »

La caractérisation de l'activité des orateurs comme « sans loisir » est sans doute une provocation à peine moins insultante que leur assimilation à des esclaves. Les orateurs concevaient en effet l'activité des tribunaux comme présupposant un minimum de *scholé*. Dans le *Contre Midias*, écrit en 361, Démosthène mentionne l'ἀσχολία comme l'une des excuses classiques des victimes pour ne pas intenter un procès à celui qui les a lésées (§ 141), ce qui implique qu'il faut de la σχολή pour aller au tribunal. Dans le *Contre Léocharès* (§ 4), il évoque un homme pauvre qui fait le métier de « crieur sur le Pirée » et « doit passer toute la journée sur l'*agora* », si bien qu'il « n'a pas de loisir pour s'occuper d'affaires judiciaires » (ἀσχολία τῆς ἐπὶ τὸ πραγματεύεσθαι). Définir l'activité des orateurs par son ἀσχολία, la comparer à celle d'esclaves revient donc à opposer aux orateurs leurs propres prétentions, comme on le verra en détail plus loin.

Or certains orateurs contemporains de Platon critiquent également les excès de l'activité judiciaire au nom de la liberté. Dans le *Contre Theomnestos* I, qui remonte à 383, Lysias dit qu'il n'aurait pas attaqué son adversaire s'il l'avait simplement insulté, « car je juge indigne d'un homme libre et trop procédurier d'aller en justice pour de la

1. Le sens de τὴν ἄλλως n'est pas clair. Plusieurs traducteurs comprennent qu'il s'agit d'une allusion à la liberté des philosophes (Narcy : « par une voie quelconque », Valgimigli : « sono come guari di corsa, le quali non vanno mai per questa o quella via indifferemente »), mais cette comparaison a déjà été faite et l'opposition avec τὴν περὶ αὐτοῦ n'aurait alors plus grand sens, car l'expression ne désigne pas une manière de procéder. McDowell comprend qu'il est question de l'enjeu du discours, plutôt que de son objet ou de sa méthode (« their contests are never for some indifferent prize, but always for one that concerns themselves »), ce qui est confirmé par la suite de la phrase. Mais on ne voit pas bien ce qu'est un « prix indifférent ». Il me semble que l'opposition est entre un échange de discours « intéressé » comme le procès, dont l'objet *et* l'enjeu sont les intérêts de ceux qui parlent, et un discours « indifférent » aux intérêts et cas particuliers à la fois dans son thème et ses objectifs, un discours « désintéressé » et « général » (sens possible de ἄλλως selon LSJ), c'est-à-dire un discours « théorique ». *Cf.* 175c1-3 : « que cette personne veut bien renoncer avec lui à [demander] "en quoi est-ce que je t'ai injustement lésé ou toi moi ?", pour examiner plutôt la justice et l'injustice, ce qu'est chacune par elle-même ».

diffamation »[1]. De même Calliclès met en garde Socrate dans le *Gorgias* contre les attaques en justice « d'hommes probablement tout à fait vils et méprisables » (521c3-6 : ὑπὸ πάνυ ἴσως μοχθηροῦ ἀνθρώπου καὶ φαύλου)[2]. La digression ne se contente toutefois pas de dénoncer les citoyens plaideurs et procéduriers ou l'injustice des sycophantes, mais s'en prend aux tribunaux en tant que tels. Par rapport aux critiques antérieures, y compris celles de Platon[3], la digression a l'originalité d'associer radicalité et précision, comme si elle opérait à la fois de l'intérieur et de l'extérieur. Elle invoque en effet plusieurs règles de procédure des procès athéniens (172e1-6) : la définition initiale par les parties de l'objet du procès et de leurs allégations, auxquelles elles juraient de se tenir[4], la clepsydre, horloge à eau mesurant le temps de parole de chaque partie[5]. les juges assis. Toute cette organisation complexe est présentée comme

1. § 2 : ἀνελευθέρου γὰρ καὶ λίαν φιλοδίκου εἶναι νομίζω κακηγορίας δικάζεσθαι.

2. Les attaques d'Aristophane dans les *Nuées* ou les *Guêpes* (voir *infra*, p. 94-95) confirment que la critique des orateurs et des tribunaux était partie intégrante du « débat public » athénien depuis la seconde moitié du Ve siècle : voir P. Demont, *Cité*, p. 95-97, J. Ober, *Mass and Elite*, *op. cit.*, p. 165-174 et H. Yunis, *Taming Democracy*..., *op. cit.*, p. 36-58 qui montrent également comment Platon reprend, adapte, discute ou renouvelle ces critiques antérieures (y compris Thucydide).

3. M.-L. Desclos, *Aux marges des dialogues de Platon. Essai d'histoire anthropologique de la philosophie ancienne*, Grenoble, Millon, 2003, p. 51 évoque justement « une critique bien plus radicale de la démocratie, comme "régime des tribunaux" que le livre VIII de la *République* ».

4. L'ἀντωμοσία (cf. *Apologie*, 19b3) était l'une des étapes de l'ἀνάκρισις, audience ou instruction préliminaire dirigée par un magistrat, qui examinait l'affaire, les lois en cause et les preuves apportées et qui incluait un serment des parties sur la vérité de leurs allégations respectives et sur le fait qu'elles n'invoqueraient pas de nouveaux éléments lors du procès. On exigeait également des parties, au début de certains types de procès, un serment de s'en tenir à l'affaire et à elle seule dans les plaidoieries (Aristote, *Constitution des Athéniens* 67, 1 et *Rhétorique* 1354a22-23). Sur les différents serments requis des parties, parfois difficiles à distinguer car ils différaient selon les tribunaux, voir R. Bonner et G. Smith, *The Administration of Justice from Homer to Aristotle*, vol. 2, Chicago, The University of Chicago Press, 1938, p. 159-170. Platon se réfère au vocabulaire juridique en 172e4 : ἣν [= ὑπογραφὴν παραναγιγνωσκομένην] ἀντωμοσίαν καλοῦσιν. F. Hicken, éditrice du texte dans la collection OCT, estime après d'autres éditeurs qu'il s'agit d'une glose, mais il me semble plutôt que Platon fait un effort de précision pour rendre sa critique plus efficace (*cf.* la critique par Lysias d'une erreur de terminologie juridique chez son adversaire, censée témoigner de « l'indolence et de la mollesse » de ce dernier, dans le *Contre Théomneste* 11), tout en mettant à distance les termes juridiques (καλοῦσιν) pour ne pas laisser penser que Socrate est rompu aux usages des tribunaux (L. Campbell, *The Theaetetus of Plato*, *op. cit.*, *ad loc.* parle d'une *affected unfamiliarity with legal terms*). Sur le serment des parties et sa critique, voir P. Butti de Lima, *Esercizi*, p. 93-101 et M. Narcy, *Théétète*, n. 204, qui parle « d'une contestation du principe même de l'ordre civique et de tout contrat social ».

5. Voir Aristote, *Constitution des Athéniens* 67, 2-4 pour son fonctionnement et son usage.

contraignant étroitement le discours des orateurs, dans sa durée comme dans ses objets et ses destinataires, si bien qu'ils sont comme des esclaves, leur « maître » étant les magistrats qui appliquent la procédure et surtout le jury populaire qui décide l'issue du procès en votant. L'activité des orateurs ne témoigne d'aucune autonomie, d'aucun pouvoir, d'aucune liberté. Ces contraintes et le fait que leurs débats concernent « toujours » des intérêts personnels et particuliers [1], « souvent même leur vie » (172e6-7), les mettent sous l'emprise de la crainte et les conduisent à user de tous les moyens (mensonges, injustices) pour obtenir gain de cause (173a5-9). La critique de la digression ne concerne donc pas les excès ou déviations des tribunaux, mais la nature même des affaires judiciaires, dans leur fonctionnement normal et leur objet (trancher des litiges entre citoyens).

Soulignons en outre qu'il ne faut pas interpréter cette critique à l'aune de la conception moderne du pouvoir judiciaire : les tribunaux représentent ici l'ensemble de la vie politique [2]. Ils jouaient en effet un rôle beaucoup plus grand dans l'Athènes démocratique, que dans nos démocraties représentatives, surtout à partir des réformes d'Éphialte en 462/461 [3], en particulier du fait de l'absence d'un « Ministère public » : l'initiative de la poursuite judiciaire des crimes et délits, y compris contre l'État, était laissée aux citoyens. Certains citoyens se faisaient une spécialité de la défense de l'Etat en attaquant en justice ceux qu'ils percevaient comme ses ennemis et qui les dénonçaient en retour comme des sycophantes. Bien des conflits strictement politiques se réglaient ainsi devant le tribunal [4], qui était en outre l'institution proprement populaire du régime, puisque les jurés étaient tirés au sort [5], et donc le cœur même de la démocratie. En soulignant l'ignorance du philosophe à l'égard d'autres institutions ou pratiques civiques athéniennes [6] *et* aux yeux de la « foule »

1. Sur cette critique, voir A. Nightingale, *Genres*, p. 50-51, qui rapproche le *Gorgias* et la digression.

2. Voir J. Ober, *Mass and Elite*, *op. cit.*, p. 132-156 sur les différentes arènes du débat public à Athènes.

3. Aristote, *Constitution d'Athènes* 25, 4.

4. Sur les procès politiques à Athènes, voir C. Mossé, *Politique et société en Grèce ancienne. Le « modèle athénien »*, Paris, Flammarion, 1995, p. 154-173.

5. Sur les débats autour du poids du tribunal, élément « démocratique » ou « populaire » du régime athénien, voir Aristote, *Politique* II, 12, 1273b35-1274a10.

6. 173d1-3 mentionne à côté du tribunal (δικαστήριον) : l'*agora*, la maison du conseil (βουλευτήριον, qui se trouvait sur l'*agora*) ou « d'autres lieux publics où la cité s'assemble », toutes les réunions des *hetairoi*, les banquets, les virées avec des joueuses de flûtes. Comme me l'a fait remarquer Paul Demont, ce n'est donc pas la seule vie politique mais « toute la vie de l'élite sociale athénienne » qui est visée, et la métonymie des tribunaux s'explique sans doute alors aussi par la conviction de Platon que leur développement est un signe de corruption de la cité : voir *République*, III 405a-c, où les parallèles avec la digression sont nombreux (en particulier l'incompatibilité entre liberté et fréquentation du tribunal).

ou des « incultes » (174c4 : τῷ ἄλλῳ ὄχλῳ, 175d5 : ἄλλῳ ἀπαιδεύτῳ), la suite de la digression confirme que l'attaque contre les tribunaux porte sur l'ensemble de la vie démocratique athénienne, et en particulier sur le type de discours requis de ceux qui y participent [1].

Un bon exemple de défense, contemporaine de Platon, de cette pratique du discours est fourni par Alcidamas, un élève de Gorgias :

> Qui ne sait que le discours improvisé est nécessaire à l'Assemblée, dans les tribunaux ou les colloques privées (λέγειν μὲν ἐκ τοῦ παραυτίκα καὶ δημηγοροῦσι καὶ δικαζομένοις καὶ τὰς ἰδίας ὁμιλίας ποιοῦσιν ἀναγκαῖόν ἐστι) et que surviennent souvent des situations imprévues, où ceux qui se taisent font piètre figure, tandis que nous voyons ceux qui parlent susciter le respect des autres, qui jugent leur intelligence (τὴν γνώμην) comparable à celle des dieux ? En effet, quand il s'agit de faire entendre raison à ceux qui sont dans l'erreur, réconforter ceux qui sont en colère, réfuter les accusations lancées à l'improviste, le talent oratoire alors est capable de répondre au besoin des hommes. En revanche l'écriture veut des délais et se trouve en retard sur les occasions (ἡ δὲ γραφὴ σχολῆς δεῖται καὶ μακροτέρους ποιεῖται τοὺς χρόνους τῶν καιρῶν). Celles-ci réclament qu'on vienne promptement à la rescousse ; celle-là produit les discours à loisir et lentement (οἳ μὲν γὰρ ταχεῖαν τὴν ἐπικουρίαν ἐπὶ τῶν ἀγώνων ἀπαιτοῦσιν, ἣ δὲ κατὰ σχολὴν καὶ βραδέως ἐπιτελεῖ τοὺς λόγους). Dès lors qui pourrait raisonnablement ambitionner d'acquérir ce talent qui se laisse tellement distancer par les occasions ? Et comment pourrait-il échapper au ridicule, lorsque le héraut lance son appel « quel citoyen veut prendre la parole ? » ou que déjà l'eau s'écoule au tribunal, l'orateur qui s'en irait à ses tablettes pour composer son discours et l'apprendre par cœur ? [2]

1. Sur les critiques de la démocratie chez Platon, voir J. Ober, *Political Dissent in Democratic Athens*, Princeton, Princeton University Press, 1998, p. 156-246, J.-F. Pradeau, *Le monde de la politique. Sur le récit atlante de Platon. Timée (17-27) et Critias*, Sankt Augustin, Academia, 1997, p. 210-219, M.-L. Desclos, « Platon et la démocratie », *Dioti* 7, 2003, p. 103-122 et J.-F. Pradeau, *Platon, les démocrates et la démocratie*, Napoli, Bibliopolis, 2005. Le fait que la critique de la digression porte sur les affaires politiques *en tant que telles* (leur urgence, leur dimension procédurale, collective et intéressée) lui permet de s'étendre ensuite avec des arguments similaires à ceux qui ont une conception ou une pratique non-démocratique du pouvoir : voir les critiques (attribuées au philosophe) des rois et tyrans ou de ceux qui se croient supérieurs aux autres hommes du fait de leurs terres ou de leur lignage (174d-175b).

2. Alcidamas, *Sur les auteurs de discours écrits* ou *Sur les sophistes* (= fr. 1 Avezzù / 1 Muir / 15 Radermacher), § 9-11 (trad. M. Patillon, dans J.-F. Pradeau (éd.), *Les Sophistes. Ecrits complets*, Paris, GF-Flammarion, 2009, p. 95). Sur la dépendance des logographes à l'égard de la *scholé*, voir aussi § 4 et 8. J. V. Muir, *Alcidamas : The Works and Fragments*, London, Bristol Classical Press, 2001, p. XV date ce discours de 390 (comme le *Contre les sophistes* d'Isocrate) mais admet qu'il s'agit d'une pure hypothèse.

Ce texte montre que certains orateurs ou théoriciens de la rhétorique étaient tout à fait prêts à reconnaître que le discours oral devant une assemblée n'était pas produit dans des conditions de *scholé*. Alcidamas souligne combien il est difficile et donc méritoire de savoir discourir sans *scholé*, de « se plier avec justesse aux exigences de la situation du moment et de l'attente des hommes et [de] prononcer le discours qui convient »[1]. Il loue donc exactement ce que la première partie de la digression reproche aux orateurs. Répond-il entièrement à sa critique ? Sans doute pas, dans la mesure où la *scholé* est loin d'être le seul critère de Socrate, et ne se réduit pas à un temps disponible pour préparer son discours. Si Alcidamas ne vante pas la « liberté » des orateurs, il est clair qu'il les présente comme des hommes supérieurs en soulignant leur utilité dans toutes les situations, en particulier politiques, leur pouvoir de « répondre aux besoins des hommes »[2] ou d'influencer les auditoires, qui leur reconnaissent alors « une intelligence égale à celle des dieux »[3]. Il fait également appel au jugement des « hommes sensés » (§ 34 : τοῖς εὖ φρονοῦσιν) à la fin de son discours. Socrate ne partage évidemment pas cette évaluation positive des succès de l'art oratoire. Il n'y voit qu'une servitude, puisque l'orateur se soumet à l'opinion d'hommes sans éducation, s'efforce de s'adapter aux multiples contraintes du tribunal, et ne fait preuve ainsi que d'une habileté rusée et rapide, mais mesquine et caractéristique des esclaves.

La distinction d'Alcidamas entre discours oral (improvisé) et discours écrit (préparé) est donc négligeable du point de vue de la critique de Platon, qui oppose un discours « à loisir », soumis à ses seuls auteurs, à un discours « sans loisir » ou « servile » qui ne choisit pas ses principaux caractères (durée, objet, types d'argument) mais se les voit imposés de l'extérieur. La critique de Socrate s'applique aussi bien aux orateurs comme Alcidamas qu'aux personnages que ce dernier critique, à savoir ces « logographes » qui, comme Lysias, écrivaient des plaidoiries pour leurs clients mais n'en prononçaient aucune eux-mêmes. Comme le dit Alcidamas (*Sur les auteurs de discours écrits*, § 13), ces « logographes » cherchent à produire à l'avance un discours qui semble oral et qui est donc adapté aux conditions du tribunal, respectant les règles de la procédure. Le fait que les logographes ne soient soumis qu'à distance aux contraintes

1. *Ibid.* § 3 : τῷ καιρῷ τῶν πραγμάτων καὶ ταῖς ἐπιθυμίαις τῶν ἀνθρώπων εὐστόχως ἀκολουθῆσαι καὶ τὸν προσήκοντα λόγον εἰπεῖν.

2. *Ibid.* § 10, l. 4 cité *supra*, p. 79 : ἡ τοῦ λέγειν δύναμις τῇ χρείᾳ τῶν ἀνθρώπων ἐπικουρεῖν οἵα τ' ἐστίν.

3. On songe aux arguments de Polos sur le pouvoir des orateurs, égal à celui des tyrans, dans le *Gorgias*, 466a-467d.

judiciaires ne les rend pas moins – selon Platon – esclaves de celles-ci, en dépit du fait qu'ils prennent tout le temps dont ils ont besoin pour rédiger leurs discours [1].

LE RELATIVISME SOPHISTIQUE

La digression attaque-t-elle seulement les hommes politiques [2], ou vise-t-elle également des intellectuels théoriciens et non pas seulement praticiens des affaires politiques ? En d'autres termes, sa critique s'étend-elle également aux justifications de certaines conduites politiques, et en particulier à la conception relativiste ou conventionnaliste de la justice d'inspiration protagoréenne évoquée par Socrate juste avant la digression (172a-b), et donc aux penseurs auxquels on peut en attribuer une version, comme Calliclès, Thrasymaque ou les athées des *Lois*, qui seraient visés par la digression selon de nombreux commentateurs [3] ?

Si le début de la digression semble plaider pour une cible restreinte, Socrate dit dans la troisième partie que le philosophe apparaît ridicule quand il « rencontre quelqu'un, en privé ou en public (ἑκάστῳ καὶ δημοσίᾳ), tout comme je le disais en commençant, quand au tribunal ou dans n'importe quel autre lieu, (ὅταν ἐν δικαστηρίῳ ἤ που ἄλλοθι), il est contraint de discuter de ce qui est à ses pieds ou sous ses yeux » (174b8-c4). Par rapport à la première formulation de cette observation (172c5-6), la situation a été généralisée : elle ne concerne plus seulement le tribunal mais toute discussion, y compris privée. C'est dire que le philosophe est opposé aux orateurs, mais aussi à des intellectuels qui s'entretiennent avec le philosophe à l'écart de la foule sans pour autant « regarder vers le haut ».

Même s'ils ne sont pas les seuls, comme on va le voir, certains « sophistes » figurent certainement parmi ces interlocuteurs-adversaires. Ce point est confirmé par les parallèles déjà mentionnés entre la suite de la digression (175b8-c8) et les dialogues de Platon où des sophistes

1. *Pace* P. Natorp, *Platons Ideenlehre*, *op. cit.*, p. 95 qui estime (sans doute contre Erwin Rohde) que la digression ne peut viser que des orateurs judiciaires et non des logographes comme Isocrate.

2. A. Capelle, « Protagoreer oder Politiker », *Rheinisches Museum für Philologie* 104, 1961, p. 191-192.

3. F. Cornford, *Theory*, p. 82, D. Bostock, *Plato's Theaetetus*, *op. cit.*, p. 98, R. Polansky, *Commentary*, p. 135-136, E. Spinelli, « Socratismo, platonismo e arte della vita », art. cit., p. 214 et surtout F. Decleva-Caizzi, « Da Protagora al discorso "maggiore" (*Tht. 171d5-172c1*) », art. cit., p. 78-83, qui note aussi la proximité entre les athées des *Lois*, X 889a et Antiphon.

sont interrogés sur telle ou telle valeur ou vertu (*République* I, *Gorgias*, *Hippias majeur*). En outre, questionné plus loin par Socrate (178e2-8), Théodore reconnaît que Protagoras prétendait l'emporter sur tous les autres hommes pour juger la vraisemblance des discours prononcés dans les tribunaux (εἰς δικαστήριον), ce qui renvoie sans ambiguïté aux familiers des tribunaux de la digression (172b8)[1]. Si cette remarque montre aussi qu'il est difficile de séparer les orateurs des sophistes, dans la mesure où une bonne partie de l'enseignement des seconds est destinée au premier (au moins selon Platon), on peut néanmoins distinguer les critiques de la digression qui portent sur les idées éthiques et politiques de ce groupe et non pas seulement sur leurs dispositions ou leurs pratiques.

Le passage qui précède immédiatement la digression évoque une position qui (a) envisage la justice, la piété et d'autres valeurs du même type (172a1-2, b2-4) comme strictement relatives aux lois ou décrets de chaque cité, sans qu'aucune cité ou expert ne soit plus sage à leur sujet, mais (b) reconnaît qu'en matière d'utilité des lois, il existe des différences objectives. Cette position est introduite par Socrate comme susceptible de « mieux tenir » (171d9) et donc de résister au retournement du relativisme contre lui-même qui vient d'être opéré (170a-171c). Ce fameux argument s'est appuyé sur le fait que tout le monde admet, dans certains domaines, être inférieur aux personnes compétentes, qu'elles possèdent une sagesse et qu'elle est vraie (170a6-170b9), si bien que le relativisme de Protagoras doit reconnaître cette opinion courante qui le contredit comme vraie[2]. Or, le relativisme restreint admet l'existence d'une telle différence de savoir à propos de la santé ou de l'utilité des lois, comme tous les hommes, mais non à propos de ce qui est beau et laid, juste et injuste ou pieux et impie. Cette distinction rappelle une pratique athénienne souvent évoquée par Platon : les citoyens s'en remettent à des experts reconnus dans de nombreux domaines techniques, par exemple militaires ou médicaux, mais se considèrent comme tous également compétents pour

1. Pour d'autres éléments de la digression qui indiquent que Protagoras y est visé, voir E. Lee, « Hoist With his Own Petard », art. cit. et surtout D. Babut, « Platon et Protagoras », art. cit., p. 75-85, qui montre notamment que la description de la confrontation entre le philosophe et l'orateur dans la digression s'applique au dialogue fictif entre Protagoras et Socrate qui a lieu avant la digression

2. Sur la question controversée de savoir si cet argument démontre bien l'autocontradiction du relativisme de Protagoras, voir M. Burnyeat, « Protagoras and Self-Refutation in Plato's *Theaetetus* », *Philosophical Review* 85, 1976, p. 172-195, L. Castagnoli, « Protagoras Refuted. How Clever is Socrates' "most Clever" Argument at *Theaetetus* 171a-c ? », *Topoi* 23, 2004, p. 3-32, A. Balansard, *Enquête*, p. 166-174 et M.-A. Gavray, *Platon, héritier de Protagoras*, *op. cit.*, p. 187-197.

juger des affaires politiques [1]. Dans ce domaine, la plupart des hommes, à Athènes du moins, n'estime pas qu'il existe des sages qui leur seraient supérieurs et détiendraient la vérité à la manière d'experts par rapport à des ignorants, et l'argument de l'autocontradiction ne peut donc pas s'appliquer au relativisme restreint. Ce dernier correspond donc à une idéologie démocratique, ce qui n'empêche pas qu'il soit attribuable aux orateurs et à des sophistes qui l'ont mise en forme et qui s'inspirent directement de Protagoras [2], même s'ils n'adoptent pas le relativisme radical qui lui a été attribué dans le *Théétète* [3].

Le fait que Socrate définisse ensuite la justice et la piété comme réservées à celui qui imite un dieu absolument juste (176b-c) souligne qu'il vise particulièrement ce relativisme politique : ces vertus ne sont pas relatives aux lois de chaque cité et également partagées par tous ceux qui les invoquent, mais ont un contenu et une valeur intrinsèques et objectifs [4]. L'insistance sur la piété et l'assimilation à dieu du philosophe pourrait en outre particulièrement viser le refus de Protagoras d'invoquer

1. Voir *Protagoras*, 319b-c, *Gorgias*, 455b-c, *République*, VI 488a-e pour la critique du refus démocratique de toute expertise en matière de gouvernement de la cité. Pour une étude des pratiques de la démocratie athénienne et de ce débat toujours d'actualité, voir P. Ismard, *La démocratie contre les experts. Les esclaves publics en Grèce ancienne*, Paris, Le Seuil, 2015.

2. Pour les affinités entre la pensée politique de Protagoras et l'idéologie démocratique, voir A. Brancacci, « La pensée politique de Protagoras », *Revue de Philosophie Ancienne* 30 (1), 2012, p. 59-85 et M.-A. Gavray, *Platon, héritier de Protagoras*, *op. cit.*, p. 157-174, qui s'appuient notamment sur le mythe de Prométhée, où le respect et la justice sont donnés à tous les hommes, contrairement aux arts (Platon, *Protagoras* 322c-d), et sur l'apologie de Protagoras dans le *Théétète.* Ces affinités n'empêchent pas Protagoras de reconnaître l'existence d'orateurs savants et supérieurs aux autres hommes. C'est Platon qui dénonce ce savoir et cette supériorité comme illusoires (car incompatibles avec le relativisme), comme on va le voir ci-après.

3. Sur le relativisme dit restreint et ses rapports au relativisme de Protagoras, voir les études citées dans la note 1, p. 36 ci-dessus. Avec d'autres arguments que le mien, M. Narcy, *Théétète*, note 245 *ad loc.* et D. Labriola, « Plato v. Status Quo : On the Motivation for Socrates'Digression in the *Theaetetus* », art. cit. comprennent également le relativisme restreint comme une position issue de l'opinion commune, mais le second tient à le distinguer nettement du relativisme protagoréen (au nom du fait qu'ils conçoivent différemment l'expertise), malgré leurs points communs. Le relativisme restreint est cependant présenté par Socrate (171e1) comme « esquissé » dans l'apologie de Protagoras, qui fait déjà porter l'expertise sur l'utile et le nuisible (167c), et Socrate montrera après la digression que sa tentative de délimiter ce qui est relatif n'est pas tenable (177e, voir *supra*, p. 38). Par ailleurs, soutenir comme Labriola que *seul* le relativisme restreint (et non Protagoras) est visé dans la digression assimile celle-ci à une réfutation dialectique ne s'appliquant qu'à une position précise, alors qu'elle suspend justement cette approche au profit d'un autre type de critique.

4. L'ensemble de cet argument sera analysé p. 163-169.

les dieux dans la discussion (162d6-8)[1]. Socrate poursuit en soulignant (176d1-2) qu'il ne faut concéder aux hommes injustes et impies aucune « habileté » (δεινότης), car c'est précisément ce qu'ils souhaitent : que l'on reconnaisse leur compétence à « assurer leur sauvegarde dans une cité » (176d5), alors qu'ils se moquent et même se glorifient d'être déclarés fourbes voire injustes et impies[2]. Or le relativisme restreint consistait précisément à distinguer entre certaines valeurs relatives à chaque cité (juste/injuste, pieux/impie) et certaines valeurs objectives comme l'intérêt de la cité (συμφέρον). De même, les hommes que dénonce Socrate dans la dernière partie de la digression ne se soucient en rien de justice ou de piété (ou seulement de leurs apparences), mais prétendent qu'ils savent ce qui est utile (à la cité et/ou à eux-mêmes). En refusant de leur reconnaître ce mérite, Socrate répète sa stratégie argumentative du *Gorgias* et de la *République* : il faut non seulement ne pas céder sur l'exigence de justice, quel qu'en soit le prix, mais encore ne concéder aucune indépendance entre la vertu d'une part et le bien, le bonheur, le pouvoir ou la sagesse d'autre part, concession qui permettrait à l'adversaire d'établir deux échelles de valeur distinctes (voire opposées), de se prétendre le champion de celle que tous les hommes reconnaissent (et d'une forme de pragmatisme) et d'enfermer le philosophe dans une défense irréaliste ou idéaliste de valeurs purement morales.

Socrate reconnaît cependant que cette critique ne persuadera pas ses adversaires (176d3-177a8). Mais elle n'est pas la seule : dans la première partie, l'ignorance et l'injustice sont évoquées allusivement (173a7-8) comme des *conséquences* de l'éducation sans liberté des orateurs[3]. C'est la « servilité » de la vie politique (contraintes, conflits, dangers et manque d'éducation) qui donne naissance au relativisme moral. Or, loin d'abandonner cette critique au profit d'une éthique théologique, la

1. Voir E. Lee, « Hoist With his Own Petard », art. cit., p. 260 et D. Babut, « Platon et Protagoras », art. cit., p. 78, qui rapproche justement la digression de la formule des *Lois*, IV 714c4 selon laquelle le dieu et non l'homme doit être pour nous la mesure de toutes choses. Voir aussi T. Mahoney, « Is Assimilation to God in the *Theaetetus* Purely Otherworldly ? », art. cit., p. 334 et M.-A. Gavray, *Platon, héritier de Protagoras*, *op. cit.*, p. 142.

2. 176d3 : ἀγάλλονται γὰρ τῷ ὀνείδει fait référence à ὑπὸ πανουργίας (176d2) et peut-être aussi à τῷ οὖν ἀδικοῦντι καὶ ἀνόσια λέγοντι ἢ πράττοντι (176d1). Pour Platon, le cynisme des orateurs dans la cité va de pair avec leur incroyance à l'égard de toute possibilité de punition après la mort (177a).

3. 173a-b : *du fait qu'ils grandissent comme des esclaves*, les orateurs « sont capables de flatter leur maître », « se tournent immédiatement vers la tromperie et [cherchent] à se venger les uns des autres », n'ont « rien de sain dans leur esprit ». Voir *infra*, p. 123 sur la genèse de ces traits de caractères associés aux esclaves en Grèce.

quatrième partie de la digression la développe en dénonçant le souci de sa seule réputation aux yeux d'autrui comme caractéristique du peuple (οἱ πολλοί) et comme « ce qu'on appelle un racontar de vieilles femmes (176b7 : ὁ λεγόμενος γραῶν ὕθλος) ». Il semble s'agir d'une référence à une expression courante[1], qui n'est pas attestée ailleurs à l'époque : même ὕθλος est extrêmement rare mais pourrait avoir été typique de la comédie[2]. Socrate utilise probablement une formule associée à la ridiculisation des croyances populaires pour l'appliquer à une forme de cynisme à l'égard des valeurs morales, qui va justement de pair avec cette même ridiculisation chez certains sophistes. De même, Socrate anticipe que Calliclès recevra le récit du jugement des morts comme un mythe de vielle femme (*Gorgias*, 527a5 : γραὸς) et Thrasymaque qualifie d'ὕθλους τοιούτους des réponses selon lui évasives et inacceptables – comme « c'est ce qui convient, ce qui est utile, ce qui est profitable, etc. » – à la question « qu'est-ce que la justice ? » (*Rép.* I, 336d4).

Platon retourne donc sans doute une expression typique du mépris à l'égard de la naïveté commune contre ce même mépris, poursuivant ainsi la dénonciation de l'attitude servile des orateurs : ils agissent uniquement avec le souci de préserver leurs intérêts et, malgré leurs prétentions à la supériorité, ne s'élèvent donc pas au-dessus du niveau de la foule. Toutes les compétences reconnues dans la cité peuvent alors être dénoncées comme « vulgaires » et « dignes d'ouvriers » par rapport aux vertus de l'homme juste (176c3-c7)[3]. Admettant que les adversaires du philosophe savent

1. Contrairement à la grande majorité des traducteurs postérieurs (et au LSJ), Campbell comprend λεγόμενος comme le pendant de λέγωμεν dans la phrase suivante (je restitue en français sa traduction de la première phrase) : « Telles sont les choses que l'on répète/dit [communément] (ταῦτα μὲν γάρ ἐστιν ὁ λεγόμενος), une fable de vieille femme à ce qu'il me semble, alors que la vérité, voici comment nous devrions la dire (τὸ δὲ ἀληθὲς ὧδε λέγωμεν). »

2. L'expression γραῶν ὕθλος est expliquée dans certains lexiques antiques mais n'apparaît en fait que dans notre passage à l'époque classique. Serait-ce un nouveau signe de la fortune de la digression ? On trouve ὕθλος ou ὑθλέω en *Lysis*, 221d5, *République*, 336d4, chez Démosthène, *Contra Lacritum* 25, 6, dans un fragment d'Eupolis, auteur comique rival d'Aristophane et dans deux fragments d'Ephippos, auteur comique postérieur à Platon, ainsi que dans les *Nuées*, où Socrate répond à Strepsiade qui imagine d'aller se pendre pour échapper à son procès : « Balivernes (ὑθλεῖς, litt. « tu dis n'importe quoi »), va-t-en, je ne te donnerai plus de leçons » (v. 783). L'expression pourrait donc être un élément supplémentaire de l'intertexte comique de la digression (voir *infra*, p. 87-90).

3. Sur la βαναυσία chez Platon, voir A. Nightingale, *Genres*, p. 55-59 et « Liberal Education in Plato's *Republic* and Aristotle's *Politics* », *in* Y. Lee Too (ed.), *Education in Greek and Roman Antiquity*, Leiden, Brill, 2001, p. 133-173, *infra*, p. 165 et F. Bourriot, *Banausos-Banausia et la situation des artisans en Grèce classique*, Hildesheim, Olms, 2015, p. 125-189.

« répondre aux besoins des hommes », pour reprendre une expression d'Alcidamas citée plus haut, Socrate assimile cette compétence au fait de servir le peuple comme un salarié ou un esclave. Le relativisme apparaît comme une abdication timorée de toute conviction au profit des opinions de la majorité. Ne pourrait-il pas s'agir d'un argument audible[1] par les sophistes et les orateurs qu'ils inspirent, dans la mesure où il s'appuie sur des valeurs politiques et non pas seulement morales ?

Contrairement à l'invocation de dieu ou de la vertu, une telle critique serait en effet particulièrement efficace contre un Calliclès, qui mobilise sans cesse des distinctions sociales, par exemple lorsqu'il affirme que l'homme qui subit l'injustice « n'est pas un homme mais un esclave » (*Gorgias*, 483b1-2), que les lois transforment les « êtres les meilleurs » en « esclaves » (483e), que philosopher est pour un jeune homme « le signe d'un homme libre », mais qu'un homme adulte qui continue à philosopher « ne mérite plus que des coups » (485c-d). Alors que Calliclès ne voit aucun inconvénient à ce que Socrate accuse la rhétorique d'être injuste ou mensongère, il est évident qu'il ne supporterait pas l'autre critique proposée dans la digression, dans la mesure où elle retourne son système de valeurs aristocratique contre ses ambitions politiques et au profit d'une vie purement philosophique[2]. Cette critique est à peine esquissée en *Gorgias* 512e-513c, lorsque Socrate montre à Calliclès que ses objectifs (être capable de se porter secours, subir le moins d'injustice possible) lui imposent d'imiter et courtiser le peuple d'Athènes, qu'il méprise mais qui a le pouvoir dans les tribunaux[3]. Or cet argument est le premier qui embarrasse et semble convaincre Calliclès, ce qui confirme l'hypothèse que, du point de vue de Platon, la digression est une critique

1. *Cf.* 177a7-8 à propos de la punition après la mort : « en entendant cela [ils réagiront] assurément tout à fait comme des [hommes] habiles et fourbes [confrontés] à des insensés ». Certains arguments de la digression pourraient par contraste percer la cuirasse des orateurs, même si celle-ci ne peut vraiment céder qu'à la suite d'un long examen loin du tribunal (177b).

2. Le parallèle entre le discours de Calliclès et la digression est noté dans A.-J. Festugière, *Contemplation*, p. 419 et D. El Murr, *Contrainte et cohésion*, *op. cit.*, p. 127. Sur l'invocation de la liberté par Calliclès et sa réfutation, voir R. Muller, *La doctrine platonicienne de la liberté* (désormais *Doctrine*), Paris, Vrin, 1997, p. 82-84.

3. Voir *Gorgias*, 518a2 sur les métiers « d'esclaves, serviles et indignes d'homme libre » que sont les métiers qui procurent des plaisirs au corps ou à l'âme, comme le font les hommes politiques athéniens, et *République*, VI 492e-493d sur la corruption du naturel philosophe par les assemblées et tribunaux et sa transformation en sophiste soucieux et expert des désirs du peuple. P. Demont, *Cité*, p. 371 note que ces arguments ont pu influencer Démosthène, signe qu'ils étaient audibles ou, du moins, adaptables dans un cadre démocratique.

qui s'effectue largement à partir de valeurs que reconnaissent les orateurs [1] et les sophistes. Avant de montrer dans le chapitre suivant quelles sont exactement ces valeurs et comment Platon les détourne, il faut continuer à parcourir le champ intellectuel au sein duquel la digression prend position et mettre en lumière ses cibles implicites.

ARISTOPHANE ET LA COMÉDIE

Que la comédie soit visée dans la digression, à la fois en elle-même et comme porte-voix d'opinions courantes à Athènes sur les philosophes, est plus que probable. Socrate mais aussi l'Académie de Platon ont été l'objet de nombreuses références moqueuses dans les comédies de l'époque [2]. Or Platon souligne dans l'*Apologie de Socrate* (19c-d) le rôle joué par les *Nuées* d'Aristophane dans la « calomnie » à l'égard de Socrate [3]. Les références de la digression au procès de Socrate étant évidentes, il est vraisemblable que la défense du philosophe qu'elle propose vaille également contre ses carricatures comiques. Elle pourrait même les viser tout particulièrement, dans la mesure où le caractère risible des philosophes devant le tribunal (172c6 : γελοῖοι) est le thème premier de

1. Pour N. Thaler, « A *Hidden* Argument in Plato's *Theaetetus* », art. cit., la digression montre que les tenants du relativisme politique sont le plus souvent moralement corrompus et indifférents à la vérité et qu'il ne servirait donc à rien de les réfuter voire qu'ils mériteraient de ne pas l'être (si bien que l'argument qui les vise serait « caché » dans le texte, autour de la digression). Les parallèles entre la digression et le *Gorgias* me semblent ne pas du tout aller dans ce sens, En outre, cette analyse confond les situations intradiégétique et extradiégétique : en critiquant Calliclès ou les hommes politiques relativistes *dans* un dialogue, on ne s'adresse pas nécessairement ou, du moins, pas d'abord à ces personnages, que quelques arguments ne feront effectivement pas changer d'avis. Les lecteurs visés par Platon sont sans doute plus proches de Théétète et Théodore : ce ne sont pas des adeptes du relativisme civique, mais ils partagent consciemment ou non de nombreuses opinions avec les hommes politiques et le peuple, opinions qui doivent être examinées pour les extirper de leur âme.

2. Voir D. Preston, *Between the Dionysia and the Dialogues : The* agon *between Philosophy and Comedy*, Phd thesis, Royal Holloway, University of London, 2017, p. 99-206, J. Bromberg, « A Sage on the Stage : Socrates and Athenian Old Comedy » et A. Capra, « Aristophanes'Iconic Socrates », *in* A. Stavru et C. Moore (eds), *Socrates and the Socratic Dialogue*, Leiden, Brill, 2018, p. 31-83, M. Farmer, « Playing the Philosopher : Plato in Fourth-Century Comedy », *American Journal of Philology* 138 (1), 2017, p. 1-41, ainsi que leurs bibliographies pour les nombreux travaux antérieurs.

3. Sur ce passage et son influence, voir F. Santoro, « La citation de Socrate des *Nuées* dans l'*Apologie de Socrate* de Platon », dans A. Laks et R. Saetta Cottone (éd.), *Comédie et philosophie. Socrate et les « Présocratiques » dans les* Nuées *d'Aristophane*, Paris, Editions Rue d'Ulm, 2013, p. 193-206 ou J. Bromberg, art. cit., p. 51-56 et leurs bibliographies.

la digression[1]. Ceci est confirmé par plusieurs points communs entre les *Nuées* et la digression[2].

Lorsque Strepsiade frappe à la porte du « pensoir » de Socrate, un disciple lui reproche d'avoir « fait avorter une idée qu'on venait d'inventer » (v. 137 : φροντίδ' ἐξήμβλωκας ἐξηυρημένην)[2]. Ce parallèle troublant avec la présentation de Socrate en sage-femme (cf. *Tht.* 150e) a souvent été considéré comme une coïncidence[3], mais d'autres échos sont plus significatifs du fait de leur nombre. Le disciple décrit Socrate victime d'une fiente de lézard une nuit qu'il « cherchait à déterminer les chemins de la Lune et ses révolutions, la bouche ouverte vers le ciel » (v. 171-173), ce qui ressemble à l'anecdote de Thalès. Admiratif des prouesses de Socrate, Strepsiade réagit d'ailleurs ainsi quelques vers plus loin : « Et après ça, on admire encore Thalès ? » (v. 180). L'association entre Socrate, le philosophe et Thalès dans la digression est donc anticipée dans les *Nuées* et la référence à Aristophane est d'autant plus probable que la

1. A. Nightingale, *Genres*, p. 178. Il n'est pas évident que la comédie antique se donnait le γελοῖον pour objectif principal. On trouve dans les prologues et parabases d'Aristophane des allusions à un tel objectif mais toujours pour prendre ses distances à l'égard de formes grossières ou banales d'humour utilisées par ses rivaux (par exemple *Nuées* 534-543 et 560, *Guêpes* 54-57, *Paix* 739-745 ou *Grenouilles* 1-15). Cependant, dans certains de ces passages, Aristophane est clairement ironique (car il recourt lui-même ensuite aux procédés qu'il critique) et il semble donc implicitement accepter le γελοῖον comme un effet typique de la comédie, même s'il ne s'agit pas de son seul objectif : voir *Grenouilles* 389-390, où le chœur revendique de « dire bien des choses drôles et bien des choses sérieuses » (πολλὰ μὲν γέλοιά μ' εἰπεῖν, πολλὰ δὲ σπουδαῖα) et de remporter la victoire. Par ailleurs, il est clair qu'aux yeux de Platon, la comédie est le principal vecteur du γελοῖοιν (voir notamment *Philèbe*, 48a-50e et M.-A. Gavray, « Apologie et Comédie chez Platon : essai de reconstitution croisée (*Nuées*, *Apologie de Socrate* et *Théétète*) », *Revue philosophique* 132 (2), 2007, p. 131-156) et qu'il s'agira de son principe pour Aristote (*Poétique* IV, 1449b31-35). Je remercie Anne de Cremoux pour des discussions précieuses sur cette question.

2. Je laisse de côté les parallèles qui ne concernent pas directement le *Théétète*. D. Ambrosino, « Aristoph. *Nub.* 218–234 (La "cesta" di Socrate?) », *Museum Criticum* XIX-XX, 1985, p. 68-69 recense les parallèles entre le Socrate des *Nuées* et le philosophe de la digression, mais également ceux qui existent entre Strepsiade et les orateurs-esclaves de la digression. Il néglige les parallèles entre le Socrate des *Nuées* (ou ses élèves) et les orateurs-sophistes, que je souligne ci-dessous. Strepsiade, qui est un personnage ambivalent, est à mon avis comparable au peuple de la digression, qui accepte les valeurs de la cité, ne comprend pas les philosophes et admire les orateurs.

2. Pour les vers 110 à 517, je cite la traduction publiée par Myrto Gondicas dans A. et R. Saetta Cottone (éd.), *Comédie et philosophie. Socrate et les « Présocratiques » dans les* Nuées *d'Aristophane*, Paris, Éditions Rue d'Ulm, 2013, p. 15-28.

3. Voir H. Tarrant, « Midwifery and the *Clouds* », *The Classical Quarterly* 38 (1), 1988, p. 116-122. D. Preston, *Between the Dionysia and the Dialogues…*, *op. cit.*, p. 110-120 soutient qu'Aristophane se moque d'une prétention socratique et que Platon cherche à la défendre dans le *Théétète*.

servante thrace (Θρᾷττα) qui s'est moquée de Thalès selon Socrate est un personnage courant des comédies d'Aristophane [1].

Une fois entré dans le pensoir, Strepsiade est ébahi par les élèves, et le disciple explique leurs différentes activités et instruments (v. 188-205) :

> — Ils sont à la recherche de réalités souterraines. (ζητοῦσιν οὗτοι τὰ κατὰ γῆς).
> — Donc ils cherchent des oignons sauvages. Alors, ne vous embêtez plus : moi je sais où il y en a, des gros, des beaux. Mais ceux-là, que font-ils tout ratatinés, le dos rond ?
> — Eux ? Ils fouillent l'Érèbe dans les profondeurs du Tartare
> — Et pourquoi leur trou du cul regarde le ciel ? (τί δῆθ' ὁ πρωκτὸς εἰς τὸν οὐρανὸν βλέπει)
> — Il s'enseigne à lui-même l'astronomie (αὐτὸς καθ' αὑτὸν ἀστρονομεῖν διδάσκεται) (…)
> — Au nom des dieux, qu'est-ce donc que c'est que ça [2] ? Dis-moi !
> — Ça, c'est de l'astronomie.
> — Et ce truc-ci ?
> — Géométrie.
> — Ah. Et ça, ça sert à quoi ?
> — A mesurer la terre avec exactitude (γῆν ἀναμετρεῖσθαι)
> — La terre des colons à Mitylène ?
> — Non non, la terre entière (ἀλλὰ τὴν σύμπασαν) [3].
> — Très engageant ce que tu dis : voilà une science utile, démocratique.

Lorsque Strepsiade aperçoit Socrate un peu plus tard, ce dernier « marche sur les airs en pensant autour du soleil » (v. 225) [4] et explique pourquoi la découverte des choses célestes est impossible « si je n'avais pas suspendu mon intellect et ma pensée » (εἰ μὴ κρεμάσας τὸ νόημα καὶ τὴν φροντίδα) pour les mêler à l'air subtil, au lieu de demeurer en

1. Comme le note O. Renaut, « Thalès dans un puits : quel lieu pour la philosophie ? », art. cit., p. 22.

2. Les scholiastes et la plupart des traducteurs estiment qu'il est fait ici allusion à des instruments (diagrammes, sphère), mais M.-P. Noël, « Socrate et la géométrie dans les *Nuées* d'Aristophane », *L'homme et la science, Actes du Congrès Guillaume Budé Montpellier 2008*, Paris, Les Belles Lettres, 2012, p. 99-101 soutient que les pronoms font plutôt référence aux activités des disciples précédemment évoqués, tournés les uns vers la terre et les autres vers le ciel. L'inconvénient est que Strepsiade poserait alors deux fois la même question, qui recevrait la même réponse à propos des astronomes.

3. Le disciple montre ensuite à Strepsiade une carte présentant γῆς περίοδος πάσης (v. 206) et la position qu'y occupe Athènes, et Strepsiade s'étonne de ne pas y voir de juges siéger. La digression réutilise ce motif du surplomb géographique qui minimise les valeurs en cours dans la cité (174e2-5).

4. ἀεροβατῶ καὶ περιφρονῶ τὸν ἥλιον (je modifie ici la traduction de M. Gondicas). Sur cette entrée en scène de Socrate, paraphrasée dans l'*Apologie de Socrate* 19c1-5 et adaptée dans la digression (175d3-4), voir A. Capra, « Aristophanes' Iconic Socrates », art. cit.

bas. Enfin, Socrate présente à Strepsiade les « Nuées célestes » comme de « grandes divinités pour les hommes inactifs (ἀνδράσιν ἀργοῖς) [1], qui nous dispensent jugement, force argumentative, intelligence (γνώμην καὶ διάλεξιν καὶ νοῦν), miraculages, périphrases, mots-chocs, tours paralysants » (v. 316). Strépsiade approuve et note qu'en les entendant, « [son] âme a pris son vol » (v. 319), comme le fera celle du philosophe (173e4).

Ces parallèles précis résultent bien sûr du fait qu'Aristophane a composé le personnage de Socrate dans sa pièce à partir de différentes attitudes ou compétences associées aux intellectuels à Athènes [2] et que Platon a de son côté lui aussi retenu certaines de ces activités comme caractéristiques du philosophe, en particulier la pratique des mathématiques ou la connaissance du ciel [3]. La digression donne ainsi l'impression de reprendre une bonne partie du portrait ridicule de Socrate dans les *Nuées*. Or on ne peut pas attribuer cela au fait qu'elle rapporterait pour la critiquer l'image qu'Aristophane et son public se font du philosophe, puisque Socrate reconnaît par exemple que la plaisanterie de la servante à l'égard de Thalès s'applique effectivement à tous les philosophes [4]. Platon répond à la carricature du philosophe perdu dans les nuages non en dénonçant sa fausseté mais en l'assumant et en inversant son sens. En témoigne éloquemment le passage où l'orateur interrogé par le philosophe

1. L'oisiveté des adeptes des Nuées est soulignée également aux v. 332-334. Cf. *Grenouilles* 1482-1499 pour l'opposition entre l'homme intelligent, utile à ses concitoyens et sa famille, et le temps perdu en bavardages inutiles avec Socrate. L'oisiveté est aussi ciblée dans divers fragments comiques postérieurs sur Socrate et Platon : voir M. Farmer, « Playing the Philosopher … », art. cit., p. 8-10. Sur le débat sur l'utilité du temps soustrait aux activités sociales et politiques, voir *infra*, p. 129-134.

2. Voir M.-P. Noël, « Aristophane et les intellectuels : le portrait de Socrate et des "sophistes" dans les *Nuées* », *Le théâtre grec antique : la comédie*, Paris, Académie des Inscriptions et des Les Belles Lettres (*Cahiers de la Villa Kérylos* 10), 2000. p. 111-128, M Rashed, « Aristophanes and the Socrates of the *Phaedo* », *Oxford Studies in Ancient Philosophy* 36, 2009, p. 107-136 et A. Laks et R. Saetta Cottone (éd.), *Comédie et philosophie*, *op. cit.* Je laisse de côté la question classique de savoir si le portrait d'Aristophane est fidèle au Socrate historique puisque je m'intéresse ici seulement aux *Nuées* comme cible de la digression.

3. M.-P. Noël, « Socrate et la géométrie dans les *Nuées* d'Aristophane », art. cit., p. 202-206. Autre exemple du même type : la mémoire, la capacité d'apprendre ou l'endurance qui seront exigées des philosophes dans la *République* et reconnues à Théétète (144a-b, voir *infra*, p. 111) sont déjà requises de Strepsiade par le Coryphée (v. 412-415) et par Socrate (v. 483-486) pour acquérir la sagesse. Il est important de ne pas conclure trop vite de tels parallèles que Platon s'approprie directement le Socrate des *Nuées*, ne serait-ce que parce que Platon avait sur tous ces sujets et sur Socrate des idées provenant de nombreuses autres sources. Ce sont le propos de la digression dans son ensemble et certains parallèles lexicaux plus précis qui attestent le dialogue critique avec les *Nuées*.

4. 174a8 : ταὐτὸν δὲ ἀρκεῖ σκῶμμα ἐπὶ πάντας ὅσοι ἐν φιλοσοφίᾳ διάγουσι

se retrouve « suspendu au sommet » (175d3 : ἀπὸ ὑψηλοῦ κρεμασθεὶς), exactement comme Socrate dans le pensoir (v. 225 cité ci-dessus)[1], et a le vertige faute d'être habitué à se poser des questions générales, tout comme Strépsiade qui ne comprend rien aux questions de Socrate. Le point de vue du philosophe peut effectivement être comparé à celui d'une personne parcourant le ciel, même si la justification physique qui en est donnée dans les *Nuées* (liée aux effets de l'air sur l'esprit) est implicitement corrigée dans la digression au profit de la liberté[2].

Cette acceptation doublée d'approfondissement de certains traits comiques du philosophe est tout à fait cohérente avec la symétrie mise en scène par la digression entre la cité et le philosophe : il ne s'agit plus pour Socrate de se défendre sur le terrain de la cité et du point de vue de ses lois, comme dans l'*Apologie*, mais de concéder à la comédie l'hétérogénéité entre la cité et la philosophie[3] pour mieux défendre la supériorité de la seconde. Cette stratégie est manifeste dans la citation de Pindare (173e4-6 : κατὰ Πίνδαρον) mobilisée pour décrire les recherches célestes et terrestres moquées par Aristophane[4] : Platon les présente ainsi comme héritières des valeurs grecques, anciennes et aristocratiques que Pindare représente[5], fait apparaître la comédie comme une carricature

1. Ce parallèle a été souvent souligné depuis (et sans doute même avant) W. Starkie, *The Clouds of Aristophanes*, London, Macmillan, 1911, p. 58; voir par exemple M. Narcy, *Théétète*, p. 83-84.

2. Voir p. 233-236. On retrouve la stratégie que M. Rashed, art. cit. a très bien mise en lumière dans le *Phédon*, à savoir l'élaboration d'une « refined and improved version of the Aristophanic Socrates », avec cette nuance que, dans la digression, c'est le philosophe et non Socrate lui-même qui incarne cette *Aufhebung* du Socrate des *Nuées*.

3. Sur la « critique interne », par des moyens théâtraux, des prétentions de la science dans les *Nuées*, voir l'analyse de Pierre Judet de la Combe, « Théâtre et connaissance. La tension entre philosophie et réalité selon les *Nuées* », dans A. Laks et R. Saetta Cottone (éd.), *op. cit.*, p. 169-190.

4. Voir les observations très juste, de M. Narcy, *Théétète*, p. 80-82. Les éditeurs de Platon et de Pindare estiment que le premier cite un texte perdu du second (fr. 292 Snell). U. von Wilamowitz-Moellendorff, *Platon*, *op. cit.*, p. 526 suppose que c'est l'âme du poète qui parcourait le ciel et la terre chez Pindare. Mais dans sa traduction du *Théétète*, H. Fowler, *Plato : Theaetetus – Sophist*, Cambridge (Mass.), Harvard University Press, 1921, p. 121 a suggéré un rapprochement avec *Néméennes* X, 87 *sq.*, où Zeus propose à son fils Pollux soit de vivre immortel avec les dieux, soit de sauver son frère mortel Castor et, avec lui, de « vivre la moitié du temps sous la terre et la moitié du temps dans les demeures dorées des cieux » (ἥμισυ μέν κε πνέοις γαίας ὑπένερθεν ἐών, ἥμισυ δ' οὐρανοῦ ἐν χρυσέοις δόμοισιν). Même si ce n'est pas ce passage que Platon cite, il donne un exemple intéressant de contexte dans lequel Pindare pouvait évoquer le parcours de la terre et du ciel, en l'occurrence la récompense de la vertu héroïque.

5. Les conceptions platonicienne et pindarique du bonheur sont loin d'être identiques, mais la digression fait néanmoins écho à certains thèmes pindariques, en particulier celui du

récente et vulgaire de ces valeurs et relativise du même mouvement l'Athènes démocratique qui a nourri cette carricature[1]. Un procédé similaire semble à l'œuvre dans l'anecdote de Thalès, qui reproduit une fable d'Ésope en donnant une identité à ses protagonistes : Thalès et une servante thrace[2]. On a dit que Platon offre ainsi certainement une scène comique dans l'esprit des *Nuées*. Or Ésope était considéré comme le porte-parole de la sagesse populaire contre les prétentions à l'autorité des prêtres ou des sages[3]. Socrate ne peut pas se réclamer de ses derniers dès lors qu'il reconnaît l'incompétence sociale du philosophe, mais il en fait l'autre face d'une supériorité intellectuelle et morale qu'ignorent la comédie et les fables et que Platon légitime en l'associant à Thalès, comme si la philosophie s'était depuis les origines (bien avant Socrate) opposée à la cité[4].

loisir (cf. *Phèdre*, 227b8-10 où Socrate revendique sa σχολή en citant Pindare), de la liberté de digresser (voir A. Miller, « Pindar, N. 4. 33-43 and the Defense of Digressive Leisure », art cit.), de la tranquillité (voir P. Demont, *Cité*, p. 53-86) et de son lien avec la justice (voir p. 154). Plus généralement, voir E. Des Places, *Pindare et Platon*, Paris, Beauchesne, 1949.

1. Cf. *République*, 457b où une citation (implicite) de Pindare permet de critiquer (explicitement) le rire à l'égard des femmes qui s'entraînent nues (voir A. Capra, « Platon et la comédie : une apologie fantastique pour la poésie ? », art. cit., p. 225 sur la cible comique de ce passage, même si je doute que Platon y suggère qu'un enseignement peut être tiré de la comédie).

2. Voir, Esope, *Fables*, n° 40 Hausrath, avec H. Blumenberg, *Le Rire de la servante de Thrace*, *op. cit.*, p. 17-29, P. Butti de Lima, *Esercizi*, p. 20-22 et 37-40 et A. Macé et O. Renaut, « L'univers au service de la cité : l'image publique du philosophe », art. cit. sur l'adaptation platonicienne de la fable (dont l'antériorité par rapport au *Théétète* n'est cependant pas du tout certaine). On a déjà noté que la servante thrace est un personnage récurrent chez Aristophane, mais il peut s'agir également d'une allusion à l'origine de l'anecdote puisque, selon certaines traditions, Ésope était un esclave originaire de Thrace : voir P. Butti de Lima, *Esercizi*, p. 48 et L. Kurke, *Aesopic conversations. Popular Tradition, Cultural Dialogue, and the Invention of Greek Prose*, Princeton, Princeton University Press, 2011, p. 247. Pour d'autres hypothèses concernant Protagoras ou Antisthène, voir *infra*, p. 107.

3. Voir les analyses fines des biographies d'Ésope et de certaines fables par L. Kurke, *op. cit.*, 1re partie (en particulier chap. 5), qui étudie aussi dans les chap. 8-9 l'utilisation et la critique par les dialogues de Platon du genre de la fable ésopique. Sur cette seconde question, voir aussi M.-L. Desclos, « Le rire comme conduite de vie : l'Ésope de Platon », dans M.-L. Desclos (dir.), *Le rire des Grecs. Anthropologie du rire en Grèce*, Grenoble, Jérôme Millon, 2000, p. 441-457.

4. Cette invention de la tradition de la vie contemplative est plus explicite au début de l'*Hippias majeur* 281b-c, où Thalès est cité avec deux autres des sept sages et « tous ses successeurs jusqu'à Anaxagore » comme exemples de sages anciens s'étant tenu à l'écart des affaires politiques, contrairement à Hippias. Sur cette utilisation des biographies des anciens sages dans le débat sur les genres de vie, voir W. Jaeger, *Aristotle. Fundamentals of the History of His Development*, *op. cit.*, Appendice II, p. 426-461. O. Renaut, « Thalès dans un puits : quel lieu pour la philosophie ? », dans F. Lecercle, G. Navaud (éd.), *Anecdotes philosophiques et théologiques de l'Antiquité aux Lumières*, Paris, Garnier, p. 29-30 estime

Cependant, dans ce débat avec la comédie et la cité ridiculisant le philosophe, Platon recourt aussi d'une manière qui peut surprendre à de nombreux procédés typiques de la comédie. On a déjà montré que la digression adopte de nombreux traits caractéristiques des parabases comiques, mis en lumière les exagérations dans la description des incompétences du philosophe et remarqué que l'anecdote de Thalès aurait pu figurer dans les *Nuées*. S'y ajoutent les nombreux procédés comiques repérés par plusieurs commentateurs dans toute la réfutation de Protagoras [1]. Comment en rendre compte ? Cette stratégie de retournement des armes de la comédie contre elle a également été mise en évidence à propos de l'*Euthydème* et du *Protagoras* [2], qui partagent au moins une cible centrale avec la première partie du *Théétète* : le sophiste d'Abdère. Ce n'est sans doute pas un hasard. Il existe en effet des traits cruciaux du Socrate des *Nuées* que le Socrate de la digression n'attribue pas et même *oppose* aux philosophes. La pièce insiste de manière répétée sur le fait que Socrate et ses disciples ne croient pas en Zeus (v. 245-252, 423-424, 1468-1477) et sur leur prétention à l'emporter dans n'importe quelle discussion, notamment les procès (v. 260, v. 429-435, v. 735-790, 874-876, 1145-1153). Or ces traits sont associés aux orateurs mais aussi à Protagoras par le *Théétète* [3] et par d'autres sources [4].

Il ne s'agit pas de trancher ici la question de savoir à qui remontent effectivement ces enseignements, mais de remarquer qu'alors que l'*Apologie* semble dénoncer en bloc les *Nuées* comme calomnieuses,

que Platon nomme Thalès dans la digression pour présenter la tradition de l'*historia peri physeos* et son apolitisme comme caduques et appeler à sa « réforme », c'est-à-dire à son articulation à un projet politique. Mais l'ignorance illustrée par l'anecdote de Thalès est présentée par Socrate comme propre à *tous les philosophes*, y compris celui qui étudie la nature humaine (174b1-6) : aucune distance n'est suggérée entre deux types de philosophie. Sur la question de la pertinence politique de la philosophie dans la digression, voir *infra*, p. 148-158.

1. E. Lee, « Hoist With his Own Petard », art. cit., M.-A. Gavray, « Apologie et Comédie chez Platon », art. cit. et D. Preston, *Between the Dionysia and the Dialogues*, *op. cit.*, p. 27-30 et 57-60.

2. A. Capra, Ἄγων λόγων : *Il* Protagora *di Platone tra eristica e commedia*, *op. cit.*, F. Trivigno, *The Philosophical Muse : On Comedy in the Platonic Dialogues*, thèse de doctorat soutenue à Boston University, 2008, p. 153-182 (sur l'*Euthydème*) et D. Preston, *Between the Dionysia and the Dialogues*, *op. cit.*

3. Voir *supra*, p. 82-84.

4. Voir M.-A. Gavray, « Apologie et Comédie chez Platon », art. cit., p. 134-136 pour tous les parallèles entre le Socrate des *Nuées* et Protagoras. La distinction entre noms masculins et féminins que Socrate essaye d'enseigner à Strepsiade (v. 646-689) est également attribuée à Protagoras. Une autre source (d'Aristophane) possible pour ces trois positions est Prodicos, qui est nommé par les Nuées comme le seul des « météorosophistes d'aujourd'hui » qu'elles écoutent avec Socrate (v. 360-361).

la digression divise pour ainsi dire en deux leur portrait de Socrate, revendiquant certains de ses traits pour le philosophe et repoussant violemment les autres, comme s'il s'agissait de défendre et renforcer la démarcation platonicienne stricte entre philosophes et orateurs ou « sophistes habiles » (*Nuées*, v. 1111), deux groupes que la comédie ne distinguait pas[1], ainsi que la place de Socrate parmi les premiers. Ceci explique le recours de Platon à des procédés comiques et même à des emprunts précis à Aristophane, qui permettent de caractériser de manière concrète et vivante les deux « chœurs » et de les opposer plus clairement, donc de répondre de manière plus efficace à tous ceux qui ignorent ou refusent la distinction stricte entre philosophes et sophistes que Platon défend depuis ses premiers dialogues. L'originalité de la digression est que Platon ne s'inspire plus de la comédie seulement pour souligner les travers des sophistes, comme dans le *Protagoras* ou le *Banquet*, mais aussi pour décrire et défendre le philosophe.

En résulte un second paradoxe, car Aristophane se voulait également un critique acerbe des orateurs et des tribunaux[2], et certains passages de la digression sur les philosophes semblent du coup faire écho à certains passages des *Nuées* dirigés contre Socrate et ses enseignements. Dans le débat entre les *logoi* fort et faible autour de l'éducation de Philippide, le premier prétend vaincre son adversaire « en disant ce qui est juste » (v. 900) et le second rétorque (v. 901-906, trad. H. Van Daele) :

> — Mais je te renverserai en te réfutant. Et même je nie absolument qu'il y ait une justice
> — Il n'y en a pas, dis-tu ?
> — Voyons, en effet, où y en a-t-il ?
> — Chez les dieux.
> — Comment donc, s'il existe une justice, Zeus n'a-t-il pas péri pour avoir enchaîné son père ?

1. M.-P. Noël, « Aristophane et les intellectuels », art. cit., p. 127 et surtout M.-A. Gavray, « Apologie et Comédie chez Platon », art. cit., p. 137.

2. Voir M. Hammou-Bastin, « L'orateur et le poète comique. Réflexions sur Aristophane et Cléon », dans H. Vial (éd.), *Poètes et orateurs dans l'Antiquité. Mises en scène réciproques*, Clermont-Ferrand, Presses Universitaires Blaise Pascal, 2013, p. 57-71. Un bon exemple est la parabase des *Acharniens*, dont la seconde partie (676-700) consiste en une critique des procès faits aux vieillards, qui rappelle la digression sur plusieurs points (la fourberie des accusateurs, l'incapacité du vieillard accusé de répondre, la clepsydre). Voir aussi *Guêpes* 515-520 pour la comparaison de l'habitué des tribunaux à un esclave, et *supra*, p. 77.

L'invocation de la justice divine contre les orateurs relativistes[1] est donc déjà à l'œuvre dans les *Nuées*. Et, comme Socrate l'expliquera dans la digression (176d2-5), le *logos* faible y reçoit les blâmes et insultes de son adversaire avec le plus grand plaisir (v. 908-915) et défend le fait de « passer son temps sur l'*agora* » (1055-1056) contre les attaques du *logos* fort à l'égard des chicaneries judiciaires (1002-1008)[2].

De tous ces échos pour le moins ironiques, il ne faut pas déduire que Platon et Aristophane finiraient par se rejoindre dans la critique des orateurs-sophistes et ne divergeraient que dans une partie de leur diagnostic à l'égard de Socrate. Il est certes important de rappeler que Platon ne s'oppose pas en tous points à Aristophane, contrairement à ce que pourrait laisser croire l'*Apologie de Socrate*, mais la digression ne représente pas un exemple de convergence, d'influence ni même de continuité entre eux. En premier lieu, il n'est pas du tout certain que l'argument fort des *Nuées* exprime la position d'Aristophane, qui se moque sans doute autant de son archaïsme impuissant que de l'agressivité novatrice de l'argument faible[3]. Ensuite, la digression ne cherche pas seulement à critiquer les sophistes et en distinguer les philosophes, mais aussi à disqualifier les voies moyennes, qu'il s'agisse de versions modérées du relativisme, comme celle évoquée juste avant la digression, de défenses traditionnelles de la justice ou de formes médiocres de philosophie.

Qu'Aristophane et la comédie tout entière figurent au nombre de ces cibles implicites est clairement indiqué dans la digression. Lorsque Socrate demande à Théodore s'il faut examiner « notre chœur » et continuer ce faisant à digresser, Théodore répond positivement en invoquant ce que Socrate a dit sur la liberté du discours des philosophes : « Car, il n'y a chez nous ni juge ni spectateur qui, comme pour les poètes, ait reçu la charge de censurer et même de commander. » (173c4-6). Les auteurs de théâtre ne sont donc pas plus libres dans leur discours que les orateurs. Le fait que ce soit Théodore qui opère cette assimilation suggère peut-être de ne pas la tenir pour définitive, mais elle souligne assurément la distance entre la digression et ses modèles formels ou dramatiques que sont les parabases, puisque ces dernières manifestent plus que toutes les autres parties des comédies attiques la manière dont ces dernières s'inscrivent

1. Voir *Nuées* 1400 et 1420-1429 où Philippide, converti au socratisme, rétorque à Strepsiade que la loi a été établie par un homme éloquent et que Philippide peut donc la changer par les mêmes moyens et rendre légaux les coups donnés par un fils à son père. Philippide invoque aussi l'exemple des animaux (qui ne respectent par la loi). On retrouvera tout cela chez Calliclès dans le *Gorgias*.

2. Cités *infra*, p. 131.

3. M.-P. Noël, « Aristophane et les intellectuels », art. cit., p. 122.

dans une compétition et dépendent d'un public nombreux[1], deux traits « serviles » absolument étrangers au « chœur » des philosophes.

Aristophane ne se privait pourtant pas de critiquer les orateurs mais aussi les athéniens. Dans la parabase des *Guêpes* en 422, il se plaint de la mauvaise réception des *Nuées* l'année précédente, reprochant aux spectateurs leur ingratitude envers le « défenseur à l'égard des maux et purificateur » qu'il est et leur incompréhension de l'originalité et de la qualité de sa pièce (v. 1043-1045). Aristophane prétendait, en particulier avec les *Nuées*, avoir dépassé les moqueries faciles de ses rivaux et avoir été utile à la cité[2]. Platon lui répond dans la digression que son discours reste soumis au cadre dramatique et civique qu'il accepte et que sa critique ne peut dès lors que demeurer superficielle, comme son portrait de Socrate (qui ne retient que des traits extérieurs et ridicules du philosophe, sans comprendre leur valeur). Avec cette polémique, Platon retourne donc les procédés des parabases contre la comédie, mais sans doute également contre d'autres contemporains plus proches de lui qui

1. Voir Z. Biles, *Aristophanes and the Poetics of Competition*, *op. cit.*, p. 29-54 sur la parabase comme relevant d'une *poetics of competitive self-assertion*, et surtout N. Villacèque, *Spectateurs de paroles ! Délibération démocratique et théâtre à Athènes à l'époque classique*, Rennes, PUR, 2013, p. 85-103, qui met bien en évidence l'adoption par Aristophane de la posture de l'orateur, en particulier dans les parabases, et analyse plus généralement les parallèles reconnus à l'époque par les poètes, les orateurs et les adversaires de la démocratie (comme Platon), entre théâtre et tribunal.

2. Voir aussi la parabase des *Nuées*, qui s'ouvre sur ces mots : « Spectateurs, je proclamerai librement devant vous la vérité (ἐλευθέρως τἀληθῆ) » (515), puis espère la victoire et évoque l'échec de sa pièce, la subtilité de son humour par rapport aux pièces sans originalité de ses rivaux vulgaires (ὑπ' ἀνδρῶν φορτικῶν) qui l'ont battu, et le courage d'Aristophane dans ses attaques de Cléon. Ces parallèles lexicaux confirment à la fois que la digression imite les parabases comiques et qu'elle s'en distingue par sa prétention à une critique radicale, que Platon juge inaccessible aux auteurs comiques ou aux orateurs, obligés de compter sur la sagesse du public qui les juge (cf. *Nuées*, 520-521 et 1115-1116, la seconde parabase). Rappelons que la version des *Nuées* dont nous disposons est une version postérieure au concours de 423 et que sa parabase a été entièrement réécrite en fonction de l'échec de la pièce. C'est cette seconde version que devait connaître Platon, qui n'avait que cinq ans en 423. Sur les problèmes difficiles posés par l'interprétation de la parabase des *Nuées*, en particulier celui de ses destinataires et des intention « politiques » et poétiques d'Aristophane, voir K. Sidwell, *Aristophanes the Democrat. The Politics of Satirical Comedy during the Peloponnesian War*, *op. cit.*, p. 3-30 et Z. Biles, *Aristophanes and the Poetics of Competition*, *op. cit.*, p. 176-199. Il est fort possible que la parabase soit au moins en partie ironique (dans la mesure où certaines de ses prétentions sont contredites par la pièce) et ait donc eu elle-même une fonction comique (se moquer des prétentions d'Aristophane) : voir W. E. Major, « Aristophanes and "Alazoneia" : Laughing at the Parabasis of the "Clouds" », *The Classical World* 99 (2), 2006, p. 131-144. Aristophane aurait donc peut-être pu répondre à Platon qu'il prenait les *Nuées* (parabase comprise) trop au sérieux dans la digression (et l'*Apologie*).

se réclament de Socrate et de la philosophie, et qui ne sont donc plus des adversaires mais des rivaux, des personnages qui, selon Platon, « se consacrent de manière médiocre à la philosophie » (173c7-8).

ISOCRATE FACE À LA DIGRESSION

On a remarqué, à propos d'Alcidamas, qu'à travers le tribunal, la digression dénonce sans doute autant les purs orateurs que les logographes. Dans ces conditions, il ne serait pas surprenant qu'elle ait visé également l'un des auteurs de discours écrits contemporains de Platon les plus connus, qui fut logographe durant la première partie de sa carrière puis ouvrit une école de rhétorique. Il est en effet très probable que, dans le plaidoyer en faveur de sa vie et de son enseignement qu'est le *Sur l'échange*, écrit en 354-353, Isocrate réponde aux critiques de Platon à l'égard des orateurs, par exemple au *Gorgias* mais aussi à la digression du *Théétète*[1]. Isocrate reprend en effet quasiment mot pour mot la distinction initiale de la digression entre οἱ ἐν ταῖς φιλοσοφίαις πολὺν χρόνον διατρίψαντες (172c5-6) et οἱ ἐν δικαστηρίοις καὶ τοῖς τοιούτοις ἐκ νέων κυλινδούμενοι (172c8-9) dans l'acte d'accusation fictif qui ouvre son discours (§ 30, trad. G. Mathieu, C.U.F.) :

> Donc, par cet acte, l'accusateur cherche à affirmer faussement que je corromps la jeunesse en lui apprenant l'éloquence et les moyens de triompher contre toute justice dans les procès. Par le reste de son discours, il me représente comme un homme tel qu'il n'en a jamais existé, ni parmi ceux qui tournent autour des tribunaux, ni parmi ceux qui ont consacré leur temps à la philosophie (οὐδεὶς πώποτε γέγονεν οὔτε τῶν περὶ τὰ δικαστήρια καλινδουμένων οὔτε τῶν περὶ τὴν φιλοσοφίαν διατριψάντων). Ce ne sont pas seulement des particuliers, dit-il, qui ont été mes disciples, mais des orateurs, des généraux, des rois, des tyrans, et c'est une masse d'argent que j'ai reçue et que je reçois encore d'eux.

Cet acte d'accusation se réfère d'abord à l'accusation de corruption de la jeunesse portée contre Socrate et rapportée dans l'*Apologie* (24b), puis à la distinction du *Théétète*, ce qui suggère qu'Isocrate entend répondre aux attaques de Platon (et à d'autres similaires) en se représentant au

1. Voir A. Nightingale, *Genres*, p. 27-40, qui néglige toutefois le parallèle textuel du § 30, et P. Demont, « Isocrate et le *Gorgias* de Platon », *L'Information littéraire* 60 (2), 2008, p. 3-9. Pour des états de la question sur le débat entre Isocrate et Platon, voir J. Lopez Cruces et P. Fuentes Gonsalez, « Isocrate d'Athènes », art. cit., p. 921-930 (930 sur le *Théétète*) et D. Murphy, « Isocrates as a Reader of Platonic Dialogue », *in* A. Stavru et C. Moore (eds), *Socrates and the Socratic Dialogue*, Leiden, Brill, 2018, p. 110-117.

moins en partie comme un philosophe calomnié à l'instar de Socrate[1]. L'étrange accusation selon laquelle Isocrate n'aurait son pareil ni parmi les orateurs ni parmi les philosophes semble développée plus loin (§ 145-150) : certains Athéniens jaloux lui reprocheraient de ne se conformer ni au modèle du citoyen actif recherchant les honneurs publics ni au modèle du philosophe marginal et disputeur, et d'être à la fois retiré et influent, tranquille et riche[2]. L'habileté d'Isocrate est de mettre implicitement en parallèle, pour les renvoyer dos à dos, cette jalousie populaire et la critique platonicienne. Cette dernière est en effet fondée sur une distinction stricte entre politique et philosophie, qui impose elle aussi de choisir son camp, comme l'explique la digression du *Théétète* et comme le conseillait déjà l'*Euthydème* (304c *sq.*) à ce logographe se tenant à mi-chemin entre la philosophie et la politique en usant modérément de chacune, que de nombreux commentateurs identifient comme étant Isocrate.

Dans son apologie, Isocrate se targue au contraire à la fois de se tenir à l'écart des tribunaux et des assemblées (37-40) *et* d'être utile à la cité[3] par ses discours écrits (51-84) et par ses disciples (87-128), donc à la manière d'un « philosophe ». C'est un titre qu'il revendique et qu'il entreprend d'expliquer et de défendre (170 *sq.*) à la fois contre ceux qui tiennent à tort la philosophie pour inutile ou nuisible (199-257) *et* contre ceux qui s'en font une conception si technique et théorique qu'elle en devient effectivement inutile. Ces derniers sont « les princes de l'éristique et les professionnels de l'astronomie et de la géométrie et des autres sciences du même ordre »[4]. Isocrate vise l'ensemble des philosophes de la nature

1. Voir Lopez Cruces et Fuentes Gonsalez, « Isocrate d'Athènes », art. cit., p. 912-913 sur les rapports d'Isocrate à Socrate, et J. Ober, *Political Dissent…*, *op. cit.*, p. 260-263 sur l'imitation de Socrate dans l'*Antidosis*.

2. Comme indiqué dans le passage qui vient d'être cité, la richesse d'Isocrate lui venait d'hommes puissants et même de rois. La digression décrivant le mépris du philosophie à l'égard des « éloges des rois ou de tyrans » (174d3-5) et des listes d'ancêtres remontant à Héraclès, Erwin Rohde a fait l'hypothèse qu'elle vise l'*Evagoras* d'Isocrate, qui se présente comme le premier éloge en prose d'un roi (et qui critique à la fois les « philosophes » et les orateurs : § 8-10) ainsi que la généalogie d'Agésilos de Sparte (mort en 371) ou de son fils. Le premier point expliquerait bien la réponse d'Isocrate dans l'*Antidosis*. De ces hypothèses, Rohde prétendait tirer une datation du *Théétète* postérieure à 374 (date de la mort d'Evagoras, l'éloge d'Isocrate étant posthume), alors que Zeller le plaçait beaucoup plus tôt, vers 391. Pour le premier article de Rohde (1881) suivis de quatre autres répondant aux objections de Zeller, voir E. Rohde, *Kleine Schriften*, *op. cit.*, p. 256-308.

3. Sur la tranquillité d'Isocrate, sa critique de la démocratie et ses conceptions politiques, voir P. Demont, *Cité*, p. 329-341 ainsi que J. Ober, *Political Dissent…*, *op. cit.*, p. 256-289.

4. *Sur l'échange* 261 : τοὺς ἐν τοῖς ἐριστικοῖς λόγοις δυναστεύοντας καὶ τοὺς περὶ τὴν ἀστρολογίαν καὶ γεωμετρίαν καὶ τὰ τοιαῦτα τῶν μαθημάτων διατρίβοντας.

(*cf.* § 268) et des éristiques ou « antilogiques » (§ 45), sophistes et socratiques inclus, mais la seconde formule fait assez précisément songer aux philosophes de la digression [1].

Comment Isocrate traite-t-il ces disciplines ? Il déplore que l'opinion courante les confonde avec la philosophie (§ 285), renvoyant à nouveau dos à dos le peuple et ses adversaires socratiques, mais ne les rejette pas entièrement. S'il est d'accord avec « la plupart des hommes » qu'elles « ne sont pas utiles pour l'action » (262-263), il incite à les pratiquer comme une « gymnastique intellectuelle et une préparation à la philosophie » (266), qui consiste en réalité selon lui en un art de bien parler doublé d'une morale (272-282). Or, avant d'expliquer ce qu'est la philosophie, Isocrate précise ceci :

> A moi, qui suis traduit en justice à ce sujet et qui déclare inexistante la prétendue philosophie de certains, il revient de définir ce que pourrait être à juste titre une philosophie. Ce que je pense à ce sujet est assez simple : puisque la nature humaine ne peut acquérir une science, dont la possession nous ferait savoir ce que l'on devrait faire ou dire, je tiens qu'il reste comme sages ceux qui par leurs opinions peuvent atteindre le plus souvent ce qui est meilleur, et comme philosophes ceux qui se consacrent aux études qui leur donneront le plus vite cette intelligence [2].

Cette mise au point épistémologique pointe à nouveau clairement vers le *Théétète*, même si elle peut bien sûr viser également Antisthène et *République*, V-VII. Isocrate a très bien compris [3] que c'est sa prétention à la scientificité, à une connaissance objective et invariable, qui conduit Platon non seulement à lier la philosophie aux disciplines mathématiques,

1. 172c9-d1 : τοὺς ἐν φιλοσοφίᾳ καὶ τῇ τοιᾷδε διατριβῇ τεθραμμένους, 173e6 sur l'astronomie et la géométrie. Voir aussi 143d3-4 : περὶ γεωμετρίαν ἤ τινα ἄλλην φιλοσοφίαν ἐπιμέλειαν ποιούμενοι.

2. *Sur l'échange* 270-271, trad. G. Mathieu modifiée : Ἐπειδὴ γὰρ οὐκ ἔνεστιν ἐν τῇ φύσει τῇ τῶν ἀνθρώπων ἐπιστήμην λαβεῖν, ἣν ἔχοντες ἂν εἰδεῖμεν ὅ τι πρακτέον ἢ λεκτέον ἐστὶν, ἐκ τῶν λοιπῶν σοφοὺς μὲν νομίζω τοὺς ταῖς δόξαις ἐπιτυγχάνειν ὡς ἐπὶ τὸ πολὺ τοῦ βελτίστου δυναμένους, φιλοσόφους δὲ τοὺς ἐν τούτοις διατρίβοντας, ἐξ ὧν τάχιστα λήψονται τὴν τοιαύτην φρόνησιν. Sur ce passage, voir M. Dixsaut, « Isocrate contre des sophistes sans sophistique », dans B. Cassin (dir.), *Le plaisir de parler*, Paris, Minuit, 1986, p. 63-85 (77-78).

3. A. Nightingale, *Genres*, p. 28 cite justement ce passage (et les § 183-184) comme antiplatonicien, mais conclut sa comparaison (p. 59) par une reconnaissance un peu décevante de l'infériorité d'Isocrate à l'égard de Platon. Que Platon soit supérieur du point de vue intellectuel et littéraire est sans doute indiscutable mais n'empêche pas Isocrate d'identifier des problèmes réels dans la position platonicienne, qui seront d'ailleurs également reconnus et discutés par Aristote au début de l'*Éthique à Nicomaque*. Voir M.-N. Ribas, *La Querelle de l'expérience. Aristote, Platon, Isocrate*, Paris, Classiques Garnier, 2019, p. 309-370.

mais surtout à l'abstraire des affaires de la cité et à la rendre « sans profit pour la parole et pour l'action », ce qui la disqualifie comme philosophie selon Isocrate (266). Mieux vaut donc une opinion droite moins solide mais utile et plus facile à acquérir, ce qui ne fait pas pour autant tomber la philosophie au rang d'une technique servile (304) :

> Si donc vous êtes sages, vous mettrez fin à ce désordre, vous ne ferez plus comme maintenant, où vous êtes les uns hostiles, les autres indifférents à la philosophie. Persuadés que la culture de l'âme est la plus belle et la plus élevée des occupations, vous dirigerez les jeunes qui possèdent une fortune suffisante et le moyen d'avoir des loisirs vers cette étude et ces exercices (προτρέψετε τῶν νεωτέρων τοὺς βίον ἱκανὸν κεκτημένους καὶ σχολὴν ἄγειν δυναμένους ἐπὶ τὴν παιδείαν καὶ τὴν ἄσκησιν τὴν τοιαύτην).

A l'inverse de la digression, Isocrate revendique à nouveau pour lui-même et la philosophie *à la fois* le loisir [1] *et* la reconnaissance de la cité [2], comme si le dilemme de la digression s'évanouissait pourvu que l'on renonce à la distinction stricte entre science et opinion.

Tous ces échos du *Théétète* ne peuvent bien sûr pas *prouver* que la digression, voire la deuxième partie du dialogue sur l'équivalence entre science et opinion droite [3], visait Isocrate, mais ils rendent la chose assez plausible et montrent au minimum comment la digression s'inscrit parfaitement et intervient de manière originale et précise dans le champ intellectuel de l'époque. Isocrate ayant déjà développé une bonne partie

1. Voir déjà § 39, où Isocrate oppose les adeptes des tribunaux, entourés de gens en difficulté ou qui cherchent à nuire aux autres, et lui-même, entouré « de ceux qui ont le plus de loisir parmi les Grecs » (ἐμοὶ δὲ τοὺς πλείστην σχολὴν τῶν Ἑλλήνων ἄγοντας). Isocrate reprend ainsi assez précisément la description par Socrate de ses « disciples » dans l'*Apologie*, 23b-c (cité *infra*, p. 136.) *et* l'opposition de la digression, afin de revendiquer à la fois un certain statut social et une certaine autorité morale et intellectuelle.

2. Voir A. Nightingale, *Genres*, p. 35-43 sur l'*Antidosis* comme démonstration de l'insertion (*embeddedness*) de la philosophie isocratique dans la vie sociale et politique d'Athènes, par opposition avec la présentation du philosophe comme un *outsider* dans la *République* ou la digression. Vincent Azoulay situe aussi de manière très éclairante la stratégie « à mi-chemin » d'Isocrate dans le champ intellectuel du début du IVᵉ siècle et souligne que sa dimension panhellénique contribue à son articulation entre loisir et ambition politique en élargissant cette dernière au delà du cadre de la cité (*Sur l'échange* 80 et V. Azoulay, « Champ intellectuel athénien et stratégies de distinction dans la première moitié du IVᵉ siècle : de Socrate à Isocrate », dans J.-C. Couvenhes et S. Milanezi (éd.), *Individus, groupes et politique à Athènes de Solon à Mithridate*, Tours, Presses Universitaires François-Rabelais, 2007, p. 193-194).

3. La réfutation des prétentions épistémologiques de l'opinion droite au moyen du cas du « procès » (voir *infra*, p. 214-220) pourrait inclure Isocrate parmi ses cibles. Pour ses adversaires, Isocrate était avant tout un logographe associé au tribunal.

de ses idées dans des discours antérieurs [1] et Platon l'ayant explicitement ou implicitement évoqué dans des dialogues antérieurs, comme le *Phèdre* ou l'*Euthydème*, il paraît naturel que la distinction radicale entre *scholé* et *ascholia* de la digression ait visé non seulement à critiquer les orateurs et logographes comme serviles, mais aussi à exclure et dénoncer toute stratégie de compromis ou d'articulation entre la philosophie et la vie politique athénienne à la manière d'Isocrate.

Or, si cette hypothèse est juste, la critique d'Isocrate ne peut pas être la même que celle des orateurs, des logographes ou des sophistes qui ne cherchent (selon Platon) qu'à être les plus efficaces possibles du point de vue des valeurs et règles en vigueur dans la cité, se contentant au mieux de théoriser ce pragmatisme relativiste. Après avoir été éduqué par des sophistes comme Prodicos et Gorgias ou par l'orateur et homme politique Théramène, après avoir gagné sa vie comme logographe à partir de 404, Isocrate avait marqué son « rejet de l'Athènes du discours, dominée par des dirigeants démagogiques et ambitieux » en fondant son école, probablement vers 393 [2]. Il avait critiqué sophistes et rhéteurs dans le *Contre les sophistes* (vers 390), où il se réclame déjà de la « philosophie » (§ 14 et 21) [3]. Plusieurs traits le rapprochent d'ailleurs du « chœur des philosophes » plutôt que des « adeptes des tribunaux ». Il se présentait comme « de tous les citoyens le moins doué pour la politique, car je n'ai eu ni l'audace requise pour me mêler à la foule, me salir, injurier ceux qui se bousculent à la tribune » mais revendiquait sa supériorité du point de vue de « l'intelligence et la bonne éducation, dût-on trouver cette expression déplacée » [4]. Dans le *Busiris*, Isocrate fait l'éloge de l'organisation sociale établie par Busiris en Egypte. L'association entre *scholé* et philosophie y figure en bonne place :

> En outre, on rapporterait avec raison à Busiris l'origine des soins donnés à la pensée (τῆς περὶ τὴν φρόνησιν ἐπιμελείας). En effet, il donna aux prêtres

1. Même si l'on adopte la datation la plus haute pour le *Théétète*, à savoir juste après 391, date de la bataille de Corinthe où est mort Théétète (voir D. Nails, *The People of Plato*, *op. cit.*, p. 274-277), le dialogue serait contemporain du *Contre les sophistes* d'Isocrate.

2. J. Lopez Cruces et P. Fuentes Gonsalez, « Isocrate d'Athènes », art. cit., p. 896.

3. Voir M.-P. Noël, « L'orateur, le philosophe et le vantard : la question du rapport éthique au discours dans le *Contre les Sophistes* d'Isocrate », *in* C. Guérin, G. Siouffi, S. Sorlin (éd.), *Le rapport éthique au discours. Histoire, Pratiques, Analyses*, Berlin, Peter Lang, 2013, p. 121-139 sur la critique de Gorgias, ses points communs et ses différences avec celle de Platon.

4. *Philippe* 81-82 (trad. G. Mathieu-E. Brémond). Cf. *Panathénaïque* 9-10, où Isocrate souligne les calomnies et le mépris que lui a valu sa « philosophie », et son dévouement à la « vérité » par opposition à l'arrogance des orateurs. Ces deux discours sont postérieurs au *Sur l'échange* et donc au *Théétète*, mais il n'y a pas de raison de penser que cette présentation de soi par Isocrate n'ait pas été connue (de Platon) bien plus tôt.

le bien-être grâce aux revenus des sanctuaires, la sagesse (σωφροσύνην) grâce aux purifications imposées par les lois, le loisir (σχολὴν δὲ ταῖς τῶν κινδύνων καὶ τῶν ἄλλων ἔργων ἀτελείαις) grâce à l'exemption des risques guerriers et de tout travail. Grâce à de telles conditions de vie, ces prêtres inventèrent pour le corps le secours de la médecine (…). Pour les âmes, ils révélèrent la pratique de la philosophie qui peut à la fois fixer des lois et chercher la nature des choses (φιλοσοφίας ἄσκησιν κατέδειξαν ἣ καὶ νομοθετῆσαι καὶ τὴν φύσιν τῶν ὄντων ζητῆσαι δύναται). Et Busiris commit les anciens aux affaires les plus importantes et décida les jeunes à laisser de côté les plaisirs pour s'occuper de l'étude des astres, du calcul et de la géométrie (ἀμελήσαντας τῶν ἡδονῶν ἐπ' ἀστρολογίᾳ καὶ λογισμοῖς καὶ γεωμετρίᾳ διατρίβειν ἔπεισεν) ; or, si les uns jugent que l'utilité de ces sciences ne concerne que quelques objets, les autres veulent démontrer qu'elle contribue beaucoup à la vertu (ὧν τὰς δυνάμεις οἱ μὲν ὡς πρὸς ἔνια χρησίμας ἐπαινοῦσιν, οἱ δ' ὡς πλεῖστα πρὸς ἀρετὴν συμβαλλομένας ἀποφαίνειν ἐπιχειροῦσιν) [1].

Même si le *Busiris* appartient au genre rhétorique de l'éloge, si bien qu'on ne peut savoir s'il exprime les positions de son auteur, il y a une proximité indéniable entre cette description et celle des philosophes dans la *République* [2] et au début de la digression, et il est donc impossible d'assimiler Isocrate à un orateur sans loisir ni éducation [3]. Que Platon n'ait pas fait cette confusion et ait placé ou, au moins, espéré attirer Isocrate de son côté est prouvé par le passage où Phèdre interroge Socrate sur son « compagnon » (τὸν σὸν ἑταῖρον), « le bel Isocrate » (*Phèdre*, 278e5-7) et où Socrate répond qu'à son avis, Isocrate est très au-dessus de Lysias pour le talent oratoire et « plus noble de caractère », de sorte qu'il « n'y aurait rien d'étonnant » à ce qu'il devint le meilleur en matière

1. *Busiris* 21-22 (trad. G. Mathieu).

2. Il est difficile de savoir qui, du *Busiris* ou de la *République* précède ou suit, approuve ou critique l'autre : voir J. Lopez Cruces, P. Fuentes Gonsalez, « Isocrate d'Athènes », art. cit., p. 926-927 pour un état de la question.

3. Selon Isocrate, les citoyens dotés de *scholé* doivent non seulement apprendre la philosophie (*Antidosis* 304 cité ci-dessus), mais sont aussi ceux qui dirigeaient la cité sous le contrôle du peuple dans le fonctionnement ancien des institutions athéniennes donné en modèle dans l'*Aréopagitique* 26 : τοὺς δὲ σχολὴν ἄγειν δυναμένους καὶ βίον ἱκανὸν κεκτημένους ἐπιμελεῖσθαι τῶν κοινῶν ὥσπερ οἰκέτας. Dans le même discours, qui est sans doute légèrement antérieur à l'*Antidosis* et donc probablement postérieur au *Théétète*, Isocrate évoque l'éducation des jeunes dans cette Athènes idéalisée : ils « ne passaient pas leur temps dans les maisons de jeux, ni chez les joueuses de flûtes (ἐν ταῖς αὐλητρίσιν) (…) mais restaient fidèles aux occupations qu'on leur avait données. Telle était leur aversion pour la place publique (οὕτω δ' ἔφευγον τὴν ἀγοράν) que, s'ils étaient jamais forcés de la traverser, c'est avec beaucoup de réserve et de sagesse qu'on les voyait le faire » (*Aeropag.* 48, trad. G. Mathieu). On songe à la fois à l'éloge de l'ancienne éducation par le Discours Fort dans les *Nuées* (991 *sq.* cité *infra*, p. 131) et à la digression (173c9-d5).

de discours, s'il poursuit dans cette voie, et « que, en outre, si cela ne lui suffisait pas, un élan plus divin le poussât à des œuvres plus hautes. Car la nature, mon cher, a mis dans la pensée de cet homme-là une certaine philosophie »[1].

Il me semble que l'on peut lire la digression comme établissant de manière générale (et non plus *ad personam*) un diagnostic similaire mais sur un ton beaucoup plus sévère, comme une sorte de constat final d'échec après le dernier avertissement de l'*Euthydème* contre le compromis entre philosophie et politique (305c-306d) : si tous ceux qui possèdent une nature philosophique comme Isocrate souhaitent vraiment la cultiver, ils ne peuvent pas se contenter d'une *scholé* superficielle encore largement tournée vers la cité, d'une éducation seulement oratoire et morale, mais doivent aller beaucoup plus loin dans la critique des valeurs publiques et la recherche de la vérité. Ces intellectuels sont plus proches des philosophes que des orateurs si l'on s'en tient à la première partie de la digression, mais en deviennent des cibles *à partir* de la deuxième partie, puisque celle-ci oppose à « ceux qui se consacrent de manière médiocre à la philosophie » (173c7-8 : φαύλως διατρίβοντας ἐν φιλοσοφίᾳ) une description des meilleurs philosophes, qui ont renoncé à toute intégration dans la cité, parcouru en pensée tout l'univers et suivi ainsi « l'impulsion divine » qu'évoque Socrate dans le passage du *Phèdre* et qu'il explicite dans la digression avec l'assimilation à dieu.

ANTISTHÈNE

Avant d'examiner la teneur exacte de cette critique, considérons un autre de ces philosophes superficiels (du point de vue de Platon !) qui pourrait avoir été visé dans la digression. Plus encore qu'Isocrate, Antisthène partage plusieurs valeurs du « chœur des philosophes ». Il est évidemment d'abord l'un des premiers véritables disciples de Socrate et, comme chez ce dernier et chez Platon, la critique de la démocratie athénienne, en particulier de ses démagogues, est bien attestée chez Antisthène[2]. Il prétend en outre atteindre une véritable connaissance,

1. *Phèdre*, 279a4-b1 (trad. L. Brisson) : Δοκεῖ μοι ἀμείνων ἢ κατὰ τοὺς περὶ Λυσίαν εἶναι λόγους τὰ τῆς φύσεως, ἔτι τε ἤθει γεννικωτέρῳ κεκρᾶσθαι· ὥστε οὐδὲν ἂν γένοιτο θαυμαστὸν προϊούσης τῆς ἡλικίας εἰ περὶ αὐτούς τε τοὺς λόγους, οἷς νῦν ἐπιχειρεῖ, πλέον ἢ παίδων διενέγκοι τῶν πώποτε ἁψαμένων λόγων, ἔτι τε εἰ αὐτῷ μὴ ἀποχρήσαι ταῦτα, ἐπὶ μείζω δέ τις αὐτὸν ἄγοι ὁρμὴ θειοτέρα· φύσει γάρ, ὦ φίλε, ἔνεστί τις φιλοσοφία τῇ τοῦ ἀνδρὸς διανοίᾳ. Pour les débats autour de l'interprétation de ce passage, voir J. Lopez Cruces et P. Fuentes Gonsalez, « Isocrate d'Athènes », art. cit., p. 921-923.

2. Voir A. Brancacci, *Antisthène*, p. 136-137.

qu'il distinguait de l'opinion, contrairement à Isocrate (qui le critiquait sur ce point autant voire plus que Platon[1]). On lui attribue même cette réponse à la question de savoir « ce qu'il faut enseigner à un enfant : "Si tu veux qu'il vive avec les dieux, la philosophie, avec les hommes, la rhétorique" »[2]. Cette déclaration n'implique pas un rejet de la rhétorique, puisque rien ne dit qu'il ne faut pas vouloir vivre au milieu des hommes, mais elle recourt à la hiérarchie utilisée dans la quatrième partie de la digression pour soutenir la supériorité de la philosophie sur la rhétorique.

Notre socratique mobilisait en outre l'opposition socio-politique centrale de la digression. Il était, selon Diogène Laërce (VI 16 = *SSR* V A 41), l'auteur d'un Περὶ ἐλευθερίας καὶ δουλείας. Dans le *Banquet* de Xénophon, il est invité par Socrate à expliquer comment, tout indigent qu'il soit, il se targue de sa « richesse » (IV 34). Il répond en définissant la richesse et la pauvreté comme se trouvant dans l'âme, en critiquant la vanité de la richesse matérielle, en soulignant que cette richesse de l'âme, qui résulte de besoins très réduits, rend les hommes « libéraux »[3]. Il en donne en exemple sa vie et celle de son maître Socrate, puis conclut :

> Bien plus, et c'est là ma plus belle possession, voyez comme le loisir ne me quitte jamais, si bien que je peux assister à tous les spectacles qui le méritent et écouter tout ce qui le mérite, et, ce à quoi j'accorde la plus grande valeur, passer mes journées à loisir en compagnie de Socrate. Comme moi, il n'admire pas ceux qui comptent la plus grande quantité d'or, mais est assidu auprès de ceux qui lui agréent[4].

Antisthène revendiquait donc sa σχολή comme caractéristique de son choix de vie philosophique et de son association avec Socrate, et

1. Antisthène avait écrit un traité Περὶ δόξης καὶ ἐπιστήμης en quatre livres (*DL* VI, 17). Sur la critique d'Antisthène par Isocrate dans le *Contre les Sophistes* 1-8 à propos de cette distinction, voir A. Brancacci, *Antisthène*, p. 87-93.

2. *SSR* V A 173 = Stobée, *Anth.* II 31, 76 : ἐρωτηθεὶς ὑπό τινος, τί διδάξει τὸν υἱόν, εἶπεν, "εἰ μὲν θεοῖς μέλλει συμβιοῦν, φιλόσοφον, εἰ δὲ ἀνθρώποις, ῥήτορα."

3. Xénophon, *Banquet* IV 43 = *SSR* V A 82 : ἄξιον δ' ἐννοῆσαι ὡς καὶ ἐλευθερίους ὁ τοιοῦτος πλοῦτος παρέχεται. *Cf.* Epictète, *Diss.* III 24, 67 = *SSR* V B 22 sur la liberté antisthénienne. Sur ἐλευθερίος comme qualité de Socrate chez Xénophon, voir M. Tamiolaki, *Liberté et esclavage chez les historiens grecs classiques*. Paris, Presses Universitaires Paris Sorbonne, 2010, p. 390-393.

4. Xénophon, *Banquet* IV 43 = *SSR* V A 82 (je traduis) : καὶ μὴν καὶ τὸ ἁβρότατόν γε κτῆμα, τὴν σχολὴν ἀεὶ ὁρᾶτέ μοι παροῦσαν, ὥστε καὶ θεᾶσθαι τὰ ἀξιοθέατα καὶ ἀκούειν τὰ ἀξιάκουστα καὶ ὃ πλείστου ἐγὼ τιμῶμαι, Σωκράτει σχολάζων συνδιημερεύειν. καὶ οὗτος δὲ οὐ τοὺς πλεῖστον ἀριθμοῦντας χρυσίον θαυμάζει, ἀλλ' οἳ ἂν αὐτῷ ἀρέσκωσι τούτοις συνὼν διατελεῖ.

prétendait l'occuper à se cultiver, à découvrir tout ce qui lui semblerait mériter son attention.

Il n'est pas impossible que cette conception du loisir soit effectivement empruntée à Socrate, dont Xénophon nous dit ailleurs :

> Examinant ce qu'était le loisir, il trouvait, disait-il, que la plupart des gens font quelque chose, car même les joueurs de trictrac et les amuseurs font quelque chose : mais il affirmait qu'ils ont tous du loisir, car il leur est permis d'aller faire quelque chose de mieux. Personne n'a cependant le loisir de passer du meilleur au pire ; mais si quelqu'un le faisait, Socrate affirmait que c'est par absence de loisir que cette personne agissait mal [1].

Louis-André Dorion trouve le début de cette analyse difficile à concilier avec un autre passage des *Mémorables* (I 2, 57) où Socrate déclare « oisifs » ou « inoccupés » (ἀργοὺς) ceux qui jouent aux dés. Mais, à l'instar d'Aristote qui distinguera le bonheur du délassement et du jeu (*Eth. Nic.* X 6), Socrate semble précisément chercher à distinguer le loisir de l'oisiveté [2], sans doute contre la thèse d'un Gorgias qui attribuait à Palamède l'invention du trictrac comme « occupation exempte de peine pour le loisir » [3]. Les joueurs de trictrac sont bien « oisifs », même s'ils « font quelque chose », mais leur « loisir » ne réside en revanche pas dans leur activité ludique (par opposition à d'autres activités imposées). Il réside dans le fait qu'il pourrait mieux occuper leur temps. Le loisir n'est plus le temps disponible et librement utilisé, mais la marge d'*amélioration* de soi et de sa vie ouverte à chacun, alors que « l'absence de loisir » rend compte des mauvaises actions humaines. Socrate désigne sans doute par ce dernier terme les habitudes de vie et l'absence corrélative de maîtrise de soi qui empêchent de se soucier de soi-même : Louis-André Dorion cite justement d'autres passages des *Mémorables* où la vie de l'amant (I 3, 11) ou celle de l'homme d'affaire (II 6, 4) sont critiquées à la fois comme « sans loisir » et comme dévolues à des actions indignes d'un « homme bel et bon ». Dans le même esprit, Antisthène se libère de la servitude de la richesse matérielle et obtient ainsi le « loisir » pour se soucier de la richesse de son âme et de ses amis.

1. Xénophon, *Mémorables* III 9, 9 (trad. L.-A. Dorion).

2. L.-A. Dorion, note 1 *ad loc.*, le reconnaît, en reprenant l'analyse du passage par P. Demont, *Cité*, p. 291-293, mais maintient néanmoins qu'il existe une « réelle divergence » entre les deux passages.

3. *Gorgias*, fr. B 11a *DK*, § 30 : … πεσσούς τε σχολῆς ἄλυπον διατριβήν, rapproché de l'exemple du trictrac chez Xénophon, *Mémorables* III 9, 9 par P. Demont, *Cité*, p. 279.

Mais qu'est-ce qui prouve que cette conception de la liberté et du loisir philosophiques inspirée par Socrate est visée dans la digression comme superficielle, à l'instar de celle d'Isocrate ? Il n'y d'abord aucun doute sur l'existence d'un débat entre Antisthène et Platon. Le premier n'est jamais mentionné dans les dialogues du second, sauf comme présent lors de la mort de Socrate (*Phédon* 59b), mais on sait qu'Antisthène avait attaqué par écrit le second, en particulier dans un ouvrage, le *Sathon*, dont le titre constituait une déformation injurieuse de « Platon » [1].

Or la doctrine d'Antisthène a depuis longtemps été considérée comme importante pour comprendre le *Théétète* : à la fin du XIXe siècle, plusieurs érudits allemands ont supposé qu'Antisthène pourrait être la cible de la première et/ou de la deuxième et/ou de la troisième partie du *Théétète*, d'autres ou les mêmes estimant qu'il pourrait être aussi la source de certains arguments dirigés contre Protagoras dans la première partie [2]. De ces suppositions généreuses, typiques de la *Quellenforschung*, ne subsiste que l'hypothèse qu'Antisthène serait l'auteur anonyme de la doctrine du songe réfutée dans la troisième partie. Cette hypothèse a en effet l'avantage d'être appuyée sur le témoignage d'Aristote dans sa discussion de certaines thèses antisthéniennes (*Met.* Δ, 29, 1024b32 et H, 3, 1043b24 *sq.*). Elle a bien sûr été critiquée [3], mais a fait l'objet d'une nouvelle démonstration solide par Aldo Brancacci [4]. Il me semble donc très vraisemblable que, dans la troisième partie du *Théétète*, Platon « ait voulu dégager ses propres formules [du *Ménon* 98a] de voisinages

1. Voir Diogène Laërce III, 35 = *SSR* V A 148, A. Brancacci, *Antisthène*, p. 151-171 et M. Rashed, « Platon, Sathon, Phédon », *Elenchos* 27, 2006, p. 117-122 pour l'hypothèse que le *Phédon* répond au *Sathon*. Sur la réponse du livre V de la *République*, voir *infra*, p. 110-111.

2. Voir les bilans rapides d'A. Diès, *Théétète*, *op. cit.*, p. 150-153 et S. Prince, *Antisthenes of Athens. Texts, Translations and Commentary*, Ann Arbor, University of Michigan Press, 2015, p. 427 et 449-450, ainsi que les analyses de F. Decleva-Caizzi, « Antistene », *Studi Urbinati* 2 (N. S.), 1964, p. 61-65.

3. Voir M. Burnyeat, « The Material and Sources of Plato's Dream », *Phronesis* 15, 1970, p. 101-122 (qui est toutefois revenu sur sa critique dans *Introduction*, *op. cit.*, p. 218-228) ainsi que D. Sedley, *Midwife*, p. 158.

4. A. Brancacci, « Antisthène, la troisième définition de la science et le songe du *Théétète* », dans G. Romeyer-Dherbey (dir.) et J.-B. Gourinat (éd.), *Socrate et les socratiques*, Paris, Vrin, 2001, p. 333-350 reprend l'histoire de l'attribution de la troisième définition de la science à Antisthène et apporte des arguments nouveaux et décisifs en sa faveur, car lexicaux et donc indépendants de l'interprétation que l'on peut donner des doctrines d'Antisthène et de la troisième partie du *Théétète*. Voir aussi les articles d'A. Brancacci et G. Mazzara dans G. Mazzara et V. Napoli, (ed.), *Platone. La teoria del sogno nel* Teeteto. *Atti del Convegno Internazionale*, *Palermo 2008*, Sankt Augustin, Academia, 2010.

compromettants », comme le dit Diès[1], et critiquer une mauvaise interprétation de certaines idées socratiques sur la connaissance.

Une même stratégie pourrait-elle être à l'œuvre dans la digression à propos de la définition de la vie philosophique? Il existe plusieurs éléments précis dans la digression qui rendent cette hypothèse probable :

– Platon donne comme illustration de la réaction des hommes à la conduite du philosophe celle d'un servante thrace (174a5, 174c5-6) se moquant de Thalès tombé dans un puits alors qu'il observait les étoiles. Or Antisthène était connu pour avoir une mère thrace et pour se l'être vu reprocher[2]. Plus loin, l'orateur confondu par le philosophe fait rire « non pas les filles thraces et autres incultes (οὐδ' ἄλλῳ ἀπαιδεύτῳ) » (175d5) mais les hommes libres. Or le terme péjoratif est utilisé par Aristote lorsqu'il discute une aporie antisthénienne concernant la définition en *Métaphysique* H, 3, 1043b24 : ἡ ἀπορία ἣν οἱ Ἀντισθένειοι καὶ οἱ οὕτως ἀπαίδευτοι ἠπόρουν. Ces éléments conduisaient Gomperz à voir dans la digression une « attaque assez grossière contre Antisthène » en réponse au *Sathon* (qui aurait répondu lui-même à la critique de l'*Euthydème*)[3].

– Lorsqu'il tire les leçons de l'anecdote de Thalès, Socrate dit que le philosophe fait rire « les filles thraces et le reste de la populace » dès qu'il est obligé de discuter, en privé ou en public, « de ce qui est à ses pieds ou sous ses yeux » (174c2-4 : περὶ τῶν παρὰ πόδας καὶ τῶν ἐν ὀφθαλμοῖς διαλέγεσθαι). Les interlocuteurs du philosophe allusivement désignés ici pourraient être des sophistes, mais l'expression fait également songer à la

1. Cette hypothèse est déjà celle de T. Gomperz, *Les penseurs de la Grèce*, vol. 2, trad. A. Reymond, Paris-Lausanne, Alcan-Payot, 1908, p. 585. Je laisse de côté ici et dans le dernier chapitre la question de savoir si Platon évoque, critique ou corrige son analyse du *Ménon* dans la dernière partie du *Théétète* : voir D. Sedley, *Midwife*, p. 176-178 et D. El Murr, « *Desmos* et *logos* : de l'opinion droite à la connaissance (*Ménon*, 97e-98a et *Théétète*, 201c-210b) », dans D. El Murr (éd.), *La mesure du savoir. Études sur le* Théétète, Paris, Vrin, 2013, p. 151-171.

2. Diogène Laërce VI, 1 ou II, 31 = *SSR* V A 1 et 3. Sur le contexte politique de cette accusation (la loi de 451 exigeant deux parents athéniens pour être citoyen) et les réponses acides d'Antisthène, voir E. Irwin, « The *nothoi* come of age? Illegitimate sons and political unrest in late fifth-century Athens », *in* P. Sänger (ed.), *Minderheiten und Migration in der griechisch-römischen Welt : Politische, rechtliche, religiöse und kulturelle Aspekte*, Paderborn, Schöningh Wissenschaftsverlag, 2016, p. 75-122.

3. T. Gomperz, *Les penseurs de la Grèce*, *op. cit.*, vol. 2, p. 581, qui renvoie à F. Dümmler, *Antisthenica*, Berlin, Weidmann, 1882. republié dans *Kleine Schriften*, vol. 1, Leipzig, Hirzel, 1901, p. 14. U. von Wilamowitz-Moellendorff, *Platon*, *op. cit.*, p. 526 objecte un vers d'Aristophane, *Thesm* 279 qui montrerait qu'il y avait de nombreuses esclaves thraces à Athènes, que l'on nommait par leur origine. Il me semble que ce passage et d'autres montrent plutôt que Platon recrée une scène comique à la manière d'Aristophane (voir p. 88-92), mais cela n'empêche pas de viser par ce biais Esope, Protagoras (Abdère est en Thrace) et surtout Antisthène.

fameuse critique de la doctrine des Formes par Antisthène, qui « admet voir le cheval mais n'admet pas voir la "chevalité", s'il est vrai que l'un se voit avec les yeux (καὶ τὸ μὲν ἐν ὀφθαλμοῖς ὁρᾶται) mais l'autre est saisie par le raisonnement »[1].

– Lorsqu'il décrit ensuite la situation opposée, où c'est le philosophe qui tire « vers le haut » son interlocuteur, Socrate donne deux exemples, dont celui-ci : « renoncer à [la question] "le Grand Roi est-il heureux ? Et celui qui possède de l'or ?"[2], pour examiner la royauté, ainsi que le bonheur et la misère humaine en général… ». On peut là encore y voir une critique des orateurs ou sophistes, similaire à la discussion du *Gorgias* entre Socrate et Polos (470d-472d)[3]. Socrate ne critique toutefois pas ici seulement le fait de juger hâtivement et de l'extérieur qu'un roi ou un tyran est heureux ; il met en question le fait même de poser des questions éthiques de ce type. Or Antisthène avait écrit un Κῦρος ἢ περὶ βασιλείας et un Ἀρχέλαος ἢ περὶ βασιλείας[4]. Ces ouvrages sont perdus, mais le troisième discours de Dion de Pruse *Sur la royauté* est considéré comme largement inspiré d'Antisthène et commence par cette question posée à Socrate : εἰ εὐδαίμονα νομίζοι τὸν Περσῶν βασιλέα. Socrate répond qu'il ne peut pas le savoir puisqu'il n'a pas rencontré le Grand Roi et ne connaît donc pas son âme (διάνοια) (§ 1), et poursuit plus loin

1. Simplicius, *In Arist. Cat.* 8b25, *CAG* VIII, p. 211, 17-19 et les autres témoignages réunis dans *SSR* V A 149. Voir A. Brancacci, *Antisthène*, p. 153-159 sur ces témoignages. Ils formulent la position d'Antisthène en utilisant la notion de ποιότης, qui est explicitement introduite par Socrate (182a4-b1) lors de la discussion de la thèse héraclitéenne. Il est donc possible que, comme Isocrate, Antisthène ait également *répondu* au *Théétète* : voir A. Brancacci, « Antisthène et la tradition antiplatonicienne au IVe siècle », dans M. Dixsaut (éd.), *Contre Platon. Tome 1 : Le platonisme dévoilé*, Paris, Vrin, 1993, p. 33-36.

2. 175c4-5 : ἢ ἐκ τοῦ εἰ βασιλεὺς εὐδαίμων κεκτημένος τ' αὖ χρυσίον est le texte des manuscrits les plus anciens (relevant de deux familles différentes), suivis par F. Hicken, qui implique que Socrate fait allusion à deux questions différentes, l'une à propos du roi, l'autre à propos de la richesse (seuls deux autres manuscrits plus tardifs appartenant à une troisième famille – selon OCT, qui est en désaccord sur ce point avec l'apparat de Diès – portent τ' αὖ πολὺ, Jamblique et Eusèbe ayant juste πολὺ). Madvig suivi par Diès a proposé ταῦ à partir du lexique d'Hesychios, ce qui conduit à fusionner les deux questions : "si le Roi est heureux avec ses monceaux d'or" (trad. Diès). Michel Narcy, *ad loc.*, a raison de noter que la question du bonheur du roi dans le *Gorgias* n'est pas identique à celle du bonheur du riche (cf. *Euthydème*, 288e) et qu'elles peuvent donc être distinguées, mais la suite du passage ne mentionne que la royauté et pourrait donc plaider pour le fait que Socrate ne se réfère qu'à une seule question. D. Sedley, *Midwife*, p. 73, suit Madvig.

3. Sur l'allusion possible à la fameuse rencontre de Solon et Crésus racontée par Hérodote, voir P. Butti de Lima, *Esercizi*, p. 32 et 42.

4. Diogène Laërce VI, 16 et 18 = *SSR* V A 41. Sur ces titres et sur le discours de Dion comme témoignage sur Antisthène et Diogène, voir G. Giannantoni, *Socratis Socraticorum Reliquiae*, vol. 4, *op. cit.*, *nota* 31, 36 et 53.

en insistant sur la nécessité de posséder diverses vertus pour pouvoir être considéré comme puissant ou comme un véritable roi (§ 30-32). Si Platon n'était pas en désaccord avec cette position socratique, comme le montre la critique assez proche de Polos dans le *Gorgias* (470d-e), il caractérise néanmoins la véritable philosophie par le dépassement de ce type de problèmes éthiques au profit d'une réflexion abstraite sur les qualités qu'ils impliquent prises en elles-mêmes.

Comme pour Isocrate, ces parallèles ne peuvent prouver qu'Antisthène est visé par la digression mais les points communs doctrinaux voire textuels précis entre la digression et ces auteurs, ainsi que les divergences entre leurs conceptions de la philosophie et celle de la digression me paraissent plaider nettement pour cette hypothèse. Avant d'examiner comment Platon critique ces rivaux, il faut souligner que, si l'opposition entre Antisthène et Platon est moins forte que celle entre Isocrate et Platon, elle est néanmoins très importante, et ce sur des points pertinents pour la digression. Aldo Brancacci a en effet bien montré comment Antisthène interprète le *dialegesthai* socratique comme une technique d'analyse du langage (en particulier des notions morales) aboutissant à une véritable compétence, c'est-à-dire à la figure d'un « sage » vertueux mais aussi « habile à discuter » et à « converser avec les hommes sous de multiples formes »[1]. Antisthène opère ainsi un rapprochement entre dialectique et rhétorique, ou une réintégration de la seconde dans la première, donnant en exemple du sage le cas de Pythagore à Crotone, capable de persuader tous les auditoires, jusqu'aux femmes et aux enfants, alors que le philosophe de la digression ne suscite, en public, que le rire.

Il me semble probable que cette prétention d'Antisthène (et d'Isocrate) à associer philosophie et rhétorique soit visée lorsque Socrate détrompe Théodore, qui estime que si Socrate parvenait à « persuader tout le monde » de ce qu'il dit, il accroîtrait la paix et diminuerait le mal « chez les hommes » (176a2-3). En recommandant de s'assimiler à Dieu dans la mesure du possible et en critiquant la servilité de toutes les techniques de persuasion, Platon semble non seulement viser les prétentions protagoréennes, mais aussi rappeler à Antisthène la hiérarchie socratique qu'il a lui-même formulée entre la mission de la philosophie et celle de la rhétorique. S'il ne nie pas la dimension politique et même rhétorique de la philosophie, Platon ne conçoit en effet assurément pas la dialectique comme un instrument, mais comme une fin en soi et une

1. Voir Porphyre *Schol. Ad. Od.* A 1 = *SSR* V A 187 p. 210-211, l. 17-22, cité dans A. Brancacci, *Antisthène*, p. 130-131, dont je reprends la traduction et l'interprétation.

recherche en commun de la vérité, par l'examen des opinions et de soi-même[1], des thèmes qui sont précisément mis en relief dans le *Théétète* avec la maïeutique et la digression, comme on le montrera en détail dans le cinquième chapitre.

LES PARALLÈLES AVEC LA CRITIQUE DE *RÉPUBLIQUE*, V-VII

Il faut donc maintenant s'interroger sur la manière spécifique dont la digression critique ces deux cibles implicites. Puisqu'ils souscrivent dans ses grandes lignes à l'opposition entre les philosophes et les orateurs, leur critique commence avec la description des maîtres-philosophes dans la deuxième partie. Comment s'articulent ces deux moments de la digression, la première partie tournée principalement contre les orateurs et la suivante élargissant la critique à « ceux qui se consacrent à la philosophie de manière médiocre » (173c7) ? Un lien direct de cause à conséquence a été établi par Socrate entre les procédures judiciaires athéniennes, les pratiques discursives des orateurs et leurs dispositions éthiques serviles. Il existe donc certainement selon Platon une articulation analogue entre les pratiques discursives des philosophes[2] et leur point de vue de surplomb sur le monde et les hommes décrit dans la deuxième et la troisième parties de la digression.

Ce problème nous ramène à la proximité déjà évoquée de la digression avec la *République*. Il est en effet présent de manière tout à fait nette en *République*, V 475c-480a, où, après avoir défini le « philosophe » comme amoureux du savoir, Socrate dénie ce titre à ceux dont l'amour se limite aux spectacles (475d2 : φιλοθεάμονες) ou à écouter des chœurs (475d3 : φιλήκοοι) et aux arts inférieurs, qui ne reconnaissent pas le Beau en soi au delà des choses belles saisies par les sens. Les interprètes ont depuis longtemps fait l'hypothèse plausible qu'Antisthène soit ici visé[3]. Elle peut s'appuyer sur le passage du *Banquet* de Xénophon (IV 43)[4], où Antisthène se déclare adepte de tout ce qui mérite d'être vu ou écouté, et sur la critique antisthénienne de la doctrine des Idées déjà mentionnée. Platon lui répondrait, par la bouche de Socrate, que celui qui ne connaît

1. A. Brancacci, *Antisthène*, p. 129-149. Sur l'interprétation platonicienne du *dialegesthai* socratique, voir p. 137-139 et 146.

2. Résumées dans le tableau de la page 75-76.

3. F. Dümmler, *Antisthenica*, *op. cit.*, p. 41-43. Le passage ne concerne pas seulement un ensemble ou un type de personnes, mais fait allusion à un individu précis (476d8 : οὗτος).

4. Cité p. 104.

que des particuliers sensibles s'en tient à des opinions, ne possède aucune connaissance ou science[1] et doit être tenu pour un « philodoxe »[2].

La digression pourrait implicitement élaborer une critique très similaire à celle du livre V de la *République*, et ce d'autant plus que le *Théétète* se poursuit par une exploration de la différence entre opinion et science. Dans la digression, Platon reprocherait à Antisthène et Isocrate de faire un mauvais usage du loisir qu'ils revendiquent, de s'en tenir à une conception primaire et superficielle de la philosophie et des vertus, faute de posséder les dispositions et la formation intellectuelles requises pour atteindre la vérité. Il faudrait donc supposer que le loisir et la liberté sont une *condition* nécessaire à la formation philosophique, qui produit ensuite, uniquement chez les philosophes bien éduqués, le mépris des valeurs communes et la focalisation de la pensée sur la nature entière ou les problèmes universels, évoqués dans la deuxième partie.

Le loisir et la liberté feraient ainsi référence au naturel philosophe de la *République* et à sa première éducation[3]. Lorsque Théodore présente Théétète à Socrate au début du dialogue, il lui attribue d'abord (144a-b) plusieurs qualités du naturel philosophe mentionnées dans la *République* (535a-d), comme la capacité à apprendre, le courage, la vivacité d'esprit, la mémoire, la douceur, et remarque pour finir que Théétète est « étonnant pour sa liberté à l'égard de ses possessions », sa libéralité (144d3 : πρὸς τὴν τῶν χρημάτων ἐλευθεριότητα θαυμαστός)[4]. La digression reprend et explicite l'importance de cette liberté comme condition de la pratique philosophique.

1. Socrate caractérise d'abord la διάνοιἄ du philosophe comme une γνώμη en 476d5-6, puis introduit en 477a-b l'ἐπιστήμη et en distingue l'opinion.

2. On a également souvent vu une allusion à Antisthène, à sa mère thrace et à sa fréquentation du gymnase réservé aux bâtards (le Cynosarge) en *République*, VII 535c-536b, où les faux philosophes (qui ne sont pas prêts à aller au bout de l'éducation requise et se contentent d'une éthique simpliste) sont dénoncés comme des « bâtards », ainsi qu'en 495d-e où sont critiquées les âmes déformées par le travail manuel qui se piquent de philosophie. Voir par exemple K. Popper, *The Open Society and Its Enemies. Volume One : the Spell of Plato*, London, Routledge 1945, rééd. 2003, p. 307-308 et J. Rancière, *Le philosophe et ses pauvres*, *op. cit.*, p. 60-61, qui reprennent une hypothèse de F. Dümmler, *Antisthenica.*

3. J.-L. Périllié, « Ascèse, contemplation et dialectique définitionnelle dans le portrait du philosophe du *Théétète* », art. cit., p. 134 appuie ce rapprochement sur le fait que les dispositions des maîtres du chœur philosophique sont présentes dès leur jeunesse (173c8 : ἐκ νέων).

4. Sur Théétète comme paradigme du jeune philosophe et la manière dont le début du dialogue permet de le représenter comme en devenir, voir R. Blondell, *Play*, p. 251-313 et A. Balansard, *Enquête*, p. 57-58.

Ne pourrait-on pas alors supposer que les différentes étapes de la digression suivent le long processus de formation des philosophes décrit dans la *République*? L'insistance sur l'ignorance et l'indifférence des philosophes à l'égard des activités et valeurs de la cité (173d-e2) correspondrait à l'isolement des jeunes doués du naturel philosophe à l'écart de la cité et des sophistes, afin d'éviter leur corruption [1]. Par la suite, le philosophe est décrit ainsi (173e3-174a2) :

> sa pensée, tenant toutes ces choses pour des broutilles et même pour rien, vole avec dédain dans toutes les directions, mesurant en géomètre « les profondeurs de la Terre », comme dit Pindare, et ses surfaces, observant en astronome « au-delà du ciel » …

Comme l'ont remarqué plusieurs interprètes, la mention fréquente de la géométrie à côté ou au sein de la philosophie dans le *Théétète* [2] est sans doute liée au fait que Théodore est un géomètre, mais ne relève pas pour autant de la simple politesse ou d'une conception de la philosophie que ne partagerait pas Socrate [3]. Cette présence de la géométrie et de l'astronomie fait écho aux cinq disciplines qui composent l'éducation intellectuelle des philosophes dans la *République* [4].

1. Voir *République*, VI 491a-498c. Je reviendrai sur ce parallèle (p. 150).

2. Voir déjà L. Campbell, *The Theaetetus of Plato*, *op. cit.*, p. 98, n. 12.

3. C'est l'interprétation réductrice de R. Rue, « The Philosopher in flight : the Digression in Plato's *Theaetetus* », art. cit., p. 93, reprise et développée par S. Peterson, *Socrates and Philosophy in the Dialogues of Plato*, *op. cit.*, p. 73. D. Sedley, *Midwife*, p. 70 montre bien que l'inclusion des mathématiciens parmi les philosophes a un sens plus profond, justifie que Socrate attribue au philosophe un intérêt pour les mathématiques et l'astronomie, élements qui, lus d'un point de vue platonicien, feraient référence à l'éducation des gardiens dans la *République* et même au *Timée* (voir note suivante). Il me semble toutefois qu'il s'agit plutôt là d'un point qui résiste à l'interprétation de David Sedley : si Platon cherchait vraiment à remettre en scène le « Socrate semi-historique » dans le *Théétète*, à s'en tenir *en surface* à sa perspective non-métaphysique, pourquoi lui attribuer dès le début du dialogue (143d3) un tel intérêt pour les mathématiques, qui relève clairement de la phase « platonicienne » dans le *Ménon* et la *République* (comme l'a montré G. Vlastos, *Socrate. Ironie et philosophie morale*, *op. cit.*, p. 165-184). Dans l'interprétation en termes de stratégie polémique et dialectique que je propose, le souci des mathématiques et de l'astronomie de Socrate peut s'expliquer à la fois par l'intérêt de Protagoras pour la géométrie (voir Aristote, *Métaphysique* B, 2, 997b34-998a6, Diogène Laërce IX, 55, et surtout *Théétète*, 162e4-a1, où Protagoras invoque la géométrie contre Socrate) et par leur rôle crucial dans la distinction entre vrais et faux philosophes. Isocrate, Antisthène ou Aristippe jugent les mathématiques inutiles, mais, dans la digression, Socrate suggère que celles-ci sont étroitement liées au loisir et à la liberté du philosophe, dont ses rivaux socratiques ne présentent en conséquence qu'une conception superficielle.

4. Depuis l'Antiquité, les commentateurs trouvent des allusions à ce cycle surtout au début du dialogue, lorsque Théétète discute avec Socrate de ses études et de ses découvertes mathématiques sous la direction de Théodore (145c8-d5, 147c7-148d7) : voir D. Sedley, *Midwife*, p. 27-28. En ce qui concerne le passage de la digression qui vient d'être cité,

Il est remarquable que cette pratique des sciences soit suivie (καὶ) par une recherche qui se caractérise à la fois a) par sa focalisation sur la nature, les êtres, b) par sa saisie simultanée de la totalité du réel et de chacun de ses éléments dans son intégralité, c) par le fait qu'elle se tient éloignée de ce qui est autour d'elle, c'est-à-dire sans aucun doute le corps et les choses qu'il perçoit par les sens. Ces traits sont bien connus pour être présents dans la définition de la dialectique et la distinguer des sciences mathématiques dans la *République*[1].

Un autre passage évoquant le contenu des recherches du philosophe est celui qui décrit l'interrogation de l'orateur forcé à abandonner ses questions intéressées « pour examiner plutôt la justice et l'injustice, ce qu'est chacune par elle-même et en quoi chacune diffère de tout le reste ou de l'autre, (…) pour examiner la royauté, ainsi que le bonheur et la misère humaine en général, quel genre de choses ils sont et de quelle manière il convient à la nature humaine d'acquérir l'un et d'échapper à l'autre »[2]. On trouve ici une référence nette à l'opposition entre l'attention aux particuliers sensibles et la connaissance abstraite de la chose « elle-même », de son essence ou de sa forme dirait la *République*[3].

Après avoir mentionné la pratique de la géométrie et de l'astronomie, la digression décrit donc les recherches des philosophes avec des expressions qui sont caractéristiques de la dialectique dans les autres

D. Sedley, *Midwife*, p. 70-73 le mentionne comme contribuant au *Platonic subtext* de la digression, mais pense que le passage fait allusion à l'hypothèse des Formes, situées « au delà des cieux » dans le *Phèdre*, et à la physique géométrique du *Timée*. La description suivante du philosophe tirant l'orateur vers le haut pour définir la justice, le bonheur ou la royauté ferait allusion non seulement à l'examen socratique et à l'ascension des prisonniers hors de la Caverne, mais aussi au programme de la *République* comme définition de la justice, du bonheur et de la royauté. Je doute que Platon tienne à rapprocher à ce point la connaissance philosophique et les doctrines présentées dans ses dialogues. La digression, comme la *République*, présente la philosophie comme une discipline qui existe depuis longtemps. Tel est du moins l'un des effets de la référence à Thalès (174a4), qui permet d'éviter d'avoir l'air de défendre une conception récente et particulière de la philosophie (restreinte à l'Académie) et d'inscrire au contraire cette conception dans une tradition ancienne (voir H. Blumenberg, *Le Rire de la servante de Thrace*, *op. cit.*, p. 17, A. Macé et O. Renaut, « L'univers au service de la cité : l'image publique du philosophe », art. cit., p. 158-160 et *supra*, p. 92-93).

1. Voir surtout *Rep.* VII, 532a4-b4 et en particulier les caractéristiques suivantes : ἐπιχειρῇ ἄνευ πασῶν τῶν αἰσθήσεων (…) ἐπ' αὐτὸ ὅ ἔστιν ἕκαστον ὁρμᾶν. Sur tout ce passage (173e3-174a2) et son rapport aux autres dialogues, voir *infra*, p. 227-233.

2. 175c2-8 : εἰς σκέψιν αὖ τῆς δικαιοσύνης τε καὶ ἀδικίας, τί τε ἑκάτερον αὐτοῖν καὶ τί τῶν πάντων ἢ ἀλλήλων διαφέρετον (…) βασιλείας πέρι καὶ ἀνθρωπίνης ὅλως εὐδαιμονίας καὶ ἀθλιότητος ἐπὶ σκέψιν, ποίω τέ τινε ἐστὸν καὶ τίνα τρόπον ἀνθρώπου φύσει προσήκει τὸ μὲν κτήσασθαι αὐτοῖν, τὸ δὲ ἀποφυγεῖν.

3. D. Sedley, *Midwife*, p. 73-74.

dialogues de la maturité, et en particulier dans la *République*. On pourrait même voir une allusion au terme de l'entreprise dialectique telle que la définit la *République* (532b1-2), à savoir à la Forme du Bien, dans la quatrième partie de la digression lorsque Socrate exclut que « les maux s'établissent chez les dieux » et recommande « l'assimilation à un dieu dans la mesure du possible » (176a-b). On trouve donc dans la digression une récapitulation allusive de la genèse des philosophes depuis la sélection des naturels adéquats jusqu'à la connaissance du Bien, en passant par leur mise à l'écart de la société, l'éducation mathématique et la pratique de la dialectique. On pourrait alors comprendre le décalage *et* la continuité entre la caractérisation initiale des philosophes par le dialogue à loisir et leur description finale comme voués à la connaissance aébstraite : il s'agirait de différentes étapes successives et nécessaires de leur formation, le loisir et la liberté « nourrissant » les dispositions permettant de s'écarter de la société et de pratiquer les mathématiques puis la dialectique. Les adversaires de Platon, Antisthène et Isocrate, se verraient implicitement reprocher de s'en tenir à la première étape de la formation philosophique, le loisir intellectuel, et d'en faire une fin en soi alors qu'il n'est qu'un moyen de se consacrer aux mathématiques puis à la dialectique, sans lesquelles on n'est qu'un philosophe de pacotille.

LA SPÉCIFICITÉ DE LA DIGRESSION : LA LIBERTÉ COMME CRITÈRE

Cette interprétation de la progression de la digression pose toutefois deux problèmes, tant du point de vue de la digression que de la *République*. Premièrement, une telle argumentation critique n'établirait qu'un lien négatif et rétrospectif entre l'attitude finale des philosophes et la liberté : pourquoi, si l'on adopte le point de vue d'Antisthène et *a fortiori* celui d'Isocrate, le loisir et la liberté *doivent-ils* déboucher sur la marginalité sociale et une connaissance abstraite, en quoi le philosophe *doit-il* en passer par le mépris des valeurs courantes et des sensations, les mathématiques ou les Formes intelligibles ? Il est vrai que Socrate précise, dès la première description des philosophes, que leurs libres discours visent à « atteindre la réalité » (172d9), si bien que l'on peut comprendre la deuxième et la troisième parties de la digression comme indiquant les moyens de remplir cet objectif en « tirant l'âme vers le haut »[1], loin des illusions de la cité et du sensible. Cette argumentation suppose toutefois à

1. L'expression, caractéristique de l'allégorie de la caverne (515e) et de *République*, VI apparaît en 175b9 (ἑλκύσῃ ἄνω) à propos de la discussion du philosophe avec un orateur volontaire, ce qui correspond au dernier moment de la troisième partie de la digression.

nouveau d'admettre la conception platonicienne de la connaissance et de ses objets, que critiquait justement Antisthène.

Platon était tout à fait conscient de ce problème, puisqu'après avoir critiqué l'« amateurs de spectacles » dans le cinquième livre de la *République*, Socrate se demande ce qu'il faut lui répondre « s'il se fâche contre nous, lui dont nous disons qu'il a une opinion mais qu'il ne connaît pas, et que dire encore s'il conteste que nous disions vrai » (476d8-9, trad. G. Leroux). Antisthène peut rétorquer qu'il ne reconnaît pas la définition de la connaissance comme portant sur le beau en soi et la réduction de tout jugement sur le sensible à une opinion. Il faut donc justifier la distinction platonicienne entre science et opinion et donc la distinction ontologique entre le beau en soi et les belles choses qui la fonde, ce que fait précisément Socrate jusqu'à la fin du livre V, qu'il conclut par l'opposition entre « philodoxes » et « philosophes ». Pour réfuter Isocrate ou Antisthène, il semble donc nécessaire de répliquer à leur refus de la science de l'intelligible. Mais la digression, bien qu'elle fasse allusion aux Formes, ne propose assurément pas une telle réponse : elle n'invoque pas les Formes contre les adversaires du philosophe. On a même déjà souligné que sa reprise du schéma de l'allégorie de la caverne semble volontairement éviter le soubassement métaphysique de celle-ci au profit d'une présentation symétrique du philosophe et des orateurs. La digression ne peut pas non plus s'appuyer sur la distinction entre opinion et science, qui est loin d'être assurée à ce stade du dialogue et ne sera invoquée contre les orateurs qu'à la fin de la deuxième partie du *Théétète* (200d5-201c6). Il va nous falloir examiner comment la digression peut malgré tout soutenir la supériorité du philosophe authentique sur tous ceux qui le prennent pour un fou ridicule.

Deuxièmement, il est impossible de présenter le loisir et la liberté comme de simples points de départ, des étapes ou des moyens indispensables au philosophe mais qu'il dépasserait au cours de sa formation. En témoigne le fait qu'à la fin de la troisième partie de la digression, lorsqu'il résume l'opposition entre orateurs et philosophes, Socrate reprend les critères initiaux de définition du philosophe, à savoir la liberté et le loisir (175d7-e3) : la première partie et les deux suivantes, la liberté et la contemplation, ne constituent donc certainement pas deux étapes *successives* de l'éducation philosophique. La *République* précise en fait clairement ce point (VII, 536d5-537a, trad. G. Leroux) :

> Par conséquent, en ce qui concerne les calculs, et les démonstrations géométriques, et l'ensemble de la formation propédeutique qui doit être inculquée avant la formation dialectique, il faut le leur proposer quand

> ils sont enfants, et sans conférer à cet enseignement la structure d'un programme d'enseignement obligatoire (οὐχ ὡς ἐπάναγκες μαθεῖν τὸ σχῆμα τῆς διδαχῆς ποιουμένους).
> – Pourquoi donc ?
> – Parce que, dis-je, aucun homme libre ne doit s'engager dans l'apprentissage de quelque connaissance que ce soit comme un esclave (οὐδὲν μάθημα μετὰ δουλείας τὸν ἐλεύθερον χρὴ μανθάνειν). S'il est vrai en effet que les efforts corporels, imposés par une discipline contraignante, ne peuvent aucunement faire de mal au corps, par contre aucun enseignement imposé de force à l'âme ne pourra y demeurer (ψυχῇ δὲ βίαιον οὐδὲν ἔμμονον μάθημα).
> – C'est vrai, dit-il.
> – Evite-donc de recourir à la force, dis-je, homme excellent, quand tu formes les enfants dans ces matières, fais-le plutôt en jouant. De cette façon, tu pourras mieux distinguer ce pour quoi chacun est naturellement doué.

Ce passage confirme qu'il est légitime de chercher un rapport étroit entre la liberté et les autres attitudes du philosophe de la digression, comme on va tenter de le faire dans les prochains chapitres : la liberté n'est pas une simple condition nécessaire, préalable et négative (absence de servitude) à la formation philosophique. Cette dernière doit au contraire préserver et « nourrir » la liberté du naturel philosophe. Il est vrai que l'argument de Socrate contre un programme éducatif contraignant semble strictement pragmatique : il échouerait car l'âme ne retiendrait pas ce qu'on tenterait de lui imposer. La phrase précédente et la distinction entre l'âme et le corps montrent cependant que la liberté de l'apprentissage est d'abord une exigence éthique : il s'agit de respecter la nature propre de l'âme [1] et le naturel libre des futurs philosophes, de ne pas les soumettre à un carcan qui, bien qu'ayant un contenu très différent de celui que subissent les orateurs, briderait néanmoins aussi leur croissance.

Or, ce second problème permet en un sens de résoudre le premier. Si le loisir et la liberté ne sont jamais dépassés dans la formation du philosophe, cela signifie que la critique d'Antisthène et d'Isocrate peut se faire au nom de ces valeurs, comme celle des orateurs et des sophistes. Ce qui les condamne *dans la digression*, ce n'est pas leur ignorance de la métaphysique que Platon ajoute à la dialectique et à l'éthique socratiques, c'est d'abord leur compréhension et leur mise en œuvre superficielles des exigences de loisir et de liberté qu'ils héritent en partie de Socrate.

1. Sur cette thèse comme fondement ultime de l'analyse de la liberté chez Platon, voir *infra*, p. 179-180.

La *République* n'ignore évidemment pas cette liberté de la pensée du philosophe, on l'a déjà dit : l'allégorie de la caverne est par exemple construite sur l'opposition entre contraintes ou liens (514a5 : ἐν δεσμοῖς) et libération, mais les philosophes n'y sont décrits que négativement par la « libération de leurs liens » (532b6 : λύσις ἀπὸ τῶν δεσμῶν), et c'est leur contemplation de la lumière et de la réalité, qui les définit positivement. La digression présente au contraire la conduite et le point de vue des maîtres-philosophes comme découlant directement et nécessairement de leur loisir et de leur liberté et non comme des compléments de ces derniers, afin de pouvoir dénoncer non seulement le peuple, la comédie, les orateurs et les sophistes, mais aussi Antisthène et Isocrate. Pour le mettre en évidence, il nous faut d'abord présenter les notions de liberté et de loisir telles qu'elles étaient utilisées dans les débats politiques et culturels athéniens jusqu'à Platon, afin de comprendre ensuite l'usage spécifique que Platon en fait dans la digression.

CHAPITRE III

LE CONTEXTE SOCIO-POLITIQUE : LIBERTÉ, LOISIR ET LEURS USAGES PLATONICIENS

> Encore dans mon antre ! Encore une fois dans ma solitude. À force de m'y trouver mal, j'arrive à m'y trouver bien ; d'ici à longtemps, je ne demande pas autre chose. Qu'est-ce qu'il me faut après tout ? N'est-ce pas la liberté et le loisir ?
>
> Flaubert, *Lettre à A. Poitevin*, 17 juin 1845

LA LIBERTÉ DANS LES DÉBATS POLITIQUES ATHÉNIENS DES V-IVe SIÈCLES

L'opposition entre esclavage et liberté ouvre la digression et la structure au moins jusqu'à la conclusion de sa troisième partie (175e3). Kurt Raaflaub a reconstruit l'histoire conflictuelle des catégories de « liberté » (*eleutheria*) et d'« homme libre » dans l'Athènes des Ve et IVe siècles[1]. L'étroite association entre démocratie et liberté constitue, selon Raaflaub, un effet des débats et conflits politiques des années 440 entre partisans de

1. Voir K. Raaflaub, « Zum Freiheitsbegriff der Griechen. Materialien und Untersuchungen zur Bedeutungsentwicklung von *eleutheros/eleutheria* in der archaischen und klassischen Zeit », *in* E.C. Welskopf (ed.), *Soziale Typenbegriffe im alten Griechenland und ihr Nachleben bis in die modernen Sprachen*, vol. 4, Berlin, Akademie, 1981, p. 180-405, « Democracy, Oligarchy, and the Concept of the 'Free Citizen'in Late Fifth-Century Athens », *Political Theory* 11, 1983, p. 517-544, *Die Entdeckung der Freiheit. Zur historischen Semantik und Gesellschaftsgeschichte eines politischen Grundbegriffes der Griechen*, Munich, Beck, 1985 et *The Discovery of Freedom in Ancient Greece*, trad. angl. R. Franciscono, Chicago, The Chicago University Press, 2004, p. 203-249, que je résume dans les deux paragraphes qui suivent. Les passages mentionnés dans les notes sont également sélectionnés parmi ceux répertoriés par Raaflaub.

l'oligarchie et de la démocratie, tout comme la promotion de la « liberté de parole » (*parrhésia*, par différence avec l'égalité de parole, *iségoria*, plus ancienne) comme valeur démocratique centrale. La notion démocratique de liberté était complexe, combinant l'indépendance d'Athènes par rapport à toute domination étrangère et l'absence de tyrannie avec la souveraineté du peuple athénien (par opposition à l'oligarchie caractéristique de Sparte), les prérogatives politiques mais aussi le mode de vie (« vivre comme on veut ») qui en résultent pour *tout* citoyen athénien, quelles que soient sa fortune ou sa naissance, ainsi que certains caractères des lois, des mœurs et de la vie sociale et culturelle athéniennes, qui bénéficient non seulement aux « hommes libres », à savoir les citoyens, mais aussi aux étrangers et aux esclaves [1]. Face à cette idéologie démocratique de la liberté, les partisans de l'oligarchie insistent d'abord sur l'incompétence politique et culturelle des masses promues au rang de souverain par la démocratie, alors que seuls les meilleurs et les plus compétents devraient gouverner [2]. Contrairement à l'égalité, dont il existait deux conceptions rivales, la liberté demeure ainsi longtemps une catégorie et une valeur monopolisées par la démocratie, parce que l'oligarchie se définit par la supériorité politique d'un petit nombre et par l'exclusion du pouvoir et donc, en un certain sens, « l'esclavage » de tous les autres citoyens.

Au IVe siècle, on trouve néanmoins des traces d'une réappropriation aristocratique de la notion de liberté [3]. La définition de la démocratie comme le gouvernement des hommes libres, plutôt que des nobles ou des riches, signifiait que la liberté au sens juridique, le fait de ne pas être un esclave, un étranger ou une femme, était la seule condition pour l'exercice des droits de citoyen. Tout citoyen était reconnu comme un citoyen plein et entier. Les partisans de l'oligarchie répondirent en avançant une définition plus exigeante de la liberté, non seulement juridique mais aussi économique, sociale et culturelle : « l'homme (vraiment) libre » n'était pas seulement citoyen, il était également indépendant grâce aux revenus tirés de ses propriétés, ne devait pas travailler pour vivre et pouvait donc

1. Voir par exemple Euripide, *Suppliantes* 349-353 et 403-408, Thucydide II 37, Aristote, *Pol.* VI 2, 1317a40 *sq.*, Ps.-Xénophon, *Constitution des Athéniens* I 10-12.

2. Voir par exemple Ps.-Xénophon, *Constitution des Athéniens* I 1-9 et Hérodote, *Histoire* III 81, 1-2. Sur le problème de la définition des « meilleurs », voir E. Caire, *Penser l'oligarchie à Athènes aux Ve et IVe siècles. Aspects d'une idéologie*, Paris, Les Belles Lettres, 2016, p. 135-188.

3. Sur la reconstitution hypothétique de cette « réponse » des partisans de l'oligarchie, voir K. Raaflaub, « Democracy, Oligarchy, and the Concept of the "Free Citizen" in Late Fifth-Century Athens », art. cit., p. 527-537 résumé dans K. Raaflaub, *The Discovery of Freedom in Ancient Greece*, *op. cit.*, p. 243-247, que je paraphrase dans ce paragraphe.

acquérir une « éducation libérale » et servir la communauté. De ce point de vue, la grande majorité des citoyens reconnus comme « libres » par la démocratie n'était pas vraiment libre. Ce faisant, les partisans de l'oligarchie s'appuyaient sur un sens ancien d'*eleutheros*. Au VIe siècle et sans doute plus tôt, une typologie de l'esclave et de l'homme libre était apparue, qui les distinguait précisément par leurs physionomies, caractères et comportements respectifs[1]. Le terme *eleutherios* fut élaboré dans ce contexte pour désigner « ce qui est propre, ce qui convient à l'homme libre » mais aussi le fait d'être « généreux », « libéral », des qualités associées étroitement à l'idée de bonne naissance. Récupérée et adaptée par les critiques de la démocratie au IVe siècle, cette catégorie leur permit de définir l'homme libre comme celui qui est capable d'éviter tout travail manuel, toute dépendance économique à l'égard d'autrui, de participer ainsi à la vie politique et de bénéficier d'une éducation supérieure et d'un mode de vie raffiné. « Libre » signifie alors « noble », et l'homme libre se distingue non seulement des esclaves mais aussi des *banausoi*, ceux qui se livrent à des activités manuelles ou vulgaires (artisans, commerçants, manœuvres). La définition juridique (et démocratique) de la citoyenneté et de la liberté est relativisée au nom d'une définition économique, sociale mais aussi éthico-psychologique beaucoup plus restrictive.

Une bonne illustration de cette « lutte de classement », pour reprendre une expression de Bourdieu, entre partisans de la démocratie et de l'oligarchie autour de la liberté se trouve au sein même de la *République*, où la liberté est l'une des qualités des philosophes, de leur nature comme de leur éducation et de la conduite qui en résulte (486a4, 486b3[2], 536e2, 449a4, 540d6), mais est aussi le principe qui explique tout le régime démocratique (VIII, 557b4)[3]. K. Raaflaub reconstitue d'ailleurs la notion aristocratique de liberté en s'appuyant sur des textes de Xénophon[4], Platon, Isocrate ou Aristote, et fait l'hypothèse qu'elle remonte aux partisans de l'oligarchie du dernier tiers du Ve siècle et a été ensuite reprise

1. Voir par exemple Homère, *Odyssée* XXIV, 251 *sq.* et Hérodote *Histoires* I, 115-116, où la noblesse d'un homme ou d'un enfant est reconnue à sa stature ou ses paroles, en dépit de sa pauvreté ou de son statut juridique d'esclave.

2. Cités p. 232.

3. Sur l'ambivalence de la liberté et la critique du sens commun de la liberté chez Platon, voir R. Muller, *Doctrine*, p. 69-78, qui remarque que, lorsque Platon critique la démocratie, il n'attaque pas la liberté en elle-même.

4. Sur la vraie liberté ou la noblesse selon Antisthène ou Socrate chez Xénophon, voir *supra*, p. 104.

et développée par Platon et Aristote dans un contexte philosophique [1]. Kurt Raaflaub cite ainsi la digression du *Théétète* comme un bon exemple de l'usage de la notion aristocratique de « l'homme vraiment libre » [2].

ESCLAVAGE ET LIBERTÉ DANS LA DIGRESSION

Examinons de plus près l'analogie sur laquelle est fondée l'opposition liminaire entre orateurs et philosophes (172c8-d9) :

> Ceux qui, depuis leur jeunesse, sont ballotés dans les tribunaux et les endroits de ce genre risquent fort en fin de compte d'être élevés, par rapport à ceux qui ont été élevés dans la philosophie et les occupations du même genre, comme des serviteurs (οἰκέται) par rapport à des hommes libres.

Platon utilise οἰκέται et non δοῦλοι, ce qui est d'autant plus surprenant que c'est le second terme qui est employé ensuite pour désigner les orateurs (172e5, 173a5, 175e3). Les orateurs ne sont évidemment pas assimilés aux domestiques des philosophes ; l'idée est que leur éducation est *analogue*, par rapport à celle des philosophes, à celle que reçoivent les esclaves nés dans et appartenant à une famille, par différence avec celle des fils du chef de famille : bien que vivant dans le même lieu, comme les philosophes et les orateurs dans la cité, ils diffèrent du tout au tout. Platon évite en outre le terme juridique δοῦλοι parce qu'il ne s'agit pas d'évoquer une différence de statut ni même simplement d'occupation. Ce sont bien les *dispositions* du philosophe produites par son éducation

1. Voir K. Raaflaub, « Zum Freiheitsbegriff der Griechen. Materialien und Untersuchungen zur Bedeutungsentwicklung von *eleutheros/eleutheria* in der archaischen und klassischen Zeit », art. cit., p. 298-313. On pourrait juger circulaire ma démarche, puisque j'utilise des analyses de Kurt Raaflaub fondées sur Platon pour contextualiser la digression. Mais, outre le fait que ces analyses ne s'appuient pas seulement sur Platon, l'hypothèse selon laquelle Xénophon, Platon, Isocrate, Aristote reprennent une idéologie oligarchique *antérieure* n'est pas décisive pour mon interprétation : l'important est l'existence de débats athéniens autour de la « liberté » et le fait que l'usage de cette notion dans la digression relève bien d'un retournement de la conception démocratique de la liberté.

2. K. Raaflaub, « Democracy, Oligarchy, and the Concept of the 'Free Citizen'in Late Fifth-Century Athens », art. cit., p. 542, n. 60. On trouve d'ailleurs le terme ἐλευθέριον en 173a4 si l'on suit le témoignage de Thémistius, comme le proposent A. Diès et F. Hicken, plutôt que les manuscrits, qui donnent ἐλεύθερον. On retrouve la même hésitation en 175e7, où le témoignage d'Athénée, suivi à nouveau par Diès et Hicken, donne ἐλευθερίως, alors que les manuscrits, Jamblique, Eusèbe et la Souda donne ἐλευθέρως. Ces incertitudes ne sont pas décisives car la notion oligarchique de liberté peut aussi être désignée, comme la notion démocratique, par le terme ἐλεύθερος (l'autre terme retenant le sens de « généreux, libéral » : voir 144d3 sur Théétète), si bien qu'elles ont souvent été confondues (*ibid.*, p. 544, n. 88 et 95).

qui vont être décrites, et non la philosophie comme activité qui pourrait être pratiquée ponctuellement par divers personnages. L'observation précédente de Socrate portait déjà sur « ceux qui ont consacré beaucoup de temps aux discussions philosophiques » (172c5 : οἱ ἐν ταῖς φιλοσοφίαις πολὺν χρόνον διατρίψαντες). Il s'agit d'examiner les effets éthiques et psychologiques d'une longue pratique de la philosophie ou des tribunaux.

Les exigences du tribunal, et plus généralement de la vie civique, avec lesquelles les orateurs grandissent, produisent en effet en eux diverses dispositions : ils acquièrent l'habitude de flatter leur maître et de chercher à lui plaire (173a2), de tromper et de se jalouser les uns les autres pour obtenir les faveurs de leurs maîtres (a7-8). Ces habitudes débouchent sur un caractère moralement déficient : ils sont « virulents et agressifs » (173a1 : ἔντονοι καὶ δριμεῖς), « mesquins et sans droiture » (a3), « tout tordus et mutilés » (a9) et finalement « sans rien de sain dans leur esprit » alors qu'ils croient être « habiles et sages » (173b1-2). Même s'il reprend certaines de ces idées dans la *République*[1], Platon ne développe pas ici une théorie de l'éducation, de la liberté et des vertus qui lui serait propre, mais s'appuie sur une conception semble-t-il commune de la liberté comme « croissance non entravée » et du caractère servile comme produit par les entraves physiques, psychologiques, sociales et politiques subies par l'esclave lors de sa croissance[2] (173a4-6) :

> Car le fait d'être esclaves depuis leur jeunesse les a privés de croissance et d'honnêteté aussi bien que de liberté, les contraignant à des actions retorses en imposant à leurs âmes encore tendres de grands dangers et de grandes craintes.

Appliquer cette description à tous les hommes qui fréquentent les tribunaux revient à nier de manière provocatrice[3] la distinction juridique

1. Voir par exemple *Rep.* 409c-d, 495d, 519a-b.

2. Voir les analyses de R. Muller, *Doctrine*, p. 47-59, qui offre un bilan critique à propos de l'étymologie et des premiers sens d'*eleutheria* et qui cite ce passage de la digression et d'autres textes (notamment Aristote, *Pol.* VIII, 4, 1338b4) pour montrer l'importance, dans l'idée grecque de liberté, de la croissance sans obstacle. Il me semble qu'il s'agit là d'un élément crucial de la notion originelle de liberté réutilisée ensuite (si l'on suit l'analyse de Raaflaub, que ne cite pas Muller) par les partisans de l'oligarchie à Athènes puis les philosophes proches d'eux.

3. Ce caractère paradoxal et même violent de la distinction entre esclavage et liberté dans la digression est bien noté par P. Butti de Lima, *Esercizi*, p. 50 et surtout D. El Murr, *Contrainte et cohésion*, *op. cit.*, p. 121-122 et 127. L'allégorie de la caverne a les mêmes conséquences, mais il s'agit a) d'une allégorie, qui est b) présentée comme portant sur l'éducation humaine en général, alors que la digression dénie explicitement et directement aux hommes politiques contemporains la liberté dont ils s'enorgueillissent, et les ravale

entre esclaves et citoyens libres au profit d'une distinction entre un peuple et des hommes politiques réduits à des esclaves et une petite minorité d'hommes vraiment libres, conformément au répertoire argumentatif antidémocratique du IVe siècle. Une autre catégorie importante de cette idéologie, la *banausia*, est d'ailleurs utilisée plus loin dans la digression (176c3-c7) pour développer la critique des orateurs.

On objectera toutefois que les dimensions les plus cruciales de la notion oligarchique de liberté décrite par K. Raaflaub sont absentes et même critiquées dans la digression. En effet, bien que la liberté des philosophes soit définie par opposition aux orateurs et aux tribunaux caractéristiques de la démocratie, Socrate souligne que les philosophes tiennent pour ridicules les critères oligarchique et aristocratique de hiérarchisation des hommes, à savoir la quantité de terres possédée et la noblesse de la lignée (174e2-175b4), sans parler du fait que le philosophe juge sans loisir ni éducation la vie des rois et des tyrans (174d2-e1). Karl Popper, qui ne peut pas être soupçonné de complaisance à l'égard des positions politiques de Platon, admirait d'ailleurs la digression du *Théétète* pour « l'humanisme » qui se dégage de la relativisation des inégalités de richesse et de naissance par le philosophe contemplant la Nature et l'histoire humaine dans son ensemble, et opposait ce texte à l'anti-humanisme de la *République* divisant la population de la cité juste en classes rigides [1].

Plus récemment, Andrea Nightingale a soutenu que la généralisation à toute la cité d'arguments déjà utilisés par les politiciens contre leurs adversaires rend l'argumentation platonicienne « essentiellement différente »,

au rang d'esclaves, là où l'allégorie de la caverne c) ne parle que de « prisonniers », un terme dont la charge sociale, politique et symbolique est beaucoup plus faible. Pour un passage de la *République* plus provocateur, qui réduit les hommes politiques athéniens à des « salariés » du peuple, voir 493a-d avec l'analyse d'A. Nightingale, « Liberal Education in Plato's *Republic* and Aristotle's *Politics* », art. cit., p. 141-142.

1. Voir *The Open Society and its enemies. Volume One : The Spell of Plato*, London, Routledge, 1945, notes 2 et 6 du chapitre 8, rééd. 2003, p. 311-313. Popper fait l'hypothèse que la spécificité du *Théétète* sur ce point pourrait s'expliquer par son caractère socratique et qu'il pourrait être de ce fait antérieur à la *République.* Dans les *addenda* de 1961 (*ibid.*, p. 361-363), Popper donne plusieurs arguments indépendants en faveur de cette datation. Il est donc l'un des très rares interprètes à avoir jugé le *Théétète* socratique *sur la base de la digression*, alors que la quasi-totalité des interprètes perçoivent plutôt la digression comme rattachant le *Théétète* à la métaphysique de la *République* (voir *infra*, p. 244). G. De Vries, *Antisthenes Redivivus. Popper's Attack on Plato*, Amsterdam, North Holland, 1952, p. 59-60, qui réfute à bon droit les nombreuses erreurs de Popper, cite le passage de la digression comme disqualifiant toute son entreprise, ce qui me semble excessif.

fondée sur « des critères (…) différents et assez radicaux »[1]. Sur le plan logique, on ne peut le nier, mais Platon s'inscrit également dans des débats idéologiques ou politiques de son époque, où sa position n'est ni plus impartiale que les autres (ce qu'A. Nightingale ne nie pas) ni aussi inédite qu'on pourrait le croire[2], et devait donc apparaître comme une sorte d'hyper-aristocratisme.

Platon utilise bien la notion aristocratique d'« homme libre » non seulement contre le peuple et les orateurs de la démocratie, mais aussi contre les partisans du pouvoir des nobles ou des riches et les intellectuels qui leur sont liés, en faisant de la liberté l'apanage de rares philosophes coupés de la cité. Il opère donc une « double rupture »[3] qui passe par une transposition de la notion oligarchique de liberté et, comme on le verra, de celle de *scholé*[4]. On montrera également que cette stratégie a des enjeux vraisemblablement polémiques : il s'agit de retourner leurs propres valeurs contre tous les prétendants au pouvoir, quelles que soient leurs divergences. Cependant, s'il déplace la distinction aristocratique ou en radicalise les critères d'application, Platon en retient la structure et une bonne partie des conditions et connotations sociales et politiques[5]. La digression ne met pas en scène une sorte de méritocratie purement et simplement fondée sur l'intelligence philosophique et la vertu. Elle est non seulement élitiste, puisqu'elle réserve la liberté à un groupe très restreint

1. A. Nightingale, *Genres*, p. 52 et 58.

2. On trouve par exemple des critiques de la richesse mais aussi de la « bonne naissance » chez des sophistes (Aristote, *De la noblesse* fr. 1 Ross sur Lycophron), des partisans de l'oligarchie comme Critias (E. Caire, *Penser l'oligarchie…*, *op. cit.*, p. 169-170) ou chez Antisthène (Diogène Laërce VI, 1 et 4). On peut même se demander si la « généralisation » platonicienne est aussi inédite que le suggère Andrea Nightingale : voir par exemple Euripide, *Electre* 367-385 sur la critique de tous les « critères habituellement invoqués pour juger de la qualité d'un homme » au profit du seul *éthos* (E. Caire, *Penser l'oligarchie…*, *op. cit.*, p. 147) et *Panégyrique* 49, où Isocrate attribue aux premiers Athéniens l'idée que « l'éducation libérale reçue dès l'enfance » (τοὺς εὐθὺς ἐξ ἀρχῆς ἐλευθέρως τεθραμμένους) se manifeste non dans le courage, les richesses ou les autres dons de la nature ou du hasard, mais dans le talent oratoire, qui est le principal critère de distinction entre le savant et l'ignorant.

3. P. Bourdieu, *Les Règles de l'art*, Paris, Seuil, 1992, p. 114 et 154 à propos de « l'invention de l'esthétique pure » par Baudelaire et Flaubert. Pour ce parallèle, je me permets de renvoyer à T. Bénatouïl, « Empêchement et genèse de l'habitus philosophique chez Platon », dans B. Gaïté et N. Mariot (éd.), *Intellectuels empêchés*, à paraître.

4. Voir la conclusion de la troisième partie, où le philosophe est celui qui « a été réellement élevé dans la liberté et le loisir » (175d8 : ᾧ ὄντι ἐν ἐλευθερίᾳ τε καὶ σχολῇ τεθραμμένου). Le ὄντι (« réellement », « vraiment ») explicite pour ainsi dire la redéfinition de ces valeurs qui a été opérée par tout ce qui précède.

5. Sur cette « transposition » et ses enjeux, voir également *infra*, p. 234-236 et p. 258-260.

d'individus en rupture avec leurs contemporains[1], mais fait également appel chez son lecteur à ses sentiments de mépris social à l'égard des esclaves et « servantes », du peuple, des artisans, des femmes[2] ou des thraces, afin qu'il se détache de toute vie sociale et politique au profit de la philosophie, présentée comme la seule activité sans compromission avec ces groupes sociaux dominés[3].

1. Sur l'élitisme éthique et intellectuel chez Platon, voir C. Bobonich (éd.), *The Cambridge Companion to Ancient Ethics*, Cambridge University Press, 2017, p. 298-318.

2. L'analogie entre philosophes et hommes libres (172d1 : πρὸς ἐλευθέρους) ou la formule « science des hommes libres » (*Sophiste*, 253c7-8 : τὴν τῶν ἐλευθέρων ἐπιστήμην) n'excluent pas explicitement les femmes en grec, puisque ces formes de l'adjectif ἐλεύθερος peuvent être masculines comme féminines et que le terme est appliqué par Platon à des femmes (*Banquet*, 181e6 ou *Lois*, 816e8). Il existait en effet évidemment une distinction entre femmes libres et esclaves (*cf.* Aristote, *Politique* 1260b19). Bien plus, Platon défend dans la *République* la possibilité pour certaines femmes de devenir gardiennes dans la cité juste et donc, si elles ont les capacités intellectuelles requises, philosophes (*République*, VII 540c). Il n'est donc pas du tout exclu qu'une femme acquière la liberté propre aux philosophes pour Platon (L. Mouze, *Chasse à l'homme et faux-semblants dans le* Sophiste *de Platon*, Paris, Garnier, 2020, p. 122), et l'on pourrait même rapprocher le statut imposé aux femmes à Athènes et celui du philosophe, du fait de leur éloignement similaire à l'égard de la vie politique de la cité. Platon décrit cependant le philosophe en transposant plusieurs traits indéniablement masculins (voir note 3 ci-dessous), en particulier le loisir mais aussi l'incompétence domestique (175d7-176a1 cité page suivante), et explicite d'ailleurs parfois le fait que son modèle est masculin (171e5, 176a1 et 176c3, voir *infra*, p. 165). Il mobilise néanmoins surtout des oppositions de classe dans la digression (quand le philosophe est opposé à des femmes, c'est aux *servantes* thraces) ; le masculin est par exemple beaucoup plus manifeste dans le portrait du philosophe du *Phédon* (D. Ebrey, « The Asceticism of the *Phaedo* : Pleasure, Purification and the Soul's Proper Activity », *Archiv für Geschichte der Philosophie* 99 (1), 2017, p. 8, n. 19), peut-être à cause de sa dimension ascétique.

3. La spécificité de la digression apparaîtrait sans doute plus clairement sur ce point si on la comparait aux « transpositions » cyniques ou stoïciennes des catégories de liberté et d'esclavage, qui s'écartent beaucoup plus nettement que Platon des présupposés sociaux de ces catégories. Si, comme l'a noté F. Cornford, *Theory*, p. 88, la digression peut être rapprochée du cynisme du fait qu'elle nie la valeur de la naissance ou de la richesse et si elle montre que tout homme a des esclaves et des rois parmi ses ancêtres (174e-175a), elle n'en tire pas la conséquence que les hommes sont naturellement égaux (c'est le reproche de Popper), comme le feront les stoïciens, et ne nie pas non plus que l'esclavage, le travail manuel ou l'appartenance au peuple empêchent d'être libre, juste et philosophe. Elle maintient ainsi une partie des préjugés sociaux constitutifs des notions oligarchiques qu'elle transpose, comme l'a bien souligné Ruby Blondell, *Play*, p. 297. Voir aussi R. Kamtekar, « Distinction without a Difference ? Race and *Genos* in Plato », *in* J. K. Ward and T. L. Lott (eds), *Philosophers On Race. Critical Essays*, London, Blackwell, 2002, p. 1-13 sur l'articulation entre élitisme intellectuel et différences sociales chez Platon. Julia Annas, « Plato's *Republic* and Feminism », *Philosophy* 51 (197), 1976, p. 307-321 a mis en lumière, à propos de la thèse platonicienne que les femmes peuvent être philosophes, des limites similaires (par comparaison avec le féminisme contemporain, mais on pourrait retrouver

Lorsqu'il conclut la troisième partie, Socrate prend d'ailleurs soin de ne pas donner du philosophe une description purement intellectuelle ou morale (175d7-176a2) :

> Voici donc, Théodore, le style (τρόπος) de chacun d'entre eux. L'un appartient à qui a été vraiment élevé dans la liberté et le loisir, [celui] que tu appelles « philosophe » et qui n'a pas à être blâmé pour sa réputation de simplicité et pour sa nullité à chaque fois que lui tombe dessus une tâche servile (εἰς δουλικὰ), [c'est] le type [d'homme] qui ne sait pas préparer un sac de lit ni assaisonner un plat ou des discours flatteurs. Quant à l'autre style, il appartient à qui peut s'acquitter de toutes les tâches de ce genre promptement et efficacement, mais ne sait pas rejeter, en homme libre, son manteau avec élégance sur son épaule (ἀναβάλλεσθαι δὲ οὐκ ἐπισταμένου ἐπιδέξια ἐλευθερίως) et encore moins trouver les mots justes pour chanter comme il faut la vie des dieux et des hommes heureux.

On peut repérer dans certaines de ces remarques une allusion à la théorie de l'éducation de la *République* [1], mais il n'en reste pas moins que ce passage considéré en totalité définit le philosophe par des dispositions irréductiblement sociales, par un véritable *habitus* [2] qui le distingue de manière visible de toute servilité et vulgarité. Ses discours sont « justes » d'un point de vue moral mais aussi musical, ce qui signifie qu'il connaît, partage et sait exprimer comme il convient les valeurs de l'élite dont il fait partie. Sa conduite quotidienne n'est entachée d'aucun souci utilitaire, d'aucune soumission à autrui. Son corps, sa tenue et jusqu'à ses gestes expriment sa liberté par leur élégance [3].

Emidio Spinelli estime que le manteau pourrait constituer un signe d'appartenance à la communauté philosophique et renvoie à une femme membre de l'Académie qui portait des vêtements d'homme [4]. L'expression de la digression est toutefois beaucoup plus précise, et

une partie de ses limites par comparaison avec certaines formes antiques de critique de la distinction homme/femme).

1. Sur l'hymne du philosophe, voir D. Sedley, *Midwife*, p. 74 qui effectue un rapprochement avec *République*, X 607a3-5 (on pourrait également penser à *Phédon*, 61e et *Lois*, III 689d-e sur le lien entre musique/harmonie et raison/philosophie).

2. Le terme, pris dans le sens que lui a donné Pierre Bourdieu, pourrait presque traduire τρόπος en 175d7, que j'ai traduit par « style » et que Michel Narcy rend très bien par « allure ».

3. ἐπιδέξια traduit par « sur l'épaule droite » par M. Narcy peut également signifier « avec élégance ». Voir la traduction de Victor Cousin : « porter son manteau avec grâce et en homme libre ».

4. Diogène Laërce III, 46 et E. Spinelli, « Socratismo, platonismo e arte della vita », art. cit., p. 210.

l'interprétation sociale est confirmée par Athénée, qui cite notre passage et plusieurs autres pour montrer l'importance de « ramener son vêtement avec élégance »[1]. Quant à la connotation politique de ce geste, c'est Aristophane qui en témoigne, par exemple dans les *Guêpes*, une pièce qui date de 422[2]. Philocléon est un homme qui passe sa vie dans les tribunaux et ne subsiste pauvrement que grâce à son indemnité de juré, alors que son fils Bdélycléon méprise les excès de la démocratie et tente d'y arracher son père, qu'il commence par enfermer dans sa maison puis tente de convaincre de sa servitude à l'égard des démagogues (v. 650-735). Aristophane se livre ainsi à une critique de la démocratie judiciaire de Cléon au nom de l'ancienne grandeur d'Athènes, mais il se moque ensuite également de ceux qui, comme Bdélycléon, se targuent par réaction de ne fréquenter que la bonne société et d'en connaître tous les raffinements, que le fils tente de faire adopter à son père (v. 1131-1134, trad. H. Van Daele modifiée) :

> P : Que veux-tu donc que je fasse ?
> B : Ôte ton manteau usé, prends le vêtement de laine que voici et jette-le sur tes épaules, en homme qui sait en user (τὸν τρίβων' ἄφες, τηνδὶ δὲ χλαῖναν ἀναβαλοῦ τριβωνικῶς).
> P : Faites donc des enfants et élevez-les ! Celui-là veut m'étouffer à présent.

Aristophane parodie manifestement les manières et discours d'aristocrates ou de nouveaux riches qui se prétendent élégants[3]. Un parallèle encore plus saisissant avec la conclusion de la troisième partie de la digression se trouve dans les *Oiseaux* (1564-1571, trad. H. Van Daele) :

> Posidon : La place de Coucou-les-Nuées est ici sous nos yeux, but de notre ambassade. (*Au Triballe*) Eh ! Toi, que fais-tu ? C'est ainsi que tu te

1. Athénée, *Deipnosophistes* I, 38, 21b : τοῦ κοσμίως ἀναλαμβάνειν τὴν ἐσθῆτα. Parmi les citations réunies par Athénée à ce sujet, voir en particulier celle du poète comique Alexis (I, 38, 21d) qui « n'estime digne d'aucun homme libre (τῶν ἀνελευθέρων) le fait de marcher dans la rue sans grâce (τὸ βαδίζειν ἀρρύθμως ἐν ταῖς ὁδοῖς) ».

2. L. B. Carter, *The Quiet Athenian* (désormais *Athenian*) Oxford, Clarendon Press, 1986, p. 63-65 utilise déjà la pièce d'Aristophane pour confirmer son analyse du *Charmide*, dans lequel il repère de nombreux parallèles avec la description d'Hippolyte par Euripide et où il voit donc une représentation historiquement assez fidèle (le dialogue est situé par Platon en 432) de ces jeunes riches et nobles, hostiles à la démocratie et favorables à Sparte, se réunissant dans les gymnases.

3. Bdélycléon contraint ensuite son père à porter des chaussures « laconiennes », que Philocléon refuse comme provenant de « l'ennemi » d'Athènes (v. 1157-1165).

drapes à gauche ? Veux-tu bien ramener ton manteau ainsi, du côté droit ? (οὐ μεταβαλεῖς θοἰμάτιον ὧδ᾽ ἐπιδέξια;) Quoi, malheureux ? Es-tu fait comme Lespodias ? — O démocratie, où nous conduiras-tu, si tel est celui qu'ont élu les dieux !

Il faut supposer que ces signes de reconnaissance sociale étaient encore utilisés un demi-siècle plus tard lorsque Platon écrivait le *Théétète* et qu'ils étaient perçus comme caractéristiques d'une époque révolue [1] et plus précisément de la noblesse ancienne et de ses vertus, puisque Platon n'hésite pas à les reprendre à son compte pour décrire le philosophe et persuader son lecteur de sa supériorité [2].

TRANQUILLITÉ ET « LOISIR » DANS LES DÉBATS ATHÉNIENS DES V-IV e SIÈCLES

Au sein de cette opposition entre esclaves et hommes libres, la catégorie de σχολή joue, on l'a dit, un rôle important [3] et constitue même le point de départ de la digression. Elle doit également être replacée dans le contexte des débats politiques et culturels athéniens. Dans *The Quiet*

1. Dans le discours *Sur l'ambassade* 251, écrit en 343 (4 ans après la mort de Platon), Démosthène critique Eschine, qui, pour blâmer l'impétuosité de son rival Timocratès, « avait dit qu'une statue de Solon, avec la main dans son manteau rejeté en arrière (εἴσω τὴν χεῖρ᾽ ἔχοντ᾽ ἀναβεβλημένον), avait été érigée comme exemple de la modération des orateurs populaires de l'époque (τῆς τῶν τότε δημηγορούντων σωφροσύνης) » ; Eschine avait ensuite adopté la même attitude devant le jury. Démosthène répond que la statue n'a pas plus de cinquante ans, si bien que ni le sculpteur ni même son grand-père ne pouvaient avoir vécu à l'époque de Solon. En attribuant à son philosophe une attitude du même genre ou en citant Pindare à propos de ses recherches (173e4-6), Platon veut certainement le *et se* représenter comme l'héritier de la noblesse et des vertus anciennes, à l'instar d'Eschine. Pour un autre exemple indéniable mais nettement postérieur, voir Théophraste, *Caractères* XXVI, 4 (écrits environ trente ans après la mort de Platon) où le fait de sortir à midi τὸ ἱμάτιον ἀναβεβλημένος est cité comme un trait caractéristique de l'ὀλιγαρχικός.

2. Sur l'idéalisation des valeurs et vertus aristocratiques traditionnelles par Platon, voir plus généralement E. Wood et N. Wood, *Class ideology and Ancient Political Theory : Socrates, Plato and Aristotle in Social Context*, Oxford, Blackwell, 1978, p. 154-160, qui insistent à juste titre sur l'importance des manières (*manners*) et de la *forme* dans ces valeurs et dans les descriptions platoniciennes des vertus dans la *République.* R. Muller, *Doctrine*, p. 158 et 195 tient à bon droit à donner un sens fort – morale, psychique et intellectuel – aux mentions platoniciennes laudatives de la liberté, mais concède à propos de *Théétète*, 175e une « certaine emphase » ou parle de « métaphores exploitant les connotations positives liées au statut du citoyen libre ». Il s'agit sans doute d'images, mais elles ne sont pas limitées à la digression et Platon les éviterait si elles n'avaient pas au moins une affinité avec la conception qu'il se fait de la liberté strictement philosophique et une pertinence rhétorique.

3. Il existait un proverbe « Pas de loisir pour les esclaves » (Οὐ σχολὴ δούλοις cité par Aristote, *Politique* VII 15, 1334a21).

Athenian, L. B Carter a montré que la fin du ve siècle à Athènes est marquée par une critique nourrie du fonctionnement de la démocratie, en particulier des tribunaux, et par un repli de certains citoyens riches ou nobles sur des activités privées au nom de la « tranquillité » (ἡσῦχία, ἀπραγμοσύνη), opposée à l'affairement démocratique[1]. Paul Demont a nuancé cette analyse : en montrant que l'idéal de tranquillité apparaît en Grèce dès l'époque archaïque, avec Homère, Hésiode et surtout Pindare, et en analysant de près les positions des différents auteurs qui témoignent de l'existence de ces débats athéniens (Euripide, Thucydide, Xénophon, Platon), il a souligné que la critique de l'affairement politique au nom de la tranquillité n'était pas seulement une réaction idéologique des adversaires de la démocratie contre leur marginalisation politique[2], mais aussi une critique interne des excès de la démocratie, en particulier des sycophantes, mobilisée par des citoyens très divers, riches comme pauvres[3].

Bien des aspects de l'opposition entre philosophes et tribunaux dans la digression rappellent des textes antérieurs cités et analysés par L. B. Carter et P. Demont. Donnons-en deux exemples parmi les plus connus. Dans son *Hippolyte* représenté en 428[4], Euripide met en scène le fils de Thésée comme un jeune noble qui vit à l'écart de la vie publique, est accusé d'être arrogant, du fait de sa prétendue « sagesse », et d'ourdir des complots (948-957). Il se justifie ainsi (986-991 et 1013-1020, trad. P. Demont) :

> Pour moi, je sais mal me défendre devant la foule : avec des gens de mon âge et peu nombreux, je serais plus habile. C'est normal : ceux qui sont médiocres au milieu des savants savent bien parler à la foule (…). Diras-tu que la royauté est douce? Pour les sages, vraiment, pas le moins du monde (…). Pour ma part, je voudrais gagner aux jeux panhelléniques

1. Comme le souligne L. B. Carter, *Athenian*, par ex. p. 49, l'affairement démocratique prend deux formes. L'impérialisme athénien, d'une part, est critiqué au nom d'une politique de paix avec Sparte, considérée comme une cité « tranquille » (voir Thucydide I 69-71). Le fonctionnement des institutions démocratiques, d'autre part, en particulier des tribunaux, est critiqué au nom d'une vie privée, « tranquille ».

2. Pour cette analyse, voir E. Wood et N. Wood, *Class ideology and Ancient Political Theory…*, *op. cit.*, p. 95-97 et 120-121, qui s'appuient sur W. Connor *The New Politician of Fifth-Century Athens*, Princeton, Princeton University Press, 1971, p. 175-198.

3. Sur ce dernier point, voir en particulier P. Demont, *Cité*, p. 89-113.

4. Voir L. B. Carter, *Athenian*, p. 52-56 et P. Demont, *Cité*, p. 152-155 qui étudie aussi les autres pièces et l'évolution d'Euripide à propos de la tranquillité.

> mais dans la cité, j'accepterais volontiers, au second rang, d'être heureux sans fin avec l'amitié des meilleurs.

On retrouve dans la digression ce décalage entre sagesse marginale, reconnue au sein d'un petit groupe, et incompétence sociale (politique et domestique), ainsi que le mépris du pouvoir qui passe pour de l'arrogance aux yeux de la foule (175b5-6)[1].

Dans les *Nuées* d'Aristophane[2], représentées en 423, qui ridiculisent et accusent Socrate, le *logos* fort vante avec nostalgie au jeune Phidippide « l'ancienne éducation » (961) et souligne comment elle mettait « la justice et la tempérance à l'honneur » (962), puis décrit la vie en accord avec ses prescriptions (1002-1007, trad. V. Coulon) :

> Toujours est-il que brillant et frais comme une fleur, tu passeras ton temps dans les gymnases, au lieu de débiter sur l'Agora des bavardages épineux sans queue ni tête (ἐν γυμνασίοις διατρίψεις, οὐ στωμύλλων κατὰ τὴν ἀγορὰν τριβολεκτράπελ'), comme on fait aujourd'hui, ou de te démener à propos d'une petite affaire toute de chicane, contestation, rouerie. Tu descendras à l'Académie où, sous les oliviers sacrés, tu prendras ta course, couronné de léger roseau avec un ami de ton âge, fleurant le smilax, l'insouciance (ἀπραγμοσύνης) et le peuplier blanc qui perd ses chatons…

On a déjà noté (p. 95) l'ironie de cet écho entre les *Nuées* et la digression, comme si Platon et Aristophane convergeaient dans leurs jugements à propos de l'*agora* et des tribunaux, ainsi que dans leurs éloges du temps passé librement entre amis dans les gymnases.

Ces parallèles ne sont bien sûr pas spécifiques à la digression. Dans l'*Apologie*, Socrate se défend à la manière des citoyens « tranquilles » en proclamant son inexpérience des tribunaux et de la politique[3]. On les retrouve surtout dans le *Gorgias*, où l'opposition entre Socrate et Calliclès est explicitement construite par Platon à partir de l'*Antiope* d'Euripide et de l'opposition entre Amphion, qui consacre sa vie à la musique, et son frère Zéthos, qui lui reproche son oisiveté (485e)[4]. Ce qui distingue la digression de ces dialogues, c'est d'abord l'importance qu'y revêt la

1. Autre point commun : la piété. Hippolyte est entièrement dévoué à Artémis. Voir aussi les parallèles entre l'*Ion*, cité page suivante, et la digression.

2. Voir L. B. Carter, *Athenian*, *op. cit.*, p. 46, 122, P. Demont, *Cité*, p. 134-135.

3. Voir *infra*, p. 56 et p. 137-138.

4. Voir P. Demont, *Cité*, p. 168-174, A. Nightingale, *Genres*, p. 67-92. H. Tarrant, « The Dramatic Background of the Arguments with Callicles, Euripides'*Antiope*, and an Athenian Anti-Intellectual Argument », *Antichthon* 42, 2008, p. 20-39 examine les liens de ces oppositions avec le débat athénien autour des intellectuels.

notion de σχολή, mise sur le même plan que la « liberté » (175d8-e1) dans la description conclusive de « l'allure » du philosophe citée plus haut.

Le terme σχολή change progressivement de sens à la fin du cinquième et surtout au début du IVe siècle [1]. Au début du Ve siècle, le terme désigne un temps inoccupé [2], donc plutôt inutile et perdu [3], de telle sorte qu'il a souvent une connotation négative. Le premier emploi entièrement positif du terme se trouve dans l'*Ion* d'Euripide, qui pourrait dater de 418. Ion, élevé dans le sanctuaire de Delphes et dévoué au service du dieu, refuse une vie consacrée au pouvoir à Athènes, arguant du fait qu'il jouit à Delphes de plusieurs « biens » (v. 632-644, trad. P. Demont) :

> d'abord, ce que l'homme aime le mieux, le loisir (τὴν φιλτάτην μὲν πρῶτον ἀνθρώποις σχολὴν), et peu de tracas – aucun vilain ne me faisait sortir de ma route ; cela, c'est insupportable, de laisser le passage à ses inférieurs. Enfin, ce qu'il faut souhaiter pour les hommes, même si elle leur advient malgré eux, la justice, la loi du temple et mon naturel me la procuraient au service du dieu.

On trouve déjà dans ce passage l'association caractéristique de la digression entre loisir, distinction aristocratique, justice et piété [4]. Si σχολή se rapproche au IVe siècle d'ἡσυχία pour caractériser la vie tranquille, le terme a cependant une connotation sociale plus forte : « par rapport aux idéaux de tranquillité qui sont fort répandus dans Athènes, comme on l'a vu, une telle idéalisation du loisir est largement le propre d'une classe sociale, celle qui a les moyens de la σχολή, de ne rien faire des "travaux nécessaires" » [5]. En outre, comme on l'a vu avec les analyses de K. Raaflaub, le loisir figure en bonne place parmi les conditions de la véritable liberté telle qu'elle est comprise par les critiques de la démocratie.

1. P. Demont, *Cité*, p. 28-29, 167 ainsi que L. B. Carter, *Athenian*, p. 42-46.

2. Voir Eschyle, *Prométhée enchaîné* 818, où Prométhée dit à Io qu'elle peut venir l'interroger à nouveau puisque « j'ai plus de temps libre que je n'en souhaite » (σχολὴ δὲ πλείων ἢ θέλω πάρεστί μοι).

3. Voir par exemple Eschyle, *Agamemnon* 1055 et 1059, où Clytemnestre dit qu'elle n'a pas de temps à perdre à l'extérieur avec Cassandre (οὔτοι θυραίᾳ τῇδ' ἐμοὶ σχολὴ πάρα τρίβειν) et qu'il ne faut pas prendre du retard (μὴ σχολὴν τίθει). Pris au datif adverbial (σχολῇ), le terme signifie « en prenant son temps » donc « lentement » (par exemple Sophocle, *Antigone* 390 ou Thucydide III 78, 3).

4. *Cf.* A.-J. Festugière, *Contemplation*, p. 460 : « Sur un autre plan, avec plus d'expérience, une pensée plus mûre, le sage du *Théétète* est le frère d'Ion et d'Hippolyte. Euripide se montre ainsi un précurseur ». Il vaudrait mieux dire que Platon utilise ou « transpose » une tradition politique et littéraire préexistante pour décrire son philosophe.

5. P. Demont, *Cité*, p. 280. Sur cette idéologie du loisir, voir aussi P. Veyne, « Critique d'une systématisation : les *Lois* de Platon et la réalité », *Annales ESC* 37 (5-6), 1982, p. 883-908, qui estime qu'elle est entièrement partagée et reprise par Platon dans les *Lois*.

Seul celui qui dispose de ce loisir peut dès sa jeunesse éviter les activités pénibles qui déforment l'esprit et le corps, se cultiver et s'éduquer pour finalement se consacrer pleinement et de manière compétente à la gestion des affaires politiques. Voici par exemple ce que Xénophon fait dire à Socrate dans l'*Economique* (IV 3, je traduis) :

> Bien plus, les arts dits vulgaires (αἱ βαναυσικαὶ καλούμεναι) privent de tout temps libre (ἀσχολίας δὲ μάλιστα ἔχουσι) pour s'occuper de ses relations et de la cité, si bien que leurs adeptes ont la réputation d'être de mauvais amis et de piètres défenseurs de leur patrie. Et dans certaines cités, particulièrement dans celles réputées pour leur qualité au combat, il n'est autorisé à aucun des citoyens de pratiquer les arts vulgaires

L'occupation de certaines professions est incompatible avec l'activité publique, à la fois parce qu'elles déforment le corps et l'esprit [1] et parce qu'elles privent du temps libre indispensable pour participer activement à la vie de la cité [2]. Socrate présente cela comme une opinion reçue, mais on peut soupçonner qu'il s'agit plutôt de l'opinion des partisans de l'oligarchie, comme le confirme la référence positive à Sparte où l'opinion en question est érigée en loi. Cette opinion exclut en effet de l'activité politique tous les artisans et les commerçants reconnus comme des citoyens de plein droit par la démocratie.

Si les partisans de la démocratie ne partageaient pas le mépris des aristocrates pour le travail, ce dernier n'était pas pour autant valorisé en lui-même [3] : la majorité des citoyens aspiraient sans doute à vivre dans le loisir, comme les aristocrates [4], ne serait-ce que parce que le régime leur

1. Voir *Economique* IV 2. *Cf.* Aristote, *Pol.* VIII 2, 1337b8-21.

2. Euripide, *Suppliantes* 419-425 et Aristote, *Pol.* III 5, 1278a9-11 ou VII 9, 1329a1-2.

3. Voir P. Veyne, « Critique d'une systématisation : les *Lois* de Platon et la réalité », art. cit., p. 893 et K. Raaflaub, « Democracy, Oligarchy, and the Concept of the "Free Citizen" in Late Fifth-Century Athens », art. cit., p. 531-532.

4. Sur le fait que la démocratie athénienne se définit surtout à travers des valeurs aristocratiques (par exemple dans les éloges funèbres), si bien qu'il n'existe quasiment pas de « théorie » (démocratique) de la pratique démocratique athénienne (par exemple de la misthophorie), voir les analyses décisives de N. Loraux *L'invention d'Athènes. L'histoire de l'oraison funèbre dans la Grèce classique*, Paris-La Haye, Éditions de l'EHESS-Mouton, 1981, réédition, Paris, Payot, 1993, p. 179-229, qui souligne en particulier (p. 196-197) que Platon avait mis en lumière cette contradiction dans le *Ménéxène* 238d1-5. La digression l'exploite en un sens également. Pour une discussion de l'analyse de N. Loraux, voir J. Ober, *Mass and Elite*, *op. cit.*, p. 289-292. Sur la critique de la démocratie au nom de ses propres principes par Platon, voir aussi M.-L. Desclos, « Platon et la démocratie », *Dioti* 7, 2003, p. 112-120.

demandait de dégager du temps pour participer aux décisions collectives [1]. La démocratie reconnaissait donc la valeur du temps libre mais sans le réserver nécessairement à une élite. À partir de Périclès, elle distribuait même une indemnité, le *misthos*, aux jurés et plus tard aux membres de l'assemblée et à ceux occupant d'autres fonctions politiques [2].

La relativité de la notion de *scholé*

Il ne faut donc pas déduire du premier usage positif de σχολή dans l'*Ion* et de ses échos dans la digression que le terme est nécessairement associé à un retrait de la vie publique au profit du culte ou de la culture [3]. Le texte de Xénophon montre bien que l'on pouvait également présenter comme sans σχολή ceux qui n'avaient pas les ressources et donc le temps de participer à la vie sociale et politique de leur cité [4].

En fait, σχολή est un terme *relatif* et donc indéterminé en lui-même [5], comme le montre d'ailleurs son changement de sens et de valeur. Même au début du ve siècle, le terme peut parfois prendre une connotation positive, quand il désigne un temps libéré d'un mal, par exemple chez Sophocle : « Le misérable connaît-il maintenant un répit dans sa douleur? » (*Œdipe tyran* 1286 : Νῦν δ' ἔσθ' ὁ τλήμων ἔν τινι σχολῇ κακοῦ). Comme le souligne Paul Demont, l'émergence du sens positif de σχολή passe par son emploi avec un génitif pour désigner « le loisir dégagé par exclusion

1. Voir Thucydide II 40, 2 qui reconstitue un discours de Périclès sur le régime politique athénien.

2. Aristote, *Constitution d'Athènes* 27, 3 et 62, 2. L'une des principales mesures de l'oligarchie des Quatre-Cents fut inversement de supprimer les indemnités (sauf pour quelques magistratures élevées) et de « [confier] l'exercice bénévole de l'ensemble de la vie politique aux Athéniens les plus capables par leur personne et leurs biens » (*ibid.* 29, 5, trad. M. Sève). Le *misthos* est critiqué dans le *Gorgias*, 515e4-5 comme ayant rendu les Athéniens lâches, paresseux, bavards et cupides. Voir M. Hansen, *La Démocratie athénienne à l'époque de Demosthène*, *op. cit.*, p. 218-225 et 359-360.

3. Cette erreur est commise par Hannah Arendt dans *Condition de l'homme moderne*, Paris, Calmann-Lévy, 1983, p. 49, n. 3. « Le mot *skholè*, comme le latin *otium*, signifie d'abord exemption d'activité politique et non pas simplement loisir, bien que les deux termes servissent aussi à désigner l'exemption du travail. En tout cas, ils indiquent toujours une condition affranchie des occupations et des soucis ». La seconde phrase est juste mais la précédente doit être inversée : les deux termes signifient d'abord « l'exemption du travail » et ont ensuite aussi (ou : de plus en plus) servi à désigner l'exemption d'activité politique.

4. Voir aussi les textes de Démosthène cités p. 76 ainsi qu'Aristote, *Pol.* II 11, 1273a21-39.

5. Voir V. Anastasiadis, « Idealised σχολή and Disdain for Work : Aspects of Philosophy and Politics in Ancient Democracy », *The Classical* Quarterly 54 (1), 2004, p. 58-79.

de certaines activités au profit d'autres plus importantes et nobles »[1], alors que l'ἀσχολία est un temps occupé par certaines activités nécessaires, qui empêchent de se consacrer à d'autres. Les deux termes changent donc de contenu et même de valeur selon les activités par rapport auxquelles ils se définissent[2].

On peut dégager en sus de son « temps de travail » et de sa « vie de famille », pour employer des expressions totalement anachroniques, du temps libre pour la participation aux affaires publiques, comme l'exigeait de tous la démocratie athénienne ou comme les partisans de l'oligarchie prétendaient être seuls à pouvoir le faire[3] ; mais l'on peut aussi prétendre dégager du temps pour des activités privées, qu'il s'agisse des plaisirs de la table et des arts ou bien de se consacrer à l'éducation et au savoir, et définir alors la σχολή par exclusion des occupations familiales, professionnelles *et politiques*. Telle est bien sûr la stratégie du *Théétète*, mais aussi d'autres intellectuels contemporains et rivaux de Platon, comme Isocrate ou Antisthène. C'est en fuyant tout travail mais aussi toute activité publique, que le philosophe dégage selon eux du loisir pour se livrer aux activités qui lui sont propres. La majorité des usages de σχολή au début du IVe siècle sont de ce type, c'est-à-dire se réfèrent à des activités intellectuelles ou culturelles, si bien que σχολή a fini par désigner seulement le temps consacré à l'éducation, aux arts ou au savoir.

Or cette spécialisation progressive de σχολή, temps disponible neutre et relatif devenu le temps propre aux activités de l'esprit, est observable à l'échelle du corpus platonicien lui-même. L'emploi du terme dans la digression est en fait singulier par rapport aux idéologies oligarchiques du

1. P. Demont, *Cité*, p. 280.

2. Voir par exemple Antiphon, *Discours* VI (*Sur les choreutes*), 12 et 13 (μέν μοι ἀσχολία ἦν παρεῖναι καὶ ἐπιμελεῖσθαι), *Lachès*, 187a2 (ἂν μὴ ὑμῖν σχολὴ ᾖ ὑπὸ τῶν τῆς πόλεως πραγμάτων (…) διὰ τὴν ἐμὴν ἀσχολίαν) et *Ménon*, 94e1-2 (εἰ αὐτὸς μὴ ἐσχόλαζεν διὰ τὴν τῆς πόλεως ἐπιμέλειαν), où sont évoqués des cas de personnes sans σχολή pour éduquer leurs enfants à cause de leurs activités politiques. Or on va voir que, dans l'*Apologie*, 23b, Socrate s'excuse d'être sans σχολή pour s'occuper de sa famille *et de politique*, du fait de la mission philosophique que lui a confiée le dieu, de même qu'il présente les travailleurs manuels comme sans σχολή pour leurs amis *et la cité*, dans le passage de l'*Economique* de Xénophon cité *supra*, p. 133. A partir de ce dernier passage et d'autres, J. Rancière, *Le philosophe et ses pauvres*, *op. cit.*, p. 23, dit bien que « le loisir et son absence opèrent en zigzag ».

3. Un exemple intéressant est Thucydide VIII 72, 1 où les Quatre-Cents se défendent de constituer une oligarchie en affirmant qu'ils réunissent en réalité cinq mille citoyens et que ce chiffre n'a jamais été atteint dans aucune assemblée (avant les Quatre-Cents) « du fait des campagnes militaires et des autres occupations à l'étranger » (διὰ τὰς στρατείας καὶ τὴν ὑπερόριον ἀσχολίαν).

loisir, par rapport aux usages d'intellectuels contemporains de Platon, mais aussi par rapport aux dialogues antérieurs de Platon. Il faut remarquer en effet que, dans la digression, σχολή est employé non pas seulement dans un sens positif et pour désigner des activités intellectuelles, mais dans un sens absolu, sans complément : Platon ne dit pas que l'orateur est trop occupé par les tribunaux pour faire autre chose, alors que le philosophe possède du temps libre pour des activités intellectuelles, mais que celui-ci est dans la σχολή tout court et toujours, et celui-là dans l'ἀσχολία tout court et toujours. Ce ne sont pas seulement deux manières d'occuper son temps libre qui s'opposent, mais deux types de temporalité et de manière de vivre, les unes intrinsèquement libres, les autres intrinsèquement serviles, distinguées par certaines qualités et effets de leurs activités propres. Or ce dualisme strict de la σχολή et de l'ἀσχολία est une spécificité de la digression, comme peut le montrer sa comparaison avec plusieurs autres textes antérieurs de Platon où ces termes apparaissent ensemble et dans un contexte similaire.

SCHOLÉ ET *ASCHOLIA* DANS L'*APOLOGIE DE SOCRATE*

Les interprètes de la digression qui estiment que sa définition de la vie philosophique par la *scholé* ne s'applique pas à Socrate [1] invoquent ce passage de l'*Apologie* :

> Or, en allant de-ci de-là, je poursuis ma recherche et, pour comprendre ce qu'a voulu dire le dieu, je cherche à découvrir si, parmi les gens d'Athènes et parmi les étrangers, il ne s'en trouve pas un qui soit savant. Et chaque fois qu'il me paraît que ce n'est pas le cas, je prête main-forte au dieu en montrant que cet homme n'est pas savant. Et l'absence de loisir qui en résulte explique qu'il ne me reste pas de loisir pour m'occuper sérieusement ni des affaires de la cité ni des miennes ; aussi est-ce dans une extrême pauvreté que je vis, parce que je suis au service du dieu. Qui plus est, c'est spontanément que s'attachent à moi les jeunes gens qui ont le plus de loisir et qui appartiennent aux familles les plus riches, pour le plaisir d'entendre les gens que je suis en train de réfuter, et c'est de leur propre chef que souvent ils se prennent à m'imiter et que, à leur tour, ils essaient d'éprouver d'autres personnes [2].

1. Voir *infra*, p. 44.

2. *Apologie*, 23b4-23c5 (trad. L. Brisson modifiée) : ταῦτ' οὖν ἐγὼ μὲν ἔτι καὶ νῦν περιιὼν ζητῶ καὶ ἐρευνῶ κατὰ τὸν θεὸν καὶ τῶν ἀστῶν καὶ ξένων ἄν τινα οἴωμαι σοφὸν εἶναι· καὶ ἐπειδάν μοι μὴ δοκῇ, τῷ θεῷ βοηθῶν ἐνδείκνυμαι ὅτι οὐκ ἔστι σοφός. καὶ ὑπὸ ταύτης τῆς ἀσχολίας οὔτε τι τῶν τῆς πόλεως πρᾶξαί μοι σχολὴ γέγονεν ἄξιον λόγου οὔτε

Il y a semble-t-il contradiction entre ce texte, où le dévouement de Socrate à la recherche de la sagesse le met en situation d'ἀσχολία, et le début de la digression, qui présente la σχολή comme essentielle à l'activité philosophique. Mais s'agit-il d'une divergence entre les termes employés ou entre les situations décrites ? Si l'on considère la vie de Socrate telle qu'elle est présentée dans ce passage, elle ne s'oppose pas à celle des philosophes de la digression, bien au contraire : Socrate n'a comme eux pas de temps à consacrer à ce dont les autres citoyens se soucient, à savoir leurs affaires personnelles et les affaires politiques. Les jeunes hommes riches qui le suivent ont du « loisir » dans la mesure où leur condition sociale les dispense de subvenir à leurs besoins ou à ceux de leurs proches ; ils peuvent donc consacrer leur temps libre à leur éducation et aux activités qui leur agréent. A l'instar de Théodore dans le *Théétète* (177c3-5), ils s'intéressent à la recherche philosophique comme à un spectacle agréable, un passe-temps qu'il leur arrive même de pratiquer, alors qu'elle est pour Socrate une mission imposée par le dieu, à laquelle il doit sacrifier toutes les autres activités, y compris celles que sa famille et sa cité exigent de lui. Son « absence de loisir » est donc définie par rapport à certaines activités économiques et politiques et résulte du fait qu'il consacre tout son temps à la discussion philosophique.

L'*Apologie* le confirme avec éclat lorsque Socrate, à la fin de son second discours, décrit sa vie d'une manière qui annonce celle des philosophes de la digression et propose que la cité lui donne les moyens de vivre dans le loisir pour pouvoir se consacrer entièrement à la philosophie :

> A quelle peine, à quelle amende ai-je mérité qu'on me condamne pour n'avoir pas su rester tranquille au cours de ma vie, et pour avoir négligé ce dont justement se soucient la plupart des gens, à savoir les affaires, l'administration de leur fortune, les charges politiques et, en général, les magistratures, les coalitions et les factions politiques qui agissent dans la cité[1], pour m'être jugé trop scrupuleux pour pouvoir survivre si je m'engageais dans cette voie ? (…) Mais quel traitement convient à un homme pauvre, qui est votre bienfaiteur, et qui a besoin de loisir (δεομένῳ ἄγειν σχολὴν) pour vous adresser ses recommandations ? Aucun

τῶν οἰκείων, ἀλλ' ἐν πενίᾳ μυρίᾳ εἰμὶ διὰ τὴν τοῦ θεοῦ λατρείαν. Πρὸς δὲ τούτοις οἱ νέοι μοι ἐπακολουθοῦντες – οἷς μάλιστα σχολή ἐστιν, οἱ τῶν πλουσιωτάτων – αὐτόματοι, χαίρουσιν ἀκούοντες ἐξεταζομένων τῶν ἀνθρώπων, καὶ αὐτοὶ πολλάκις ἐμὲ μιμοῦνται, εἶτα ἐπιχειροῦσιν ἄλλους ἐξετάζειν Ce passage est mentionné par R. Rue, « The Philosopher in flight : the Digression in Plato's *Theaetetus* », art. cit., p. 94 en faveur de sa lecture de la digression.

1. Cf. *Théétete*, 172c8-d6 à propos des philosophes.

> traitement, Athéniens, ne sied mieux à un tel homme que d'être nourri dans le prytanée[1].

L'*Apologie* et la digression ne se contredisent donc pas sur le fond et n'autorisent pas à opposer Socrate au « chœur des philosophes » à propos du loisir. La divergence réside uniquement dans la formulation : dans le premier extrait de l'*Apologie*, Platon présente comme sans loisir la vie qu'il dit dépendre du « loisir » dans le second extrait et dans la digression. On retrouve donc le fait que le « loisir » est un terme relatif : je peux dire soit que je n'ai pas de temps pour A à cause de B, soit que je consacre mon temps à B. L'adoption de l'une ou de l'autre formulation dépend de la valeur que j'attribue respectivement à A et B et du fait que je suis contraint ou non dans l'usage de mon temps.

Dans l'*Apologie*, Socrate se défend devant les jurés et raisonne donc en partie du point de vue de leurs valeurs pour défendre sa vie. Comme ils accordent la plus grande importance à l'activité politique et au fait de s'occuper de ses affaires et de sa famille et qu'il a entièrement négligé ces deux domaines (= A), Socrate doit se justifier sous peine de passer pour un oisif. Il invoque pour cela à la fois une exigence supérieure et une contrainte : c'est sa mission divine (= B) qui lui a pris tout son temps (*ascholia* à cause de B). Dans son second discours, Socrate réinterprète cette mission en termes civiques, comme une surveillance et une exhortation morales des citoyens d'Athènes, si bien qu'il peut demander que la cité lui garantisse les moyens et le temps requis pour se consacrer à cette activité (*scholé* pour B). Si on replace l'*Apologie* dans le contexte des débats athéniens sur la tranquillité et les affaires politiques[2], on se rend compte que Socrate défend sa vie philosophique en combinant de manière originale et paradoxale la rhétorique du citoyen « tranquille », proclamant son inexpérience des tribunaux (17d), et celle de l'activisme politique dévoué au bien de la cité[3].

1. *Apologie*, 36b5-c1 et 36d4-7 (trad. L. Brisson). Pour d'autres points de convergence entre l'*Apologie* et la digression, voir *infra*, p. 49 et 55-56.

2. Voir L. B. Carter, *Athenian*, p. 185 et surtout P. Demont, *Cité*, p. 301-303, J. Ober, *Political Dissent*..., *op. cit.*, p. 165-198 et les analyses de P. Demont, « Socrate et l'*apragmosynè* chez Platon » et A. Macé, « Publicité politique et publicité sensible : le paradoxe politique du Socrate platonicien », *Études platoniciennes* 6, 2009, p. 43-54 et 83-103. Je laisse comme précédemment de côté la question de savoir ce qu'il en était du Socrate historique.

3. Voir les parallèles saisissants entre le discours du sycophante dans le *Ploutos* d'Aristophane (v. 901-923, cités et analysés dans P. Demont, *Cité*, p. 101) et celui de Socrate se présentant comme la mouche du coche d'Athènes (*Apologie*, 29b-31a).

SCHOLÉ ET *ASCHOLIA* DES GARDIENS DANS LA *RÉPUBLIQUE*

Figure dans la *République* un passage qui a été rapproché à bon droit de la digression du fait de l'écho précis que l'on y trouve de la fameuse formule de 176b1 sur « l'assimilation à dieu dans la mesure du possible »[1] :

> – Celui-là, en effet, mon cher Adimante, qui garde l'esprit réellement tourné vers les êtres qui sont n'a pas vraiment le loisir d'abaisser le regard vers les affaires des hommes, ni de se remplir d'envie et de malveillance en combattant contre eux. Bien au contraire, en regardant et contemplant ces êtres bien ordonnés et éternellement disposés selon cet ordre, ces êtres qui ne commettent pas davantage l'injustice qu'ils ne la subissent les uns des autres et qui subsistent dans cette harmonie ordonnée selon la raison, [les philosophes] les imitent et cherchent le plus possible à leur ressembler. À moins que tu ne croies qu'il y ait moyen pour quelqu'un qui vit en présence de ce qu'il admire, d'éviter de l'imiter ?
> – C'est impossible, dit-il.
> – C'est ainsi que le philosophe, qui vit en présence de ce qui est divin et harmonieux, devient lui-même divin et harmonieux, autant qu'il est possible à un être humain de l'être[2].

Il est remarquable qu'au début de ce passage, Socrate affirme que le philosophe *n'a pas le loisir* de se consacrer aux affaires des autres hommes, politiques ou judiciaires, du fait de son activité intellectuelle. La thèse est à nouveau sur le fond la même que dans la digression, mais sa formulation est exactement inverse, puisque la σχολή apparaît ici comme un temps qui pourrait être consacré aux affaires politiques mais qui se trouve occupé par une autre activité chez les philosophes. Ce passage est donc similaire au premier extrait de l'*Apologie* et présente le philosophe comme « tranquille », sans doute pour détromper les attentes des lecteurs athéniens. Mais il s'explique surtout par le principe d'organisation de la cité juste de la *République*[3] (II 370b1-370c4, trad. G. Leroux) :

> – (...) la nature nous a différenciés, chacun s'adonnant à une activité différente. N'est-ce pas ton avis ?
> – C'est bien mon avis.

1. T. Mahoney, « Is Assimilation to God in the Theaetetus Purely Otherworldly ? », art. cit., p. 332 ou D. Sedley, *Midwife*, p. 77. Cf. *Timée*, 90b-c et *Lois*, XII 966c-967e.

2. *République*, VI 500b8-500d1 (trad. G. Leroux) : Οὐδὲ γάρ που, ὦ Ἀδείμαντε, σχολὴ τῷ γε ὡς ἀληθῶς πρὸς τοῖς οὖσι τὴν διάνοιαν ἔχοντι κάτω βλέπειν εἰς ἀνθρώπων πραγματείας, καὶ μαχόμενον αὐτοῖς φθόνου τε καὶ δυσμενείας ἐμπίμπλασθαι...

3. Comme le note P. Demont, *Cité*, p. 305-306, quoiqu'il néglige la différence de formulation par rapport au *Théétète*.

– Mais quoi ? Qui exercerait l'activité la mieux réussie, celui qui travaillerait dans plusieurs métiers, ou celui qui n'en exercerait qu'un seul ?
– Celui qui n'en exercerait qu'un seul.
– Mais il est néanmoins aussi évident, je pense, que si quelqu'un laisse passer l'occasion propice de réaliser quelque chose, le travail est gâché.
– C'est clair en effet.
– C'est que, je pense, la chose à faire n'est pas disposée à attendre le loisir de celui qui doit la faire (τὴν τοῦ πράττοντος σχολὴν περιμένειν), mais nécessairement, celui qui fait doit s'appliquer à faire ce qui est à faire, en évitant de le considérer comme une occupation secondaire.
– Nécessairement.
– Le résultat est que des biens seront produits en plus grande quantité, qu'ils seront de meilleure qualité et produits plus facilement, si chacun ne fait qu'une chose selon ses dispositions naturelles et au moment opportun, et qu'il lui soit loisible de ne pas s'occuper des travaux des autres (ὅταν εἷς ἓν κατὰ φύσιν καὶ ἐν καιρῷ, σχολὴν τῶν ἄλλων ἄγων, πράττῃ).

Une fois la spécialisation naturelle des individus admise, il est logique que chacun se consacre le plus possible à son activité naturelle, et il serait donc regrettable de ne pas pouvoir l'exercer dès qu'on en est capable, par exemple parce que l'on serait contraint de subvenir à ses besoins. Cela reviendrait à réduire son activité naturelle à une activité « de loisir », exercée seulement durant son temps libre. Il faut au contraire inverser cette répartition et permettre à chacun de libérer le plus de temps possible par rapport aux autres activités que la sienne, de se créer du loisir pour son activité naturelle[1]. On voit bien ici que le « temps libre » est neutre et défini uniquement par ce dont ou ce pour quoi il est libéré. Il n'est donc pas bon en lui-même : l'absence de loisir du charpentier lui permet de refuser courageusement tout traitement médical trop long et inutile, alors que le riche peut s'y complaire en pure perte (III, 406d-407a). Si les gardiens ont un rapport privilégié au loisir, c'est donc d'un point de vue purement quantitatif (II 374d8-e2, je traduis) :

> Donc, repris-je, plus la fonction des gardiens est importante, plus leur loisir à l'égard des autres fonctions doit être grand (ὅσῳ μέγιστον τὸ τῶν φυλάκων ἔργον, τοσούτῳ σχολῆς τε τῶν ἄλλων πλείστης) et plus importants sont la compétence et le soin qu'elle requiert.

1. Cf. *République*, II 374b9-c2 qui résume le passage cité en reprenant l'expression τῶν ἄλλων σχολὴν ἄγων, « étant libéré des autres [taches] ».

En application du principe de spécialisation, qui vient d'être récapitulé par Socrate, la guerre doit avoir ses spécialistes dans la cité comme les autres activités. Socrate souligne qu'il ne suffit pas de prendre un bouclier et une arme pour être un guerrier, comme pour tout autre instrument. Le raisonnement implicite dans le passage qui vient d'être cité est donc sans doute que plus une tâche est importante pour la cité, plus elle a besoin et mérite d'être correctement accomplie, plus il faut de temps pour former et entraîner les spécialistes de cette tâche, plus ces derniers doivent donc être libérés de toute autre tâche[1]. En témoigne le fait que leur éducation est prise en charge par la cité et programmée avec précision par Socrate, alors que la formation des autres artisans est laissée dans l'ombre, parce qu'elle est moins cruciale mais aussi moins difficile et donc beaucoup plus courte.

En outre, quoique les principales raisons données par Socrate pour retirer toutes possessions (et famille) aux gardiens soit la nécessité qu'ils ne servent que la cité et non eux-mêmes (417a-b, 464b-c) et la suppression de toute dissension ou litige entre eux (464d-465b), il est possible que le temps et la concentration requis par leurs activités propres soit un autre motif. Les artisans n'ont qu'un seul métier, mais certainement plusieurs « tâches » à accomplir chaque jour en sus de leurs activités professionnelles, puisqu'ils ont une famille, une maison, et que la cité ne subvient pas directement à leurs besoins sous la forme d'un salaire et de repas en commun. D'ailleurs, dans le résumé de la situation des gardiens au début du *Timée* (17d-18b7), Socrate explique qu'ils sont spécialisés, comme les autres citoyens, qu'ils reçoivent une éducation particulière et un salaire mais ne possèdent rien, si bien qu'ils dépensent leur salaire en commun puisqu'ils « vivent ensemble, ayant constamment le souci de la vertu et disposant de loisir à l'égard des autres activités (τῶν ἄλλων ἐπιτηδευμάτων ἄγοντας σχολήν) ». Encore plus que les autres citoyens, semble-t-il, les gardiens consacrent leur vie à une seule activité et ont donc plus de temps libéré pour elle de toutes les tâches moins importantes.

Il est donc logique que, comme tous les autres spécialistes de la cité juste, ces gardiens d'élite que sont les philosophes soient présentés dans le passage cité plus haut (500b8) comme consacrant leur temps à l'activité qui leur est propre et n'ayant pas de « loisir » pour les autres[2]. Dans la

1. J. Rancière, *Le philosophe et ses pauvres*, *op. cit.*, p. 29-33 parle du « temps plein de la formation professionnelle » pensé d'abord sur le modèle puis par exclusion de l'artisan.

2. Dans les *Lois*, VII 807c4-9, l'Athénien ira jusqu'à décrire la vie des hommes libres, « consacrée à l'entraînement total du corps et de l'âme à la vertu », comme disposant de « mille fois moins de loisir » que la vie des athlètes, « qui exclut complètement tout loisir ».

digression, la σχολή est au contraire un terme essentiellement positif et absolu, un temps défini par des activités intrinsèquement libres et dont les philosophes ont l'exclusivité et non pas seulement une quantité plus grande du fait de l'importance et de la difficulté de leurs tâches.

CORPS ET *ASCHOLIA* DANS LE *PHÉDON*

De très nombreux parallèles entre la digression et l'*Apologie*, le *Gorgias* et surtout la *République* ont été identifiés par les commentateurs, mais très rares sont ceux qui ont rapproché la digression du début du *Phédon*[1], et en particulier d'un passage où est proposée une analyse de l'absence de loisir. Elle n'est pas menée par Socrate en son nom propre mais constitue une partie substantielle de « l'opinion » des « philosophes authentiques » (τοῖς γνησίως φιλοσόφοις) que Socrate rapporte au début du dialogue (66b3-67b2) et qui porte sur le corps comme obstacle irréductible à la saisie de la vérité (que désirent les philosophes). Le contexte d'énonciation est donc le même que dans la digression : Socrate rapporte les conduites et les convictions des philosophes véritables. Faut-il y voir une prise de distance[2] ? Non, car Socrate a déjà avancé lui-même dans les pages qui précèdent et reproposera les thèses sur le corps comme obstacle à la pensée (65a-c) qu'il va développer à nouveau au nom des « philosophes ». Ces derniers ne font qu'amplifier la position de Socrate, comme dans la deuxième partie de la digression par rapport à la première. Voici ce passage (66b7-66e2, trad. M. Dixsaut très légèrement modifiée) :

> Le corps en effet est pour nous la source de mille affairements (μυρίας ἀσχολίας), car il est nécessaire de le nourrir ; en outre, si des maladies surviennent, elles sont autant d'obstacles dans notre chasse à ce qui est. Désirs, appétits, peurs, simulacres en tout genre, futilités, il nous en remplit si bien que, comme on dit, pour de vrai et pour de bon, à cause de lui, il ne nous sera jamais possible de penser, et sur rien. Prenons les guerres,

Platon radicalise ici la formulation du premier extrait de l'*Apologie* ou de certains passages de la *République* sur les gardiens, afin de récuser toute association entre liberté et oisiveté : voir P. Demont, *Cité*, p. 325-326. Tel n'est manifestement pas son souci dans la digression.

1. U. von Wilamowitz-Moellendorff, *Platon*, *op. cit.*, p. 531 renvoie à *Phédon*, 64-68.

2. S. Peterson, *Socrates and Philosophy in the Dialogues of Plato*, *op. cit.*, p. 182-193. Voir aussi M. Rashed, « Aristophanes and the Socrates of the *Phaedo* », art. cit. pour une lecture beaucoup plus fine, qui soutient que l'ascèse pythagoricienne ne peut être qu'une condition de la philosophie et non sa substance. Comme D. Ebrey, « The Asceticism of the *Phaedo* », art. cit., j'estime que le contexte plaide contre une relativisation de ce passage mais que Platon cherche bien à donner un sens différent à l'ascèse philosophique (voir *infra*, p. 234-235).

> les révolutions, les conflits : rien d'autre ne les suscite que le corps et ses appétits. Car toutes les guerres ont pour origine l'appropriation des richesses. Or ces richesses, c'est le corps qui nous force à les acquérir, c'est son service qui nous rend esclaves (δουλεύοντες). Et c'est encore lui qui fait que nous n'avons jamais de loisir pour la philosophie, à cause de toutes ces affaires (καὶ ἐκ τούτου ἀσχολίαν ἄγομεν φιλοσοφίας πέρι διὰ πάντα ταῦτα). Mais le comble, c'est que même s'il nous laisse enfin du loisir (ἐάν τις ἡμῖν καὶ σχολὴ γένηται ἀπ' αὐτοῦ) et que nous nous mettons à examiner un problème, le voilà qui débarque au milieu de nos recherches ; il est partout, il suscite tumulte et confusion, nous étourdissant (θόρυβον παρέχει καὶ ταραχὴν καὶ ἐκπλήττει) si bien qu'à cause de lui nous sommes incapables de discerner le vrai. Pour nous, réellement, la preuve est faite : si nous devons jamais savoir purement quelque chose, il faut que nous nous séparions de lui et que nous considérions avec l'âme elle-même les choses elles-mêmes.

Comme la digression, ce passage affirme que la philosophie (ou la « chasse à ce qui est » ou « la pensée ») dépend du loisir, mais il y ajoute une explication de l'absence de loisir. D'une part, il rapporte à une cause unique toutes les occupations qui s'imposent à nous et nous privent de loisir. Il s'agit d'une thèse radicale, puisque non seulement les troubles physiques (maladies, craintes, besoins), mais aussi tous les troubles socio-politiques sont présentés comme des effets, directs ou indirects, du seul corps. D'autre part, le passage repère un troisième type d'obstacle au loisir intellectuel. Lorsque nous parvenons à nous émanciper des troubles physiques et sociaux, nous atteignons le « loisir ». Or, même dans ces conditions qui nous permettent de nous adonner à la recherche, le corps est toujours présent et nous empêche d'atteindre le but de la philosophie, la vérité. Il n'y a aucun doute que Platon fait ici référence aux sensations, puisque les effets perturbateurs des autres affections du corps (maladies, besoins, désirs) ont été supposés absents et puisque Socrate a déjà expliqué peu avant (65a-c) que les sens ne nous donnent accès à aucune vérité et sont donc des obstacles à la pensée.

Platon juge donc ici non seulement que le corps est la cause fondamentale de l'absence de loisir, qui consiste en un esclavage à l'égard du corps, mais aussi que le « loisir » ne suffit pas à la philosophie, qui exige de s'émanciper plus radicalement du corps. La suite du passage cité tire les conséquences de cette thèse : nous ne jouirons vraiment de la pensée que lorsque nous serons complètement libérés du corps, c'est-à-dire après notre mort (66e), même si nous pouvons durant notre vie réduire au minimum notre « association » avec « cette chose insensée qu'est le corps » afin d'être « purifiés, jusqu'à ce que le dieu lui-même nous ait déliés » (67a, trad. M. Dixsaut).

Ce passage du *Phédon* semble donc anticiper sur plusieurs points la digression et pouvoir même fournir une clef de lecture très puissante de celle-ci. L'esclavage des orateurs dans la première partie s'expliquerait par leur soumission aux besoins, désirs et craintes du corps, qui est indirectement à l'origine de toutes les disputes et rivalités que traitent les tribunaux. Les philosophes en revanche seraient ceux qui disposent de « loisir » et peuvent se consacrer à la recherche. La deuxième et la troisième partie présenteraient toutefois les meilleurs des philosophes comme ignorant tout de la société et se livrant à la contemplation du ciel, aux mathématiques ou à la résolution de questions abstraites, parce que l'accès à la vérité ne requiert pas seulement le loisir, mais aussi de ne plus faire usage de nos sens, donc de pousser le plus loin possible notre émancipation à l'égard du corps. La digression y fait allusion en notant que « seul le corps [du philosophe] gît dans la cité » pendant que sa « pensée (…) vole avec dédain dans toutes les directions » (173e2-4). En outre, si la quatrième partie souligne que le mal est inévitable dans ce monde, que les dieux en sont entièrement exempts et qu'il nous faut donc fuir d'ici vers là-bas, ce serait parce que le corps est la cause irréductible du mal : la « fuite » évoquée par la digression devrait être comprise dans les termes du *Phédon* comme une « purification » à l'égard du corps préparant notre libération avec la mort et distinguant le philosophe de tous les autres hommes (65a1-3)[1]. L'unité ou la logique des étapes de la digression résiderait ainsi dans l'exigence d'émancipation à l'égard du corps explicitée par le *Phédon*.

SCHOLÉ ET *ASCHOLIA* DANS LA DIGRESSION

Mais pourquoi la digression n'évoque-t-elle pas plus nettement cette exigence, si telle est sa véritable clef? Tout en ayant de nombreux points communs avec ces pages du *Phédon*, comme avec divers passages de la *République*, la digression ne conserve-t-elle pas certaines spécificités ? En mettant le corps plutôt que les affaires de la cité à la racine de l'absence de loisir, le *Phédon* semble faire preuve d'une plus grande radicalité et

1. Voir aussi le parallèle (noté par T. Gomperz, *Les penseurs de la Grèce*, vol. 2, *op. cit.*, p. 581 et D. Babut, « Platon et Protagoras … », art. cit., p. 78, n. 127) entre *Phédon*, 68e2-69b3 et *Théétète*, 176b1-7, où la « véritable vertu » est μετὰ φρονήσεως.

remonter au fondement ultime de l'opposition de la digression. Mais les exemples d'obstacles sociaux au loisir donnés par le *Phédon* sont « les guerres, les révolutions, les conflits » (66c6 : πολέμους καὶ στάσεις καὶ μάχας), à savoir des phénomènes déjà reconnus par tous, y compris les orateurs, comme des maux pour la cité. La digression présente en revanche le fonctionnement normal des institutions politiques, la procédure judiciaire athénienne mais aussi l'exercice efficace du pouvoir par un tyran ou un roi (174d2-e1), comme serviles et sources d'absence de loisir. Elle va donc plus loin que le *Phédon*[1] dans la mesure où elle redéfinit la notion commune de « loisir ».

Le passage du *Phédon* ne *définit* pas le philosophe par son loisir et raisonne avec une conception commune du loisir comme temps délivré des troubles physiques et sociaux, que nous pouvons consacrer à une activité de notre choix. Ce temps est requis pour pratiquer la philosophie, mais il n'existe aucun lien essentiel entre les deux : « si [le corps] nous laisse enfin du loisir et que nous nous mettons à examiner quelque chose »[2], alors nous consacrons notre loisir à la philosophie. Mais nous pourrions consacrer notre loisir à autre chose et, d'ailleurs, le nouvel obstacle à la philosophie que constituent les sens n'est pas présenté comme compromettant notre « loisir » ou comme une source « d'absence de loisir ». La philosophie est juste une manière, particulièrement exigeante et certainement supérieure à toutes les autres, d'occuper notre loisir.

Le *Phédon* raisonne au fond implicitement comme le *Politique* lorsqu'il évoque l'âge de Kronos. Les hommes n'y connaissent ni guerre ni dissension, parce qu'ils sont gouvernés par un dieu et que la nature pourvoit d'elle-même à tous leurs besoins physiques (271e-272a), si bien qu'« ils disposent d'un loisir abondant » (272b8-9 : παρούσης αὐτοῖς οὕτω πολλῆς σχολῆς). Or ils peuvent soit « faire usage » de ce loisir et de leur capacités intellectuelles au profit de la philosophie (272c1 : κατεχρῶντο τούτοις σύμπασιν ἐπὶ φιλοσοφίαν), et être jugés alors comme beaucoup plus heureux que nous (c5), soit boire, manger et se raconter des mythes (272c6-7) et ne pas être réputés plus heureux que nous. La philosophie est

1. On pourrait certes « radicaliser » le propos du *Phédon* en insistant sur la cause qu'il assigne aux troubles sociaux, à savoir l'appropriation des richesses (66c7-8 : τῶν χρημάτων κτῆσιν), et en prenant « conflit » dans un sens très large qui engloberait les tribunaux critiqués dans la digression, au titre de disputes pour s'approprier des biens. Mais le texte du *Phédon* ne peut que suggérer une telle analyse globale de la vie politique (tout comme la digression ne peut que suggérer l'explication générale par le corps du *Phédon*). De surcroît, la digression met également à distance des institutions ou pratiques politiques non conflictuelles, comme les lois, les fêtes (173d3-5) ou la royauté (174d4).

2. 66d3-5 : ἐάν τις ἡμῖν καὶ σχολὴ γένηται ἀπ' αὐτοῦ καὶ τραπώμεθα πρὸς τὸ σκοπεῖν τι.

le meilleur usage du loisir, mais il n'existe pas de lien intrinsèque entre loisir et philosophie.

Or, bien que la digression ne fasse pas du loisir une condition nécessaire *et suffisante* de la philosophie [1], elle n'en établit pas moins dans sa première partie une relation essentielle, directe et positive entre loisir et philosophie, qu'il s'agit maintenant d'examiner à nouveau (172d4-e2) :

> les uns sont en permanence dans ce loisir dont tu as parlé et ils élaborent leurs discours à loisir dans la paix. (...). Les autres, en revanche, s'expriment toujours sans loisir, pressés par l'eau qui coule, et on ne leur laisse pas le temps d'élaborer des discours sur ce qu'ils désirent; au contraire, leur adversaire veille...

Socrate affirme que les philosophes jouissent *en permanence* du loisir, ce qui est en un sens absurde du point de vue de la conception usuelle du loisir comme temps libre. Il faut certainement comprendre que les philosophes parviennent à étendre le loisir à une part très importante de leur vie, à se dispenser de la grande majorité des activités qui s'imposent aux autres hommes [2], ce qui sera confirmé par la deuxième partie de la digression qui les présente comme vivant entièrement à l'écart de la société. Or, devenue quasi-permanente, la *scholé* perd également sa relativité : elle n'est plus un temps défini comme *libéré* de certaines activités au profit d'autres, mais un temps intrinsèquement libre, c'est-à-dire *autonome* et *ouvert*, qui permet de déployer entièrement l'activité qu'on y pratique, en l'occurrence le discours. Ce nouveau sens est bien indiqué par la répétition du terme σχολή dans la première phrase du passage qui vient d'être cité : parce qu'ils jouissent en permanence de temps *libre*, les philosophes peuvent discourir *librement*. A l'inverse, les orateurs sont toujours dans l'absence de loisir du fait même des règles qui définissent leurs discours. L'ἀσχολία n'est plus une question de manque de temps disponible pour une activité (à cause d'autres activités

1. Sur le temps comme condition seulement nécessaire et sur les autres dimensions de la liberté qui définissent ensemble le philosophe, voir *infra*, p. 218-236. En tant que dimension de cette liberté, le loisir dépasse néanmoins, dans la digression, le statut de condition nécessaire (et préalable) de la philosophie et devient le milieu même de sa pratique, au point que l'on peut supposer que le Socrate de la digression n'admettrait pas qu'il existe des non-philosophes qui jouissent d'un loisir authentique (*cf.* 174e1 et 175e1).

2. Comme déjà précisé (p.45-46), il faut se garder de prendre les différents éléments de la description des philosophes au pied de la lettre – en l'occurrence de comprendre que les philosophes ne sont soumis à *aucune* contrainte, comme s'ils n'avaient jamais besoin de dormir, de manger ou de répondre à certaines obligations sociales. La suite de la digression montre bien que le philosophe n'est en réalité pas *toujours* dans le loisir, puisqu'il lui arrive d'être forcé de paraître au tribunal (174b9 *sq.*), sans même parler du fait qu'« il n'est pas possible (...) que les maux disparaissent » (176a5).

qui s'imposent à nous), mais de *nature* du temps disponible. Le temps mesuré, borné, conflictuel et surveillé des orateurs ne permet jamais de discourir *à loisir*.

On comprend dès lors comment Socrate peut à la fois rapprocher et distinguer la situation des philosophes de la sienne et de celle de ses interlocuteurs. La digression maintient en effet une différence de degré entre les trois interlocuteurs et les philosophes. Socrate affirme que Théodore, Théétète et lui-même sont *au moment même où ils parlent* (172d5-6 : ὥσπερ ἡμεῖς νυνὶ) dans la même situation de loisir et de liberté que les philosophes, qui en jouissent *toujours* (ἀεὶ). Il y a là une reconnaissance implicite du fait que le loisir de Socrate et de ses compagnons sera interrompu, mais il n'en est pas moins réel, dès lors que le loisir dont parle Socrate ne consiste pas seulement en une durée longue disponible pour philosopher mais aussi en un temps libre de toute contrainte et contrôle ou programme préétabli.

Pourquoi cette transformation assez radicale de la distinction entre *scholé* et *ascholia* dans la digression, qui est analogue à la radicalisation de la conception oligarchique de la liberté et de l'esclavage mise en évidence précédemment? La meilleure explication réside dans la spécificité du *Théétète* : il s'agit d'un dialogue dialectique ou plutôt maïeutique, dans lequel diverses thèses (et les adversaires de Platon qui les soutiennent) sont réfutées *via* Théétète à partir de leurs prémisses, sans recours *explicite* aux thèses épistémologiques ou métaphysiques propres à Platon dans les dialogues de la même période. Bien que la digression n'ait pas le même statut discursif que le reste du dialogue, elle maintient dans une large mesure cette restriction, en ne rapportant pas la distinction entre philosophes et orateurs-sophistes aux distinctions entre science et opinion, intelligible et sensible ou être et devenir, contrairement au *Gorgias*, au *Phédon*, au *Phèdre*, au *Banquet* et surtout à la *République*, mais à une distinction d'origine socio-politique entre esclavage et liberté-loisir. Si Platon a privilégié cette distinction pour différencier le philosophe dans la digression[1], c'est parce qu'il s'agit d'une distinction qui n'est pas propre à sa philosophie et qui est admise par ses adversaires et rivaux contemporains. Elle pouvait donc lui permettre de les critiquer et de présenter sa position à partir de termes voire de thèses qu'il avait en commun avec eux mais auxquels il prétendait donner un sens plus pur. Bien que la digression ne réfute aucun adversaire ou aucune doctrine en

1. Sur la « différence propre au philosopher » ou la philosophie comme « diffférence » dans les dialogues de Platon, voir l'ensemble de l'analyse de M. Dixsaut, *Naturel*, par exemple p. 227-231 sur le rôle des Formes dans la discrimination du philosophe.

particulier, elle adopte ainsi sur un autre plan la perspective dialectique du reste du dialogue, en définissant le philosophe grâce à une distinction courante *et* en radicalisant cette dernière, dénonçant ainsi de l'intérieur les prétentions à la sagesse de ses adversaires et à la philosophie de ses rivaux comme ridicules, perverses ou superficielles par rapport aux siennes.

Or il n'est pas surprenant que, revêtue de cette fonction maïeutico-polémique cruciale qu'elle n'avait pas dans les autres dialogues, la distinction entre loisir et absence de loisir se durcisse en un dualisme structurellement analogue à ceux qu'elle remplace provisoirement. Alors que dans l'*Apologie*, la distinction peut être entièrement renversée en fonction du point de vue et des valeurs que l'on adopte pour se défendre (celles des jurés, celles de Socrate), elle commence à être orientée en faveur des gardiens-philosophes dans la *République*, où elle conserve néanmoins sa structure relative et symétrique. Celle-ci semble s'atténuer dans le *Phédon*, qui ne remet cependant pas en question le sens établi de *scholé* pour la bonne raison qu'au début de ce dialogue, c'est la distinction entre l'âme et le corps qui porte ou exprime la spécificité du philosophe (et s'en trouve dès lors durcie par rapport à d'autres dialogues). Le fait que l'on ne retrouve pas dans le *Politique* ou les *Lois*, postérieurs au *Théétète*, un sens strict et absolu de *scholé* plaide également en faveur de cette interprétation fondée sur le contexte argumentatif propre au *Théétète*.

UN PHILOSOPHE APOLITIQUE ?

Si l'on accepte cette interprétation, se repose toutefois avec acuité un problème classique concernant la digression. En radicalisant pour des raisons maïeutico-polémiques les notions de liberté et de loisir par rapport à ses propres usages antérieurs (plus proches des usages courants), Platon ne modifie-t-il pas sa conception du philosophe par rapport à ses autres dialogues ? N'abandonne-t-il pas dans la digression la prétention du Socrate du *Gorgias* à être le seul véritable politique d'Athènes (521d) et surtout la thèse des philosophes-rois de la *République* ? Wilamowitz était de cet avis : après l'aventure de Syracuse, Platon aurait perdu l'espoir de voir la philosophie jouer un rôle politique et « été obligé d'admettre que le philosophe doit rester dans son coin retiré de l'Académie »[1].

1. U. von Wilamowitz-Moellendorff, *Platon*, *op. cit.*, p. 532-533. On retrouve cette hypothèse chez Anthony A. Long, « Plato's Apologies and Socrates in the *Theaetetus* », art. cit., p. 132-135. Le second voyage en Sicile date de 367, ce qui supposerait que la bataille de Corinthe où est mort Théétète soit celle de 369 et non celle de 394, à moins que la digression ait été écrite bien après le prologue du dialogue, ce qui n'est pas impossible : voir Platon, *Théétète*, notice, édition et traduction A. Diès, Paris, Les Belles Lettres, 1926, p. 148 et 119-121.

Quels sont les éléments de la digression qui semblent aller dans ce sens? L'affirmation initiale que les philosophes jouissent « en permanence du loisir » (172d4) et la description du maître-philosophe, dans la deuxième partie, comme ignorant tout des institutions, de la vie politique et même de ses voisins dans la cité, où seul réside son corps, le fait qu'il tienne « toutes ces choses pour des broutilles et même pour rien » (173e2-4), la présentation entièrement symétrique de la confrontation entre les orateurs et le philosophe, qui suggère au mieux que l'orateur pourrait exceptionnellement se laisser examiner et se dédire (177b1-7), mais ne fait aucune mention de la compétence du philosophe à intervenir efficacement dans le domaine politique. En résulte l'impression d'une rupture absolue et inédite entre philosophie et politique.

Elle est fausse pour la raison que, dans la *République*, leur articulation n'est très clairement présentée comme possible *que* dans la cité juste. Lorsque la *République* évoque la position du philosophe dans les cités réelles, sa description est très similaire à celle de la digression. À Adimante qui invoque l'étrangeté, la perversité ou l'inutilité des philosophes face à la proposition de Socrate de leur faire exercer le pouvoir (VI, 487c-e), Socrate répond avec l'analogie fameuse du navire et décrit des philosophes relégués à l'écart des affaires de la cité et inutiles (489d). En outre, après avoir rendu les mauvais philosophes responsables de la (fausse) réputation de perversité de la philosophie, Socrate évoque des cas de philosophes véritables ayant vécu dans des cités réelles sans être pervertis, du fait de leur exil, de la maladie ou d'un démon comme celui de Socrate (496c5-e2, trad. G. Leroux) :

> Or ceux qui font partie de ce petit nombre, ceux qui ont goûté la douceur et la félicité d'un tel trésor, ils ont pleinement pris conscience de la folie de la multitude et ils ont vu que personne, pour ainsi dire, ne mène de politique saine, et qu'il n'est point de compagnon de bataille avec qui, en marchant, on puisse porter secours à la justice et assurer son salut. Ils ont vu, au contraire, que comme un homme tombé parmi les fauves, refusant de s'associer à leurs iniquités, mais impuissant à résister seul à la horde en furie, le philosophe va périr sans avoir aucunement rendu service à sa cité et à ses amis, stérile pour lui-même comme pour les autres. Pénétré de ses réflexions sur tout cela, celui-ci demeure tranquille et il ne s'occupera que de ses affaires personnelles, comme un voyageur surpris par la tempête et qui s'abrite derrière un mur pour se protéger des tourbillons de poussière et des rafales de pluie. Voyant de même les autres entièrement imprégnés d'iniquité, il s'estime heureux s'il peut lui-même vivre sa vie d'ici-bas pur d'injustice et d'actions impies et achever sa séparation de cette vie avec une belle espérance dans la sérénité et la paix de l'âme.

Les philosophes de ce passage et ceux de la digression sont presque indiscernables : la mention de la tranquillité (496d6 : ἡσυχία) ressemble à celle du loisir, la vie « d'ici-bas » (496e1 : ἐνθάδε) sans injustice ni impiété à la fameuse définition de l'assimilation à dieu. Ce texte a donc été justement cité par de nombreux commentateurs pour montrer l'accord entre la digression et la *République*[1]. De nombreux autres passages annoncent d'ailleurs également la digression, qui critiquent les tribunaux, leurs effets et leurs adeptes[2], et soulignent l'opposition entre leur fonctionnement et la recherche philosophique[3].

La digression décrit donc l'image et la conduite du philosophe dans une cité réelle, notamment Athènes. C'est pourquoi elle le présente de manière à la fois plus concrète et plus tragique que d'autres dialogues. Ruby Blondell estime que, contrairement à celui de la digression, « les philosophes idéaux de la *République* (…) ne sont pas en principe irreprésentables comme des êtres humains sensés et rationnels »[4], mais c'est oublier que toute la description des philosophes dans la *République* présuppose le cadre complexe et irréaliste de la cité juste. Les philosophes de la digression ne semblent inhumains ou impossibles que parce qu'ils vivent à Athènes au milieu d'autres hommes qui les prennent pour des fous, contrairement aux naturels philosophes de la *République* définis *a priori*, sélectionnés, isolés et élevés par une cité « construite dans les discours » et pour la justice[5].

1. R. Joly, *Le thème philosophique des genres de vie dans l'Antiquité Classique*, *op. cit.*, p. 100, P. Demont, *Cité*, p. 308, J. Annas, *Platonic Ethics, Old and New*, *op. cit.*, p. 55, R. Blondell, *Play*, p. 291 (qui note justement que la plupart des institutions critiquées dans la digression sont abolies pour les gardiens de la cité juste), T. Mahoney, « Is Assimilation to God in the Theaetetus Purely Otherworldly ? », art. cit., p. 331, S. Lavecchia, *Una via che conduce al divino. La "homoiosis theo" nella filosodia di Platone*, Milano, Vita e Pensiero, 2006, p. 133, F. Trabattoni, « Plato : Philosophy, Politics and Knowledge. An Overview », *in* A. Bosch-Veciana, J. Monserrat-Molas (eds.), *Philosophy and Dialogue. Studies on Plato's Dialogues*, *vol. 1*, Barcelona, Barcelonesa d'Edicions – Societat Catalana de Filosofia, 2007, p. 225.

2. Voir *République*, IV 405a-b ou 409c-d.

3. Voir *République*, VI 499a et surtout 500b8-500d1, cité *supra*, p. 139, et par T. Mahoney, « Is Assimilation to God in the Theaetetus Purely Otherworldly ? », art. cit., p. 332 et A. Macé et O. Renaut, « L'univers au service de la cité : l'image publique du philosophe », art. cit., p. 159.

4. R. Blondell, *Play*, p. 290, n. 157 (je traduis).

5. *Cf.* J.-L. Périllié, « Ascèse, contemplation et dialectique définitionnelle dans le portrait du philosophe du *Théétète* », art. cit., p. 140 sur le Socrate politique du *Gorgias*, les philosophes-rois de la *République* et les philosophes de la digression : « Ce sont des paradigmes qui ne se contredisent pas si on admet que le premier modèle est exceptionnel (…), le second est hypothétique (…). Quand au troisième, il correspond au cas le plus répandu ».

Mais peut-on en conclure avec Victor Brochard que Platon témoignerait à ce type de philosophe « touchant et un peu ridicule » seulement « quelques sympathies », mais qu'il ne serait pas « son idéal » car « c'est seulement dans les sociétés dégénérées où nous vivons qu'il y a place pour de pareilles hommes »[1] ? Cette dernière observation est juste et peut être appuyée sur la suite du passage cité précédemment : Socrate y remarque que le philosophe ayant vécu sans injustice dans une cité corrompue n'a pas eu « la chance de bénéficier du régime politique favorable » et a dû de ce fait se tenir à l'écart de la société pour assurer son « salut personnel », alors que, « dans un régime convenable », le fait de contribuer également à celui de sa cité l'aurait grandi (*Rép.* 497a, trad. G. Leroux). Cet idéal maintenu de participation au salut collectif ne remet toutefois pas en question la supériorité du philosophe sur toutes les cités réelles. Le ton de la digression est nettement plus hautain et distant que Brochard ne le suggère : elle décrit une fuite plutôt qu'une mise à l'abri, et ne témoigne d'aucun intérêt pour la cité ni même d'aucun regret de ne pas pouvoir participer aux affaires politiques. Et pour cause, puisque Platon précise dans la *République* que le philosophe qui « se développe par soi-même », contre les valeurs de la cité où il vit, ne doit rien à cette cité[2], et n'est pas même censé proposer ses services à ceux qui n'ont pas compris qu'ils en avaient besoin[3].

La digression affirme cependant également que, non content d'ignorer tout de sa cité, le philosophe ne comprend pas les éloges des rois et des tyrans, qu'il tient pour « tout aussi rustres et incultes, du fait de leur absence de loisir, que les gardiens de troupeaux » (174d2-e1). Comme l'a bien vu

1. *Études de philosophie ancienne et de philosophie moderne*, Paris, Vrin, 1926, p. 218. Brochard poursuit en affirmant que « le vrai sage, selon Platon, prend part à la vie active, il s'intéresse à la chose publique » et conclut que, « l'idéal moral de Platon est l'expression du génie grec à son plus beau moment, avant qu'il eût été déformé par le temps ou les influences étrangères ». On espère avoir montré dans ce chapitre que le prétendu « génie grec » a su par lui-même douter, se diviser et offrir différentes conceptions antagonistes de la sagesse ou de la meilleure vie dès l'époque classique.

2. *République*, VII 520a6-c1 cité par D. Sedley, *Midwife*, p. 68, n. 21 et T. Mahoney, « Is Assimilation to God in the Theaetetus Purely Otherworldly ? », art. cit., p. 332.

3. *République*, VI 489b où, à propos du reproche d'inutilité fait au philosophe, Socrate répond qu'il n'en est en rien responsable et note : « il n'est pas naturel que le pilote prie les matelots de se soumettre à son commandement, ni que les sages aillent aux portes des riches : il s'est trompé le bel esprit qui a dit cela. La vérité est que c'est au malade, riche ou pauvre, d'aller frapper à la porte du médecin et en général à celui qui a besoin d'être dirigé d'aller à la porte de celui qui est capable de diriger » (trad. G. Leroux). Il n'existe donc aucune obligation philanthropique à faire bénéficier autrui des biens que l'on sait pouvoir lui procurer.

Melissa Lane, cette dernière remarque suggère que tout pouvoir politique, et non pas seulement celui des tribunaux, est absolument incompatible avec la philosophie[1] : un philosophe qui gouvernerait, même dans la cité juste, perdrait sa *scholé* et ne serait donc plus philosophe. Melissa Lane sait bien que, dans la cité juste de la *République*, les philosophes doivent être « contraints » à gouverner, parce que la pratique de la dialectique entre eux et la contemplation des êtres véritables les remplissent d'un bonheur tel qu'ils ne désirent rien d'autre et rien moins que redescendre dans la caverne pour exercer le pouvoir (591c-d, 540a-b), mais il lui semble que cette incompatibilité est rendue plus forte par la digression et que le problème est traité et résolu seulement dans le *Politique*.

Il est assurément juste, comme on l'a souligné à partir de ce passage et d'autres, d'affirmer que la *scholé* est dans la digression à la fois plus exigeante et plus étroitement liée à la philosophie que dans les autres dialogues de Platon, si bien que la rupture entre philosophie et activité politique *en tant que telles* s'y trouve confirmée voire renforcée[2]. Pour autant, on peut douter que la remarque de la digression sur les rois et les tyrans vise ou mette en question la thèse des philosophes-rois[3]. Il s'agit en effet d'une réaction du philosophe à des « éloges » de rois ou tyrans réels et donc à coup sûr non-philosophes et même injustes[4] : il les compare à des éloges d'un gardien de troupeaux « jugé heureux à cause de tout le lait qu'il tire de ses bêtes » (174d6), ce qui correspond à la conception du pouvoir qui est celle de Thrasymaque, qui emploie la même analogie avec des gardiens de troupeaux pour la défendre dans le livre I de la *République* (343b-c)[5]. Le philosophe tire implicitement les conséquences de cette

1. « Emplois pour philosophes », art. cit., p. 333.

2. Voir déjà *Apologie*, 31c-33b et *Hippias majeur*, 281b5-d2.

3. On notera que dans le passage cité plus haut (*République*, VI 496c7), Socrate remarque déjà que « personne, pour ainsi dire, ne mène de politique saine » (οὐδὲν ὑγιὲς ὡς ἔπος εἰπεῖν περὶ τὰ τῶν πόλεων πράττει). Même s'il est difficile de déterminer si cette condamnation vise seulement le cadre athénien ou plus largement toutes les cités connues (et donc leurs éventuels rois), elle est déjà extrêmement générale.

4. J'ai déjà noté qu'Erwin Rohde estimait qu'il s'agit d'une allusion à l'*Evagoras* d'Isocrate. On peut également penser, si le *Théétète* ne date pas de 391, à la *Cyropédie* de Xénophon (achevée en 362), dont Aulu-Gelle, *Nuits Attiques* XIV, 3 nous dit qu'elle était dirigée contre la *République*. Diogène Laërce III, 34 remarque d'ailleurs que Platon critique la *Cyropédie* dans les *Lois* (III 694c), et P. Demont, *Cité*, p. 294-295 a bien montré l'importance que Xénophon accorde à la *scholé* du roi Cyrus.

5. A. Barker, « The digression in Plato's *Theaetetus* », art. cit., p. 460. Sur le rapport entre cette comparaison dans le *Théétète* et son usage dans le *Politique*, voir R. Rue, « The Philosopher in flight : the Digression in Plato's *Theaetetus* », art. cit., p. 88 et M. Lane, « "Emplois pour philosophes" : l'art politique et l'Étranger dans le *Politique* ... », art. cit., p. 333.

conception du pouvoir : si le bonheur des tyrans ou des rois résulte de l'exploitation de leurs sujets, alors vos tyrans et vos rois sont aussi rustres, incultes et sans loisir qu'un vulgaire gardien de troupeau [1]. On retrouve la stratégie aristocratique de retournement caractéristique de la digression.

Reste cependant un dernier problème. A l'espoir de Théodore que, « si tu arrives à persuader tout le monde autant que moi, Socrate, la paix sera plus grande et les maux moins nombreux chez les hommes », Socrate objecte qu'« il n'est pas possible que les maux disparaissent (...) ; ainsi, ils hantent par nécessité la nature mortelle et ce lieu qui est le nôtre » (176a2-8). Jusqu'ici, on a fait l'hypothèse qu'il s'agissait d'une critique de l'optimisme politique de Protagoras et de certains philosophes superficiels comme Isocrate ou Antisthène, qui pensent que le philosophe ou le « sage » est capable de faire régner la paix et la vertu dans la cité en persuadant la majorité grâce à ses talents oratoires. Mais Platon pourrait également vouloir rompre ici avec son propre idéalisme politique de la *République*, où il fait dire à Socrate que si pouvoir politique et philosophie n'en viennent pas, d'une manière ou d'une autre, à coïncider, « il n'y aura pas, mon ami Glaucon, de termes aux maux des cités ni, il me semble, à ceux du genre humain » [2]. La proximité dans la formulation et le décalage sur le fond entre les deux déclarations de Socrate signifieraient-ils que la « fuite d'ici-bas » de la digression n'est pas seulement la retraite à l'abri du philosophe vivant dans une cité injuste mais l'abandon et la critique de tout projet politique pour la philosophie [3] ? Le philosophe qui n'a pas la chance de trouver une cité à gouverner ne serait plus un être qui n'est pas allé jusqu'au bout de ce dont il était capable (*Rép.* 497a), puisqu'il semble métaphysiquement impossible de détruire les maux et de faire le bonheur humains [4].

1. De même l'opposition entre la « véritable sagesse et vertu » et les autres « habiletés et sagesses » (176c3-4) n'implique pas que tout pouvoir est vulgaire : Socrate dit seulement que les secondes « deviennent vulgaires dans l'exercice du pouvoir politique » (176c7).

2. 473d5 (trad. G. Leroux) : ...οὐκ ἔστι κακῶν παῦλα, ὦ φίλε Γλαύκων, ταῖς πόλεσι, δοκῶ δ' οὐδὲ τῷ ἀνθρωπίνῳ γένει... repris en 487e1-2 par Glaucon (sans la mention du genre humain) et dans la *Lettre VII*, 337a-b.

3. L. Strauss, *The City and Man*, Richmond, The University Press of Virginia, 1964, p. 127 s'appuie ainsi sur le passage de la digression pour relativiser la thèse des philosophes-rois et l'utopisme apparent de Platon, y compris dans la *République*.

4. A l'opposé de Strauss, J.-F. Pradeau, *Platon, l'imitation de la philosophie*, Paris, Aubier, 2009, p. 126 voit dans ce passage un appel à la transformation du monde humain : « Il est peu probable que Platon veuille ici dénoncer l'irréductible imperfection de l'ordre humain ou plus généralement sensible, mais il cherche plutôt, comme il l'avait fait dans ce mythe [du *Politique*], à indiquer que la réforme de cet ordre est nécessaire, du fait de son imperfection, et qu'elle doit chercher en dehors de lui la cause et le moyen de sa bonté ». Que tel soit le sens *de ce passage* est difficile à admettre, ne serait-ce qu'à cause de l'exhortation

Certains interprètes ont refusé cette lecture en soulignant que la fuite d'ici-bas vers dieu est définie en termes de justice (176b1), qui est la vertu tournée vers autrui pour les Grecs et celle qui conduit les philosophes de la *République* à gouverner, ce qui montrerait que la dimension politique de la philosophie n'est pas oubliée par Socrate : l'assimilation à dieu et la digression elle-même comprendraient un premier moment contemplatif et un second « moment actif de retour vers le monde » pour « poursuivre les valeurs découvertes » lors du premier moment [1]. Cette argumentation ne me semble pas tenable pour deux raisons.

D'une part, la justice était souvent invoquée à Athènes par les hommes « tranquilles » et donc retirés de la vie politique. On a déjà cité l'*Ion* d'Euripide, où le personnage principal revendique la justice et la piété comme principaux bénéfices de sa vie au sein d'un temple (v. 643-644). Un fragment de l'*Antiope* (910 Nauck/Kannicht) décrit également le bonheur de celui qui se consacre à la connaissance de la nature éternelle et affirme qu'il « ne cherche pas à nuire à ses concitoyens ni ne s'élance vers des actions injustes » (trad. J.-V. Looy, C.U.F.). Invoquer la justice n'implique donc en rien une activité politique dans la cité et suggère même plutôt le contraire quand cela a lieu dans le contexte de la critique « tranquille » des tribunaux et des sycophantes définis par leur activisme procédurier et leurs persécutions injustes. D'autre part, cette indépendance entre vie juste et vie civique est confirmée et justifiée par la *République*, dans la mesure où Platon y redéfinit la vertu de justice en termes d'harmonie entre les parties de l'âme sous la direction de la raison, ce qui conduit à disjoindre le fait d'être juste et la pratique effective de telle ou telle action

à « fuir au plus vite d'ici vers là-bas » (176b1) qui suit le constat de l'irréductibilité du mal. Rappelons en effet avec Giorgio Agamben, *L'uso dei corpi*, Vicenza, Neri Pozza Editore, 2014, p. 299-301 que φυγή désigne la fuite ou l'évasion mais aussi l'exil. En tant que troisième volet d'un triptyique ouvert par le *Théétète*, il me semble plus vraisemblable que le *Politique* reprenne le problème posé par la digression pour lui trouver une autre issue, comme le soutient Melissa Lane, « "Emplois pour philosophes" : l'art politique et l'Étranger dans le *Politique* … », art. cit. à propos d'un autre problème. Voir aussi D. El Murr, *Savoir et gouverner. Essai sur la science politique platonicienne*, Paris. Vrin, 2014, p. 179-185 pour les parallèles entre ce passage sur l'irréductibilité du mal et le mythe du *Politique.*

1. T. Mahoney, « Is Assimilation to God in the Theaetetus Purely Otherworldly? », art. cit., p. 327-330, qui conteste le caractère *unwordly* ou *otherwordly* de la digression mis en lumière par Julia Annas, *Platonic Ethics, Old and New*, *op. cit.*. On trouve déjà une interprétation similaire de la « justice » comme politique chez S. Hemmenway, « Philosophical Apology in the *Theaetetus* », art. cit., p. 335 et R. Rue, « The Philosopher in flight : the Digression in Plato's *Theaetetus* », art. cit., p. 90.

altruiste, respectueuse des lois ou civique[1]. Dans le cadre de la cité juste décrite par la *République*, la justice exigera du philosophe de gouverner (540e), mais dans le cadre d'une cité injuste comme celles qui existent, il vivra, on l'a vu, « pur de toute injustice » en se retirant loin de toute la vie civique (496e1), comme Ion et Amphion.

La définition de l'assimilation à dieu par la justice ne permet donc pas d'attribuer une vocation politique *naturelle* ou nécessaire au philosophe de la digression, mais elle n'exclut évidemment pas non plus qu'il gouverne[2]. Après bien des péripéties, les deux héros d'Euripide accèdent au pouvoir dont ils se tenaient éloignés au début de la pièce mais qui leur revient finalement en vertu de leur naissance, et il me semble très improbable que Platon ait exclu la possibilité et la désirabilité d'une telle issue lorsqu'il écrivait la digression[3], et ce pour trois raisons que j'évoquerai pour finir rapidement, dans la mesure où elles sont peu controversées.

D'abord, la métaphysique pessimiste résumée dans la digression, selon laquelle le mal doit exister et ne peut résider chez les dieux si bien qu'il est inévitable ici-bas, n'est pas absente de la *République*[4] et ne permet donc pas d'établir un changement de position de Platon entre la *République* et le *Théétète*. Ensuite, les dialogues postérieurs au *Théétète* ne

1. D. Bradshaw, « The Argument of the Digression in the *Theaetetus* », art. cit., p. 66, D. Sedley, *Midwife*, p. 75-78 et A. Länströmm, « Socrates, the philosopher in the *Theaetetus* digression (172c–177c), and the ideal of *homoiôsis theôi* », art. cit., p. 115-123, qui réfute bien T. Mahoney, « Is Assimilation to God in the Theaetetus Purely Otherworldly? », art. cit. sur ce point.

2. De même, la « liberté » qui caractérise le philosophe l'éloigne indéniablement de la cité démocratique, malgré le sens fortement politique du terme en Grèce, mais elle n'implique évidemment pas pour Platon un refus de toute société : voir *République*, VI 486b6-12 où le naturel ni cupide, ni servile ni lâche du philosophe exclut qu'il soit « asocial » (δυσκοινώνητος) ou « injuste » ou « sauvage ». Platon répond peut-être dans ce passage à des reproches courants contre les intellectuels.

3. Je rejoins donc la position de A.-J. Festugière, *Contemplation*, p. 418-419, P. Demont, *Cité*, p. 308-309, D. Sedley, *Midwife*, p. 68 ou A. Macé et O. Renaut, « L'univers au service de la cité : l'image publique du philosophe », art. cit., même s'il me semble que la digression offre une critique de tout optimisme politique qui prépare les positions du *Politique* au lieu de simplement maintenir (implicitement) celles de la *République*, de même qu'il prépare dans la suite du *Théétète* les positions épistémologiques du *Sophiste*. Sur ces positions du *Politique* et les inflexions qu'elles apportent par rapport à la *République*, voir D. El Murr, *Savoir et gouverner…*, *op. cit.*, en particulier p. 292-297.

4. Voir « l'esquisse de théologie » fournie aux éducateurs de la cité juste (*République*, II 379a5-380c10), qui montre que les dieux sont bons et que le mal vient d'une autre cause. On remarquera qu'en *République*, V 473d5 (cité *supra*, p. 153, note 2), Socrate nuance déjà d'un δοκῶ la possibilité que les maux du genre humain prennent fin grâce à l'identification entre pouvoir et philosophie, alors qu'il est certain en ce qui concerne les maux des cités.

renoncent pas à la thèse de la compétence, de l'utilité et de l'applicabilité (dans certaines circonstances) politiques de la philosophie, même s'ils la modifient. Le *Sophiste*, qui s'ouvre en se référant au *Théétète* puis évoque les philosophes avec une allusion claire à la digression (216c4-8)[1], poursuit en indiquant que les véritables philosophes « revêtent parfois l'aspect d'hommes politiques »[2], ce qui semble exclu par la digression, annonce probablement le *Politique* et confirme donc que la digression ne met pas un terme aux espoirs de Platon de voir la philosophie et la politique se rencontrer.

Mais la digression exclut-elle absolument cette possibilité ou la laisse-t-elle discrètement ouverte? Pourraient plaider pour la seconde hypothèse deux aspects de la troisième partie. D'une part, le philosophe y juge successivement comme ignorants ou incultes tous les prétendants au pouvoir : les orateurs et le peuple, un roi ou un tyran, la richesse et la noblesse de lignage (174d-175b), ce qui ne laisse subsister qu'un seul « titre à gouverner »[2], à savoir le seul valable pour Platon dans le *Gorgias* et la *République* : la connaissance. Or celui-ci ne figure pas seulement en pointillé dans le texte, puisque, lorsque le philosophe interroge à son tour l'orateur, il le détourne de ses litiges judiciaires ou de ses problèmes éthico-politiques pratiques (175c4-6 : « le Grand Roi est-il heureux? »[3]) au profit de questions abstraites et universelles, c'est-à-dire théoriques

1. Cité *supra*, p. 63-64.

2. *Sophiste*, 216d1 (trad. N. Cordero). On notera que Socrate évoque ici une sorte de vie *incognito* des philosophes dans les cités, qui pourrait prendre acte du fait que les hommes ne peuvent pas être persuadés de l'utilité de la philosophie, contrairement à l'espoir de Théodore dans la digression *et* de Socrate en *République*, 499d, mais maintient néanmoins la possibilité de son intervention politique. Sur ce passage et ses prolongements dans le *Politique*, voir M. Lane, « "Emplois pour philosophes" : l'art politique et l'Étranger dans le *Politique* … », art. cit. et D. El Murr, *Savoir et gouverner…*, *op. cit.*, p. 18 et 292-293.

2. Voir *Lois*, III 690a-c où sept « titres à commander et obéir » sont énumérés (parent/enfant, noble/sans lignée, âgé/jeune, maître/esclave, plus fort/plus faible, intelligent/ignorant, le tirage au sort). La digression disqualifie quasiment tous ces titres, explicitement ou indirectement, à l'exception du sixième.

3. M. Lane, « "Emplois pour philosophes" : l'art politique et l'Étranger dans le *Politique* … », art. cit., p. 334 estime que cette question est formulée en *République*, II et constitue même « le fil directeur du corps principal de la *République* » si on tient « roi » pour synonyme de « gouvernant ». Mais « roi » n'est justement pas synonyme de gouvernant et la *République* ne se réduit pas à son « corps principal » : la *République* se réfère à, voire reprend, ce problème éthique socratique pratique ou particulier (comme le note Diès, *ad loc.*, le roi pourrait être ici le Grand Roi, le roi des Perses) mais a) ce n'est pas son point de départ, b) elle généralise le problème à tout roi et à tout pouvoir, c) elle déborde très largement le cadre de ce problème éthico-politique général dans les livres V à X. J'ai indiqué (p. 108) que ce passage (175c5-6) me semble plutôt faire allusion à Isocrate ou Antisthène.

mais qui gardent pour objet des valeurs ou institutions ayant un enjeu politique (par différence avec des questions cosmologiques, théologiques ou épistémologiques qui n'auraient aucune pertinence politique *directe*) : « l'examen de la justice et de l'injustice (...), l'examen de la royauté et du bonheur et de la misère humaine en général » (175c1-2, 5-6). Andrea Nightingale remarque justement à propos de ce passage que le philosophe *ne se désintéresse pas* des affaires pratiques, mais les approche plutôt d'un point de vue impartial et *désintéressé* [1].

Cela ne suffit certes pas pour que le philosophe en vienne à s'occuper de politique, mais un élément crucial figure juste avant la digression [2]. Socrate y déclare solennellement à Théodore-Protagoras que « dans les plus grands dangers, quand, soldats en campagne, ou au cours de maladie, ou sur la mer, ils sont ballottés en tous sens, [tous les hommes] traitent ceux qui, dans chacune de ces situations, ont le commandement, comme ils font vis-à-vis des dieux, s'attendant à ce qu'ils soient leurs sauveurs, alors que ceux-là ne se distinguent par rien d'autre que le savoir (ἤ τῷ εἰδέναι) » (170a9-b1, trad. M. Narcy). Combinée à la digression, cette opinion implique que les philosophes, qui seuls ont ou, du moins, pourraient acquérir la connaissance de la justice, de la royauté ou du bonheur, mériteraient d'être reconnus comme les seuls capables de sauver les cités. Et comme cette opinion est commune à tous les hommes, il suffirait que le peuple perçoive la compétence des philosophes en matière politique pour s'en remettre à eux plutôt qu'aux orateurs [3]. Cette éventualité n'est pas formellement exclue par la digression, en dépit de

1. A. Nightingale, *Genres*, p. 51-52.

2. Je reprends l'argument judicieux de J.-F. Pradeau, *Platon, l'imitation de la philosophie*, *op. cit.*, p. 326.

3. Après avoir défini les philosophes par l'imitation du divin (*République*, VI 500b8 cité plus haut), Socrate précise qu'ils peuvent rendre la cité vertueuse à trois conditions : a) qu'une « nécessité » leur impose d'appliquer « ce qu'ils voient là-bas » à la cité et non pas seulement à leur propre vie, b) que « le peuple perçoive » qui sont vraiment les philosophes (donc « ne s'irrite pas » contre eux), c) qu'ils puissent recevoir une cité et des hommes « purs » et non déjà dotés de mœurs et d'institutions (500d-501a). La digression présuppose qu'aucune de ces conditions n'est remplie, mais la *République* précise que la condition (b) est difficile à remplir parce que le peuple est trompé sur les véritables détenteurs du savoir : voir *République*, VI 499d-500b, où Socrate refuse d'accuser le grand nombre de sa mauvaise opinion des philosophes, affirme qu'on pourrait expliquer à la plupart des hommes ce qu'est la philosophie et les persuader de son utilité, et que les vrais responsables de sa mauvaise réputation sont des non-philosophes querelleurs qui la caricaturent. Sur l'importance de ce point dans le projet politique de la *République*, voir D. El Murr, « Le possible, le réel, le réalisable : en lisant la *République* de Platon », dans J. Benoist (éd.), *Réalismes anciens et nouveaux*, Paris, Vrin, 2018, p. 132-136. Si Platon n'a pas changé d'avis à ce sujet dans la digression, il faudrait prendre soin d'y distinguer les orateurs, qui feraient passer les

son pessimisme, et l'évocation finale du long examen dialectique de l'orateur, qui parvient au bout du compte à le faire renoncer à ses opinions et sa manière de discourir (177b1-7), pourrait représenter une issue très improbable mais possible, et, du même coup, une forme d'intervention du philosophe dans la cité, certes indirecte mais très proche de celle de Socrate, dont Platon n'est pas aussi éloigné qu'on le pense parfois, que ce soit dans ses propres tentatives d'action politique ou dans ses analyses de la compétence politique [1].

philosophes pour ridicules parce qu'ils ne se comportent pas comme eux, et les autres hommes victimes de cette tromperie.

1. Voir F. Trabattoni, « Plato : Philosophy, Politics and Knowledge. An Overview », art. cit., p. 227 et 241 sur le fait que l'intervention politique est toujours pour Platon « a matter of *logoi* » ou « a theoretical matter ».

CHAPITRE IV

UN TOURNANT MÉTAPHYSIQUE ? L'ASSIMILATION À DIEU

Les trois chapitres précédents ont montré comment l'invocation du loisir et de la liberté pour définir le philosophe distingue la digression et s'inscrit dans un contexte politique qu'elle mobilise contre les adversaires et rivaux de Platon. Avant d'examiner comment la digression s'articule à l'ensemble de l'enquête du *Théétète*, il faut se pencher sur sa quatrième et dernière partie, que nous avons jusqu'ici peu abordée alors qu'elle est depuis l'Antiquité considérée comme la plus importante, dans la mesure où elle semble expliciter la dimension métaphysique de la philosophie telle que Platon la conçoit et fournir ainsi la véritable réplique aux positions relativistes voire empiristes examinées dans le *Théétète.* Le fait que la fameuse invocation par Socrate de « l'assimilation à dieu » soit courte, allusive et tardive par rapport aux descriptions du philosophe en termes de liberté et de loisir ne dit rien de leur articulation logique, et il se pourrait très bien que celle-là fonde celles-ci, ce qui justifierait au bout du compte que la majorité des commentateurs les ait négligées. L'idée serait que l'assimilation à dieu et donc le dieu lui-même comme instance échappant à la « nature mortelle » sont le fondement ultime de la vie philosophique. Si l'on admet la lecture proposée jusqu'ici du rôle maïeutico-polémique fondamental du critère de la liberté et du loisir, il n'en resterait pas moins que ce critère de distinction du philosophe pourrait finalement s'avérer n'être qu'une manifestation, une conséquence de l'assimilation à Dieu.

La quatrième partie, aussi brève soit-elle, constituerait dès lors non seulement la culmination mais aussi la véritable « raison d'être » de la digression[2]. Que telle soit la leçon fondamentale de la digression serait confirmé par deux élements contextuels (et donc indépendants de tout rapprochement avec d'autres dialogues invoquant l'assimilation à dieu) :

2. Je dois cette objection cruciale à David Sedley.

d'une part le fait que la fameuse formule sur la fuite comme assimilation à Dieu soit située exactement au milieu du *Théétète*, d'autre part le fait que la digression interrompe un argument contre des protagoréens modérés (qui ne sont relativistes « qu'en matière de justice et d'injustice, de piété et d'impiété », 172b3) et que la réponse à cette position se trouve dans cette partie de la digression avec l'invocation d'un modèle divin fondant une justice et une piété objectives (176b2). On a déjà proposé une autre interprétation de cette localisation de la digression (p. 35-43), mais il nous faut maintenant examiner la fonction exacte de l'assimilation à dieu dans le discours de Socrate et son articulation à la liberté philosophique. Il n'est pas question de minorer l'importance de la dernière partie, mais de comprendre son articulation précise à ce qui la précède, qui a été trop souvent réduit à un préambule alors qu'il est lié, par toutes ses fibres, au reste du *Théétète* et à la pensée de Platon.

L'ESPOIR DE THÉODORE (176A)

Du début à la fin de sa troisième partie, la digression consiste quasiment en un discours continu, puisque Socrate n'est interrompu que par des approbations de Théodore et une demande d'éclaircissement (174a3). La fin de la troisième partie (175e) constitue une sorte d'envolée conclusive qui ne laisse attendre aucune suite. C'est l'espoir de Théodore que Socrate « persuade tout le monde » de ce qu'il a dit et diminue les maux humains (176a2-3) qui suscite la quatrième partie. Si l'on néglige cette intervention, on peut difficilement comprendre la théologie miniature qui suit autrement que comme une sorte de *deus ex machina*. Le fait que Socrate ait conclu juste avant par l'hymne aux dieux et aux hommes bienheureux suggère bien sûr que ce début de la quatrième partie prolonge les précédentes et n'est pas une réponse *ad hoc* à Théodore, mais sa première fonction n'est pas pour autant de fonder ce qui précède, mais de corriger une mauvaise compréhension de l'opposition entre le philosophe et les autres hommes.

Théodore donne une interprétation optimiste de ce qu'a dit Socrate en imaginant (a) que tout le monde pourrait être persuadé comme lui par Socrate et (b) connaître ainsi une paix plus grande et moins de maux. Comme l'a bien vu Daniel Babut[1], la formule de Théodore rappelle la conception protagoréenne de la sagesse comme capacité de « subtituer le bien au mal dans les jugements des individus et dans les lois des cités (*cf.* 166d7-8, 167c2-4 et 6-7) ». Le contresens de Théodore réside

1. D. Babut, « Platon et Protagoras », art. cit., p. 77.

toutefois moins dans ce relativisme implicite que dans l'idée que « tout le monde » pourrait être « persuadé » par ce qu'a dit Socrate, ce qui contredit frontalement le fait que le chœur des philosophes a été distingué par son ridicule aux yeux des orateurs et du peuple. Théodore pourrait cependant imaginer non pas que tous les hommes comprennent les philosophes et leurs discours, mais que les non-philosophes soient convaincus, par des discours non-philosophiques, de se fier aux philosophes [1].

Au lieu d'objecter immédiatement à Théodore qu'il n'a pas saisi le fossé qui sépare philosophes et non-philosophes, Socrate répond à cet espoir par un raisonnement en *modus tollens*, niant la conséquence de l'hypothèse pour annuler cette dernière. Socrate fait comme si Théodore avait dit que le mal pourrait disparaître (ἀπολέσθαι) chez les hommes et montre que cela est impossible au moyen de deux prémisses : 1) « il est nécessaire qu'existe toujours quelque chose de contraire au bien » [2], 2) or « les maux ne peuvent (…) s'établir (ἱδρῦσθαι) chez les dieux », si bien qu'ils « hantent par nécessité la nature mortelle et ce lieu qui est le nôtre » [3]. Il s'agit d'une présentation bien expéditive pour des thèses

1. L'espoir de Théodore ne peut pas être traité comme simplement naïf ou entièrement protagoréen, du fait sa proximité avec certaines formules de la *République* (*supra*, p. 153) sur la contribution possible des philosophes au gouvernement de la cité juste et la reconnaissance de cette utilité par les non-philosophes. Sur la persuasion, voir p. 214.

2. 176a6 : ὑπεναντίον γάρ τι τῷ ἀγαθῷ ἀεὶ εἶναι ἀνάγκη. V. Ilievski, « Traces of the Platonic Theory of Evil in the *Theaetetus* », *Journal of Ancient Philosophy* 11 (1), 2017, p. 68-98 veut voir dans τῷ ἀγαθῷ une référence à la Forme du Bien, mais ses arguments en faveur de cette lecture présupposent que Socrate se situe ici dans le « domaine transcendant » des Formes, comme s'il parlait au philosophe qu'il décrit, alors qu'il s'agit pour lui de répondre à Théodore. Or une référence non-expliquée à la Forme du Bien serait incompréhensible et inutile dans ce contexte. Le contraire de la Forme du Bien n'est pas les maux, si bien que l'expression s'appliquerait selon Ilievski au principe cosmologique opposé au Bien, et l'argument reviendrait ensuite aux maux (αὐτὰ). Mais un tel détour par le principe ultime des maux serait sans pertinence *pour répondre à Théodore* et rendrait l'argument défectueux (puisque la nécessité ne concernerait plus l'existence des maux mais de leur principe) ; ὑπεναντίον γάρ τι τῷ ἀγαθῷ doit donc désigner ce qui fait face et s'oppose à l'ensemble des biens, à savoir l'ensemble des maux. Si l'on se place du point de vue extra-diégétique, on peut certes supposer que, dans ce passage et dans d'autres, Platon fait *également* allusion, pour le lecteur averti, à des thèses métaphysiques présentées dans la *République* voire le *Timée* (quoi que le rapprochement proposé par Ilievski entre Nécessité et principe du Mal ne soit pas convaincant : voir déjà M. Narcy, *Théétète*, n. 273), mais l'important est moins de savoir lesquelles que de comprendre leur articulation avec le point de vue intra-diégétique (comme l'a bien montré D. Sedley). Sur le problème de l'origine du mal dans ce passage et chez Platon, voir W. Guthrie, *A History of Greek Philosophy…*, *op. cit.*, p. 92-100.

3. 176a7-8 : τὴν δὲ θνητὴν φύσιν καὶ τόνδε τὸν τόπον περιπολεῖ ἐξ ἀνάγκης. On peut supposer qu'il est fait référence ici d'abord à la mortalité, mais aussi à d'autres aspects de la condition humaine liés certainement aux corps (cf. *Phédon*, 66b7-66e2 cité p. 142).

apparemment sophistiquées [1]. Qu'en tire Socrate ? « C'est pourquoi il faut s'efforcer de fuir... » (176a8-9 : διὸ καὶ πειρᾶσθαι χρὴ ἐνθένδε ἐκεῖσε φεύγειν ὅτι τάχιστα). Cette idée s'oppose manifestement à l'espoir de Théodore : puisque l'on ne peut faire disparaître les maux du monde des hommes, inutile de chercher à les persuader dans cette intention, mieux vaut fuir ce monde (et les hommes qui s'y complaisent, ce qui confirme la marginalité du philosophe décrite dans les parties précédentes). Socrate définit ensuite cette fuite en termes d'assimilation à dieu, de justice et de piété, puis ajoute : « Mais par ailleurs, mon bon [Théodore], il n'est pas du tout facile de persuader de ceci... » (176b3 : ἀλλὰ γάρ, ὦ ἄριστε, οὐ πάνυ τι ῥᾴδιον πεῖσαι...). Il se réfère donc maintenant à l'hypothèse de Théodore en tant que telle, à l'hypothèse d'une *persuasion* salutaire des hommes. Mais de quoi est-il difficile de les persuader ? Des raisons pour lesquelles on doit fuir le mal et rechercher la vertu, explique Socrate : il ne s'agit pas, comme le veut le peuple, de rechercher la justice pour préserver sa réputation mais pour ressembler à dieu, et toute vertu qui n'a pas cette fin est fausse et sans valeur. Socrate développe alors assez longuement (jusqu'en 176e1) la situation de ces hommes qui se croient « habiles » mais vivent misérablement et sont ainsi punis pour leur injustice [2].

Vient ensuite une question de Théodore sur les punitions que les hommes injustes ne peuvent éviter. Nous examinerons plus loin la réponse de Socrate, que Théodore approuve et qui constitue l'inversion complète de son espoir : on ne peut échapper aux maux que dans le lieu divin (dont il faut se rapprocher maintenant pour le rejoindre après la

1. Plutôt qu'avec le *Timée* ou les *Lois*, auxquels les compare V. Ilievski (« Traces of the Platonic Theory of Evil in the *Theaetetus* », art. cit.), il vaut donc mieux les rapprocher de *République*, II 379a-c, où des thèses très proches s'opposent à l'image que les poètes peignent des dieux et sont fournies à ces mêmes poètes comme cadre théologique par les fondateurs de cité. On peut donc penser qu'elles ne constituent pas (seulement) pour Platon des conclusions philosophiques mais peuvent être mobilisées pour répondre à Théodore. Ceci dit, il y a un décalage entre ce que dit le passage de la *République* (les dieux ne peuvent être causes de nos maux) et ce que dit le *Théétète* (les maux ne peuvent disparaître de chez nous).

2. Pour ce qui est de la réponse à Théodore, Socrate veut probablement dire : « Donc, Théodore, ton espoir de rendre les hommes meilleurs sur la base de discours philosophiques (quels qu'ils soient) est vain, parce que ces discours s'opposent aux opinions en vigueur dans les cités, et que les hommes ne veulent pas comprendre que ces opinions sont fausses et leur nuisent ». Mais Socrate veut peut-être aussi dire plus précisément : « Ne t'avise pas Théodore, de reporter ton espoir d'amélioration de la condition humaine sur la fuite vers dieu que je viens de prescrire pour échapper au mal. Si tu t'imagines qu'on pourra persuader les hommes de s'assimiler à dieu, tu rêves, car les hommes ne recherchent qu'une réputation de justice et ignorent les maux qu'ils subissent de ce fait ».

mort) et on ne peut en persuader les hommes injustes, qui tiendront tout ce que nous pourrons dire sur la valeur divine de la justice en elle-même pour des sornettes. Ayant réduit l'espoir de Théodore à néant[1], Socrate peut désormais proposer une issue conforme à la vérité, en remarquant qu'il existe une voie étroite par laquelle ces hommes injustes peuvent entendre raison : s'ils dialoguent longuement et courageusement de leurs opinions (177b1-7). Il n'est donc pas entièrement exclu de faire changer d'avis un homme injuste, même si cela ne passe pas par la « persuasion » et ne pourra donc concerner que certains pris individuellement.

La quatrième partie de la digression est donc entièrement structurée par le souci de répondre à la mauvaise interprétation par Théodore de l'éloge socratique des philosophes. A une sorte de pédagogie politiquement optimiste, Socrate oppose une éthique théologique pessimiste. Ce faisant, Socrate complète bien sûr aussi le tableau proposée depuis le début de la digression.

QUE CHANGE L'ASSIMILATION À DIEU ? (176B-177B)

Avec l'assimilation à dieu, le différend mis en scène depuis le début par Socrate semble se déplacer. Il n'est plus question des « philosophes » et des « orateurs », mais d'une injonction impersonnelle (« c'est pourquoi il faut s'efforcer... », 176a8 : διὸ καὶ πειρᾶσθαι χρὴ...) d'un côté et du « peuple » (176b4), de « prétendues habiletés ou sagesses » (176c6) et de « celui qui se conduit injustement et parle ou agit de manière impie » (176d1) de l'autre. Le fait que les orateurs aient été caractérisés par leur injustice dès le début de la digression (173a-b), les prétentions des hommes injustes à savoir se protéger dans la cité (176d4-5) et, plus loin, l'association de l'homme injuste avec la rhétorique (177b5) ne laissent pas de doute sur le fait que les orateurs sont les principaux représentants des hommes injustes critiqués dans la quatrième partie, et que « celui d'entre nous qui deviendrait à son tour le plus juste possible » et ainsi ressemblerait à dieu est bien le philosophe[2]. Il semble toutefois que la première personne du pluriel fasse désormais référence à tous les hommes

1. 177b1 : « — C'est certain, Socrate. — Je sais bien mon ami (Οἶδά τοι, ὦ ἑταῖρε) ».

2. 176c1-3 : καὶ οὐκ ἔστιν αὐτῷ (= θεῷ) ὁμοιότερον οὐδὲν ἢ ὃς ἂν ἡμῶν αὖ γένηται ὅτι δικαιότατος. Même si ἡμῶν faisait ici référence au seul « chœur des philosophes », la formulation de l'exigence de fuir ici-bas et la thèse de l'existence d'une seule sagesse (voir *infra*) suffiraient à montrer qu'une généralisation ou, plus précisément, une anonymisation a eu lieu par rapport à ce qui précède : le philosophe n'est plus un type d'homme singulier qui se distingue par ses qualités exceptionnelles, il est devenu le meilleur des hommes possible.

(176a2-3) plutôt qu'au seul « chœur des philosophes ». Sur ce point, l'universalisation constitutive de l'espoir de Théodore n'est pas battue en brêche, même si elle est vidée de tout optimisme.

En effet, en y répondant à partir d'un argument logico-ontologique plutôt qu'éthique ou simplement pratique, Socrate inscrit les maux dans la nature mortelle elle-même et en déduit l'issue de la fuite, si bien que celle-ci s'impose *a priori* à tout homme (puisque tout homme souhaite atteindre le bien et éviter les maux). Il explique certes ensuite pourquoi très rares sont les hommes qui peuvent *effectivement* reconnaître cette exigence et s'efforcer de la suivre, mais cela ne remet pas en question l'étape antérieure, qui a transformé les exigences intellectuelles atypiques du philosophe en seule voie possible de l'accomplissement de la nature humaine. Socrate généralise donc la défense des philosophes contre les orateurs, et semble s'engager dans la voie même qu'il a décrite comme caractéristique des philosophes dans leur éloge, celle de la définition du bonheur humain en général (175c5), même si son propos conserve une tonalité apologétique et polémique. Confirme cette généralisation la critique ultérieure des hommes injustes, où la référence au bonheur et au malheur humains deviendra explicite (176e3-5)[1]. Examinons ses différentes étapes.

Après avoir évoqué l'hypocrisie du peuple à propos de la vertu, Socrate réduit cette opinion à un « racontar de vieille femme » (176b7)[2], lui oppose la vérité de la divinité de la justice, puis en conclut (176c4-d1) :

> C'est là [devenir le plus juste possible, à l'image de dieu] que se situe la véritable habileté d'un homme (ἀληθῶς δεινότης ἀνδρὸς) ou son insignifiance comme son manque de virilité (ἀνανδρία). Car c'est la connaissance de cela qui constitue sagesse et vertu véritables, alors que son ignorance est bêtise et méchanceté évidentes. Et toutes les autres prétendues habiletés ou sagesses (αἱ δ' ἄλλαι δεινότητές τε δοκοῦσαι καὶ σοφίαι) s'abaissent au rang du vulgaire dans l'exercice des pouvoirs politiques et, dans les arts, au rang des ouvriers[3].

Il n'est plus question d'un mode de vie singulier et supérieur, qui place ses adeptes en marge de la cité, mais de définir la véritable et unique sagesse ou vertu possible pour l'homme. Non que le critère socio-politique de la

1. Cité *infra*, p. 167-168. Cf. *supra*, p. 156-157.

2. Analysé p. 85.

3. J'adopte ici la traduction de M. Narcy pour ἐν μὲν πολιτικαῖς δυναστείαις γιγνόμεναι φορτικαί et l'adapte à ἐν δὲ τέχναις βάναυσοι. On peut aussi comprendre que les habiletés *sont* grossières en matière politique et méprisables en matière technique.

liberté soit ici abandonné ou remplacé par un critère purement moral et universel. De nombreux indices suggèrent que le premier critère demeure crucial. Socrate détrompe Théodore sur la possibilité de persuader tout le monde (176a3 : πάντας) de faire le bien en rappelant l'obstacle du « peuple » (οἱ πολλοί), ramenant ainsi Théodore à l'opposition politique des parties précédentes, que son optimisme consistait à négliger ; la « véritable habileté » est associée à la masculinité (176c3 : ἀληθῶς δεινότης ἀνδρὸς) par contraste avec les « racontars de vieilles femmes » et l'absence de virilité (176c4 : ἀνανδρία), ce qui rappelle Thalès face à la servante thrace et le philosophe, seul homme libre et heureux, opposé au peuple et aux femmes[1]. Enfin et surtout, comme on l'a déjà souligné (p.85), l'argument qui permet de délégitimer les prétendues sagesses et habiletés est la réduction au vulgaire et aux manœuvres.

On reviendra sur l'articulation de ces critères socio-politiques maintenus et de ceux, théologiques ou épistémologiques, que semble introduire l'assimilation à dieu. L'important pour l'instant est l'objectivation qu'elle opère de l'exigence philosophique fondamentale consistant à orienter sa vie du point de vue d'une ample connaissance plutôt que par rapport aux valeurs en vigueur dans la cité. La suite de la critique explicite cette fonction (176d1-7) :

> Donc, à celui qui se conduit injustement et parle ou agit de manière impie, il vaut dès lors beaucoup mieux ne pas accorder qu'il est habile du fait de sa fourberie. Car ils tirent gloire d'une telle accusation et croient entendre qu'ils ne sont pas des imbéciles, « vains fardeaux de la terre », mais des hommes qui ont ce qu'il faut pour assurer leur sauvegarde dans une cité. Il faut donc dire la vérité : ils sont d'autant plus tels qu'ils ne le pensent pas, qu'ils ne pensent pas l'être.

La vérité, c'est bien qu'il n'existe qu'une seule habileté, celle du philosophe, et qu'on ne doit pas accorder à ceux qui, sans la posséder, se croient sages ou habiles qu'ils le sont. Les passages que l'on vient de citer ne cessent d'ailleurs d'invoquer « la vérité » : τὸ δὲ ἀληθὲς ὧδε λέγωμεν (176b8), ἡ ὡς ἀληθῶς δεινότης ἀνδρὸς (176c3), σοφία καὶ

1. Est ainsi confirmé et transposé à un domaine plus large l'argument qui précède immédiatement la digression, où le relativisme doit concéder que « dans le domaine de la santé et de la maladie, toute femme, tout enfant, ou toute bête aussi bien n'est pas capable de se soigner soi-même en discernant ce qui est sain pour soi, mais que, dans ce cas-là au moins, un tel est supérieur à un autre » (171e4-8).

ἀρετὴ ἀληθινή (176c5), λεκτέον οὖν τἀληθές (176d5)[1]. Alors que, dans les trois premières parties de la digression, une forme de symétrie quasi-relativiste était maintenue entre les compétences des philosophes et celles des orateurs, les premiers se révèlent désormais comme les incarnations de la « seule véritable habileté d'un homme ». Il est vrai qu'à la fin de la description des orateurs, Socrate indiquait déjà (173b1-3) : « c'est sans avoir rien de sain dans leur esprit que les adolescents atteignent l'âge adulte, devenus à ce qu'ils croient habiles et sages (δεινοί τε καὶ σοφοὶ γεγονότες, ὡς οἴονται). ». Le contraste entre une pensée malsaine et la prétention à la sagesse annonçait déjà la présente critique, mais Socrate rapportait encore la manière dont les orateurs se perçoivent, alors qu'il ne leur concède même plus cela désormais : plus ils se croient habiles et sages, moins ils le sont. Ce point est non seulement un déchirement explicite du voile du relativisme mais son inversion pure et simple, puisque la thèse de l'homme-mesure exclut par définition que l'on puisse être ce qu'on ne pense pas être (οἷοι οὐκ οἴονται) *et l'être d'autant plus qu*'on ne le pense pas (176d5-6)[2].

Ce faisant, Socrate explicite et élargit la stratégie d'ensemble de la digression, qui a consisté depuis le début à retourner les prétentions des non-philosophes contre eux-mêmes : les orateurs se croient libres ou habiles, et ne le sont en réalité pas, puisque le philosophe seul jouit d'un véritable loisir et peut être tenu pour compétent et vertueux. Mais une étape supplémentaire est franchie quand toutes les autres sagesses ou habiletés sont déclarées nulles et non avenues : il n'existe plus qu'une seule voie de perfectionnement adaptée à une unique condition humaine et non deux royaumes symétriques, dotés chacun de leurs propres valeurs et vertus incompatibles entre elles. On peut faire l'hypothèse à nouveau que c'est la compréhension quasi-protagoréenne de l'idéal philosophique par Théodore qui oblige Socrate à ce « détour essentiel »[3] mais allusif qu'est

1. Voir A. Balansard, *Enquête*, p. 18, qui rappelle en outre que c'est la thèse protagoréenne qui autorise (et même oblige : 167d) Socrate à se poser en mesure et à contredire le relativisme. Il ne le fait toutefois pas sur la base d'une opinion largement partagée par les autres hommes, comme dans l'argument de l'autocontradiction qui précède la digression (170a-c), et c'est sans doute justement ce qui lui permet de se réclamer de la *vérité*, comme en *Gorgias*, 472b. J'y reviens à la fin de ce chapitre (p. 186-189).

2. E. Lee, « Hoist With his Own Petard », art. cit., p. 261 pense que la formule s'applique en particulier à Protagoras, dont les prétentions à être utile aux hommes dans l'apologie sont réduites à néant par la suite.

3. Pour parler comme V. Goldschmidt, *Les dialogues de Platon*, *op. cit.*, p. 64-68. Sur ce sujet, voir p. 31 et 245.

le modèle divin, seul à même d'absolutiser la rivalité entre philosophes et orateurs en la transformant en une opposition anthropologique.

Que la référence à l'assimilation à dieu soit la condition de cette transmutation de la philosophie en critère objectif de l'humanité et du bonheur est confirmé par la dernière étape de la critique de Socrate. Ce dernier appuie sa thèse antirelativiste concernant la possession de la sagesse ainsi (176d7-8) : « Ils ignorent en effet la rétribution de l'injustice (ζημίαν ἀδικίας), la pire des choses à ignorer ». L'évocation de leurs punitions vient donc expliquer pourquoi les injustes sont le contraire de ce qu'ils prétendent être. À la demande de Théodore (176e2) d'expliquer ce qu'est cette punition à laquelle il est impossible d'échapper mais que l'on peut ignorer, Socrate répond en revenant au point de vue de l'assimilation à dieu (176e3-177a2) :

> Alors, mon cher, que des modèles se trouvent au sein de la réalité, le modèle divin qui est le plus heureux, le modèle sans dieu qui est le plus misérable, ils ne saisissent pas qu'il en va ainsi, et, par stupidité et sous l'effet de la plus profonde démence, s'assimilent à leur insu à l'un par leurs actions injustes et se rendent dissemblables à l'autre. (τῷ μὲν ὁμοιούμενοι διὰ τὰς ἀδίκους πράξεις, τῷ δὲ ἀνομοιούμενοι).

L'existence d'un modèle divin et heureux, qui n'est qu'une nouvelle formulation de la thèse de l'assimilation à dieu, permet de déclarer misérables ceux qui ne s'y conforment pas, qu'ils le sachent ou non, et sans doute d'autant plus qu'ils n'en ont pas conscience et se complaisent à le fuir. Il est donc possible, si l'on saisit ces deux modèles objectifs, de juger les hommes qui agissent injustement comme fuyant le modèle divin et s'assimilant à l'autre. Socrate en tire deux conséquences. « Ils en payent assurément le prix en ayant une vie similaire à ce à quoi ils s'assimilent (177a3 : ζῶντες τὸν εἰκότα βίον ᾧ ὁμοιοῦνται) ». Il y a donc une première punition immanente. Cette thèse explique pourquoi Socrate a besoin de poser *deux* modèles, alors que l'idée d'un modèle sans dieu « disposé dans l'être » est surprenante [1] et à première vue inutile, puisque la divinité de la justice aurait suffi à condamner les injustes ou à les déclarer impies. Or tel n'est pas l'enjeu à ce moment de la digression [2]. Pour pouvoir affirmer que leur injustice est inévitablement punie de manière

1. Voir D. Sedley, *Midwife*, p. 78.

2. Leur injustice est toujours tenue par Socrate pour un fait acquis (elle n'est jamais établie sur la base d'une définition de la justice ou de son modèle divin) et leur impiété n'est jamais déduite de leur injustice (elle est mentionnée une seule fois, en 176d1, elle aussi comme un fait établi).

immanente, il faut qu'il existe un lien *essentiel* entre injustice et malheur, et donc un paradigme opposé mais également objectif et accessible à un savoir[1]. Socrate esquisse donc lui-même les résultats de « l'examen » philosophique « du bonheur ou de la misère humaine en général (ὅλως) : quel genre de choses ils sont et de quelle manière il convient à la nature humaine d'acquérir l'un et d'échapper à l'autre » (175c5-7). Or une telle analyse constitue également un cas de prédiction éthique fondée sur un savoir, prédiction dont la suite de la digression montrera qu'elle constitue un problème insoluble pour la thèse de l'homme-mesure[2].

La seconde conséquence est la suivante (177a4-7) : « ce domaine purifié des maux ne les recevra pas même à leur mort et ils auront ici-bas sans cesse ce mode de vie qui leur ressemble, méchants mêlés à des méchants ». A première vue, l'annonce d'une punition *post mortem* est plus conforme à ce que l'on attend de l'invocation de la justice divine. Mais Socrate déçoit cette attente puisqu'il se contente de dire que les injustes ne rejoindront pas le domaine divin auquel il a fait allusion plus haut (176a6-8), suggérant donc seulement en passant que d'autres hommes y auront accès[3], puis revient immédiatement à leur vie présente et mauvaise. Ils ne peuvent espérer y échapper du fait du modèle de vie qu'ils suivent à

1. F. Ferrari, *Platone : Teeteto*, Milano, BUR, 2011, p. 366, n. 204 doute que les deux modèles puissent être idéaux et constituent deux Formes, et suggère plutôt un parallèle avec *Timée* 28a7, où Platon oppose modèle éternel, dont la copie sera un beau produit, et modèle engendré, imité par les mauvais artisans, si bien que seul le « modèle divin » serait intelligible (*cf.* M. L. Gill, *Philosophos. Plato's Missing Dialogue*, Oxford, Oxford University Press, 2012, p. 88). Cette hiérarchie ne rend pas compte de notre passage, qui accorde la même réalité éthique aux deux modèles et ce pour une bonne raison : le malheur des injustes doit être aussi nécessaire que le bonheur des justes. Les deux modèles ne sont pas des Formes mais des ensembles de relations ou affinités naturelles explicables du point de vue de la Forme de la Justice et qui constituent des schèmes ou plutôt des « étalons » (comme traduit D. Sedley, « The Ideal of Godlikeness », art. cit.) pour la conduite et le jugement : voir *République*, V 472c, qui évoque la recherche de la justice et de l'homme juste, de l'injustice et de l'homme injuste ainsi que de leurs rapports respectifs au bonheur et au malheur (cf. *Théétète*, 175c2-8) afin d'obtenir un «modèle» à suivre (le terme est au singulier mais l'explication qui suit montre que les deux types d'homme peuvent servir de critères). Voir aussi *République*, 618a sur les « modèles de vie » présentées aux âmes dans le mythe d'Er.

2. Voir 178a, où l'idée que le patient deviendrait pour lui-même autre chose que ce que le médecin annonce est reconnue comme « ridicule » (γελοῖον) par Théodore, ce qui peut être lu comme un rappel de 175d4-7, à savoir du ridicule des orateurs soumis à des questions philosophiques.

3. Sur le fait que la punition *post mortem* joue un rôle très faible dans ce passage, par comparaison avec les mythes eschatologiques platoniciens comme celui de la fin du *Gorgias*, voir D. Sedley, *Midwife*, p. 79-80 (et déjà M. Narcy, *Théétète*, n. 280, p. 347).

leur insu, mais subissent tout autant ses conséquences nécessaires, comme le fait d'être entourés d'hommes aussi injustes qu'eux.

Cependant, loin de considérer ces mises en garde comme décisives, Socrate conclut qu'« en entendant cela, [ils réagiront] assurément tout à fait comme des [hommes] habiles et fourbes [confrontés] à des insensés » (177a7-8), un point qu'il avait déjà suggéré en introduisant le thème de la punition (176d7-8). Socrate présente assurément cette surdité comme certaine et sans exception parce qu'elle est, tout comme la punition immanente du malheur, un élément nécessaire du genre de vie que suivent les injustes. Si la thèse des « paradigmes » objectifs permet donc d'établir des prédictions solides à propos de la vie des injustes, et sans doute de dissuader certains naturels attentifs de l'adopter, elle ne permet en rien de réfuter ces adversaires au sens où elle fournirait des arguments qu'ils peuvent entendre, puisqu'elle montre tout au contraire leur insensibilité à la plupart des critiques.

L'invocation de l'assimilation à dieu ne joue donc pas de rôle dialectique, elle ne constitue pas une réfutation du relativiste, ce à quoi il fallait s'attendre puisqu'elle est introduite pour réfuter l'espoir de Théodore de convertir la majorité à la philosophie. Elle a néanmoins un résultat non-négligeable du point de vue du philosophe : elle lui donne le droit d'émettre un diagnostic et des pronostics sur la vie des autres hommes, sans être soumis à l'opinion qu'ils ont d'eux-mêmes, du moins lorsqu'il est question de leurs dispositions éthiques. Celui qui a saisi tout ce qui précède sait que l'analogie conclusive de Socrate ne constitue qu'apparemment un aveu d'échec et doit donner au ὡς la plus grande force possible et comprendre : « tout à fait *comme s'ils* étaient des hommes habiles et roués face à des hommes sans intelligence (177a8 : παντάπασιν ὡς δεινοὶ καὶ πανοῦργοι ἀνοήτων τινῶν ἀκούσονται) ». La quatrième partie de la digression a montré que la réalité est tout autre, non seulement parce que ceux qui fuient le « modèle sans dieu » au profit du modèle divin sont justement ceux qui font preuve d'intelligence, mais surtout parce que Socrate a insisté dans toute sa critique sur le fait que les injustes ne sont pas, contrairement à ce qu'ils prétendent, « habiles ».

L'ASSIMILATION À DIEU MET-ELLE FIN À LA LIBERTÉ ? (176A-B)

Avec la quatrième partie de la digression, on passe donc moins d'une approche socio-politique à une approche théologique (ou métaphysique) que d'une approche éthico-polémique à une approche morale (au sens d'une théorie objective du bien et du mal pour l'homme, comme l'est la médecine pour la santé et la maladie). Or, si l'on admet cette objectivation ou cette naturalisation de la vie philosophique une fois rapportée à un modèle divin, sa liberté peut-elle conserver l'intégralité de son sens ? On peut en douter. Anthony Long a remarqué que, chez Platon, Socrate se décrit lui-même ou décrit les philosophes comme soumis aux dieux qui sont donc leurs « maîtres » : « the philosophical soul is not a free agent, in the sense of being under no authority, but an agent that voluntarily subordinates itself to the rule of wisdom or things as they really should be (nature) »[1]. Si l'assimilation à dieu est le fondement de l'attitude philosophique, alors la liberté devient une incertitude produite par la distance entre le philosophe et son modèle : la liberté hanterait seulement la région mortelle, comme le mal, mais caractériserait ceux qui ont saisi l'appel du bien et tâtonnent pour fuir cette région, d'où leur ridicule aux yeux de la foule. Mais une fois la fuite engagée, le bien aperçu, la liberté serait dissoûte[2].

Il nous faut toutefois mettre cette analyse à l'épreuve de ce que dit exactement la digression concernant l'assimilation à dieu et que nous avons évoqué trop rapidement dans ce qui précède. Quelle est la nature de ce dieu auquel il faut s'assimiler selon Socrate ? Les maux demeurent nécessairement du côté de la « nature mortelle »,

> C'est pourquoi il faut s'efforcer de fuir d'ici [vers] là-bas le plus vite possible. La fuite, c'est l'assimilation au dieu dans la mesure du possible (φυγὴ δὲ ὁμοίωσις θεῷ κατὰ τὸ δυνατόν).

Les dieux sont donc introduits de manière assez traditionnelle comme jouissant d'une vie exempte de maux, que désirent tous les hommes. On retrouve « la vie des dieux et des hommes heureux » qui a été mentionnée comme chantée par le philosophe (176a1). Dès lors qu'une telle vie est hautement désirable et impossible en ce monde, Socrate en déduit qu'il faut y échapper, autrement dit que le seul moyen d'obtenir une vie sans maux est de rejoindre les dieux ou, du moins, de se rapprocher d'eux. A ce stade, le dieu est l'incarnation d'une vie parfaite que nous cherchons

1. Voir A. Long, « Slavery as a Philosophical Metaphor in Plato and Xenophon », *in* R. Patterson, V. Karasmanis, A. Hermann (eds), *Presocratics and Plato : A Festschrift at Delphi in Honor of Charles Kahn*, Las Vegas-Zurich-Athens, Parmenides Publishing, 2012, p. 358-359, qui renvoie à *Apologie*, 23c1 et *Phédon*, 85b et 62c et cite, dans sa note 17, le passage de 176a-b sur la fuite et l'assimilation à dieu, opposées à la servitude.

2. *Cf.* V. Goldschmidt, *La religion de Platon*, Paris, P.U.F., 1949, p. 6 : « L'intellection des Formes et, par delà les Formes, du Bien, dirige et contraint notre connaissance et notre action. Dès lors, partis librement pour voir et pour savoir, nous sommes engagés par les *exigences* de l'Être, la connaissance s'impose à notre volonté et nous ne sommes plus libres en face de la faute. La recherche du Vrai se fait obéissance au Bien. »

à atteindre. La majorité des traducteurs a donc raison de rendre ὁμοίωσις par « assimilation » plutôt que par « imitation », qui suggérerait qu'il s'agit seulement de reproduire de loin des attitudes louables des dieux, alors qu'il est bien question de devenir identiques à eux[1]. Même si la fameuse expression κατὰ τὸ δυνατόν indique qu'il n'est pas possible pour l'homme de jouir vraiment de la vie divine, cette restriction est nécessaire précisément parce que c'est un tel objectif que Socrate vise (contre l'optimisme de Théodore) et non la simple désignation d'un modèle éthique à suivre[2].

C'est néanmoins ainsi que l'on comprend généralement la suite du passage. Ayant explicité la fuite par l'assimilation à dieu, Socrate explique ensuite cette dernière ainsi : « L'assimilation, c'est de devenir juste et pieux avec intelligence. (ὁμοίωσις δὲ δίκαιον καὶ ὅσιον μετὰ φρονήσεως γενέσθαι) » (176b2). Avec cette explication, Socrate semble clairement donner un contenu à l'objet de l'assimilation, à savoir dieu. On notera qu'entre leurs premières mentions dans la digression et la plus connue, les dieux sont passés du pluriel au singulier (ὁμοίωσις θεῷ), ce qui pourrait suggérer que l'on passe d'une image traditionnelle des dieux issue des cultes à une conception réfléchie du divin comme nature spécifique et comme modèle éthique[3]. Quel est le contenu de ce modèle ? Si l'assimilation à dieu consiste à devenir juste et pieux, il faut supposer que c'est parce que le dieu possède éminemment ces qualités, alors que la φρόνησις n'est pas sur le même plan que les deux autres vertus et ne semble donc pas constituer un trait divin à imiter, mais la faculté *au moyen de laquelle* l'homme peut s'assimiler au dieu[4].

Cette lecture est confirmée par une remarque de Socrate qui vient un peu plus loin (176b8-c2) :

> Un dieu n'est aucunement ni sous aucun rapport injuste, mais le plus juste qu'il est possible d'être, et il n'y a rien qui lui soit plus semblable que celui d'entre nous qui deviendrait à son tour le plus juste possible (θεὸς

1. Voir *Théétète*, 159a7-8 pour la définition de l'action d'ὁμοιοῦσθαι comme ταὐτὸν γίγνεσθαι. Le terme ὁμοίωσις semble avoir été forgé par Platon dans le *Théétète* et demeure rare après lui, comme le note J.-F. Pradeau, *Platon, l'imitation de la philosophie*, *op. cit.*, note 6, p. 325.

2. Les deux objectifs sont en revanche associés dans la description des philosophes contemplant et imitant les réalités éternelles en *République*, VI 500b-d (500c5 : ταῦτα μιμεῖσθαί τε καὶ ὅτι μάλιστα ἀφομοιοῦσθαι, *cf.* p. 139).

3. Sur la possible dimension socratique de ce dieu anonyme, voir D. Sedley, *Midwife*, p. 84-86, qui fait le lien avec une formulation similaire que l'on trouve dans la description de la maïeutique par Socrate (150d2-6) et dans d'autres dialogues.

4. J.-F. Pradeau, *Platon, l'imitation de la philosophie*, *op. cit.*, p. 326.

οὐδαμῇ οὐδαμῶς ἄδικος, ἀλλ' ὡς οἷόν τε δικαιότατος, καὶ οὐκ ἔστιν αὐτῷ ὁμοιότερον οὐδὲν ἢ ὃς ἂν ἡμῶν αὖ γένηται ὅτι δικαιότατος).

Il est ici évident que le dieu est juste, mais on peut se demander si la formule répétitive et contournée qui décrit sa justice ne vise pas à suggérer qu'il est non seulement absolument juste mais le modèle de toute justice, la justice elle-même ou en soi. L'assimilation à dieu serait donc la reproduction dans notre âme et nos actions de la forme de la Justice saisie grâce à notre φρόνησις [1]. L'identification implicite du dieu à la forme de la Justice pourrait certes surprendre, mais il s'agirait d'un raccourci dans un texte qui n'est pas tenu à la rigueur dialectique : les dieux ont été dits exempts de maux, le dieu est ensuite dit exempt d'injustice de tous les points de vue, et il faudrait surtout comprendre que le dieu ici évoqué allusivement est une réalité intelligible parfaite et paradigmatique [2], voire une allusion au Bien en soi de la *République*. La liberté n'aurait donc plus de pertinence pour définir celui qui se conforme à ce modèle.

Intelligence, justice et piété dans l'assimilation à dieu

Cette analyse rencontre toutefois certaines difficultés. La première est qu'elle est incompatible avec la présence de la piété comme objet de l'assimilation [3]. Comment dieu pourrait-il être pieux et nous fournir le modèle d'une relation à lui-même propre aux êtres inférieurs aux dieux [4] ? Les commentateurs qui ont posé ce problème ne l'ont pas vraiment résolu. Après avoir réinscrit la formule de la digression dans le cadre des analyses socratiques et platoniciennes de la piété (qui est une forme de justice selon l'*Euthyphron* et le *Protagoras*), Mark McPherran estime que l'adjectif « pieux » est redondant par rapport à « juste » mais sert à souligner que la divinisation ici recommandée ne contredit pas l'exigence

1. Sur la φρόνησις comme saisie de l'être véritable, donc intelligible, voir par exemple *Phédon*, 79d6-7 avec M. Dixsaut, *Platon et la question de la pensée. Études platoniciennes I*, Paris, Vrin, 2000, p. 104-107.

2. Sur la caractérisation fréquente des formes comme « divines », voir V. Goldschmidt, *La religion de Platon*, *op. cit.*, p. 4 et 62.

3. Pour une formulation de l'assimilation à dieu sans la piété, qui mentionne le fait de « devenir juste et de pratiquer la vertu », voir *République*, X 613b1.

4. Voir R. Rue, « The Philosopher in flight : the Digression in Plato's *Theaetetus* », art. cit., p. 89-90 et D. Sedley, *Midwife*, p. 84, qui n'en fait pas un problème central ; ὅσιος peut signifier « saint », « sacré » ou « pur », ce qui pourrait s'appliquer à un dieu, mais comme le note LSJ, est très rare dans ce sens.

religieuse de ne pas dépasser les limites de la condition humaine[1]. Mais pourquoi la piété est-elle sur le même plan que la justice si Platon voulait dire que l'assimilation consiste à « devenir juste avec intelligence et piété »? Plus généralement, si le choix des vertus était prescrit par la nature divine, Platon aurait écrit que l'assimilation consiste à se rendre « sage » dans la mesure du possible, puisque seuls les dieux sont vraiment sages (*Banquet*, 204a1), ou « sage et bon » afin de souligner l'enjeu éthique de l'assimilation (et de ne pas fournir une définition tautologique du philosophe comme celui qui s'assimile à la sagesse).

Ceci nous conduit à une seconde difficulté, celle du critère de l'assimilation : si elles en constituent une explication, la justice et la piété devraient lui donner un contenu et la guider. Or on ne peut prendre ces notions dans leur sens habituel, ce qui reviendrait à définir dieu par la justice humaine et à renverser le principe même de l'assimilation à dieu. Il faut donc leur donner un sens spécifique. Le passage parallèle de la *République* (VI, 500b8-d1)[2] sur la contemplation des réalités véritables par le philosophe évoque leur absence d'injustice mais indique surtout qu'elles sont « régulières et toujours dans le même état » ou « toutes disposées selon l'ordre et la raison » (κόσμῳ δὲ πάντα καὶ κατὰ λόγον ἔχοντα), ce qui permet de conclure que la fréquentation de ce qui est « divin et ordonné » (κόσμιός τε καὶ θεῖος) confère ces qualités au philosophe (500d1) : des qualités *propres au dieu* sont donc indiquées qui permettent de donner un contenu déterminé à l'assimilation. La suite de la digression critique les conceptions usuelles et intéressées de la justice et leur oppose la justice résultant de l'assimilation à dieu mais sans en donner le moindre critère[3], comme on l'a vu précédemment.

La justice et la piété ne peuvent donc pas, pour plusieurs raisons, être tenues pour des qualités spécifiquement ou éminemment divines qui donneraient un contenu à l'assimilation; elles sont plutôt les effets

1. M. McPherran, « Justice and Piety in the Digression of the *Theaetetus* », art. cit., p. 82-86 critique la lecture de D. Sedley, *Midwife*, p. 81-86, qui voit dans l'appariement de la piété avec la justice une allusion implicite de Platon à la critique de la religion traditionnelle (qui serait parallèle à la critique de la justice civique) impliquée par la philosophie, dans le sillage de Socrate.

2. Cité p. 139.

3. Cf. *République*, I 354e (trad. P. Pachet à peine modifiée) : « Car tant que je ne saurai pas ce qu'est le juste, j'aurai bien du mal à savoir s'il se trouve être la vertu, ou non, et si celui qui le possède n'est pas heureux, ou est heureux ». La digression ne peut évidemment pas expliquer ce qu'est le juste, mais il faut tenir compte de cette mise en garde de Socrate (qui achève le livre I de la *République*) pour comprendre l'assimilation à dieu et ne pas penser que le terme de « justice » suffit à lui donner un contenu.

(en l'homme) de l'assimiliation à dieu sur lesquels Socrate veut attirer l'attention de Théodore. Les deux vertus ont été choisies parce que ce sont des vertus cruciales dans le contexte immédiat de la digression : les relativistes évoqués juste avant la digression, ne le sont « qu'en matière de justice et d'injustice, de piété et d'impiété » (172b3) et *cette partie* de la digression est dirigée en particulier contre eux [1], non seulement parce qu'elle pose l'existence d'une piété et d'une justice absolues, mais aussi parce qu'elle dénonce longuement comme factices et indignes toutes les vertus fondées sur l'habileté politique. Cette critique fournit d'ailleurs une explication complémentaire du choix du couple « juste et pieux ». La « vérité » que Socrate leur oppose s'ouvre sur la thèse que dieu n'est injuste d'aucun point de vue (176b8-c1), ce qui suggère que Socrate inclut dans l'opinion qu'il dénonce le fait de ne pas croire que les dieux punissent les méchants (c'est-à-dire ne sont pas justes, si bien que la seule crainte que peut susciter l'injustice serait celle des lois humaines), comme le confirme la suite à propos de la punition *post mortem* des injustes, qui n'y croient pas (177a4-8). La réduction de la justice au respect des lois fait donc système avec l'impiété, justifiant l'inclusion symétrique de la piété parmi les effets de l'assimilation à dieu.

La justice et la piété sont donc ici implicitement redéfinies indépendamment des lois et usages humains comme des vertus produites par la saisie et l'imitation d'un ordre supérieur et extérieur à « la nature mortelle et à son domaine ». Dès lors, on comprend que ce qui explique vraiment l'assimilation à dieu, ce ne sont pas ces deux vertus mais la troisième mentionnée : μετὰ φρονήσεως ne désigne pas un simple moyen d'atteindre une justice et une piété connues *a priori*, mais l'agent ou la cause spécifique de leur redéfinition, et donc le critère et, en un sens, le contenu de l'assimilation à dieu. Ce que le philosophe acquiert ou cultive en s'assimilant à dieu, c'est d'abord la φρόνησις [2], qui seule lui permet de saisir ce que sont la justice et la piété véritables et de les pratiquer. C'est en effet à la distinction entre la vertu qualifiée ailleurs de « populaire » (δημοτική), – fondée sur l'habitude mais « sans philosophie

1. Voir *infra*, p. 33, 41, 82-84. D. Sedley, *Midwife*, p. 81-82 remarque qu'il s'agit des valeurs les plus apparemment liées à un contexte politique, puisque la piété prend des formes différentes selon les rites et cultes et la justice selon les lois en vigueur dans chaque cité.

2. Vont dans le même sens plusieurs remarques sur la φρόνησις dans les dialogues, en particulier *Phédon*, 66e2-3, sur le fait que les philosophes sont amoureux de la φρόνησις, et 79d, qui la définit comme l'état de l'âme en contact avec « ce qui est pur et qui est toujours et qui est immortel ».

ni intelligence »[1] – et la vertu μετὰ φρονήσεως que la digression fait nettement allusion[2]. Le confirme la remarque qui suit l'explication de l'assimilation à dieu (176b3-6) :

> Mais par ailleurs, mon bon [Théodore], il n'est pas du tout facile de persuader de ceci : les raisons pour lesquelles la vertu doit être pratiquée et la méchanceté non ne sont précisément pas celles en vue desquelles la foule dit qu'il faut fuir la seconde et s'attacher à la première, à savoir, en fait, afin de ne pas passer pour mauvais et afin de [passer] pour bon.

Le pessimisme de Socrate ne porte pas sur le fait que les hommes se laissent convaincre de préférer la vertu au vice, mais sur le fait qu'ils admettent que leurs motifs usuels pour le faire (ἕνεκα, τούτων χάριν, ἵνα) sont incorrects. L'important n'est pas de devenir juste au sens de commettre des actions justes mais au sens d'agir pour les bonnes raisons, en sachant ce que l'on fait, ce qui n'est possible que si notre conduite est sous le contrôle de la φρόνησις. L'assimilation à dieu légitime métaphysiquement ou théologiquement la justice, mais cela revient en pratique à l'intellectualiser, à la rapporter à une disposition intellectuelle tournée vers le lieu divin et donc à dévaluer toutes les compétences qui ne possèdent pas cette dimension.

LA LIBERTÉ DE L'INTELLIGENCE

Or cette place cruciale de la φρόνησις permet de montrer que l'assimilation à dieu ne suspend pas la caractérisation du philosophe par sa liberté, ce qui était notre problème de départ. L'association entre cette vertu intellectuelle et la justice dans l'assimilation à dieu est en fait le revers exact de la description des jeunes orateurs, dont la servilité les contraint à développer une pensée intéressée, vulgaire et mesquine, qui les mène

1. *Phédon*, 82a10-b3. Voir aussi *République*, VI 500c-d, où la hiérarchie n'implique pas d'opposition : le philosophe se rend semblable aux êtres divins et harmonieux, ce qui a pour effet de le rendre capable de pratiquer « toute la vertu qui concerne le peuple ». Je remercie Dimitri El Murr de m'avoir signalé ce passage.

2. Ce point a été bien souligné par D. Sedley, *Midwife*, p. 75-76. Voir aussi G. Van Riel, *Plato's Gods*, London, Ashgate, 2013 (republié par Routledge en 2016), p. 31-32 sur la φρόνησις comme purification et comme principe de définition de l'assimilation à dieu, et les explications de M. Dixsaut, *Platon et la question de la pensée. Études platoniciennes I*, Paris, Vrin, 2000, p. 95-99 sur le fait que la φρόνησις est ce qui rend toutes les choses bonnes, y compris les vertus. La φρόνησις sera ainsi présentée comme le premier des biens divins (suivi par les différentes vertus qu'elle fonde) en *Lois*, II 631c5.

à l'injustice (173a-b)[1]. De même, à la fin du livre IX de la *République* (590b-d), la réprobation couramment attachée à plusieurs dispositions, dont la κολακεία, l'ἀνελευθερία, la βαναυσία et la χειροτεχνία, est expliquée par le fait qu'elles sont liées à l'absence de maîtrise ou à la domination de la partie désirante (sur les autres parties de l'âme). Socrate explique ainsi comment y remédier (*Rép.*, IX 590c-d, trad. P. Pachet) :

> Or pour qu'un tel homme [= celui chez qui les désirs dominent] soit dirigé par un élément semblable à celui par lequel est dirigé l'homme le meilleur, allons-nous affirmer qu'il doit précisément être l'esclave de cet homme le meilleur, en qui c'est l'élément divin qui dirige (ἄρχον) ? Non que nous croyions que l'esclave doive être dirigé à son désavantage, comme Thrasymaque croyait que les dirigés le sont, mais pour autant qu'il est meilleur pour chacun d'être dirigé par un élément divin et sage (ὑπὸ θείου καὶ φρονίμου ἄρχεσθαι) ; soit que, dans le meilleur des cas, on l'ait à soi en soi-même (μάλιστα μὲν οἰκεῖον ἔχοντος ἐν αὑτῷ), soit que, à défaut, cet élément exerce sa surveillance de l'extérieur (εἰ δὲ μή, ἔξωθεν ἐφεστῶτος). De cette façon, nous serions tous autant que possible, des semblables et des amis, puisque nous serions tous pilotés (κυβερνώμενοι) par le même élément.

Tout le monde doit être dirigé par l'élément divin et sage, ce qui s'oppose à un certain sens, que l'on pourrait dire hédoniste, de la liberté[2], mais il y a une différence nette entre celui qui est dirigé de l'extérieur par cet élément, c'est-à-dire « esclave » d'un homme meilleur, et ce dernier qui possède l'élément en propre et en lui-même, ce qui correspond à un autre sens de liberté (comme autodétermination). Ce n'est que du point de vue des autres parties de l'âme (colérique et désirante) qu'il y a soumission et obéissance à l'autorité de l'élément divin[3]. En s'assimilant

1. Dans le *Banquet*, 203a, Diotime explique de même à Socrate que l'homme compétent pour tout ce qui concerne les dieux est δαιμόνιος, alors que celui qui est compétent dans d'autres domaines comme les arts et les travaux manuels est βάναυσος (*cf.* 176d1). En *Lois*, V 747b-c, l'Athénien remarque que l'étude des nombres est l'apprentissage le plus important, à condition que soit enlevées τὴν ἀνελευθερίαν καὶ φιλοχρηματίαν de l'âme des élèves, sous peine de produire ce qu'on appelle πανουργία (*cf.* 176d2, 177a8) à la place de la σοφία (747c3). En tant qu'elle s'oppose à la πανουργία et à la βαναυσία, l'assimilation à dieu exige donc la liberté au sens large que lui donne la digression. Pour des arguments internes à la digression confirmant que l'assimilation à dieu ne remplace pas mais prolonge ou développe la liberté, voir p. 165 et 233-236.

2. Voir *infra*, p. 192-194 sur une telle mésinterprétation de la liberté du discours philosophique.

3. Voir *Phèdre*, 256a-b où, si les meilleurs éléments de l'esprit l'emportent, ils « tiennent en esclavage ce qui engendre les vices dans l'âme et libèrent ce qui engendre la vertu » (δουλωσάμενοι μὲν ᾧ κακία ψυχῆς ἐνεγίγνετο, ἐλευθερώσαντες δὲ ᾧ ἀρετή), ce qui conduit à un régime de vie ordonné, à la philosophie et à la vie heureuse.

à dieu, le philosophe ne se soumet donc pas à une instance extérieure à lui mais à un élément divin intérieur, qu'il cultive jusqu'à acquérir la φρόνησις. En réalité, l'intelligence est la condition essentielle de la liberté pour Platon, comme il le souligne dès le *Lysis* (210a5-c1), où Socrate montre au personnage éponyme que ne font « ce qu'ils veulent » dans un domaine et ne sont laissés « libres » (jusqu'à commander aux autres) que ceux qui sont « plus savants » (σοφώτεροι) ou « intelligents » (φρόνιμοι) dans ce domaine, qui en possèdent l'intelligence (νοῦν). L'assimilation à dieu par la φρόνησις ne supprime ni ne remplace la liberté mais, tout au contraire, l'accomplit.

Reste un problème fondamental. Dans les passages qui viennent d'être cités comme dans la digression, la liberté éthique est fondée en dernière instance dans la connaissance et donc dans la saisie de certains objets, la découverte de leur nature par la pensée[1]. Si Socrate n'a pas défini l'assimilation à dieu par l'acquisition de la seule φρόνησις, c'est aussi parce qu'elle n'est pas le principe le plus élevé au sens strict : le « dieu » demeure un objet-modèle, qui guide la φρόνησις. Comment est-ce compatible avec une véritable liberté de l'esprit? Il nous faut préciser la nature de la pensée selon Platon, au risque de sortir du cadre de la digression.

En premier lieu, cette objection méconnaît la spécificité de la pensée humaine, qui relève essentiellement de la recherche et non du savoir, comme le montre en particulier le *Banquet*[2]. Même si l'on concédait que l'âme humaine séparée du corps saisissant pleinement les Formes n'est plus vraiment libre (sinon dans le sens du *Lysis* où seul celui qui connaît un domaine peut « faire ce qu'il veut » dans ce domaine), il n'en resterait pas moins que le philosophe demeure loin d'un tel *savoir* et conserve une grande marge dans ses investigations. On verra dans le chapitre suivant à quel point la sinuosité de la recherche est mise en scène dans l'ensemble du *Théétète* et fait système avec la réfutation des conceptions fausses de la connaissance. Plus généralement, la forme dialoguée permet à Platon

1. Je remercie Franco Trabattoni de m'avoir incité à approfondir cette question par ses objections. Comme le souligne bien R. Muller, *Doctrine*, p. 175 : « Quel que soit le point de départ de la réflexion, il arrive un moment où l'enquête sur la liberté de l'esprit doit affronter la question de la vérité ». Pour une présentation d'ensemble de cette question et de la position qui considère que la définition platonicienne de la vertu comme science exclut la liberté en soumettant l'esprit à la vérité, et pour une critique systématique de cette position, voir R. Muller, *Doctrine*, p. 113-196, dont nous allons croiser plusieurs fois les importantes analyses dans ce qui suit.

2. *Banquet*, 204a-b avec M. Dixsaut, *Naturel*, p. 43-83 et R. Muller, *Doctrine*, p. 171-175.

de ne jamais résorber l'enquête philosophique dans ses résultats et de souligner au contraire la dépendance de ceux-ci à l'égard du problème de départ et des choix successifs du dialecticien, si bien que chaque dialogue aboutit à ses propres conclusions, qu'il n'est jamais facile d'intégrer dans une doctrine unique et fixe[1]. Même les divisions platoniciennes d'un même genre ne sont pas toujours identiques, parfois au sein du même dialogue[2]. C'est d'abord en ce sens que la dialectique est la « science des *hommes libres* » (*Soph.*, 253c7-8)[3] : comme le rappelle le début de la digression, le discours philosophique ne suit aucune procédure fixée *a priori*, n'est tenue par aucun accord préalable ni aucune hypothèse reçue de l'extérieur, sans pour autant être arbitraire. Seule la φρόνησις peut déterminer ce qu'est la justice, et le philosophe n'est donc pas soumis à cette norme comme à une table de la loi reçue de l'extérieur (y compris des dieux). C'est dire que l'assimiliation à dieu n'est qu'une autre manière, plus solennelle et surtout, on l'a montré, plus universelle, d'évoquer les efforts du philosophe en direction de « l'examen de la justice et de l'injustice » ou « du bonheur et de la misère humaine en général » (175c1-5)[4]. Si l'on tient dieu pour équivalent à une ou plusieurs Formes, il n'y a pas de raison de tenir l'assimilation au premier pour plus hétéronome que la recherche dialectique des secondes. On retrouve

1. Ceci n'exclut pas que la philosophie ait pour visée ultime un système, comme le pense par exemple V. Goldschmidt (*La religion de Platon*, *op. cit.*), qui explique néanmoins très bien (p. 40) en quoi la philosophie, dans les dialogues, est d'une tout autre nature : « S'installer au cœur de l'Être pour en déduire le système exhaustif et fixe *ne varietur* des Formes qui en procèdent, c'est, selon qu'on préfère, de la démesure ou de la scolastique ; c'est en tout cas, et cela depuis Xénocrate, l'abandon du platonisme. Ajoutons aussitôt que, si Platon n'a jamais entrepris de fixer les relations entre les Formes dans un ensemble cohérent et immuable, il ne cesse un instant de croire à la réalité de ce système. Mais la connaissance, pour nous, n'en est jamais achevée ; c'est "perpétuellement" que le philosophe applique ses raisonnements à "la Forme de l'Être" [*Sophiste*, 254a8-10] (...) ; le platonisme est une méthode plutôt qu'une doctrine ou, plus exactement, la recherche inlassable d'une doctrine que l'on croit et sait fondée immuablement sur la réalité, mais qui nous est toujours "proposée" plutôt que "donnée" et qu'il ne nous appartient pas de fixer ».

2. Pour une explication précise de cette variation, voir S. Delcomminette, *L'inventivité dialectique dans le* Politique *de Platon*, Bruxelles, OUSIA, 2000, p. 76-82 sur la différence entre subordination dialectique et subordination ontologique.

3. Voir M. Dixsaut, *Naturel*, p. 309 et *Métamorphoses de la dialectique dans les dialogues de Platon*, Paris, Vrin, 2001, p. 170-171 et N. Zaks, « Science de l'entrelacement des formes, science suprême, science des hommes libres : la dialectique dans le *Sophiste* 253b-254b », *Elenchos* 38 (1-2), 2017, p. 61-81.

4. On trouve d'ailleurs déjà dans ce passage des normes éthiques objectives présentées par couples de contraires, comme un peu plus loin avec les « modèles établis au sein de la réalité, l'un divin qui est le plus heureux, l'autre sans dieu et le plus misérable » (176e2) qui permettent à Socrate de condamner les hommes injustes.

la distinction cruciale entre imitation et assimilation, entre reproduction à distance d'un modèle (extérieur et déjà connu) et identification d'une puissance à un principe (qu'elle cherche et trouve par elle-même) : le rapport de la pensée du philosophe aux Formes n'est pas comparable à celui des choses sensibles aux Formes [1].

À s'en tenir à cette réponse, on risquerait toutefois de restreindre la liberté de l'intelligence dialectique à un effet provisoire de son incapacité à saisir parfaitement les Formes ou, du moins, à une vertu de la recherche qui perdrait tout sens avec la science. Or, outre qu'il n'est pas certain que l'intelligence puisse jamais saisir parfaitement, emmagasiner et organiser une fois pour toutes ses objets en un savoir [2], cela reviendrait à négliger une seconde thèse platonicienne plus originale, qu'ont mise en lumière plusieurs interprètes francophones à partir d'un passage des *Lois* [3] : l'intelligence n'est pas seulement la faculté de la libre recherche et le fondement de toute conduite libre, elle est en elle-même essentiellement libre. On pourrait objecter que ce passage porte sur le rôle des lois dans les sociétés humaines et qu'il est douteux que l'autonomie qu'il souligne

1. Sur l'imitation et l'assimilation comme deux « stratégies » divergentes pour remédier au défaut de sagesse propre à la philosophie (et à l'écart entre temps et éternité), voir K. Thein, *Le lien intraitable. Enquête sur le temps dans la* République *et le* Timée *de Platon*, Paris, Vrin, 2001, p. 306-309, qui associe la première au *Timée* et la seconde à la digression, et qui repère également une troisième stratégie, dialectique, décrite dans le *Phèdre* et qui suit les traces de la sagesse divine par la division. Il me semble que l'assimilation à dieu ne diverge pas de la recherche dialectique mais la guide. Karel Thein note déjà très justement qu'elles « restent liées au temps innombrable », mais que la dialectique est associée à la cité et à la guerre des discours (*ibid.*, p. 309), ce qu'infirme à mon avis toute la digression grâce aux critères unificateurs du loisir (associé à la paix) comme temps propre de la philosophie, et de la liberté.

2. Voir S. Delcomminette, « Qu'est-ce que l'intelligence selon Platon ? », *Revue des études grecques* 127 (1), 2014, p. 59-68, qui soutient que, chez Platon, l'intellect et la connaissance ne sont pas même des dispositions, car ce sont des vertus qui n'existent qu'en acte et qui s'identifient avec la *pratique* de la dialectique (*Philèbe*, 57e6), si bien que la connaissance n'est jamais possession d'un contenu (et que la *sophia* conçue de cette manière est celle des sophistes et ne serait qualifiée de « divine » qu'ironiquement par Platon). De ce point de vue, il n'existerait même pas un *idéal* du système chez Platon, contrairement à ce que soutient Goldschmidt (voir *supra*, p. 178, n. 1).

3. R. Muller, *Doctrine*, p. 186-196, M. Dixsaut, *Métamorphoses de la dialectique dans les dialogues de Platon*, Paris, Vrin, 2001, p. 341-343, S. Delcomminette, art. cit., p. 70-73, qui s'appuient principalement sur *Lois*, IX 875c-d (trad. Diès à peine modifiée) : « ni loi ni ordonnance n'est plus forte que la science, et l'intellect ne saurait, sans impiété, être serviteur ou esclave de quoi que ce soit (οὐδὲ θέμις ἐστὶν νοῦν οὐδενὸς ὑπήκοον οὐδὲ δοῦλον), il doit être au contraire maître de toutes choses, s'il est réellement libre comme le veut sa nature ». La liberté ou la maîtrise dépendent de la connaissance parce que cette dernière est le propre d'une instance essentiellement libre.

concerne également le rapport épistémologique de l'intelligence à l'égard de ses objets [1]. Mais la digression confirme précisément que Platon établissait un lien, chez le philosophe, entre liberté éthico-politique à l'égard des cadres collectifs (coutumes, lois, pouvoirs), liberté méthodologique de la dialectique et nature de l'intelligence définie par sa saisie des objets idéaux.

Il en résulte que l'intelligence n'est pas tournée vers le dieu, son objet-modèle-principe comme vers une réalité indépendante à laquelle elle devrait se conformer, mais comme vers un objet qu'elle désire et qui oriente ses actes. On touche à ce point à des thèses fondamentales et fameuses de Platon, qui ne peuvent être présentées ici que brièvement et du seul point de vue du problème qui nous intéresse. L'intelligence a pour principe ultime le bien ou le meilleur, de sorte que l'acte par lequel l'âme devient intelligente est autant un choix qu'une découverte, la reconnaissance d'une *exigence* qui régit toute réalité. Comme le montrent la dernière partie du *Gorgias*, où Calliclès résiste à la réfutation qu'il subit de la part de Socrate, et certaines remarques du *Théétète* [2], Platon était parfaitement conscient que ni la réfutation ni aucune autre méthode ou connaissance ne pouvaient à elles seules mener à coup sûr une âme jusqu'à la vérité. Et telle est d'ailleurs en dernière instance la raison pour laquelle la digression devait figurer dans le *Théétète* : aussi méticuleux, dialectique et indispensable que soit l'examen des thèses des protagoréens ou héraclitéens, il ne pourra jamais *à lui seul* les persuader de renoncer à leurs principes, car l'examen ne peut être bien conduit que sur la base des dispositions (indissociablement épistémologiques et éthiques) de ses protagonistes et il ne peut *aboutir* que par l'intermédiaire d'un véritable engagement à l'égard de la vérité, que la digression met justement en scène comme tel sous le nom de liberté [3].

1. Je laisse de côté la différence entre νοῦς et φρόνησις : c'est le premier qui est déclaré libre par nature dans les *Lois*, mais de nombreux passages traitent ces deux vertus comme équivalentes (par exemple *Philèbe*, 59d et 66b). Bien que la φρόνησις puisse avoir un sens plus large (M. Dixsaut, *Platon et la question de la pensée*, *op. cit.*, p. 104-106), il est clair qu'il est bien question dans la digression de la « φρόνησις pure ». Sur le νοῦς chez Platon, voir S. Menn, *Plato on God as* Nous, South Bend, St. Augustine's Press, 1995 et S. Delcomminette, « Qu'est-ce que l'intelligence selon Platon ? », art. cit..

2. Voir 171d et 177b, analysés *infra*, p. 210-213, qui indiquent respectivement que Protagoras pourrait encore se soustraire à la réfutation qui a été proposée par Socrate et Théodore, et que la principale condition pour que des orateurs finissent par renoncer à leurs opinions est qu'ils « consentent comme des hommes (ἐθελήσωσιν ἀνδρικῶς) à tenir bon pendant un long moment plutôt que de fuir sans courage ».

3. Sur tout ceci, voir R. Muller, *Doctrine*, p. 179-186, notamment p. 181 : « La vérité dont il est question dans le *Sophiste* ou dans le *Théétète*, certes, se passe apparemment du Bien (…). Mais, dans les deux dialogues, c'est bien à la philosophie ou à la dialectique

Il ne s'agit donc pas de dire que le choix de la vérité est libre au sens où il serait à tout moment accessible à n'importe quelle âme humaine [1]. Ce choix est largement conditionné par des dispositions en partie naturelles et en partie acquises, même si Platon remarque que les premières peuvent être présentes chez des adversaires des philosophes et que, dans les bonnes circonstances, cela pourrait permettre de les convertir à la vérité. On peut néanmoins dire que devenir philosophe ou accéder à l'intelligence (qui n'est pas une faculté mais une vertu [2]) est le fruit d'un choix, si bien que l'acquisition de cette vertu (c'est-à-dire « l'assimilation à dieu ») ne prend pas la forme d'une inculcation, d'une soumission à un ordre de connaissances préétablies, car l'âme y suit une exigence intérieure [3]. Dans le dialogue le plus précis sur la nature du Bien, l'intelligence lui est d'ailleurs presque assimilée : après avoir admis avec Socrate que le Bien peut être saisi grâce aux trois « idées » de beauté, de commensurabilité et de vérité (*Philèbe*, 65a), Protarque déclare l'intellect « soit identique à la vérité, soit ce qui lui ressemble le plus et qui est le plus vrai » (65d1-2, trad. Pradeau), puis le décrit comme la chose la plus mesurée et la moins laide (65d9-e7) [4].

LE DIEU EST-IL LE PARADIGME DE LA LIBERTÉ ET DU LOISIR ?

Cette affinité de l'intelligence avec ses objets et sa liberté fondamentale obligent alors à se demander si l'on ne devrait pas comprendre autrement l'assimilation à dieu dans la digression. Jusqu'ici, on a supposé que « le dieu » parfaitement juste (176b8) auquel Socrate exhorte à s'assimiler désigne une ou plusieurs Formes intelligibles ou peut-être la première d'entre elles, la Forme du Bien. Mais, comme l'a souligné

qu'est rapportée la vérité (en même temps qu'y est rappelée avec solennité, on s'en souvient, la *liberté* du philosophe ou du dialecticien) ». Cf. *Lois*, V 747b-c, cité *supra*, p. 176, n. 1.

1. De ce fait, je préfère éviter le terme de « décision » (qu'emploie parfois R. Muller, *Doctrine*, p. 179) qui pourrait suggérer qu'il s'agit de trancher entre deux options objectivement équivalentes; il s'agit bien ici de choisir le meilleur, donc d'un engagement motivé à l'égard d'un objet déterminé, dont le choix peut être justifié, au moins rétrospectivement (comme le note bien S. Delcomminette, *Le* Philèbe *de Platon. Introduction à l'agathologie platonicienne*, Leiden, Brill, 2006, p. 636).

2. S. Delcomminette, « Qu'est-ce que l'intelligence selon Platon ? », art. cit., p. 59-63.

3. Sur la manière dont l'intelligence pose les Formes puis reconnaît les exigences qui leur sont propres et sur le lien de cette conception de la connaissance avec la liberté de l'intelligence, voir S. Delcomminette, *L'inventivité dialectique*, *op. cit.*, p. 36-44.

4. Pour une analyse de ce passage, voir S. Delcomminette, *Le* Philèbe *de Platon...*, *op. cit.*, p. 615-619, qui souligne que l'intelligence et le bien sont quasiment identiques pour ce qui est du troisième aspect du bien, à savoir la vérité.

Jean-François Pradeau[1], l'identité du dieu-modèle demeure ambiguë, même dans des passages beaucoup plus précis que celui de la digression : *République*, VI 500b8-501c3[2], a ainsi souvent été lu comme érigeant en modèles de conduite les Formes elles-mêmes, mais semble plutôt faire référence aux dieux-astres, qui contemplent les Formes en permanence – ce qui explique leur ordre, leur régularité et leur justice – voire à ces deux instances complémentaires, donc à la fois aux intelligibles et à l'intelligence. Or, s'il en allait ainsi dans la digression, c'est-à-dire si « le dieu » n'était pas un modèle intelligible mais d'abord une intelligence divine, il faudrait se demander si, loin de relativiser la valeur du loisir et la liberté comme critères, l'assimilation à dieu ne les justifie pas, au sens où le dieu serait une incarnation parfaite non seulement de la justice mais aussi, implicitement, de la liberté et du loisir[3]. La digression poserait ainsi d'abord la liberté et le loisir du philosophe (par contraste avec les orateurs et le peuple) pour ensuite les *fonder* dans l'assimilation à dieu, alors que nous avions considéré jusqu'ici que la liberté et le loisir étaient des *conditions* de la fuite et de l'assimilation (d'où la question de savoir si celles-ci accomplissaient ou suspendaient ceux-là).

Le premier problème que rencontre cette interprétation est que rien ne suggère dans la digression ou ailleurs chez Platon que les dieux se caractérisent par leur loisir intégral, comme par exemple les astres chez Plotin, qui contemplent en permanence les dieux intelligibles[4]. Ce loisir des astres semble résulter selon Plotin du fait que leur âme n'est pas soumise aux contraintes d'un corps mortel, contrairement aux âmes humaines[5]. Le lien entre le corps et l'absence de loisir est établi dans le *Phédon*[6], mais, pour attribuer à Platon la thèse de Plotin, il faudrait être sûr non seulement que certains dieux n'ont pas de corps ou ont des corps sans besoins[7] et que le corps est *le seul* obstacle au loisir selon Platon, mais surtout que Platon est prêt à appliquer l'idée humaine de temps libre aux dieux. Or, si les dialogues remarquent souvent que raconter des

1. J.-F. Pradeau, *Platon, l'imitation de la philosophie*, *op. cit.*, p. 119-127.

2. Voir *supra*, p. 139 et 173.

3. Cette hypothèse m'a été suggérée par David Sedley, sur la base d'un parallèle avec la fin de l'*Ethique à Nicomaque*, et par Luc Brisson.

4. Voir *Ennéades*, II 9, 8, l.36 et II 5, 8, 3, l.28 : Τῶν δὲ θεῶν οἱ μὲν ἐν οὐρανῷ ὄντες – σχολὴ γὰρ αὐτοῖς – θεῶνται ἀεί, οἷον δὲ πόρρωθεν, τὰ ἐν ἐκείνῳ αὖ τῷ οὐρανῷ ὑπεροχῇ τῇ ἑαυτῶν κεφαλῇ.

5. *Ennéades*, IV 8, 2, 50-51.

6. *Phédon*, 66b-d cité et analysé *supra*, p. 142-144.

7. Sur ce point, on pourrait s'appuyer en particulier sur *Phèdre*, 246a-247e avec G. Van Riel, *Plato's Gods*, *op. cit.*, p. 47-50.

histoires sur les dieux, les connaître ou les imiter exige du loisir [1], ils ne suggèrent jamais que les dieux vivent eux-mêmes dans un loisir similaire à celui de leurs adeptes, et Platon nous présente au contraire le démiurge du *Timée* ou ses aides comme très affairés [2].

C'est Aristote qui a explicité et établi que la vie divine est entièrement dépourvue de peine et d'affairement ou, du moins, qu'une vie humaine de ce type est ce qui fournit la meilleure image de la vie divine [3]. C'est également Aristote qui, à la fin de l'*Ethique à Nicomaque*, montre que la vie heureuse (pour l'homme), qui est en particulier une vie de loisir, doit être identifiée à la vie contemplative et qu'elle est une vie surhumaine et divine, du fait que l'intelligence contemplative est quelque chose de divin, si bien que l'homme doit s'immortaliser dans la mesure du possible (X 1177b26-35). Si les parallèles entre ce passage fameux et la digression sont indéniables [4], il n'en résulte pas qu'il faille attribuer à Platon l'idée que la vie divine est une vie de loisir et encore moins que cette thèse structure implicitement la digression comme elle structure l'argumentation d'Aristote. Une telle idée contredirait d'ailleurs la relativité du loisir : s'il permet de distinguer le philosophe de l'orateur, il ne peut pas être tenu

1. Outre *République*, VI 500b8-501c3, voir *Euthyphron*, 6c9, *Phèdre*, 299e3, *Critias*, 110a4 sur le loisir requis par l'élaboration ou l'interprétation des mythes, et *Timée*, 500b8 sur le loisir requis pour connaître les astres dits errants.

2. L. Brisson, *Le Même et l'Autre dans la structure ontologique du* Timée, Paris, Klincksiek, 1974, p. 35-50 a bien mis en évidence l'usage du lexique artisanal à propos du démiurge. Ceci n'implique pas, contrairement à ce que soutient G. Carone, *Plato's Cosmology and its Ethical Dimensions*, Cambridge, Cambridge University Press, p. 194-195, que l'exigence d'imitation de dieu est beaucoup moins élitiste (et même « does not conflict with a relatively populist conception of happiness ») chez Platon que chez Aristote, parce que le dieu du premier est « directly engaged in making this a better world » contrairement au dieu purement théoricien du second. Le statut du démiurge est en effet trop incertain chez Platon pour le considérer comme un modèle éthique. En revanche, G. Carone a raison de noter que la conception platonicienne de dieu et de son imitation a une pertinence morale et pratique que ne possède pas celle d'Aristote, mais une telle conception peut être tout à fait élitiste, comme le montre 176c6-7, qui déclare « vulgaires et dignes de manœuvres » toutes les compétences indépendantes de la vraie justice qui résulte de l'assimilation à dieu.

3. Voir *De Caelo* II 1, 284a27-32 (contre l'affairement de l'âme du monde du *Timée*) ainsi que *Métaphysique* Λ 7, 1072 b14-16 et 24-27 (où ne figure pas σχολή mais où est attribuée au dieu la διαγωγή la meilleure dont les hommes ne jouissent qu'un court moment) et *Ethique à Nicomaque* X 8, 1178 b8-22, où la seule activité attribuable aux dieux est l'activité contemplative, qui a été définie auparavant comme l'activité de loisir par excellence (1177b5-25). Aristote nie donc que que les dieux fassent preuve de justice et que les vertus morales relèvent du loisir.

4. Voir D. Sedley, « The ideal of godlikeness », *in* G. Fine (ed.), *Plato 2. Ethics, Politics, Religion, and the Soul*, Oxford, Oxford University Press, 1999, p. 309-328, qui souligne cependant que les similarités sont plus importantes avec la fin du *Timée*.

pour un critère absolu [1] et ne doit donc sans doute pas être attribué à dieu au même titre que la justice ou l'intelligence.

Quant à la liberté, son attribution au dieu de Platon ne pourrait qu'être inférée d'identifications successives entre dieu et l'intellect, entre l'intellect et l'intelligence et entre l'intelligence et la liberté. Si on a mentionné dans les pages précédentes les passages plaidant pour les deux dernières identifications et défendu leur pertinence pour comprendre la digression, la première est beaucoup plus problématique. Ce n'est pas le lieu d'entrer ici dans le débat difficile sur la conception platonicienne des dieux [2], mais on peut quand même souligner deux points importants. D'une part, l'identification du dieu platonicien le plus élevé à un intellect pur, indépendant de toute âme et cause du monde dans son ensemble, est une thèse controversée et qui repose autant sur une inspiration aristotélicienne que sur des arguments des dialogues [3]. D'autre part, même si on acceptait cette identification, il resterait que l'intellect est toujours chez Platon dépendant de ou, au moins, référé à un objet intelligible. C'est à nouveau seulement chez Aristote que l'intelligence en acte absorbe pour ainsi dire en elle les intelligibles et que l'intellect divin peut se constituer en principe premier. Comme l'a souligné Plotin, Platon refuse de faire de l'intelligence en elle-même un principe éthique ou métaphysique absolu et inconditionné, car elle constitue – même dans sa forme la plus parfaite – une instance relative au Bien, qu'elle vise [4]. Dès lors, même si les dieux-modèles de justice et d'ordre de la digression ou de la *République* (500b-501c) ne devaient pas être identifiés à des Formes intelligibles mais désignaient des intellects [5] et, à ce titre, étaient également libres, ils seraient

1. Voir p. 134-136 et surtout p. 218-223 sur le temps comme critère.

2. Voir le bilan récent et complet de G. Van Riel, *Plato's Gods*, *op. cit.*

3. Voir S. Menn, *Plato on God as Nous* et M. Bordt, *Platons Theologie*, Freiburg-München, Verlag Karl Alber, 2006 pour cette thèse et sa critique très juste par G. Van Riel, *op. cit.*, chap. 3.

4. Voir *Phédon*, 97b-98b, *République*, VI 504d-506b. Même à la fin du *Philèbe*, où, comme on l'a noté plus haut, l'intelligence possède tous les caractères du Bien, l'intelligence vient seulement en troisième place dans l'ordre du bien, après la mesure et la beauté (66b). Voir S. Delcomminette, *Le* Philèbe *de Platon...*, *op. cit.*, p. 624 contre les interprètes qui s'étonnent de ce troisième rang et pensent qu'il ne concerne pas l'intelligence dialectique ou l'intelligence cosmique, et *L'inventivité dialectique* , *op. cit.*, p. 36 : « la modalité sous laquelle le philosophe pose les Idées fait que celles-ci s'autonomisent nécessairement et imposent à l'intelligence qui les pense *leurs propres* exigences ».

5. Cette question me semble indifférente pour l'argument de la digression, qui requiert uniquement que le dieu soit absolument juste et laisse intentionnellement de côté la question de la nature de cet étalon. Si l'on tient à ce que cette affirmation soit cohérente avec la plupart des remarques des dialogues sur les dieux comme modèles, il est plus plausible

eux-mêmes tournées vers des Formes intelligibles [1], qui constitueraient donc toujours, quoique indirectement, le référent ultime du philosophe, de son intelligence et de sa liberté.

Faut-il en conclure que nous revenons à nouveau au problème que nous avons posé et essayé de résoudre précédemment : en quoi la liberté de l'intelligence, celle du philosophe voire celle du dieu, n'est-elle pas relativisée par sa visée d'un objet-modèle intelligible ? La critique d'une lecture aristotélicienne de la digression (où le dieu serait le paradigme du loisir et de la liberté) nous permet au contraire de poser ce problème de manière beaucoup plus conforme à la pensée de Platon. Nous avons jusqu'ici présupposé que l'intelligence serait plus libre si elle était absolument indépendante, sans aucun objet ni but antérieur ou supérieur à elle, et cherché à justifier le fait que l'intelligence telle que la décrit Platon pouvait quand même être tenue pour libre. Mais la conception aristotélicienne de l'intelligence permettrait-elle vraiment de mieux fonder la liberté du philosophe ? Si tel était le cas, Aristote n'en aurait pas eu conscience puisque cette qualité caractéristique du philosophe chez Platon ne joue pas un rôle très important chez le Stagirite [2]. Ceci conduit à se demander si, loin de caractériser le philosophe et l'intellect comme libres *malgré* le fait qu'ils tendent vers un objet, Platon ne les caractériserait pas comme tels *parce qu'ils* ont un objet, non pas au sens où cet objet serait lui-même libre [3] et imité en tant que tel, mais bien au sens où la liberté

de supposer que Socrate fait référence à une âme divine (liée aux astres ou supérieure) entièrement intelligente et juste parce qu'elle connaît et imite la Justice en soi. Si l'on cherche en revanche la justification ultime de la vie philosophique et vertueuse définie par l'assimilation à dieu, il faut se référer à la Forme de la justice et même du Bien. J'ai déjà noté que les formules qui décrivent le dieu en 176b-c me semblent suggérer la seconde option. Pour une défense de la première option comme plus cohérente avec la « perspective épistémologique du *Théétète* », voir M.-A. Gavray, *Platon héritier de Protagoras*, *op. cit.*, p. 144-145. Conformément à sa lecture à double niveau du *Théétète*, D. Sedley, *Midwife*, p. 77-78 superpose pour ainsi dire les deux interprétations en parlant d'une « correspondence between Socratic god and Platonic Forms », qu'il appuie sur *République*, VI 500b-c.

1. Sur le fait que les dieux tirent leur divinité des Formes qu'il contemple en permanence, voir *Phèdre*, 249c. Pour l'idée que les dieux pourraient constituer chez Platon des modèles éthiques plus accessibles que les Formes et subordonnées à elles, voir G. Carone, *Plato's Cosmology…*, *op. cit.*, p. 57-58.

2. *Métaphysique* A 1, 982b26 caractérise bien la sagesse comme l'unique science libre, mais seulement parce qu'elle n'est pas recherchée pour un autre avantage (que sa possession), de même qu'un homme libre n'existe pas pour autrui mais pour lui-même.

3. Plotin soutient non seulement, comme Platon, que l'intellect est parfaitement libre, mais en outre que le principe ultime qu'il vise est lui-même libre (voir *Ennéades*, VI 8 [39], *Sur le volontaire et la volonté de l'Un*)., même s'il n'emploie que marginalement le lexique

exige, pour Platon, la distance entre l'intelligence (même sans entrave et parfaite) et ses objets.

Intelligence, relativisme et vérité

On a déjà remarqué plusieurs fois la fonction antirelativiste que le passage sur l'assimilation à dieu permet à la digression de remplir. Celle-ci est cependant souvent limitée au rappel de l'existence de normes objectives et divines contre le relativisme des valeurs de la cité évoqué juste avant la digression[1]. Mais la réponse de la digression va sans doute plus loin. Après l'explication complète de la thèse de Protagoras, Socrate entreprend son examen à partir de 161c et se demande tout de suite pourquoi Protagoras n'a pas dit que le pourceau était la mesure de toute chose, renversant ainsi avec désinvolture l'admiration de ses auditeurs pour sa sagesse digne d'un dieu (αὐτὸν ὥσπερ θεὸν ἐθαυμάζομεν ἐπὶ σοφίᾳ), et avoué qu'il n'était supérieur en intelligence (161d1 : εἰς φρόνησιν οὐδὲν βελτίων) ni à un autre homme ni même à un têtard. Il est ici discrètement précisé que la φρόνησις est un enjeu de la première partie du dialogue, ce que confirme, après la défense de Protagoras, le début de la seconde grande étape de la réfutation[2], où Socrate résume ainsi le débat (169d4-6) :

> … nous étions insatisfaits (ἐδυσχεραίνομεν) et reprochions au discours [de Protagoras] de rendre chacun suffisamment pourvu en intelligence (ὅτι αὐτάρκη ἕκαστον εἰς φρόνησιν ἐποίει) et Protagoras nous accorda que certains se distinguent en matière de meilleur et de pire et que c'était ceux-là qui étaient aussi sages[3].

La formulation du problème posé par le relativisme dans le passage qui vient d'être cité est particulièrement intéressante : il rend chacun αὐτάρκη en matière de φρόνησις, c'est-à-dire suffisamment pourvu en pensée, autosuffisant et donc indépendant pour ce qui est de la compréhension de la réalité, sans aucun besoin des conseils d'autrui, donc suffisamment intelligent. Le repli sur soi propre au relativisme va de pair avec l'absence de hiérarchie entre individus et la toute-puissance de chacun quant à la

de l'ελευθερία à leur sujet. Voir L. Lavaud, « La métaphore de la liberté : liberté humaine et liberté divine chez Plotin », *Archives de Philosophie* 85 (1), 2012, p. 11-28.

1. Voir *supra*, p. 33, 41 et 82-84.

2. Mon attention a été attirée sur ces deux occurences de φρόνησις par R. Polansky, *Commentary*, p. 143.

3. Je remercie Claire Louguet, Michel Crubellier et Philippe Rousseau pour une discussion très éclairante sur la traduction de ce passage.

φρόνησις[1]. Il ne peut pas être accidentel que, dans la digression, Socrate introduise à l'inverse un homme qui se distingue de tous les autres par son assimilation à la justice divine grâce à sa φρόνησις.

À première vue, on peut interpréter cette « réponse » comme l'affirmation dogmatique de la supériorité intellectuelle et morale de rares individus sur la très grande majorité des autres (qui ne la reconnaissent pas). Un signe pourrait en être la tendance du philosophe à ne pas distinguer entre les autres hommes et les animaux[2] : il ne sait pas si son voisin est un homme ou une autre bête (174b1-3) et ne distingue pas un tyran ou un roi d'un porcher ou d'un berger (174d3-5). Or, par la bouche de Socrate, Protagoras a dénoncé à deux reprises la nullité et la vulgarité de l'objection selon laquelle sa doctrine aboutirait à ne plus distinguer les hommes des pourceaux ou des têtards[3]. Il est surprenant de voir Socrate attribuer une confusion analogue au philosophe mais cela s'explique par le fait que, dans les deux cas, il existe une équivalence fondamentale entre « tous » les hommes (ou toutes les cités) qui brouille la frontière avec les animaux. Comme le relativisme démocratico-protagoréen, le philosophe considère qu'aucun citoyen ne détient la vérité, en particulier sur la justice. Chez Protagoras, dès lors qu'aucune perception ne peut se prévaloir d'être plus vraie qu'une autre, Socrate ne voit plus en quoi les perceptions humaines l'emporteraient sur n'importe quelle autre perception. Avec le philosophe, c'est en revanche sa position de surplomb par rapport aux autres[4], sa connaissance de la vérité qui l'empêche d'apercevoir la différence qui existe entre la majorité des hommes et les animaux (ou entre les riches et les pauvres, les Grecs et les barbares), comme un géant pour qui les éléphants et les bœufs apparaîtraient comme ayant une taille équivalente.

Ce géant est cependant lui-même relativisé par rapport à un dieu, qui est son modèle. Alors que l'apologie de Protagoras (166d-167d) et la majorité des hommes (170b5-9) reconnaissent l'existence de σοφοί distincts du

1. Vus la valeur de la φρόνησις et les autres usages d'αὐτάρκης chez Platon, on peut penser que l'expression suggère que la thèse de Protagoras accorde à chaque homme un statut quasi-divin.

2. Sur les autres significations de ces confusions du philosophe, voir *supra*, p. 152 et *infra*, p. 228.

3. *Théétète*, 162e et 166c. Voir M.-A. Gavray, *Platon héritier de Protagoras*, *op. cit.*, p. 179-181.

4. L'argument d'autocontradiction qui précède la digression a montré que cette position de surplomb est interdite à Protagoras par sa doctrine. Même s'il peut définir certains hommes comme supérieurs à la majorité d'un autre point de vue que celui de la vérité (*Théétète*, 166d-167d), il ne peut pas rendre compte de l'expérience des autres hommes d'une manière qu'ils n'acceptent pas (lorsqu'ils admettent que la vérité existe dans certains domaines), dès lors qu'ils les a rendus chacun autosuffisants.

commun des mortels, c'est un φἱλόσοφος que Platon oppose à ceux qui prétendent guider les cités[1]. Socrate répond ainsi au relativisme moins par l'affirmation de l'existence d'une sagesse objective mais rare, que par l'idée d'une insuffisance du plus intelligent : le philosophe reconnaît son infériorité d'abord en matière d'efficacité rhétorique (par rapport aux autres hommes) mais aussi en matière de vertus (par rapport aux dieux).

A une toute-puissance égale de chaque individu enfermé en soi-même, Socrate oppose une hiérarchie stricte mais tronquée, ou bien ouverte, du fait que la position la plus élevée est elle-même essentiellement subordonnée à un modèle inatteignable (en cette vie). *Autosuffisant(s) pour ce qui est de l'intelligence* (169d5), cette formule pourrait assez bien définir la liberté pour certains penseurs, ou du moins sa principale condition. L'insatisfaction de Socrate à son égard résulte non seulement d'une forme d'aristocratisme mise en lumière dans le chapitre précédent, mais aussi de l'idée que la liberté exige de pouvoir sortir de soi-même. L'intelligence, comme on l'a déjà noté à propos du Bien, ne se suffit pas à elle-même[2]. Comme l'écrit justement Marc-Antoine Gavray à propos de l'assimilation à dieu, « posséder en soi le principe de la mesure utile pour instituer les normes ne garantit pas la liberté, à la différence d'une mesure transcendante, non soumise au contrôle et à la mesure des autres individus, une mesure qui soit parfaitement *extérieure à tout individu* »[3]. C'est pourquoi, dès le début de la digression, la liberté des philosophes va de pair avec l'objectif d'« atteindre la réalité » (172d9)[4].

Il n'est pas certain, en revanche, que cette conception de la liberté fournisse directement une « règle de mesure commune » et une

1. L'association entre les orateurs et la prétention à la *sophia* est explicite et répétée juste avant et après la description des « philosophes » : voir 171c11, 172b8 et 173b2.

2. Pour la liberté comme capacité de poser ses propres objets et sur la thèse du Bien comme source de la vérité, voir l'analyse décisive de S. Delcomminette, *L'inventivité dialectique*..., *op. cit.*, p. 29-55 sur la position des Idées ou Formes comme « résultat d'une exigence de l'intelligence du philosophe qui souhaite établir une véritable science, caractérisée par sa stabilité essentielle ».

3. M.-A. Gavray, *Platon héritier de Protagoras*, *op. cit.*, p. 139. *Cf.* M. Dixsaut, *Naturel*, p. 301 : « seul celui qui a sa mesure hors de soi, dans quelque chose de divin et de plus haut que lui, dans l'autre et non pas en lui-même, n'a pas besoin de critère et n'attend pas de verdict ».

4. Le relativisme à l'égard des valeurs de la cité nie au contraire que ces dernières aient une quelconque οὐσία (172b4-5), comme le souligne bien D. Labriola, « Plato v. Status Quo : On the Motivation for Socrates'Digression in the *Theaetetus* », *Apeiron* 45, 2012, p. 101. Sur la reprise de ce problème à la fin de la première partie du *Théétète*, en écho à la digression, voir *infra*, p. 213 et 238.

« stabilité »[1]. Elle instaure une exigence qui transforme l'interlocution en dialogue sur et vers un objet commun et extérieur au discours, mais ne garantit pas sa saisie. Quant à la mesure divine, elle est objective et pacifique, mais ne semble pas beaucoup plus commune ou stable que les opinions de chacun, moins parce qu'elle est elle-même *de facto* soumise à des interprétations divergentes, que parce qu'elle est posée comme idéale et ne confère pas à celui qui la reconnaît une expertise efficace mais seulement une conscience des exigences de la recherche de la vérité[2] ou de la réalisation de la justice. Cette lucidité n'implique aucun scepticisme mais met à distance toute solution programmée et doit s'en remettre à l'autonomie de la φρόνησις du philosophe en quête de la vérité. C'est pourquoi l'exercice de cette vertu est à la fois opposée à la servilité des orateurs dans la digression et mise en scène dans l'ensemble du parcours du *Théétète*.

1. M.-A. Gavray, *Platon héritier de Protagoras*, *op. cit.*, p. 153

2. R. Polansky, *Commentary*, p. 136 : « Philosophers concentrate upon *being*, though they have a hard, or even unending task, understanding it ». L'activité philosophique est ainsi définie en termes d'examen et de recherche (σκέψις en 175c2 et ζητεῖ τε καὶ πράγματ'ἔχει διερευνώμενος en 174b5-6) plutôt que par des résultats, comme on le verra plus loin.

CHAPITRE V

LE CONTEXTE DIALECTIQUE : LIBERTÉ ET LOISIR DANS L'ENQUÊTE DU *THÉÉTÈTE*

QUELLE LIBERTÉ POUR LES PHILOSOPHES ?

On a déjà analysé dans les deux premiers chapitres l'opposition initiale entre les orateurs et les philosophes (172d4-173a1). On a vu que la situation des philosophes est comparée à celle des orateurs, mais Socrate est nettement plus concis et vague à propos des premiers si bien qu'il n'est pas aisé de saisir en quel sens leurs discours sont libres et autonomes. Le fait que l'ensemble de la comparaison prétende décrire comment des conditions de vie produisent des dispositions ainsi que le cas des orateurs suggèrent à première vue que le fait d'être « nourris/élevés » dans le loisir et la paix produit naturellement chez les philosophes une sorte de liberté totale de discourir sur n'importe quel sujet de leur choix à la manière qui leur convient. Nous n'avons cependant aucune description précise du loisir et de la paix des philosophes, si bien que rendre compte de leurs dispositions à partir de cette situation est difficile [1]. Socrate ne dit d'ailleurs pas que le loisir ou la liberté engendre des philosophes, mais bien que « ceux qui ont été élevés dans la philosophie et les occupations du même genre » (172c9-d1) sont comparables à des hommes libres. Peut-on aller plus loin que cette analogie, comme nous y incitent les déclarations de Platon sur la liberté propre à l'intelligence ?

Il me semble que le raisonnement suivant est implicite dans la description concise des philosophes : 1) La philosophie consiste dans la recherche de « ce qui est » (172d9). 2) Cette recherche ne suit pas

1. En outre, on a vu que le loisir peut être occupé de plusieurs manières, si bien qu'on ne peut pas présupposer qu'il conduit nécessairement à la philosophie selon Platon. Voir L. Isebaert, « Le loisir chez Platon », art. cit., p. 305-307.

une voie tracée à l'avance, elle passe par de longues analyses menées à plusieurs et dont les sujets ou les méthodes changent au fur et à mesure de la discussion. 3) Afin de pouvoir aller au bout de ces raisonnements, les philosophes doivent disposer constamment de temps, collaborer sans rivalité aucune et plus généralement être libres de discourir comme ils le souhaitent, sans contrainte ni contrôle extérieurs. L'étape cruciale du raisonnement est la seconde. Elle est allusivement formulée au début du passage : les philosophes « discourent à loisir et dans la paix » (172d5 : τοὺς λόγους ἐν εἰρήνῃ ἐπὶ σχολῆς ποιοῦνται), dit Socrate, et il en donne comme exemple le fait que Théodore, Théétète et lui-même « rempla[cent] déjà pour la deuxième fois un discours par un autre »[1], autrement dit ont déjà bifurqué, changé d'approche ou de point de vue deux fois dans leur examen de la thèse de Protagoras.

Le début de la digression affirme donc qu'il existe un lien intrinsèque entre liberté, loisir et philosophie, parce que la philosophie est une activité dont le déroulement ne peut être soumis à des procédures. Si le manque de temps, les intérêts ou la susceptibilité d'un des interlocuteurs voire certaines normes sociales les empêchent de suivre une piste argumentative requise par l'enquête, celle-ci ne pourra aboutir. On objectera peut-être à cette interprétation que, dans la suite du passage, Socrate présente les philosophes comme changeant de sujet à leur guise et emploie un verbe qui suggère qu'ils ne sont guidés par aucune exigence objective, mais font ce qu'ils veulent (ἀρέσῃ). Lorsque Socrate dit que les philosophes « discourent dans la paix et à loisir », il ne s'agirait pas de conditions requises en permanence par leur recherche, mais d'une attitude caractéristique des philosophes, qui discuteraient en suivant leur bon plaisir, alors que les orateurs discourent sur des sujets imposés pour gagner le procès et leur vie. En effet, présenter les philosophes comme *obligés* par leur enquête à suivre telle piste puis telle autre, n'est-ce pas les présenter comme bien peu libres, voire comme tout aussi contraints que les orateurs, à ceci près qu'ils sont encadrés par des exigences méthodologiques plutôt que par une procédure juridique ?

Cette conception vagabonde ou hédoniste de la liberté philosophique est exclue par deux éléments. D'abord, Socrate rapproche une seconde fois la conduite des philosophes de celles de Théétète, Théodore et lui-même (172d8 : καθάπερ ἡμᾶς). Or il apparaît dans le reste du *Théétète*, comme on va le voir en détail, que Socrate n'est pas guidé par son bon plaisir mais par les exigences du problème de départ et les conséquences des

1. 172d5-6 : ὥσπερ ἡμεῖς νυνὶ τρίτον ἤδη λόγον ἐκ λόγου μεταλαμβάνομεν. Voir p. 39 pour une première analyse de ce passage.

thèses admises par son interlocuteur. Mais surtout, dès la phrase suivante à propos de la manière de parler des philosophes, l'ambiguïté est levée : Socrate ne dit pas que les philosophes choisissent entre les longs discours et les brèves réponses en fonction de leur goût ou de leur envie du moment, mais que ces deux manières de parler « n'ont aucune importance du seul moment qu'ils atteignent la réalité/ce qui est » (172d9 : μέλει οὐδὲν λέγειν, ἂν μόνον τύχωσι τοῦ ὄντος). Les philosophes ont bien un but, auquel les divers aspects de leur discours sont subordonnés : leur manière de parler, le temps dont ils disposent, les objets qu'ils examinent et les arguments qu'ils suivent sont choisis dans la mesure où ils permettent de découvrir la vérité. Tout ce qui est indifférent du point de vue de ce but est traité avec désinvolture, tout ce qui est un obstacle – comme un temps limité, des rivalités personnelles ou le refus de suivre certaines pistes – est incompatible avec la pratique de la philosophie.

Pour autant, la conception « hédoniste » de la liberté intellectuelle n'est pas absente du dialogue; Platon semble en fait mettre lui-même en scène ces deux conceptions de la liberté. Juste avant la digression, Socrate déclare : « Mais voici, Théodore, qu'un argument plus important s'empare de nous à partir d'un moindre » (172b8 : λόγος δὲ ἡμᾶς (...) καταλαμβάνει). Cette formulation suggère déjà que les interlocuteurs ne décident pas à leur guise de s'intéresser à tel ou tel objet mais qu'ils sont conduits par les arguments eux-mêmes[1]. Le « loisir » apparaît donc dès le départ comme une condition temporelle *et* une disposition d'esprit requises pour pouvoir suivre les arguments là où ils mènent. Pourtant, un peu plus loin dans la digression, Théodore reformule cette idée de manière assez différente (173b3-c5) :

> SOCRATE : Tels sont donc ces gens-là, Théodore, mais ceux de notre chœur, veux-tu que nous les examinions ou bien que nous les laissions aller, pour revenir à notre discours précédent, afin justement de ne pas excessivement abuser de cette liberté de remplacer un discours par un autre, dont nous parlions à l'instant?
>
> THÉODORE : Pas du tout, Socrate, examinons-les au contraire. Car, comme tu l'as très bien dit, nous qui faisons partie de ce chœur, nous ne sommes pas au service des discours, mais les discours sont en notre pouvoir, comme des serviteurs, et chacun d'eux attend que nous le menions à terme quand bon nous semble. Car, il n'y a chez nous ni juge ni spectateur qui, comme pour les poètes, ait reçu la charge de censurer et même de commander.

1. Il est vrai qu'en 172d6, cité dans la note précédente, l'expression est reprise mais le sujet et l'objet sont inversés.

Socrate a bien affirmé que les orateurs sont comme des esclaves par rapport aux philosophes, mais il n'a pas défini la liberté de ces derniers par le fait de tenir *les discours ou arguments* « en esclavage », d'en disposer entièrement à leur guise. Bien que Théodore n'utilise pas son bon plaisir mais son « opinion » comme critère de conduite au milieu des discours, il se fait le porte-parole d'une conception « hédoniste » de la liberté philosophique[1]. Ceci est confirmé par son attitude avant la digression[2] et par un second échange à la fin de la digression (177b7-c2) : Socrate s'inquiète du risque que les « propos accessoires » affluent et « submergent notre discussion initiale » (καταχώσει ἡμῶν τὸν ἐξ ἀρχῆς λόγον), alors que Théodore souligne le plaisir (οὐκ ἀηδέστερα) qu'il prend à ces propos, « plus faciles à suivre à son âge ». Contrairement à Théodore, Socrate a bien pour seul critère la résolution de la question de départ, à savoir la vérité ou la fausseté de l'identité entre science et sensation[3], et non ses préférences personnelles ou celle de ses interlocuteurs. Une lecture attentive de l'ensemble du *Théétète* montre que cette question de la bonne manière de dialoguer constitue en fait une sorte de basse continue du dialogue.

1. Voir S. Benardete, *The Being of the Beautiful*, Chicago, University of Chicago Press, 1984, p. 130 (« Theodorus wants to be the jury »), R. Rue, « The Philosopher in flight : the Digression in Plato's *Theaetetus* », art. cit., p. 93-94 et P. Stern, *Knowledge and Politics in the Theaetetus*, *op. cit.*, p. 165. En corrigeant cette conception de la liberté du philosophe, il ne s'agit pas de nier qu'il existe un plaisir propre à la connaissance chez Platon, qui est même supérieur à tous les autres plaisirs : sur sa nature et son explication dans la *République* et le *Philèbe*, en particulier la question de savoir s'il vient de l'apprentissage en tant que tel ou de la saisie de la vérité, voir J. Warren, *The pleasures of reason in Plato, Aristotle and the Hellenistic hedonists*, Cambridge, Cambridge University Press, 2014, p. 20-51.

2. Théodore aime assister à la discussion mais ne veut pas prendre le risque d'y participer, comme Socrate le lui reproche en faisant une analogie avec la palestre (162b). Théodore aborde donc le dialogue philosophique comme une sorte de spectacle, ce qui est tout à fait cohérent avec le fait qu'il évalue la discussion à l'agrément qu'elle lui procure. Il sera finalement obligé de remplacer Théétète afin que Protagoras soit correctement défendu (168d-169c, où revient l'analogie de la palestre et l'interdit spartiate de regarder les athlètes nus sans se dénuder soi-même et participer). Sur le rôle de Théodore dans cettte réfutation, voir *infra*, p. 209-210.

3. Voir par exemple le moment où le besoin d'un nouvel examen plus rigoureux a été établi, suite à une objection de Protagoras (162d5-163a1), et où Socrate précise (163a7-10) : « Alors voici par où examiner si, donc, science et sensation sont identiques ou différentes. Car c'est à cela (εἰς γὰρ τοῦτό) en somme, que tendait tout ce que nous avons dit, et c'est pour ce motif (τούτου χάριν) que nous avons mis en branle cette foule d'étrangetés, n'est-ce pas ? » (trad. M. Narcy).

EXIGENCES ET SURPRISES DE L'ENQUÊTE DIALECTIQUE

On a déjà remarqué que la plupart des dialogues de Platon sont réflexifs en ce qu'ils offrent un nombre plus ou moins grand de commentaires explicites sur leur manière de procéder, ses avantages, ses justifications et ses limites. Le *Théétète* est un exemple bien connu de cette réflexivité à cause du passage sur la maïeutique, mais elle est présente également au début de la digression et dans tout le dialogue, puisque Socrate ne cesse de faire allusion, tout au long de ses échanges avec Théétète et Théodore, aux questions méthodologiques soulevées dans ces deux passages. Socrate rappelle souvent, jusqu'à la fin du dialogue, que Théétète est en train d'accoucher et que ses « enfants » doivent être examinés. Or des allusions au début de la digression rythment également l'avancée du dialogue, qui ne cesse de mettre en lumière les tours et détours qui s'imposent aux interlocuteurs, comme s'il s'agissait de mettre en scène le discours philosophique lui-même. On peut se demander s'il n'y a pas là un signe que Platon voyait le *Théétète* comme un dialogue d'un nouveau type – plus technique, du fait de son objet comme de son argumentation, et adressé aux membres de l'Académie plutôt qu'au public cultivé. Si tel était le cas, les nombreux passages réflexifs et au premier chef la digression seraient destinés à défendre ce type d'écrit philosophique et à en fournir une sorte de mode d'emploi [1].

Dès le prologue, Euclide raconte qu'après en avoir rédigé une première esquisse dès son retour chez lui, « plus tard, quand j'en avais le loisir, j'écrivais quand quelque chose me revenait en mémoire » (143c2 : κατὰ σχολὴν) avant d'aller compléter ou corriger ses souvenirs en interrogeant Socrate dès qu'il allait à Athènes. Sans le loisir d'Euclide (et donc de Platon) et son souci de suivre tous les méandres de la discussion à laquelle il a assisté, elle n'aurait donc pas pu être consignée et ne serait pas à la disposition des lecteurs [2]. Une fois le dialogue entre Socrate et Théétète entamé et, alors qu'ils examinent le mobilisme, Socrate esquisse une distinction entre deux manières de discuter, qui débouche sur la deuxième mention du « loisir » dans le dialogue (154d8-155a2) :

1. On laisse de côté dans ce qui suit les nombreux parallèles, dans d'autres dialogues, avec les passages réflexifs du *Théétète* qui vont être examinés afin de montrer que la digression est étroitement liée *à tout le dialogue* au centre duquel elle se trouve. Si la digression explicite les principes du dialogue entre Socrate, Théodore et Théétète, ces principes valent évidemment pour d'autres dialogues *dans la mesure où leurs interlocuteurs sont philosophes*, ce qui n'est pas toujours le cas dans les premiers dialogues et ceux de la maturité.

2. P. Demont, *Cité*, p. 303-304.

SOCRATE : Suppose, donc, que toi et moi soyons des hommes habiles et sages (δεινοὶ καὶ σοφοὶ), qui ont entièrement examiné ce qui se trouve dans les esprits (πάντα τὰ τῶν φρενῶν ἐξητακότες), il ne nous resterait plus alors pour la bonne mesure qu'à faire usage de nos propres ressources argumentatives, les unes contre les autres, pour nous éprouver, nous rencontrant en combat singulier à la manière des sophistes. Mais pour l'instant, en tant que profanes, nous souhaiterons d'abord observer (θεάσασθαι) en les mettant en rapport les unes avec les autres ce que peuvent bien être nos pensées, et si elles sont en harmonie les unes avec les autres ou pas du tout.
THÉÉTÈTE : Moi, en tout cas, c'est tout à fait ce que je voudrais.
SOCRATE : Moi aussi. Et s'il en est ainsi, puisque nous en avons largement le loisir que ferons-nous d'autre que d'observer de près à nouveau et lentement (ἤ ἠρέμα, ὡς πάνυ πολλὴν σχολὴν ἄγοντες, πάλιν ἐπανασκεψόμεθα), sans nous montrer chicaniers, mais en nous soumettant nous-mêmes réellement à un examen détaillé, ce que peuvent bien être ces apparitions en nous ?

L'opposition n'est pas strictement identique à celle de la digression, puisque les sophistes n'ont pas les mêmes contraintes que les orateurs d'un procès, mais l'on en retrouve les principaux éléments : du côté des philosophes, l'examen de la vérité de leurs propres idées (τί ποτ' ἐστὶν ἃ διανοούμεθα) sans agressivité ni ruse, sans hésiter à revenir plusieurs fois sur le même sujet. De l'autre côté, une confrontation entre des arguments déjà connus et maîtrisés par chaque interlocuteur dans le but de déterminer qui est le plus fort. Cette opposition est fréquente chez Platon, et rappelle en particulier le *Gorgias* et le *Protagoras*. Cependant, comme dans la digression, le point mis en exergue ici n'est pas la différence entre la joute sophistique et la coopération dialectique, mais le rapport au temps. La réponse de Socrate souligne en effet que le loisir est une *condition* (ὡς) de l'activité philosophique, parce que celle-ci est de l'ordre de l'examen (ἐξετάζοντες)[1] et de l'observation (θεάομαι, ἐπανασκεψόμεθα), qui ont besoin de patience afin de déterminer « ce que peuvent bien être » nos idées[2].

Peut-on préciser la nature de ce « besoin » ? Après tout, nombreuses sont les activités qui réclament du temps ; pourquoi insister sur ce trait de l'enquête philosophique ? Les multiples remarques de Socrate à ce sujet

1. ἐξετάζω est utilisé au parfait pour les sophistes (ἐξητακότες), qui n'ont plus rien à examiner.

2. Sur le lien entre loisir et patience chez Platon, voir L. Isebaert, « Le loisir selon Platon », art. cit., p. 302-303.

dans le *Théétète* confirment qu'il s'agit d'un thème important du dialogue et permettent de proposer plusieurs explications.

On peut d'abord s'appuyer sur les principes de la maïeutique. Après le premier essai de définition de la science par Théétète, qui « est comme [son] enfant nouveau-né accouché » par Socrate, ce dernier explique ce qui doit suivre (160e6-161b5, trad. M. Narcy modifiée) :

> SOCRATE : D'un côté, c'est avec bien de la peine, semble-t-il, que finalement nous l'avons engendré, quoi qu'en fait il puisse se trouver être. Mais après l'accouchement, il nous faut procéder à l'amphidromie du nouveau-né, en faisant parcourir tout autour au raisonnement une véritable course circulaire [1], examinant si ce qui vient à être ne nous dissimule pas qu'il ne vaut pas la nourriture pour l'élever, mais qu'il n'est que l'émission d'un vent, du faux. Ou bien crois-tu, toi, qu'il faut de toute façon nourrir ce qui, après tout, est tien, et ne pas l'exposer? Ou supporteras-tu de le voir confondu, et n'entreras-tu pas dans une grande colère, si on te le soustrait, toi dont c'est comme le premier accouchement?
> THÉODORE : Théétète le supportera, Socrate; car il n'a pas l'humeur difficile, d'aucune façon. Mais parle, par les dieux, est-ce qu'au contraire il n'en est pas comme on l'a dit?
> SOCRATE : Tu aimes vraiment argumenter, Théodore, tu n'y mets pas d'artifice, et tu es bien bon de croire que je suis un sac d'arguments et que, puisant en toute facilité, je vais dire qu'au contraire, il n'en va pas de ces choses comme on l'a dit. Mais tu n'as pas idée de ce qui se passe : aucun des arguments ne survient de mon fait mais, à chaque fois, du fait de celui qui me donne la réplique, et, moi, je ne sais rien de plus, hors le peu qui se limite à obtenir d'un autre savant une réponse, et à lui faire un accueil à sa mesure.

Socrate rappelle qu'il ne sait rien et ne peut qu'éprouver la valeur des opinions d'autrui. Contrairement aux sophistes, comme l'indique déjà l'opposition de 154a, Socrate ne dispose pas d'une méthode éprouvée qui lui permettrait d'effectuer immédiatement et seul l'évaluation de n'importe quelle opinion et de dire « ce qu'il en est ». Celle-ci dépend au contraire de la collaboration active de la personne interrogée, en l'occurrence Théétète. Les analogies avec le travail de la parturiente et le rituel de l'amphidromie, où le père faisait faire le tour de la maison à l'enfant en courant, soulignent l'énergie et le temps indispensables à

1. J'adopte l'analyse et la majeure partie de la traduction de C. Titli, *L'abandon de l'enfant dans la civilisation et la littérature grecques jusqu'à la fin du quatrième siècle*, thèse de doctorat en études grecques soutenue en 2009 à l'Université Paris IV-Sorbonne, sous la direction de P. Demont, p. 50-68, qui fournit également un état de la question très éclairant sur la cérémonie des amphidromies.

l'enquête dialectique. Socrate le rappelle un peu plus loin en parlant de « toute l'entreprise de la dialectique », qui apparaît comme un « long bavardage interminable »[1]. Toutes ces comparaisons et expressions ne sont pas ironiques mais désignent un aspect essentiel de l'enquête philosophique, à savoir son caractère sinueux et laborieux.

Mais, à côté de l'ignorance de Socrate et des contraintes qu'elle impose à ses interlocuteurs, il existe des exigences plus profondes propres à toute discussion philosophique, qu'elle soit ou non maïeutique. En témoigne déjà le début du passage qui vient d'être cité : l'objectif de Socrate est de déterminer si « l'enfant » de Théétète, dont la nature est encore inconnue (ὅτι δή ποτε τυγχάνει ὄν), est véritable ou « faux ». On retrouve dans les mêmes termes le but ultime des philosophes de la digression : « atteindre ce qui est » (172d9 : τύχωσι τοῦ ὄντος), ce qui confirme la mise en abyme effectuée par la digression.

Or cette exigence de distinguer entre l'apparence et ce qui est constitue une source importante de tours et détours argumentatifs. Comme le dit Socrate à la fin du dialogue, à propos de la dernière définition de la science, « maintenant que je me suis approché de cet énoncé, il m'arrive tout à fait la même chose que si c'était une peinture en trompe-l'œil (ὥσπερ σκιαγραφήματος) : je n'en comprends même pas un détail, alors que, tant que je me tenais à distance, il m'apparaissait avoir un sens » (208e7-10). Les énoncés qui sont justes à première vue doivent être observés sous toutes les coutures afin d'éprouver leur solidité. Ceci implique non seulement de ne pas se fier immédiatement à un énoncé apparemment salvateur, comme la prometteuse troisième définition (202d1-3), mais aussi de ne pas le rejeter trop vite à cause des problèmes qu'il pose immédiatement, comme lorsque Socrate change la définition du « composé » et le distingue nettement des éléments afin de donner sa chance jusqu'au bout à cette même troisième définition (203e8-9) : « il faut l'examiner, et ne pas abandonner ainsi, lâchement, une grande et respectable doctrine »[2].

Ces exigences propres au dialogue nous conduisent droit vers un passage célèbre du *Théétète*, qui suit de peu celui opposant la manière des sophistes au dialogue à loisir et qui est suscité par la mention par

1. 161e6-7 et 162a1 cités *supra* p. 51 : σύμπασα ἡ τοῦ διαλέγεσθαι πραγματεία (…) μακρὰ μὲν καὶ διωλύγιος φλυαρία.

2. Voir aussi 190e8-191a6 où Socrate refuse d'expliquer à Théétète les absurdités qui résultent de la non-existence de l'opinion fausse « avant de m'être essayé à examiner la question de toutes parts » (πρὶν ἂν πανταχῇ πειραθῶ σκοπῶν) et d'avoir cherché « une issue » à l'apparente impossibilité de l'opinion fausse.

Socrate de quelques paradoxes liés au devenir (155c8-d5, trad. M. Narcy modifiée) :

> THÉÉTÈTE : Et par les dieux, Socrate, à quel point je m'étonne de ce que ces choses-là peuvent bien être (τί ποτ' ἐστὶ ταῦτα), cela dépasse les bornes ; et quelquefois, pour dire le vrai, quand j'y porte le regard, j'ai la vue qui s'obscurcit (ἐνίοτε ὡς ἀληθῶς βλέπων εἰς αὐτὰ σκοτοδινιῶ).
> SOCRATE : C'est que Théodore, mon cher, paraît ne pas mal deviner au sujet de ta nature. Car c'est tout à fait d'un philosophe, ce sentiment, s'étonner (μάλα γὰρ φιλοσόφου τοῦτο τὸ πάθος, τὸ θαυμάζειν) : il n'y a pas d'autre point de départ de la philosophie que celui-là, et celui qui a dit qu'Iris est née de Thaumas n'a pas mal dressé sa généalogie.

Il existe un lien étroit entre ce court passage métaphilosophique, la description de la digression et l'ensemble du dialogue, puisque c'est précisément la capacité des philosophes de s'étonner face aux phénomènes ou arguments qu'ils rencontrent et « regardent », qui les conduit à de nombreux détours argumentatifs imprévus, puisqu'*aux yeux du philosophe*, ce qui semble clair et simple peut s'avérer très problématique, comme dans l'exemple cité à la page précédente (208e7-10). Le loisir permet à l'étonnement, qui n'est qu'un point de départ[1], de se déployer en examen. On comprend mieux en outre le rapport à la fois passif et actif, soumis et libre, des philosophes aux discours. L'étonnement est un πάθος, dans la mesure où il est une perception de quelque chose qui se trouve dans les choses ou les discours, mais il doit être converti en problème pertinent par le philosophe, qui est ainsi à la fois celui qui se laisse « saisir » par les *logoi* successifs et celui qui les guide.

On retrouve donc avec l'étonnement philosophique le refus des arguments tout faits, déjà connus et prêts à l'usage, associés aux sophistes. On le voit bien dans la réfutation initiale de Protagoras. Par la bouche de Socrate, ce dernier reproche d'abord à cette première réfutation de sa position de n'être fondée que sur la faiblesse de Théétète (166a2-3) et sur des arguments vraisemblables (162e8 : πιθανολογίᾳ) plutôt que sur de véritables démonstrations. Il faut donc reprendre l'examen de la définition protagoréenne de la science sous un autre angle (163a4 : Ἄλλῃ δὴ σκεπτέον...). Un peu plus loin, Socrate blâme Théétète et lui-même de ne s'être souciés, comme des éristiques, que d'un « accord entre les

1. Sur l'existence d'un mauvais étonnement, liée à la sophistique, et la nécessité de dépasser l'étonnement dans un dialogue, voir M. Dixsaut, *Naturel*, p. 303-304. Dans la digression, le philosophe en donne un exemple lorsqu'il estime que « dix mille plèthres de terre » n'est pas « une propriété d'une taille étonnante » (θαυμαστὰ πλήθει) car il est « habitué à porter le regard sur la terre entière » (174e2-5).

mots » qui les a artificiellement rendus victorieux (164c8-10)[1]. En effet, si l'interlocuteur n'est pas suffisamment expérimenté, il est possible qu'il se contente d'arguments insuffisants et que le discours prenne « une forme qui convient à des enfants », ce qu'il faut absolument éviter (169c8-9, *cf.* 168d).

Il est donc nécessaire et « plus noble de se mettre d'accord de manière plus claire sur ce point (σαφέστερον περὶ τούτου αὐτοῦ διομολογήσασθαι), car, qu'il en soit ainsi ou autrement, cela ne change pas qu'un détail » (169e5, trad. M. Narcy modifiée). Chaque accord ou désaccord est en effet porteur de conséquences acceptables ou absurdes. Aucune opinion ne peut être jugée facilement, car elle doit être évaluée en fonction de ses rapports à d'autres opinions admises par les interlocuteurs (191b10-c3, trad. M. Narcy) :

> Ne posons donc pas [ce cas] en ces termes, mais de la façon suivante, par où peut-être il marchera d'accord avec nous ou peut-être contre nous. Peu importe, car nous sommes placés dans le genre de situation où on est forcé de passer tout énoncé au banc d'essai, en le tournant en tout sens.

C'est d'ailleurs également ce que montre Socrate à Théétète, après l'avoir loué pour son étonnement (155d5-7)[2] : « En es-tu pourtant au point de comprendre pourquoi c'est ce que nous affirmons que dit Protagoras qui engendre pareilles conséquences, ou ne le comprends-tu pas encore ? ». Les affirmations contradictoires qui étonnent Théétète doivent être replacées dans le réseau de discours qui les suscite, de même que la thèse de Protagoras sera elle-même rapportée à celle des héraclitéens.

DÉTOURS, DIGRESSIONS ET RETOURS AU POINT DE DÉPART

Toutes ces exigences dialectiques expliquent que la discussion ne cesse de susciter elle-même des obstacles, méandres ou détours, de remettre en question les résultats qu'elle semble avoir établis, ce qui est typique des dialogues de Platon, mais atteint un degré inégalé dans le *Théétète*, notamment dans la première partie : Socrate y prend en effet plusieurs fois la défense de Protagoras (parfois à la demande de Théodore) contre les objections qu'il vient de lui adresser, s'obligeant ainsi à chaque

1. Sur l'ambiguïté voire l'inévitabilité de l'éristique dans la réfutation de Protagoras, voir M. Narcy, « Why was the *Theaetetus* written by Euclides ? », art. cit., p. 150-166.

2. Suite du passage cité p. 199

fois à rebrousser chemin afin de réfuter Protagoras de manière plus satisfaisante[1].

Le *Théétète* ne cesse donc de revenir en arrière pour traiter les mêmes questions sous un nouvel angle. C'est un leitmotiv du dialogue[2], dont voici les principaux exemples :

> SOCRATE : Alors c'est par un autre biais qu'il faut mener l'examen, cela en a l'air, tel est votre verdict, à toi et à Théodore ? (163a4-5)
> SOCRATE : Tout d'abord, donc, attaquons-nous de nouveau à la question, celle-là même que nous avons posée avant… (169d2-3)
> SOCRATE : Eh bien maintenant, recommence depuis le début et, une fois effacé tout ce qui précède, regarde si tu y vois un peu mieux, maintenant que tu en es arrivé là. Et de nouveau, dis ce que peut bien être la science. (187a9-b3).
> SOCRATE : Nous revenons donc sur ce que nous disions d'abord ? (196b8)
> THÉÉTÈTE : Peut-être en effet, Socrate, notre hypothèse des oiseaux n'était-elle pas bonne, puisque nous posions que ce sont seulement des sciences… (199e1-2).
> SOCRATE : Ayant donc parcouru une longue route, nous voici revenus à la première impasse. Car le réfutateur professionnel de tout à l'heure dira après avoir ri : « Ô vous, les meilleurs ! (…) serez-vous forcés de tourner en rond pour revenir au même point des milliers de fois, sans rien produire de plus ? » Que répondrons-nous à cela, Théétète ? (200a11-c4)
> SOCRATE : Reprenons donc encore une fois au début : la science, on dira que c'est quoi ? Car nous n'allons pas encore renoncer à le dire ? (200d5-6)

On remarquera que les retours au point de départ ne se limitent pas à ceux qui suivent les réfutations finales des deux premières définitions de la science et suscitent la proposition par Théétète d'une nouvelle opinion sur sa nature (187a-b, 200d). Les examens des deux premières définitions

1. Anthony A. Long, « Plato's Apologies and Socrates in the *Theaetetus* », art. cit., p. 127 : « His treatment of Protagoras, though tinged with irony, is immensely searching. Plato has never been as careful as he is here in handling a thesis he intends to refute ». Certains interprètes ont même estimé que Platon doit approuver la conception protagoréenne ou héraclitéenne du sensible et de la sensation présentée en 155d-157c, car une aussi longue analyse serait une vaine perte de temps (*futile* dit F. Cornford, *Theory*, p. 49) si elle était seulement critique. Mais le loisir et la liberté du philosophe se manifestent également dans de tels discours à la fois minutieux et sans utilité positive apparente. Sur la dilatation du temps qui résulte de la méthode d'analyse des discours du *Théétète*, voir L. Palumbo, « Struttura narrativa e tempo nel *Teeteto* », art. cit.

2. P. Stern, *Knowledge and Politics in the Theaetetus*, *op. cit.* et M. Dixsaut, « Macrology and digression », art. cit., p. 20.

sont eux-mêmes émaillés de révisions et progressent à la manière de spirales plutôt qu'en ligne droite[1].

Il existe en outre dans le *Théétète* une autre forme de déviation imprévue caractéristique de l'enquête philosophique. Les délais ne sont pas toujours de l'ordre du retour en arrière après rencontre d'une impasse, mais peuvent résulter d'un problème incident, qui fait obstacle et mobilise l'attention, obligeant à un arrêt ou un détour. Le meilleur exemple se trouve dans la deuxième partie du dialogue avec la recherche d'une explication de l'erreur, qui commence immédiatement après la formulation de la deuxième définition de la science (187c3-e3, trad. M. Narcy) :

> SOCRATE : Alors, quelle est maintenant ta thèse? Etant donné deux formes d'opinion, l'une véridique, l'autre fausse, tu définis l'opinion vraie comme science?
> THÉÉTÈTE : Moi, oui. Car c'est cela qui, à son tour, m'apparaît maintenant.
> SOCRATE : Est-ce qu'il vaut la peine, en plus, de répéter encore une fois, au sujet de l'opinion…
> THÉÉTÈTE : De quoi donc parles-tu?
> SOCRATE : De quelque chose qui, disons, me tracasse, en cet instant mais aussi à d'autres moments, souvent, au point de m'être trouvé dans un grand embarras vis-à-vis de moi-même ou vis-à-vis d'autrui, parce que je ne pouvais dire ce que peut bien être ce trouble qui a lieu en nous, ni de quelle façon il se produit.
> THÉÉTÈTE : Quoi donc?
> SOCRATE : Avoir des opinions fausses. Vraiment, en ce moment même je me demande encore hésitant, si nous allons laisser ce point ou si nous allons l'examiner d'une autre façon qu'un peu avant.
> THÉÉTÈTE : Bien sûr, Socrate, si vraiment de quelque façon que ce soit, il apparaît qu'il le faut! Car tout à l'heure, vous n'aviez pas tort, Théodore et toi, en disant, à propos du loisir, que dans les discussions de ce genre, rien ne presse.
> SOCRATE : C'est à bon droit que tu me l'as rappelé. Peut-être en effet

1. Sur l'expression πάλιν ἐξ ἀρχῆς dans les dialogues et ses différentes significations, voir P. Grenet, « Note sur la structure du *Lachès* », *Mélanges de philosophie grecque offerts à Mgr Diès*, Paris, Vrin, 1956, p. 121-128. On peut trouver des méandres et retours au point de départ similaires à ceux du *Théétète* ou du *Lachès* dans des dialogues non aporétiques comme le *Phédon*, la *République* (voir D. Sedley, « Socratic intellectualism in the *Republic*'s central digression », *in* G. Boys-Stones, D. El Murr et C. Gill (eds), *The Platonic Art of Philosophy*, *op. cit.*, p. 70-89), le *Sophiste* ou le *Politique* (voir 286b-c). La circularité du *Théétète* n'est donc pas liée à sa dimension maïeutique mais essentielle au dialogue philosophique : voir M. Dixsaut, art. cit., p. 19-21. Sur le loisir et les retours aux points de départ dans l'enquête des *Lois*, voir l'analyse très éclairante d'E. Jouët-Pastré, *Le jeu et le sérieux dans les* Lois *de Platon*, Sankt Augustin, Academia Verlag, 2006, p. 110-118.

> n'est-il pas hors de propos de suivre cette trace, pour ainsi dire, encore une fois. Car mieux vaut embrasser peu, mais bien, que beaucoup sans y arriver.

On notera d'abord que, comme le thème de la digression (172c2-3), le problème de l'erreur est introduit par Socrate comme une question qu'il a déjà souvent abordée[1] et qui, pour ainsi dire, s'interpose entre les interlocuteurs et la thèse qu'ils examinent. En résulte dans les deux cas une hésitation : faut-il ou non suivre cette piste? À chaque fois, le loisir est invoqué pour lever l'hésitation (172c2, 187d11). Remarquons cependant que le détour n'est pas pour autant toujours légitime. Théétète précise bien qu'il faut traiter la question « à condition que cela semble, d'une manière ou d'une autre, requis » (187d9-10 : εἴπερ γε καὶ ὁπῃτιοῦν φαίνεται δεῖν), et Socrate s'engage parce qu'il « se pourrait que ce ne soit pas un mauvais moment » (e1 : ἴσως γὰρ οὐκ ἀπὸ καιροῦ) pour traiter à nouveau cette question. L'incertitude demeure sur l'opportunité du détour, qui sera finalement présentée comme illusoire (200c7-d4). :

> SOCRATE : Est-ce donc que cette argumentation fait bien de nous réprimander, mon garçon, et de nous indiquer que nous avons tort de chercher l'opinion fausse avant la science, en laissant celle-ci de côté? Le fait est qu'il est impossible de connaître l'opinion fausse avant d'avoir saisi suffisamment ce que peut bien être la science.
> THÉÉTÈTE : C'est forcé, Socrate, pour le moment, de penser comme tu dis.

Alors que la réponse de Socrate clôt définitivement sur un échec le détour à propos de l'opinion fausse, Théétète semble vouloir rappeler l'incertitude fondamentale de la recherche : à ce stade, il est indéniable que l'enquête sur l'erreur n'a rien produit et semble en fin de compte prématurée, mais rien ne prouve qu'il en ira toujours ainsi. On ne sait pas si l'échec est fondé dans la réalité des choses ou s'il relève de l'insuffisance des interlocuteurs[2]. En outre, l'échec par rapport à l'objectif principal

1. Dans le cas de l'erreur, il s'agit en outre d'une question qui a déjà été abordée dans le dialogue lui-même selon Socrate, qui fait probablement référence à 170c-171b. Ce qui suit le passage qui vient d'être cité est donc à la fois un détour et une reprise.

2. La seconde option est défendue par M. Narcy, « Pourquoi l'erreur? », dans D. El Murr (éd.), *La mesure du savoir. Études sur le* Théétète, Paris, Vrin, 2013, p. 95-128 à propos de la digression sur l'erreur et même de toute la deuxième partie du *Théétète*, qui serait entièrement liée à l'immaturité philosophique de Théétète. Si l'on adopte cette lecture, l'important devient le manque que personnifie Théétète et qui constitue, selon Platon, la cause véritable de l'échec. Je m'en tiens dans ce chapitre à l'analyse des voies et critères de l'enquête et donc au point de vue intradiégétique.

du dialogue n'implique pas que le détour soit entièrement stérile : il peut avoir dégagé la voie pour autre chose.

Quoi qu'il en soit de ce détour à propos de l'erreur, on voit bien que la liberté de l'enquête philosophique peut errer et qu'elle exige une grande vigilance à l'égard des pistes qui se présentent, afin de ne pas se laisser détourner (sous prétexte qu'elle a le temps de les suivre); il ne s'agit pas de vagabonder et d'oublier l'objectif principal. Après la digression et avant le long détour à propos de l'opinion fausse, un autre détour est réclamé par Théétète au moment où Théodore déclare que sa discussion avec Socrate (à propos de Protagoras) est achevée (183c8-184a9, trad. M. Narcy) :

> THÉÉTÈTE : Sûrement pas avant, Théodore, que Socrate et toi ayez passé en revue ceux qui affirment, à l'inverse, que le tout reste en repos, comme vous l'avez proposé tout à l'heure.
> THÉODORE : Toi qui es jeune, Théétète, tu enseignes aux plus âgés à manquer à la justice en transgressant les accords ? Au lieu de cela, prépare-toi à répondre du reste à Socrate.
> THÉÉTÈTE : Bien sûr, s'il y consent. Pourtant, ce qui m'aurait donné le plus de plaisir, c'est de l'écouter à propos des gens dont je parle.
> THÉODORE : Tu défies la cavalerie en plaine, quand tu provoques Socrate à parler. Interroge, donc, et tu l'entendras.
> SOCRATE : Mais mon avis, Théodore, à propos de ce qu'ordonne Théétète, c'est de ne pas lui obéir.
> THÉODORE : Pourquoi donc, ne pas lui obéir ?
> SOCRATE : Mélissos et le reste de ceux qui déclarent le tout un et immobile, même si j'ai honte à l'idée de les examiner sans finesse, j'en ai moins honte que d'examiner ainsi l'unique qu'est Parménide. (...) Je crains donc tout à la fois que ses paroles, nous ne les comprenions pas, et que ce qu'il pensait en les prononçant nous dépasse beaucoup plus ; et la plus grande de mes craintes, c'est que sous l'effet, si on leur obéit, de ces discours qui nous tombent dessus comme des fêtards, vienne à ne pas être examiné le motif initial de cette discussion : s'agissant de la science ce qu'elle peut bien être. Enfin et surtout, celui que nous éveillons maintenant, et dont la taille nous réduit à l'impuissance, on va l'examiner soit de façon purement accessoire (ἐν παρέργῳ), et ce serait lui faire subir une indignité, soit avec toute l'attention requise, et il grandira jusqu'à éclipser la question de la science.

Comme on l'a déjà noté, Socrate interrompt la digression contre l'avis de Théodore qui y prenait plaisir, de peur de perdre le fil de l'argument sur la science. Il refuse ici *ab ovo* de se lancer dans une digression, sacrifiant le désir de Théétète à la poursuite de son accouchement. Et c'est bien l'objet de la recherche qui est doublement critère de cette décision : il ne faut pas abandonner la question initiale du dialogue, il faut traiter la doctrine de Parménide comme *elle* le mérite[1]. Le loisir est donc à la fois une condition indispensable de la recherche, qui doit pouvoir effectuer les détours qui semblent nécessaires, et un risque, car il ne faut pas se laisser submerger par le flot des arguments latéraux, liés au sujet principal mais ou bien accessoires ou bien trop importants pour être traités correctement sans « éclipser » l'objet de la recherche.

Le bon dialecticien doit donc être capable de conserver son rythme, en dépit du temps important dont il dispose, et surtout son cap au sein de l'espace ouvert des *logoi*, voire son fil d'Ariane au milieu du labyrinthe des questions. Les philosophes ne se définissent pas – même par contraste avec les orateurs[2] – par la lenteur ou les errances de leur discours *prises en elles-mêmes*. En effet, comme on vient de le voir pour le fait de digresser, ces traits peuvent être des défauts du point de vue de l'enquête philosophique, qui doit savoir également ignorer certains détails[3] ou aller droit au but[4] et ne pas se laisser paralyser par les hésitations ou les scrupules :

> SOCRATE : Et de nouveau, dis ce que peut bien être la science.
> THÉÉTÈTE : D'une part, dire « toute opinion », Socrate, c'est impossible, puisque l'opinion fausse existe aussi ; mais il y a des chances que l'opinion vraie soit la science, et disons que c'est là ma réponse. Car si, en avançant,

1. On retrouve ici l'effet des exigences de rigueur de l'enquête dialectique : si le philosophe ne s'étonnait pas et ne regardait pas les arguments de près pour trouver « ce qui est », il pourrait traiter bien des sujets sans digresser. Cf. *République*, VI 504c (cité par D. Babut, « Platon et Protagoras », art. cit., p. 55 qui y voit une allusion à Protagoras) où Adimante déclare « l'exposé satisfaisant » et Socrate répond (trad. G. Leroux) : « quand il s'agit de sujets de ce genre, une mesure qui s'écarte si peu que ce soit de ce qui est ne peut s'avérer satisfaisante ; car aucune mesure imparfaite ne saurait être la mesure de quoi que ce soit. Cependant, il y a parfois des gens qui estiment que cela déjà est suffisant et qu'il ne sert à rien de pousser la recherche plus avant ». On va revenir sur cet usage polémique que fait le *Théétète* de l'exigence de *scholé* propre à l'enquête dialectique.

2. Platon n'ignore certainement pas qu'il est tout à fait possible et parfois utile pour un discours rhétorique ou poétique de digresser (dans certaines limites) : A. Miller, « Pindar, N. 4. 33-43 and the Defense of Digressive Leisure », art. cit. compare par exemple une digression et ses justifications chez Pindare, *Néméennes* IV, 33-43 à celle du *Théétète* et à une autre chez Isocrate, *Panathénaïque* 74-87.

3. Voir 147b10-c6, où Socrate note que répondre « par un nom d'art quelconque » à la question « qu'est-ce que la science ? » revient à « effectuer un détour par un chemin sans fin » (περιέρχεται ἀπέραντον ὁδόν) au lieu de « répondre de manière simple et courte ». Errer à loisir au sein du multiple est un mauvais détour.

4. Voir 185e5, où Socrate loue Théétète : « tu m'as rendu le service de me dispenser d'une très longue discussion (μάλα συχνοῦ λόγου), si c'est là ce qui t'apparaît (...). Car moi aussi, c'était mon opinion, mais je voulais que ce soit aussi la tienne ».

> il ne nous apparaît pas la même chose que maintenant, nous essayerons de dire autre chose.
> SOCRATE : C'est bien comme cela, Théétète, qu'il faut parler, de bon cœur (προθύμως), plutôt qu'à la façon que tu avais tout au début d'hésiter à répondre. Car si nous agissons ainsi, de deux choses l'une : ou bien nous trouverons ce vers quoi nous marchons, ou bien nous ne croirons pas autant savoir ce que nous ne savons d'aucune façon. (187b2-c2)
> SOCRATE : C'est l'histoire de celui qui expliquait où passer le fleuve, Théétète, en disant : « la chose se montrera d'elle-même ». Ce que nous cherchons aussi, si nous avançons à sa recherche, peut se révéler bientôt être sous nos pieds ; tandis que pour ceux qui restent sur place, la clarté ne se fait sur rien (200e7-201a2).

Ce qui définit le philosophe, c'est donc avant tout sa capacité à suivre un *logos*[1], à chercher le mieux possible ce qui est, capacité qui n'est soumise *a priori* à aucune règle matérielle ou formelle (contrairement au discours des orateurs), parce qu'aucune procédure ou méthode ne peut faire aboutir toutes les recherches, tant leurs objets sont variés et leurs ramifications nombreuses[2]. Or cette capacité ne peut s'exercer correctement que dans certaines conditions : temps libre, paix, autonomie. Lorsque Socrate rapproche, au début de la digression, sa propre discussion avec Théétète et Théodore et les discours des « philosophes » (172d5-6), il est donc tout à fait sérieux et précis.

LA *SCHOLÉ* DANS LA RÉFUTATION DE PROTAGORAS ET DES HÉRACLITÉENS

Les observations sur la conduite de l'enquête philosophique prennent un relief particulier dans le *Théétète* du fait de son objet, la sagesse ou la science (145e). Ne se pourrait-il pas dès lors que certaines des remarques réflexives qui viennent d'être analysées jouent un rôle dans la recherche

1. Sur les injonctions et l'autonomie du *logos*, qu'il s'agit de suivre, voir J. Laborderie, *Le dialogue platonicien de la maturité*, Paris, Les Belles Lettres, p. 133-147. *Cf.* P. Demont, *Cité*, p. 300 qui parle de « ne pas laisser échapper une idée, de la suivre jusqu'au bout » et L. Mouze, *Chasse à l'homme et faux-semblants dans le* Sophiste…, *op. cit.*, p. 29-30, 105-107 sur la métaphore du cheminement par le *logos* chez Platon.

2. Pour une explicitation, suscitée par la crainte d'avoir trop digressé, des critères qui permettent au dialecticien de choisir entre divers parcours et de juger correctement de leur longueur ou de leur brièveté, voir *Politique*, 286c-287a avec D. El Murr, *Savoir et gouverner…*, *op. cit.*, p. 36-41 : le critère ultime est de « rendre les auditeurs plus habiles à utiliser la dialectique et plus capables de trouver le moyen de mieux faire apparaître par le discours ce que sont les choses » (287a3-4, trad. L. Brisson, J.-F. Pradeau), la facilité et la rapidité à trouver une solution est un critère secondaire, et le plaisir est un critère accessoire.

de la définition de la science ? La réponse est positive, dans la mesure où plusieurs traits qui définissent l'activité philosophique dans la digression et tout le *Théétète* interviennent au sein même des arguments réfutatifs du dialogue.

Cela est particulièrement évident dans la réfutation des disciples d'Héraclite. Théodore souligne d'abord la « vigueur extrême » de leur « chœur » (179d8, trad. A. Diès), reprenant à quelques pages de distance la métaphore théâtrale de la digression, ce qui incite à mettre en rapport les deux passages et à interpréter le second comme une comparaison entre « ceux de notre chœur » (173b3-4), les philosophes, et le « chœur » des héraclitéens. Théodore remarque ensuite (179e2-180b3, trad. M. Narcy) :

> THÉODORE : Seulement voici ce qu'il en est, Socrate, de ces doctrines héraclitéennes ou, comme toi tu les appelles, homériques et encore plus anciennes : les Ephésiens font profession d'y être expérimentés à un point tel qu'il n'est pas plus possible d'en discuter avec eux qu'avec les gens qui sont harcelés par un taon. Car, suivant à la lettre leurs traités, ils sont en translation : s'arrêter sur un énoncé ou une question, tranquillement répondre et interroger à son tour (τὸ δ' ἐπιμεῖναι ἐπὶ λόγῳ καὶ ἐρωτήματι καὶ ἡσυχίως ἐν μέρει ἀποκρίνασθαι), leur est moins que rien possible ; ou plutôt « même pas rien », c'est trop, compte tenu de ce que même un peu de tranquillité n'est pas possible pour ces hommes. Mais si tu poses une question à l'un d'eux, ils décochent de petites phrases énigmatiques qu'ils tirent comme d'un carquois, et si tu cherches à obtenir une réponse à la question de savoir ce qu'il a dit, tu seras frappé par une autre, où les mots viennent d'être changés. Et jamais tu ne fixeras rien dans ses limites, face à aucun d'entre eux, ni d'ailleurs ces gens-là eux-mêmes les uns en face des autres : au contraire, ils veillent sans défaillance à ne laisser rien être ferme, ni dans ce qu'ils disent ni dans leurs propres âmes (τὸ μηδὲν βέβαιον ἐᾶν εἶναι μήτ' ἐν λόγῳ μήτ' ἐν ταῖς αὑτῶν ψυχαῖς), car ils estiment à mon avis que fermeté, c'est fixité (στάσιμον), et c'est à quoi ils font une guerre totale, l'expulsant de partout autant qu'ils le peuvent.

Les héraclitéens poussent à son paroxysme l'empressement des orateurs, au point que même Théodore en est choqué : ils refusent de dialoguer « tranquillement » afin d'échapper aux conséquences de ce qu'ils disent et même à toute position fixe. Présentant les « signes » qu'invoquent les mobilistes en faveur de leur position, Socrate notait déjà au début du dialogue : « l'état des corps n'est-il pas ruiné par le repos et l'oisiveté, préservé au contraire, pour une durée appréciable, par les exercices et le mouvement ? » et l'âme, « n'est-ce pas grâce à l'apprentissage et à l'activité intellectuelle, choses qui sont des mouvements, qu'elle acquiert des connaissance et que son état est préservé et amélioré, tandis que sous l'effet du repos, qui consiste à n'appliquer son esprit à rien et à ne pas apprendre, à la fois elle n'apprend aucune chose, et elle oublie celles qu'elle a pu apprendre » (153b5-8). Les mobilistes semblent défendre une image fébrile ou inquiète de la pensée, symétrique de celle des philosophes de la digression, qui est plutôt fondée sur la tranquillité du loisir, comme l'a noté Paul Demont. Cette opposition est toutefois nuancée par la réponse de Socrate[1] (180b4-c3, trad. M. Narcy) :

> SOCRATE : Peut-être, Théodore, as-tu vu ces hommes en train de lutter (μαχομένους), mais tu n'en as pas eu pour partenaires quand ils étaient en paix (εἰρηνεύουσιν δὲ οὐ συγγέγονας), car ce ne sont pas pour toi des amis. Mais je crois que ce genre de choses, ils l'expliquent à loisir (ἐπὶ σχολῆς) aux élèves qu'ils veulent rendre semblables à eux-mêmes.
> THÉODORE : A quels élèves, homme inspiré ? Des gens dont nous parlons, il n'arrive même pas que l'un soit l'élève d'un autre, mais ils repoussent tout seuls, à l'endroit où chacun d'eux s'est trouvé pris d'inspiration, et l'un estime que l'autre ne sait rien.

La remarque de Socrate réaffirme d'abord le souci, caractéristique du *Théétète*, d'examiner scrupuleusement les positions rencontrées, de les défendre si nécessaire soi-même pour garantir leur bonne compréhension : alors que Théodore protège Protagoras mais considère les « Éphésiens » comme des adversaires illégitimes, Socrate suggère qu'on les traite de la même manière, à savoir comme proposant des arguments qui doivent être pris au sérieux. Le philosophe traite *a priori* son interlocuteur en philosophe. Il est même possible que Socrate conteste l'exclusion des héraclitéens du dialogue parce que Platon les tient pour plus philosophes que les protagoréens.

Néanmoins, en « défendant » ainsi les héraclitéens, Socrate réaffirme les conditions qui définissent le discours philosophique au début de la digression. Si les Éphésiens élaborent effectivement (à l'insu de Théodore) dans la paix et le loisir des doctrines qu'ils peuvent ensuite enseigner, alors on pourra dialoguer avec eux, examiner leurs positions. Les critères de la critique de Théodore sont donc validés : ce dernier a raison d'exclure du cercle des interlocuteurs légitimes ceux qui ne conçoivent la discussion que comme un combat et n'adoptent aucune position stable au profit d'une sorte de guérilla discursive. Le désaccord entre Socrate et Théodore ne

1. Paul Demont néglige cette réplique, mais souligne déjà, à partir de l'analyse du *Charmide*, 160b9-d3, que l'opposition entre Platon et les mobilistes n'est pas absolue : « La tranquillité est en fait pour Platon la meilleure des choses, mais s'il s'agit de l'âme, et à la condition de bien en préciser le sens; cette tranquillité-là en effet, loin de faire obstacle au mouvement et à l'activité, est la condition d'une bonne activité de l'âme » (*Cité*, p. 312-313).

porte que sur la question factuelle de savoir si les Éphésiens se réduisent à des sophistes insaisissables, ce que Théodore affirme à nouveau dans sa réponse (180c), ou s'ils se livrent également entre eux à la discussion proprement philosophique.

Les partisans de l'identité entre science et sensation ne sont donc pas seulement critiqués pour la fausseté ou l'incohérence de leurs thèses, mais aussi pour la manière dont ils réfléchissent et argumentent, qui n'a pas la liberté caractéristique de la philosophie : trop pressés[1], concevant la discussion comme une joute et limitant la discussion à une thèse ou à une formulation précise, ils refusent de « rendre raison » de leurs positions, de les défendre dans un dialogue pacifique à loisir à la recherche de ce qui est.

Or ce problème se pose également avec Protagoras et ses sectateurs, dès avant la digression. L'opposition entre Protagoras et le chœur des philosophes[2] est parfois brouillée du fait que Socrate prend plusieurs fois la défense du sophiste et lui prête des exigences qui semblent tout à fait philosophiques[3] : c'est toutefois Socrate qui parle à chaque fois *pour* Protagoras, interprète ses écrits[4] et témoigne ce faisant de sa capacité à examiner à fond toutes les doctrines, à leur donner toutes leurs chances dans sa recherche de la vérité, alors que le personnage de Protagoras apparaît avant tout soucieux de se défendre, d'échapper à la réfutation.

Théodore, l'ami de Protagoras qui souhaite que ce dernier ne soit pas malmené, n'accepte lui-même que de mauvais gré de participer au dialogue, restreignant son intervention à la discussion de la thèse de Protagoras[5], et refuse d'aller plus loin une fois celle-ci terminée[6], à la

1. Voir P. Demont, *Cité*, p. 300 sur le contraste, dans les dialogues, entre l'affairement des sophistes et la quasi-nonchalance de Socrate.

2. Sur l'assimilation implicite de Protagoras aux orateurs dans la digression, voir *supra*, p. 81-84.

3. Voir en particulier 162d5-163a1, 166a1-b2, 167e1-168b et *supra*, p. 53-54.

4. H. Joly, *Le renversement platonicien. Logos, épistémè, polis*, Paris, Vrin, 1974, p. 153 : « Dans tout le *Théétète*, mais surtout dans la première partie, Socrate pratique l'art du *commentaire* », cherchant ce que Protagoras veut exactement dire par ses paroles (*cf.* 155d-e). Voir M.-A. Gavray, « Comment ne pas interpréter un fragment philosophique : le dialogue avec Protagoras dans le *Théétète* », dans D. El Murr (éd.), *La mesure du savoir. Études sur le* Théétète, Paris, Vrin, , 2013, p. 25-48.

5. 169c4-7, trad. M. Narcy : « Je ne te contredis pas davantage : allons, conduis-moi dans la voie où tu veux m'entraîner; le destin qu'en la matière tu m'auras assigné, il me faut l'endurer complètement, en me laissant interroger. Cependant, je ne serai pas disposé à te laisser disposer de moi au-delà de ce que tu proposes ».

6. 183c4-7, trad. M. Narcy : « Très bien parlé, Socrate. Car la boucle est bouclée : moi aussi, qui ai tenu pour toi le rôle de répondant, il fallait, selon nos conventions, que je sois libéré une fois que la discussion sur ce qu'a dit Protagoras aurait trouvé un terme ».

manière des avocats scellant un pacte sur l'objet du procès (172e3-4), et ce alors même qu'il invoque plusieurs fois le loisir dont il dispose. À l'inverse, c'est parce que Protagoras a estimé que Théétète est un « enfant » qui a « eu peur » et n'a pas su défendre la doctrine de l'homme-mesure (166a2-5), que Socrate a sollicité Théodore comme interlocuteur (168d1-e3). En acceptant de répondre à cette critique de Protagoras, Socrate traite Protagoras en interlocuteur plutôt qu'en adversaire, fait preuve de loisir (puisqu'il accepte de revenir sur une question déjà traitée : 169d3-4) et de liberté dans la mesure où il refuse d'accepter des opinions motivées par la peur.

Ce contraste, parallèle à celui de la digression, entre Socrate et Protagoras apparaît à nouveau lorsque Théodore s'inquiète une nouvelle fois que l'on « attaque trop » (171c8 : ἄγαν καταθέομεν) son ami Protagoras. Socrate réplique (171c9-d5, trad. M. Narcy modifiée) :

> Mais vois-tu, mon cher, c'est qu'il n'est pas évident que notre attaque soit menée contre les règles (παραθέομεν τὸ ὀρθόν). Bien sûr il est vraisemblable que lui, parce qu'il est plus vieux, soit plus savant que nous : et si, à l'instant, il surgissait de cet endroit jusqu'au cou, il m'aurait déjà réfuté, moi qui dis, comme il est vraisemblable, beaucoup de sottises et toi qui leur donnes ton accord ; après quoi, il s'enfoncerait et, disparaissant, prendrait la fuite. Mais, pour nous, c'est une nécessité, je crois, de faire avec nous-mêmes, tels que nous sommes (χρῆσθαι ἡμῖν αὐτοῖς ὁποῖοί τινές ἐσμεν), et de dire toujours ce qui nous semble à ce sujet.

Ce passage est un nouveau témoignage de l'incertitude fondamentale de la recherche dialectique : il est effectivement toujours possible qu'un homme plus savant survienne et révèle que les accord auxquels on est parvenu sont erronés. Les interlocuteurs doivent néanmoins se faire confiance, à partir du moment où ils disent ce qu'ils pensent : ils ne sont pas censés chercher en permanence ce que d'autres pourraient leur objecter, comme des avocats anticipant les arguments de la partie adverse ou des sophistes argumentant *pro et contra*. L'enquête dialectique n'est ni un débat politique ou un jeu éristique, ni une méthode impersonnelle ou un arbitrage impartial, mais une recherche menée par des individus particuliers, qui font usage de leur intelligence propre sans pouvoir ni même devoir s'en émanciper à tout prix.

La manière dont Protagoras pourrait répondre à Socrate (et Théodore) est en outre significative : il apparaîtrait « immédiatement » (αὐτίκα), « passant juste la tête par la porte », dirait-on en français, pour réfuter Socrate et disparaître tout aussi vite. Il ne s'agirait pas pour lui de dialoguer et d'instruire ceux qui sont moins sages que lui, mais simplement de les neutraliser. Comme l'ont remarqué certains commentateurs [1], Socrate évoque une contre-attaque-éclair de Protagoras et suggère ainsi qu'il n'argumente pas *à loisir* mais à la manière pressée des orateurs, et ce pour des raisons liées à sa conception de la science : il doit s'éclipser avant que sa position ou son argumentation insaisissable lui soit appliquée et révèle ainsi son caractère autocontradictoire [2]. Le chœur des protagoréens ne discourt pas à loisir.

SUBIR « LONGTEMPS » L'EXAMEN : LA VOIE DE LA SCIENCE ?

Le passage précédent (171c9-d5) ainsi que ceux déjà mentionnés où Protagoras critique Socrate au nom d'une conception nettement socratique du dialogue ont été justement rapportés par Alex Long à une remarque de Socrate qui souligne comme en passant que, si Protagoras a raison, il rend « ridicule » et absurde « le travail dialectique dans son ensemble », à savoir « examiner et mettre à l'épreuve de la réfutation les représentations et opinions les uns des autres » (161e3-162a3) [3]. Puisque chaque opinion est selon Protagoras vraie pour son possesseur, il devient absurde de chercher à éprouver la vérité de nos opinions : le relativisme rend toute réfutation absurde. Alex Long montre comment l'argument est développé par Platon dans la longue réfutation de Protagoras, qui est présenté comme incapable de répondre aux objections sans renoncer à son relativisme par la bouche de Socrate ou par l'intermédiaire de Théodore.

La conclusion de cette ligne argumentative ouverte en 161e ne se trouve toutefois pas en 171d, contrairement à ce qu'en dit Alex Long, mais à la fin de la digression, après que Socrate a décrit l'indifférence des orateurs à l'immoralité de leurs propres vies et à la punition qui en résultera après leur mort (177b1-7) :

1. Voir D. Babut, « Platon et Protagoras … », art. cit., p. 72, R. Bemelmans, « Why Does Protagoras Rush Off? Self-Refutation and Haste in Plato, *Theaetetus* 169a-171d », *Ancient Philosophy* 22 (1), 2002, p. 76 et 83-84, L. Castagnoli, « Protagoras refuted … », art. cit. et l'état de la question dans A. G. Long, « Refutation and Relativism in *Theaetetus* 161-171 », *Phronesis* 49 (1), 2004, p. 37-39.

2. Un peu plus loin, juste avant la digression, Socrate évoque la « pratique de la sagesse » de « ceux qui ne veulent pas reprendre [à leur compte] la totalité de la doctrine de Protagoras (μὴ παντάπασι τὸν Πρωταγόρου λόγον λέγωσιν) » (172b7). Si l'expression introduit une version atténuée du relativisme, on pourrait également y lire une allusion au fait que les protagoréens ne se préoccupent pas de suivre jusqu'au bout les conséquences des positions qu'ils adoptent, comme en témoignera le fait que la réfutation par le futur s'applique à la fois au relativisme de Protagoras et au relativisme social (*supra*, p.38).

3. *Ibid.*, p. 24-30 et *supra*, p. 51.

> Une chose cependant leur arrive : quand il faut en privé donner et recevoir des arguments (λόγον δέῃ δοῦναί τε καὶ δέξασθαι) sur ce qu'ils blâment, et qu'ils sont prêts à endurer cela virilement et longtemps, au lieu de fuir lâchement, alors étrangement, mon divin [ami], ils finissent par ne plus se satisfaire eux-mêmes sur les sujets dont ils parlent (τελευτῶντες οὐκ ἀρέσκουσιν αὐτοὶ αὑτοῖς περὶ ὧν λέγουσι), et leur belle rhétorique, c'est comme si elle s'étiolait, si bien qu'ils semblent ne différer en rien d'enfants (παίδων).

Si les orateurs « doivent donner et recevoir des arguments » sur ce qu'ils blâment [1], leur manière sophistiquée de discourir (177b6 : ῥητορικὴ) « se flétrit » (ἀπομαραίνεται). À première vue, il ne semble s'agir que d'une répétition de la situation où le philosophe ridiculise l'orateur (aux yeux des vrais hommes libres) en l'obligeant à se poser des problèmes abstraits, ce qui lui donne le vertige (175b8-d7). Mais, outre le fait qu'une telle répétition serait assez inutile, plusieurs expressions suggèrent qu'une autre expérience est ici décrite, à savoir celle où l'orateur en vient à participer par extraordinaire mais pour de bon à « l'affaire dialectique » (161e3) : sont décrits de manière indirecte les effets de la réfutation, à savoir la perception de la défectuosité de ses propres opinions. Les orateurs ne savent plus discourir, « ils finissent par ne plus se satisfaire eux-mêmes sur les sujets dont ils parlent » et ils ressemblent en tout point à « des enfants », c'est-à-dire non plus à des esclaves rusés et terre-à-terre, mais à des êtres qui ont besoin d'être éduqués.

Bien que rendu absurde par leur relativisme et ridicule par leur manière de vivre et de discourir « depuis l'enfance », l'examen des opinions, première étape de l'éducation selon le passage sur la maïeutique, n'est donc pas entièrement inaccessible aux orateurs. Le passage accumule cependant les conditions pour souligner que l'événement est exceptionnel. Il s'agit d'un « accident », qui suppose en fait que l'orateur soit mis en situation de loisir *et* fasse preuve de liberté : isolé de son public pour un dialogue « de longue durée » (πολὺν χρόνον), il doit posséder assez de « courage » pour subir l'examen « jusqu'au bout », à l'encontre de la lâcheté typique des orateurs (similaire à celle des esclaves). On retrouve en outre ici l'idée de fuite (177b4 : ἀνάνδρως φυγεῖν). Dans le passage cité ci-dessus à propos de la dernière réponse de Protagoras, c'est une autre expression au sens similaire qui lui était appliquée (171d3 : οἴχοιτο ἀποτρέχων). La réfutation véritable suppose d'abord de ne pas fuir

1. Il s'agit sans doute soit de l'attitude et des discours du philosophe, ridiculisés par les orateurs dans la troisième partie de la digression, soit des reproches que Socrate vient d'adresser à leur vie et leurs valeurs.

l'examen puis, grâce à lui, de « se fuir soi-même vers la philosophie » au lieu de se satisfaire de ses opinions, comme a été obligé de le reconnaître Protagoras lorsqu'il s'est défendu par la bouche de Socrate[1].

Cette fuite vers la philosophie a été un peu plus haut réinterprétée comme une « fuite d'ici [vers] là-bas le plus vite possible », comprise elle-même comme « assimilation à dieu dans la mesure du possible » (176a8-b2), et ce n'est donc peut-être pas un hasard si Socrate désigne à ce moment Théodore comme un « homme divin » (177b4 : ὦ δαιμόνιε), apostrophe qui fait songer au démon de Socrate[2] et pourrait suggèrer comment ceux qui suivent le « modèle [de vie] sans dieu » (176e4) peuvent exceptionnellement être secourus par un dieu *via* son serviteur[3], ce qui montre la seule voie possible vers une issue non tragique à la confrontation du philosophe et de l'orateur.

Or l'impossibilité d'accéder immédiatement à la science, la nécessité d'un travail intellectuel de longue durée et la rareté de son succès se trouvent également soulignées à la fin de la première partie du *Théétète*, une fois que l'activité intellectuelle de l'âme et ses objets ont été distingués de la sensation (186b11-c5, trad. M. Narcy) :

> SOCRATE : Donc, il y a des choses que, par nature, peuvent dès la naissance sentir hommes et bêtes : toutes les impressions qui, par l'intermédiaire du corps, se prolongent jusqu'à l'âme. Mais établir le rapport entre ces impressions et la réalité ou l'utilité (πρός τε οὐσίαν καὶ ὠφέλειαν), c'est avec peine et longueur de temps, grâce à bien des affairements et de l'éducation (καὶ ἐν χρόνῳ διὰ πολλῶν πραγμάτων καὶ παιδείας), qu'en vient la capacité, et encore : à ceux auxquels elle vient !

On retrouve les principaux traits qui définissent la philosophie au début de la digression (mais aussi « toute l'affaire dialectique » en 161e3-a6), à savoir l'effort patient et laborieux, fruit d'une longue éducation[4], pour

1. 168a5-6 : φεύξονται ἀφ' ἑαυτῶν εἰς φιλοσοφίαν. Voir *infra*, p. 53-55.

2. Voir M. Narcy, *Théétète*, p. 347, n. 285, qui remarque que cette apostrophe est également utilisée à l'orée de la digression (172c3) et l'interprète à chaque fois comme s'appliquant aux propos de Théodore. D. Sedley m'a suggéré quant à lui que cet encadrement pourrait confirmer l'importance du thème de la divinisation du philosophe dans la digression.

3. Le dialogue a déjà souligné la capacité extraordinaire de Socrate (*cf.* 177b4 : ἀτόπως) à obliger ceux qu'ils croisent, aussi peu philosophes soient-ils, à « rendre raison » de leurs opinions, comme Théodore en a fait l'expérience un peu plus tôt, comparant Socrate à Antée (169a6-b4). Socrate approuve et confesse avoir déjà affronté des milliers de héros « à la parole implacable » (καρτεροὶ πρὸς τὸ λέγειν) sans leur avoir cédé.

4. Sur le rôle de l'éducation dans ce passage et dans le *Théétète*, voir S. Delcomminette, « Quel rôle joue l'éducation dans la perception ? », dans D. El Murr (éd.), *La mesure du savoir. Études sur le* Théétète, Paris, Vrin, 2013, p. 75-94, qui fait le rapprochement avec la digression et compare les deux textes aux analyses de *République*, VII et du *Sophiste*.

« atteindre le réel » (172d9 : τύχωσι τοῦ ὄντος). Les répliques qui suivent le passage qui vient d'être cité établissent d'ailleurs qu'avoir la science de quelque chose exige d'« atteindre la vérité (ἀληθείας τυχεῖν) » à son sujet, ce qui n'est pas possible si l'on n'« atteint pas la réalité (οὐσίας) », si bien que la science ne réside pas dans les impressions sensorielles (186c7-d5) mais dans une activité de l'âme (187a1-6)[1]. La digression anticipait donc cette conclusion en affirmant (sans les démontrer) l'affinité entre la libre recherche et l'objectivité dans sa première partie, et l'indifférence de l'âme du philosophe à l'égard de son corps et de tout ce qui l'entoure dans sa deuxième partie, mais aussi, comme on vient de le voir, en opposant à la philosophie les usages empressés, contraints et agonistiques du discours par les orateurs, usages qui semblent avoir déteint sur les partisans, protagoréens ou héraclitéens, de l'identité entre science et sensation.

Le procès : clepsydre, persuasion et enseignement

Si l'on considère maintenant la conclusion de la deuxième partie du *Théétète*, qui réfute brièvement la définition de la science comme opinion vraie après avoir en vain cherché à expliquer l'opinion fausse[2], il se trouve que cette conclusion négative inclut comme la précédente, mais de manière beaucoup plus limpide, une référence à la digression[3] (201a4-b4, trad. M. Narcy) :

> SOCRATE : (…) Car un art tout entier te fait signe que ce que tu as dit, l'opinion vraie, n'est pas science.
> THÉÉTÈTE : Comment cela ? Et quel est cet art ?
> SOCRATE : L'art des plus grands en matière de sagesse (εἰς σοφίαν) – ainsi qualifie-t-on les orateurs et les habitués des tribunaux (οὓς δὴ καλοῦσιν ῥήτοράς τε καὶ δικανικούς). Car ces hommes-là, quand, du fait de l'art qu'ils possèdent, ils persuadent, ce n'est pas en dispensant un enseignement, mais en faisant avoir les opinions qu'ils veulent. Ou bien crois-tu, toi, qu'il existe des maîtres assez habiles pour pouvoir, à ceux qui n'étaient

1. Sur cet argument et ses différentes interprétations, voir G. Fine, « Plato on the grades of perception : *Theaetetus* 184-186 and the *Phaedo* », *Oxford Studies in Ancient Philosophy* 53, 2017, p. 70-76.

2. Ce détour déjà évoqué sur la nature de l'erreur pourrait d'ailleurs avoir pour fonction de souligner, en écho au passage sur la réfutation de l'orateur (177b), l'inadéquation de toute conception de la connaissance qui n'expliquerait pas nos erreurs ou croyances fausses et qui rendrait ainsi impossibles leur correction et une progression méthodique de l'ignorance vers le savoir (188a1-6). Il s'agissait déjà d'un défaut presque explicite de la doctrine de l'homme-mesure, puisqu'elle rend chacun « autosuffisant pour ce qui est de l'intelligence » (169d5).

3. Elle est signalée par M. Burnyeat, *Introduction*, p. 167 et D. Sedley, *Midwife*, p. 150.

pas là quand des gens ont été dépouillés de leur argent ou ont été victimes de quelque autre violence, enseigner de façon suffisante, en aussi peu de temps qu'il en faut à un peu d'eau pour s'écouler, la vérité de ce qui s'est passé (πρὸς ὕδωρ σμικρὸν διδάξαι ἱκανῶς τῶν γενομένων τὴν ἀλήθειαν) ? THÉÉTÈTE : Moi, je ne crois pas du tout qu'ils la leur enseignent; mais qu'ils les en persuadent, cela, oui.

Alors que la conclusion de la première partie du dialogue (186b11-c5) développait implicitement ce qui n'était qu'esquissé dans la description des philosophes, et démontrait que seuls les raisonnements de l'âme peuvent atteindre ce qui est, cet argument final de la deuxième partie se réfère presque explicitement à la description assez précise des orateurs, sans doute pour se dispenser de démontrer l'incompatibilité entre enseignement et tribunal, que Théétète accorde sans difficulté [1]. Socrate poursuit en affirmant que ceux qui jugent à partir de ces plaidoiries et sans avoir été témoins des faits le font sur la base d'une opinion vraie mais « sans science », ce qui montre qu'elles ne peuvent être identifiées (201b7-c7). Cette conclusion est clairement analogue à celle de la première partie : la science ne peut être acquise de manière immédiate (contrairement à la sensation) ou dans l'urgence (contrairement à l'opinion des jurés) mais exige le temps long et libre propre à l'apprentissage de l'âme.

Myles Burnyeat a cependant mis en évidence un problème dans ce passage. Socrate affirme d'abord que les jurés ne savent pas « la vérité de ce qui s'est passé » parce que les orateurs n'ont pas assez de temps pour la leur enseigner, puis que les jurés se prononcent sur des choses « qu'on ne peut savoir que si on les a vues et autrement non » [2]. Ces deux explications de la non-science des jurés apparaissent contradictoires [3]. Pour résoudre le problème, il faudrait supposer que, contrairement à ce

1. M. Narcy, « Socrate et Théétète font-ils le même rêve ? », *in* G. Mazzara et V. Napoli (ed.), *Platone. La teoria del sogno nel Teeteto. Atti del Convegno internazionale Palermo 2008*, Sankt Augustin, Academia, 2010, p. 266 remarque que la thèse est également accordée par Gorgias (*Gorgias*, 455a, où le manque de temps est invoqué pour limiter la rhétorique à la persuasion) et imagine donc que Théétète a entendu parler de ce dialogue (dont il tirerait ensuite le *logos* comme critère de la définition de la science), alors qu'il est beaucoup plus plausible de supposer que la référence est à la description de la digression.

2. 201b7-c2 : Οὐκοῦν ὅταν δικαίως πεισθῶσιν δικασταὶ περὶ ὧν ἰδόντι μόνον ἔστιν εἰδέναι, ἄλλως δὲ μή, ταῦτα τότε ἐξ ἀκοῆς κρίνοντες, ἀληθῆ δόξαν λαβόντες, ἄνευ ἐπιστήμης ἔκριναν, ὀρθὰ πεισθέντες, εἴπερ εὖ ἐδίκασαν; Sur la fonction, la définition et la fiabilité des témoins dans les procès athéniens, voir N. Siron, *Témoigner et convaincre. Le dispositif de vérité dans les discours judiciaires de l'Athènes classique*, Paris, Éditions de la Sorbonne, 2019, p. 58-87 et 175-205.

3. M. Burnyeat, « Socrates and the Jury : Paradoxes in Plato's Distinction between Knowledge and True Belief », *The Proceedings of the Aristotelian Society* suppl. vol. 54, 1980, p. 176-179 et *Introduction*, *op. cit.*, p. 168-170.

que semble suggérer le début de l'analyse du procès (201a4-b4 cité ci-dessus), l'affranchissement à l'égard de la clepsydre et le passage de la persuasion à « l'enseignement » ne permettent pas d'accéder à la science, mais seulement à l'opinion vraie [1].

Or l'analyse du procès fait allusion au début de la digression, comme la conclusion de la première partie du dialogue. Ces deux autres passages affirmaient que le « loisir » des discours ou une longue « éducation » permettent de « rencontrer ce qui est » ou d'atteindre « la réalité ». On vient de suggérer qu'ils faisaient ainsi allusion à l'acquisition de la science recherchée par le dialogue, mais le cas du procès pourrait montrer qu'il s'agit d'une interprétation hâtive [2]. Si les jurés non témoins des faits ne peuvent accéder (au mieux) qu'à une opinion vraie, aussi long soit « l'enseignement » qu'ils reçoivent, alors n'en va-t-il pas de même des libres philosophes et de leur âme longuement éduquée ? Telle est la thèse soutenue par Franco Trabattoni [3]. Il interprète le cas du procès de manière métaphorique et métaphysique : l'impossible vision des faits par les jurés représenterait la saisie ferme et directe des Formes par l'âme séparée du corps. En effet, les hommes n'auraient, en cette vie, accès qu'à une connaissance discursive des Formes, qui est faillible, contrairement à la science parfaite et infaillible que cherche à définir le *Théétète*.

Cette lecture de l'exemple du procès comme une allusion à la connaissance des Formes utilise une stratégie interprétative mobilisée à propos d'autres passages (en particulier la digression et la fin de la première partie) par de nombreux commentateurs, mais avec une différence fondamentale : au lieu de supposer que la prise en compte

1. Telle est la solution esquissée à la fin de sa seconde partie par Myles Burnyeat, « Socrates and the Jury : Paradoxes in Plato's Distinction between Knowledge and True Belief », art. cit., p. 179-180 : « teaching cannot convey knowledge ».

2. En 186c7-d5, la vérité ou « rencontre avec ce qui est » est une condition nécessaire de la science, que la sensation ne remplit pas, mais elle n'est pas présentée comme une condition suffisante. De même, 201b7-8 n'implique pas que le témoin oculaire possède la science de ce sur quoi les jurés ont une opinion vraie, mais juste que le fait d'avoir été témoin est une condition nécessaire pour avoir la science. Comme le note déjà M. Burnyeat art. cit., p. 190, le passage 201b7-8 ne contredit donc pas 186c7-d5, puisqu'il n'affirme pas que la vue *est* la science dans le cas des faits jugés par le procès. En revanche, il existe un débat ancien sur la question de savoir si 201b7-8 contredit la thèse apparemment défendue par la *République* selon laquelle il ne peut pas y avoir de science portant sur les choses sensibles : voir le bilan de T. Chappell, *Reading*, p. 194-195.

3. F. Trabattoni, « *Theaetetus*, 200d-201c : Truth without Certainty », *in* A. Havlicek, F. Karfik, S. Spinka (eds), *Plato's Theaetetus. Proceedings of the sixth Symposium Platonicum Pragense*, Prague, OIKOYMENH, 2009, p. 250-273. Voir aussi E. Maffi, *Lo spazio della filosofia : un'analisi del Teeteto platonico*, Napoli, Loffredo Editore, 2014, p. 211-222.

des Formes viendrait (selon Platon) *résoudre* le problème du *Théétète* et nous fournir une définition adéquate de la science (similaire à celle de la *République*), Franco Trabattoni prend au sérieux le caractère aporétique du dialogue, qui montrerait que la connaissance humaine ne peut pas échapper à l'erreur et ne peut pas dépasser le niveau de l'opinion vraie [1]. Cette dernière aurait un sens beaucoup plus large que celui que l'on tire en général de la *République* et qui réduit l'opinion à une affirmation incertaine sur les choses sensibles. L'opinion s'étendrait chez Platon à tout jugement de l'âme, quel que soit son objet, comme en témoigne la fameuse définition de la pensée comme dialogue intérieur, où Socrate fait de la δόξα l'aboutissement de la pensée en général (189e7-190a4, trad. M. Narcy) [2] :

> Voici ce que me semble faire l'âme quand elle pense (διανοουμένη) : rien d'autre que dialoguer, s'interrogeant elle-même et répondant, affirmant et niant. Et quand, ayant tranché, que ce soit avec une certaine lenteur ou en piquant droit au but, elle parle d'une seule voix, sans être partagée, nous posons que c'est là son opinion [3].

Mais quel est alors le sens de la référence, à propos du procès, au discours mesuré par la clepsydre et incapable « d'enseigner de manière suffisante la vérité de ce qui s'est passé » (201b2-3) ? Il s'agirait « d'une métaphore de la condition humaine », qui ne peut atteindre la saisie directe des Formes, l'idée d'une enquête disposant d'un temps illimité constituant un idéal « régulateur (au sens kantien) et irréel » [4]. Dès lors, l'opposition entre persuasion et enseignement serait illusoire et le temps disponible pour discourir ne serait pas décisif d'un point de vue épistémologique ; dans la définition de la pensée qui vient d'être citée,

1. F. Trabattoni, art. cit., p. 269-270 ainsi que « Λόγος e δόξα : il significato della confutazione della terza definizione di ἐπιστήμη nel *Teeteto* », *Rivista di cultura classica e medievale* 48, 2006, p. 21-27. Sur le sens de la fin du dialogue, voir *infra*, p. 246-248.

2. F. Trabattoni, « *Theaetetus*, 200d-201c : Truth without Certainty », art. cit., p. 256-258 et 261-266. Voir aussi F. Trabattoni, « Il pensiero come dialogo interiore (*Theaet.* 189e4-190a6) », *in* G. Casertano (ed.), *Il Teeteto di Platone : strutture e problematiche*, Napoli, Loffredo, 2002, p. 175-187.

3. 189e7-190a4 : τοῦτο γάρ μοι ἰνδάλλεται διανοουμένη οὐκ ἄλλο τι ἢ διαλέγεσθαι, αὐτὴ ἑαυτὴν ἐρωτῶσα καὶ ἀποκρινομένη, καὶ φάσκουσα καὶ οὐ φάσκουσα. ὅταν δὲ ὁρίσασα, εἴτε βραδύτερον εἴτε καὶ ὀξύτερον ἐπᾴξασα, τὸ αὐτὸ ἤδη φῇ καὶ μὴ διστάζῃ, δόξαν ταύτην τίθεμεν αὐτῆς.

4. F. Trabattoni, « *Theaetetus*, 200d-201c : Truth without Certainty », art. cit., p. 268. Contre une telle lecture de la digression comme décrivant un idéal, voir *infra*, p. 46 et 188.

Socrate note d'ailleurs que la pensée aboutit toujours à une opinion quel que soit le temps dont elle a besoin pour se fixer[1].

Il me semble que la digression constitue une objection majeure à cette interprétation de l'exemple du procès. Le fait que ce dernier renvoie sans aucun doute possible à l'opposition des philosophes et des orateurs rend très difficile d'attribuer au *Théétète* une relativisation de la distinction de nature entre persuasion et enseignement. Comment Platon pourrait-il utiliser la situation des orateurs contraints par la clepsydre comme une « métaphore de la condition humaine » *incluant les philosophes* après avoir décrit cette situation « servile » comme en tout point contraire à celle des libres philosophes ? Cela ne serait plausible que si Platon corrigeait, dans la digression ou ailleurs dans le dialogue, l'opposition radicale entre orateurs et philosophes en indiquant qu'ils partagent une condition commune à tous les hommes. Or il est remarquable que, lorsque la quatrième partie de la digression semble amorcer une telle relativisation en soutenant que le mal est inévitable ici-bas[2], elle y coupe court en réalité immédiatement en recommandant la fuite et en renforçant la hiérarchie entre philosophes et orateurs au moyen d'un critère éthico-théologique. Si l'on peut certainement déduire l'irréductibilité de l'ignorance humaine (y compris chez le philosophe) de l'inévitabilité du mal dans le lieu mortel, l'impératif de s'assimiler à dieu dans la mesure du possible n'implique en rien que l'homme doive se contenter d'opinions droites et suggère même le contraire (sauf à confondre toute connaissance avec la sagesse parfaite possédée par les dieux et par définition hors de portée de l'homme).

La valeur épistémologique du temps

La lecture de l'exemple du procès par Franco Trabattoni pointe cependant un enjeu crucial de ce passage et même de tout le dialogue : l'accessibilité de la connaissance à l'homme et le rôle du temps dans l'établissement de ses jugements. Cette question est abordée de front dans plusieurs passages du dialogue. Avant d'en (re)venir au procès et à la digression, il faut surtout citer ce moment de la première partie où Socrate invoque l'argument relativiste selon lequel on ne peut pas distinguer le rêve de la veille, qui durent aussi longtemps l'un que l'autre et présentent à l'âme des objets qui semblent aussi vrais les uns que les

1. F. Trabattoni, « *Theaetetus*, 200d-201c : Truth without Certainty », art. cit., p. 258-261.

2. F. Trabattoni le suggère dans ses notes à la traduction du *Théétète* par A. Capra (*Platone, Teeteto*, Torino, Einaudi, 2018, n. 197, p. 207-208).

autres (157e-158d). Socrate passe ensuite au cas de la folie (158d8-e3, trad. M. Narcy) :

> SOCRATE : Certainement, à propos des maladies aussi, spécialement les accès de folie, on dit la même chose, sauf à préciser que la durée n'est pas égale.
> THÉÉTÈTE : C'est exact.
> SOCRATE : Quoi donc ? Le vrai sera-t-il délimité par la longueur et la brièveté du temps ?
> THÉÉTÈTE : Ce serait pourtant risible (γελοῖον), à bien des égards.
> S. : Mais as-tu autre chose de précis pour montrer (σαφὲς ἐνδείξασθαι), parmi ces opinions rêvées (δοξασμάτων), lesquelles sont vraies ?
> THÉÉTÈTE : Je ne m'en donne pas l'impression

À première vue, Socrate suivi par Théétète dédaigne déjà ici le temps, la pérennité d'une opinion, comme critère de vérité, et ce d'autant plus que ce critère ne permet même pas de distinguer la veille du sommeil. Mais Socrate remarque également qu'il n'existe pas d'autre différence « évidente » que la durée si l'on se place du point de vue de l'âme elle-même et de ses impressions changeantes. Même s'il ne peut constituer un *critère* de définition, le temps, pourrait être un bon « signe » pour nous repérer parmi nos impressions [1]. Le temps est en effet repoussé ici comme critère pour distinguer entre le vrai et le faux, ce qui paraît tout à fait légitime, puisque l'on peut former ou soutenir une opinion vraie durant un temps très court sans que cela la rende moins vraie. Mais ceci n'exclut pas que la durée constitue un signe fiable (parmi d'autres) de la différence entre types d'états cognitifs, comme l'indiqueront de plus en plus clairement la digression, la critique des héraclitéens et la conclusion de la première partie à propos de la différence entre sensation et savoir (186b11-c5).

Franco Trabattoni le reconnaît lorsqu'il souligne que la différence entre orateurs et philosophes tient à la pérennité de leurs opinions : « la vraie différence se trouve entre la persuasion instable obtenue par les orateurs, les poètes et les sophistes, et la persuasion beaucoup plus

1. J'introduis la notion de « critère », à savoir de principe de distinction objectif et rigoureux, par différence avec un simple « signe ». Que cette distinction soit pertinente dans le *Théétète* me semble confirmé par le troisième sens de λόγος attribué par Socrate à οἱ πολλοὶ en 208c7-8 : τι σημεῖον ᾧ τῶν ἁπάντων διαφέρει τὸ ἐρωτηθέν. On sait que Socrate montre que la possession d'un tel signe est déjà caractéristique de l'opinion droite. Le temps et l'effort d'acquisition pourraient de même nous donner une opinion droite permettant de reconnaître la science, mais non une véritable définition ou explication « scientifique » de la science.

durable produite par le philosophe »[1]. Cependant, dans la mesure où la science est selon lui inaccessible et que nous n'avons que des opinions, la durée est quasiment promue ici au rang de *critère* de distinction entre les bonnes (vraies) et les mauvaises opinions. Ce qui semble « ridicule » à Théétète serait un trait irréductible de la condition humaine (en tant qu'âme liée à un corps), que Socrate indiquerait discrètement dans sa réponse à Théétète citée ci-dessus et allégoriquement dans l'exemple du procès. Ce dernier montrerait d'abord explicitement, en soulignant le peu de temps dont disposent les orateurs, que le tribunal ne permet pas de rechercher correctement la vérité, et ensuite métaphoriquement, en soulignant la différence irréductible entre jurés et témoins, que la science déniée aux orateurs demeure en fait inaccessible à *tous* les hommes, y compris ceux qui disposent de beaucoup de temps.

Il arrive souvent à Platon de prendre la vue comme une représentation de la saisie intellectuelle directe des Formes, mais il le fait dans le cadre d'une analogie explicite (comme l'allégorie de la caverne), qui est entièrement absente dans l'argument du procès. Si le procès représentait la condition humaine, sa fonction argumentative dans l'économie du dialogue serait effacée et même inversée, puisqu'au lieu de disqualifier les prétentions épistémologiques de l'opinion vraie, il signifierait que nous ne pouvons pas la dépasser. Le passage montre au contraire, à partir d'un exemple concret et dans le prolongement de la digression et de la fin de la première partie[2], 1) que l'opinion vraie n'est pas la science – parce que personne ne nie, même les orateurs, que la persuasion associée à la première diffère de l'enseignement requis par la seconde[3] –, mais aussi 2) que le lieu par excellence de l'opinion, le tribunal, et ses plus grands spécialistes ne pourraient pas dépasser le niveau de la persuasion et de l'opinion vraie, *même si* on les laissait parler aussi longtemps qu'ils le souhaitaient (puisqu'ils ne pourraient jamais rendre les jurés témoins des faits). Le passage de l'opinion vraie à la science exige une rupture et non un prolongement ou un approfondissement de la persuasion[4].

1. « *Theaetetus*, 200d-201c : Truth without Certainty », art. cit., p. 261. Je traduis.

2. Sur cette continuité, voir F. Aronadio, *L'aisthesis e le strategie argomentative nel Teeteto*, Napoli, Bibliopolis, 2016, p. 240-245.

3. Outre *Gorgias*, 455a, voir *Théétète*, 178c-d.

4. Voir D. Sedley, *Midwife*, p. 149-150 à propos du procès. Je reviendrai sur cette thèse cruciale. Pour une lecture différente du procès, qui distingue deux types de connaissance – des faits et de la qualification des faits, par exemple comme justes ou injustes – et relativise la première (possédée seulement par le témoin), voir C. Rowett, *Knowledge and Truth in Plato*, *op. cit.*, p. 241-248.

Dès lors, la conclusion de la deuxième partie complète et précise celle de la première partie (186b11-c5), qui avait pu laisser croire à Théétète que la différence entre science et sensation résidait *uniquement* dans l'effort et le temps que l'âme met à les acquérir. Or le temps (de parole, d'apprentissage ou de réflexion) ne peut pas être *le seul critère* de distinction entre persuasion et enseignement, opinion et science, comme l'ont remarqué Théétète et Socrate à propos de la folie (158d8-e1). Ceci a été en fait confirmé par la digression grâce à l'intégration de la distinction entre *scholé* et *ascholia* dans une opposition plus large entre liberté et esclavage [1] et même entre un « modèle [de vie] divin » et un « modèle sans dieu » (177e3). La différence entre le philosophe et les autres hommes s'est ainsi avérée irréductible à des traits extérieurs mais contingents, même si la digression ne se prive pas de les mobiliser contre ses cibles. Ce qui *définit* le philosophe, ce n'est pas le temps long ou lent en lui-même, mais le temps libre ou la liberté dans l'usage du temps et des discours [2], comme on l'a remarqué dans ce chapitre à propos de la progression sinueuse du *Théétète*. La durée d'élaboration des jugement est donc un bon « signe » de la différence entre enseignement et persuasion, qui permet de disqualifier les orateurs d'un point de vue épistémologique, mais elle n'est pas pour autant un critère sûr ou unique permettant de caractériser la science ou même les philosophes qui y aspirent [3].

1. F. Aronadio, *L'aisthesis...*, *op. cit.*, p. 238 remarque justement à propos du procès que le loisir est loin d'être la seule chose qui distingue le discours des philosophes de celui des orateurs dans la digression : accorder un temps illimité aux seconds ne leur permettrait pas *ipso facto* d'échapper aux autres aspects de leur esclavage. D'autres conditions sont requises : voir 177b analysé *supra*, p. 212-213.

2. Le fait que le dialogue intérieur de l'âme aboutisse à une opinion quelle que soit sa durée (190a2 : εἴτε βραδύτερον εἴτε καὶ ὀξύτερον ἐπᾴξασα) ne signifie pas que les contraintes temporelles (clepsydre ou loisir) sont entièrement indifférentes, mais rappelle plutôt que la *vitesse* du dialogue ou la longueur de ses discours ne permettent pas de distinguer entre une bonne et une mauvaise *opinion*, en plein accord avec la digression (172d8 : διὰ μακρῶν ἢ βραχέων μέλει οὐδὲν λέγειν, ἂν μόνον τύχωσι τοῦ ὄντος).

3. Sur ce point, voir à nouveau M. Dixsaut, *Naturel*, p. 302-303, qui parle du loisir et de la liberté comme « signes de la différence du savoir », qui n'existe que par le philosophe. La liberté n'est effectivement elle aussi qu'un signe si on la réduit à ses manifestations extérieures (changer de type ou d'objet de discours, relever avec élégance son manteau sur l'épaule, *etc.*), mais, comme l'écrit ensuite M. Dixsaut, « la liberté est l'élément propre de la *philosophia* » dans le *Théétète*.

Un très bon exemple de cette liberté du philosophe est fourni par le passage suivant (184b8-184c5, trad. M. Narcy) :

> SOCRATE : Si donc on t'interrogeait ainsi : « par quoi l'homme voit-il le blanc et le noir, et par quoi entend-il les aigus et les graves ? », tu dirais, je crois : « par les yeux et par les oreilles ».
> THÉÉTÈTE : Moi oui.
> SOCRATE : A vrai dire, employer mots et expressions comme ils viennent, sans les vérifier exactement, dans la plupart des cas, cela ne manque pas de noblesse (οὐκ ἀγεννές) ; au contraire, c'est plutôt la conduite opposée qui manque de liberté (ἀνελεύθερον). Mais il arrive qu'elle soit nécessaire (ἀναγκαῖον). Par exemple, en ce moment même, la réponse que tu donnes, il est nécessaire de la contrôler, là où elle n'est pas correcte.

Réutilisant les distinctions sociales de la digression, Socrate reconnaît que la liberté est normalement incompatible avec la méticulosité linguistique, qui est sans doute associée à la sphère juridique, où tous les discours sont étroitement codifiés[1]. Platon pense probablement aussi à certains sophistes férus de lexicologie, comme Prodicos, voire à Antisthène, puisque ce dernier avait mis « l'examen des noms » au « principe de l'éducation »[2]. Mais la liberté du philosophe n'est pas entravée par les normes de l'élégance ou par sa propre critique des méthodes des faux philosophes : si l'enquête exige de se conduire de manière apparemment servile, il ne faut pas hésiter. Il est clair que le critère supérieur qui rend « nécessaire » le changement d'attitude est le but du philosophe, à savoir la saisie de ce qui est : dans le cas examiné, le fait de s'en tenir à la désinvolture lexicale en vigueur chez les gens bien nés conduit droit à l'erreur (l'attribution aux organes des sens d'une prérogative de l'âme) et il n'y a aucune honte à examiner les noms, comme le feraient un notaire ou un Antisthène.

1. Voir *Phédon*, 102d2-3, où Socrate parle de manière contournée et méticuleuse, et commente en souriant : Ἔοικα, ἔφη, καὶ συγγραφικῶς ἐρεῖν, à savoir « je parle comme un livre » voire « j'ai tout l'air d'être en train de rédiger un contrat » (trad. M. Dixsaut). Aristote, *Métaphysique* 995a10-12 note que, selon certains, l'exactitude (τὸ ἀκριβὲς) dans les arguments comme dans les contrats a quelque chose d'indigne d'un homme libre (ἀνελεύθερον). Il pense sans doute à des gens comme Isocrate, mais ce sentiment n'est pas étranger à Platon, dont les personnages marquent souvent leur distance à l'égard de tout langage technique, y compris celui qu'ils élaborent eux-mêmes, en particulier dans le *Sophiste* ou le *Politique* (par exemple en 261e), comme me l'a suggéré Dimitri El Murr.

2. *SSR* V A 160 = Epictète, *Diss.* I 17, 11-12. Voir A. Brancacci, *Antisthène*, p. 105-113.

Le philosophe est donc libre non seulement dans son temps, sa manière de discourir ou ses objets, mais aussi à l'égard de tous les critères méthodologiques ou les attitudes extérieures par lesquels on pourrait vouloir définir sa liberté alors qu'ils demeurent contingents. Même le loisir doit être considéré comme un signe distinctif plutôt qu'un trait essentiel et nécessaire. Mais la liberté peut-elle être un trait essentiel si son seul contenu est la révocabilité de tous les critères déterminés ? Comment pourrait-elle expliquer la spécificité du philosophe ?

CHAPITRE VI

LE CONTEXTE ÉPISTÉMOLOGIQUE : LA DIGRESSION ET LA DÉFINITION DE LA SCIENCE

> Voilà les services que le physicien doit attendre de l'analyse, mais pour que cette science puisse les lui rendre, il faut qu'elle soit cultivée de la façon la plus large, sans préoccupation immédiate d'utilité (…). Ce que nous lui demandons c'est de nous aider à voir, à discerner notre chemin dans le dédale qui s'offre à nous. Or, celui qui voit le mieux, c'est celui qui s'est élevé le plus haut [1].

Il est donc nécessaire de mieux comprendre les manifestations et la nature de la liberté dans la digression, au delà de ses sources politiques et de son sens dialectique surtout négatif, puisqu'il se réfère au fait que le discours philosophique n'est pas soumis à des règles ou critères qu'il n'aurait pas lui-même choisis en fonction de ses objectifs. Il faut en outre montrer en quoi faire de la liberté le concept-clef de la digression ne prive pas cette dernière du rôle important dans le dialogue que l'assimilation à dieu est habituellement censée lui faire jouer.

LE POINT DE VUE GLOBAL DU PHILOSOPHE

Quel rapport existe-t-il entre la liberté du philosophe et les attitudes précises qui lui sont attribuées dans la suite de la digression, à savoir l'ignorance de toute vie sociale au profit de la connaissance théorique du

1. H. Poincaré, *La Valeur de la science*, Paris, Flammarion, 1908, p. 143. Je dois cette citation à Gerhard Heinzmann.

monde ou de la nature humaine ? Pourquoi le fait de pouvoir passer en revue les arguments à loisir mènerait-il à la contemplation de la nature dans son ensemble[1] ? La première description de l'activité philosophique semble au contraire exclure toute méthode rigide, objet privilégié ou résultat prédéterminé.

Pour traiter ce problème, il faut examiner les spécificités de la connaissance philosophique dans la digression, après avoir mis en lumière ses indéniables points communs avec l'analyse des livres VI-VII de la *République* (p. 112-114). Si l'on considère la description du point de vue du philosophe dans son ensemble (173c6-176a2), le premier élément mis en avant est, me semble-t-il, la relativisation des valeurs sociales. Cela ressort non seulement de l'attitude du philosophe qui se tient à l'écart de la cité ou ignore ses usages, mais surtout du contenu de sa connaissance, évoqué dans la troisième partie de la digression :

– Le philosophe ne fait pas de différence entre un tyran ou un roi et « ceux qui gardent des troupeaux » d'animaux (174d2-e2) : ils ont selon lui la même activité, la même absence de loisir source d'inculture.

– Le philosophe estime que les immenses terrains que certains hommes possèdent sont en réalité « minuscules » (174e2-5) et que les nobles ancêtres dont certains sont fiers de descendre n'ont aucune valeur (174e5-175b4).

Il s'agit d'une première dimension négative ou critique de la philosophie, qui a bien été repérée par Zina Giannopoulou[2]. Elle estime que Platon ne veut pas attribuer de connaissance positive au philosophe[3], parce que l'objet de la première partie du dialogue est de réfuter les protagoréens et les héraclitéens et non d'avancer une théorie « affirmative » de la connaissance, ce qui n'arrivera d'ailleurs jamais dans le *Théétète*.

Cette connaissance négative du philosophe est néanmoins présentée comme la contrepartie d'une connaissance ou plutôt d'un point de vue positif. Revenons en effet à un passage déjà cité (173d9-174a2) :

> Et tout cela, il ne sait même pas qu'il ne le sait pas. Car ce n'est pas pour se faire une réputation qu'il se tient éloigné de ces choses (ἀπέχεται),

1. Il ne s'agit pas ici d'opposer implicitement un savoir discursif à une connaissance intuitive ou mystique. Je souscris à ce sujet à la critique d'A.-J. Festugière, *Contemplation* par H. Joly, *Le renversement platonicien*, *op. cit.*, p. 97-104, que l'analyse des exemples de connaissance philosophique offerts par la digression confirmera (voir *infra*, p. 236-244).

2. « The digression in Plato's *Theaetetus* : observations on its thematic structure and philosophical significance », *Elenchos* 23, 2002, p. 82.

3. Voir aussi D. Labriola, « Philosophy in the *Theaetetus* », *Archiv für Geschichte der Philosophie* 97 (4), 2015, p. 410-411.

> mais du fait qu'en réalité, son corps seul gît dans la cité et y réside, alors que sa pensée, tenant toutes ces choses pour des broutilles et même pour rien (ἡγησαμένη σμικρὰ καὶ οὐδέν), vole avec dédain (ἀτιμάσασα) dans toutes les directions, mesurant en géomètre "les profondeurs de la Terre", comme dit Pindare, et ses surfaces, observant en astronome "au-delà du ciel", et explorant en tout sens l'ensemble des natures des êtres chacun [pris] dans sa totalité, ne s'abaissant elle-même vers rien de ce qui est proche (καὶ πᾶσαν πάντῃ φύσιν ἐρευνωμένη τῶν ὄντων ἑκάστου ὅλου, εἰς τῶν ἐγγὺς οὐδὲν αὑτὴν συγκαθιεῖσα).

La description de la « pensée » du philosophe au moyen d'expressions pindariques vient ici *expliquer* qu'il n'accorde aucune valeur à ce qui intéresse les autres hommes. Il est en effet nécessaire de montrer que la critique philosophique des valeurs communes ne résulte pas d'une vanité ou arrogance (personnelle ou sociale), mais du fait que le philosophe dirige son attention sur tout autre chose que sur les affaires de la cité. La description est construite sur l'opposition entre un endroit précis, proche, délimité et restreint, « la cité », « ce qui est à portée de main » (τῶν ἐγγὺς), défini par référence au corps qui y est ancré, et les espaces immenses et lointains parcourus par l'esprit du philosophe.

Bien que la hiérarchie du haut et du bas soit présente dans ce passage, comme dans l'allégorie de la caverne, et qu'elle revienne plus nettement dans l'anecdote de Thalès (174a6-8) et lors de l'interrogation de l'orateur « tiré vers le haut » (175b9 : ἄνω), elle n'est pas ici l'opposition cruciale, puisque la pensée du philosophe descend aussi sous la terre [1]. Ce n'est pas non plus la dignité supérieure des objets du philosophe qui le distingue *à ce stade* [2];

1. Notons également que, si le philosophe est présenté plusieurs fois comme ayant un point de vue de surplomb spatial ou temporel, son regard est généralement dirigé vers le bas et les hommes : voir 174e-175a et surtout 175d2-4, où l'orateur interrogé a le vertige parce qu'il est suspendu « en hauteur/au sommet » (ἀπὸ ὑψηλοῦ) et regarde d'en haut (ἄνωθεν) vers le bas. Il est vrai que, dans d'autres exemples, le philosophe regarde vers le haut, comme Thalès avec le ciel, ou vers des objets qui lui sont propres (la nature de l'homme ou de la justice). Le point commun semble donc bien être la portée globale et théorique du regard.

2. L'opposition entre « la nature mortelle » et les dieux n'apparaît qu'en 176a5-8, comme on l'a vu. Quant à l'opposition entre objets sensibles et transitoires et objets stables, sur laquelle insiste M. L. Gill, *Philosophos. Plato's Missing Dialogue*, Oxford, Oxford University Press, 2012, p. 87, elle ne rend pas non plus compte de tous les exemples (surtout si l'on prend « stables » au sens d'« intelligibles », puisque plusieurs objets du philosophe mentionnés par M. L. Gill sont sensibles et même en mouvement, comme le ciel ou la totalité du temps), mais constitue plutôt l'une des explications données par Socrate (174a8-b6 cité page suivante) du point de vue du philosophe. Porphyre, *De l'abstinence* I, 36-39 utilise aussi la digression (qu'il cite de 173c à 174a) pour défendre la thèse que l'âme du philosophe doit se détourner entièrement des sensations et ne peut pas partager son attention entre ces dernières et l'activité intellectuelle.

c'est l'ampleur et la globalité de son point de vue[1] : sa pensée « vole en tout sens », parcourt le ciel *et* la terre, « explore sous tous ses aspects la nature entière de chacun des êtres en général, ne s'abaissant elle-même vers rien de ce qui est proche » (174a1).

Cette dernière formule est cependant assez mystérieuse, comme le montre la question de Théodore qui suit : « En quel sens dis-tu cela, Socrate ? »[2]. Le problème de Théodore est certainement que, si le philosophe explore toute la nature de chaque réalité, ce qui est « tout proche » de lui ne devrait pas lui échapper[3]. L'anecdote de Thalès, que Socrate utilise pour répondre à Théodore, ne fait pourtant que répéter la distinction déjà effectuée au moyen de la citation pindarique : la connaissance du philosophe porte sur ce qui est immense, lointain *et* de l'ordre de la nature – représenté par le ciel (174a4-7 : Θαλῆν ἀστρονομοῦντα… ἐν οὐρανῷ) – et le rend donc indifférent et aveugle à ce qui est proche, familier, petit et de l'ordre des affaires pratiques humaines – « à ses pieds » dit la servante thrace (174a7-8 : παρὰ πόδας). L'interprétation de l'anecdote par Socrate propose toutefois une autre approche de la connaissance philosophique (174a8-b6) :

> La même plaisanterie s'applique à tous ceux qui se consacrent à la philosophie. Car un tel homme est vraiment aveugle à qui est à ses côtés, à son voisin même, [et ignore] non seulement ses activités, mais quasiment aussi s'il est un homme ou une autre créature. Ce que peut bien être un homme, en revanche, et ce qu'à une telle nature, à la différence des autres, il convient de faire et de subir[4], il le cherche et c'est son affaire de l'examiner en détail. Tu comprends sans doute maintenant Théodore, n'est-ce pas ?

On retrouve une opposition de la *République* et de plusieurs autres dialogues. Ce qui est proche, ce sont les choses particulières (sensibles et en devenir), dont l'identité est indécidable pour le philosophe[5], et ce qui

1. *Cf.* Giannopoulou, « Socratic Midwifery », art. cit., p. 83 et D. Sedley, *Midwife*, p. 69-70 : « the broadest possible view on things ».

2. 174a3 : Πῶς τοῦτο λέγεις, ὦ Σώκρατες.

3. Voir A. Macé et O. Renaut, « L'univers au service de la cité : l'image publique du philosophe », art. cit., p. 149-153 dont l'analyse de tout le passage (173d9-175b6) est très fine et dont je reprends plusieurs points, même s'il me semble qu'elle sous-estime le rôle que joue la dimension globale ou totale de la connaissance du philosophe dans ce passage et la digression.

4. Je reprends pour cette phrase la traduction de Michel Narcy.

5. Outre la référence à l'indétermination du sensible (aucun homme particulier n'est absolument *homme*), l'idée que le philosophe « ignore quasiment si son voisin est un homme ou un autre animal » (174b3) a probablement un sens éthique : dans le *Phèdre*, Socrate dit qu'il ne se connaît pas lui-même et se demande s'il n'est pas un monstre plus étrange que Typhon (230a). Voir aussi *Banquet*, 221c-d.

est lointain, c'est l'essence (τί δέ ποτ' ἐστὶν), la « nature » (immuable et intelligible) des choses, quelles qu'elles soient : qu'elle s'intéresse aux astres, aux vertus humaines ou aux cités, la connaissance véritable est abstraite et théorique [1]. Qu'il s'agisse là de l'interprétation philosophique rigoureuse des descriptions métaphoriques fournies par Pindare et par l'anecdote de Thalès est confirmée par les parallèles lexicaux (εἰς τῶν ἐγγὺς / ὁ μὲν πλησίον, ὁ ἐρευνωμένη / διερευνώμενος) et par la reprise de cette description de la connaissance du philosophe un peu plus loin, lorsque ce dernier interroge un orateur sur des problèmes abstraits et universels et non sur des questions particulières [2].

Une connaissance totalisante

Est-ce à dire pour autant que, dans la formule énigmatique antérieure (à l'anecdote de Thalès) πᾶσαν πάντῃ φύσιν ἐρευνωμένη τῶν ὄντων ἑκάστου ὅλου (174a1-2), il ne fallait entendre que « le sens distributif de "nature" (…), la nature propre de telle ou telle chose (ainsi l'homme) » [3] ? La formule indique certes que le philosophe examine la nature spécifique de chaque être, comme l'explique Socrate après l'anecdote de Thalès, mais la répétition de πᾶς souligne que la connaissance du philosophe est également exhaustive [4] : elle explore complètement ou par tous les moyens (πάντῃ) chacune des natures *sans exception* (πᾶσαν φύσιν), c'est-à-dire toutes les natures, des êtres (τῶν ὄντων) constituant chacun un tout ou

1. Voir H. Blumenberg, *Le Rire de la servante de Thrace*, *op. cit.*, p. 21, 30-31 et 41.

2. 175c6-8 : « quel genre de choses [le bonheur et la misère humaine] sont et de quelle manière il convient à la nature humaine d'acquérir l'un et d'échapper à l'autre » (ποίω τέ τινε ἐστὸν καὶ τίνα τρόπον ἀνθρώπου φύσει προσήκει τὸ μὲν κτήσασθαι αὐτοῖν, τὸ δὲ ἀποφυγεῖν).

3. Arnaud Macé et Olivier Renaut (« L'univers au service de la cité : l'image publique du philosophe », art. cit. et communication personnelle) estiment que le génitif τῶν ὄντων ἑκάστου ὅλου efface la connotation totalisante de πᾶσαν φύσιν et impose de donner un sens distributif à « nature », mais comprennent le πάντῃ comme impliquant que la nature de chaque chose « peut être explorée sous différents aspects », ce qui réintroduirait « les rapports entre cette nature et les autres ». Il me semble que la formule est plus totalisante que cela (voir notes suivantes). Je remercie également Monique Dixsaut pour ses objections sur ce point, qui m'ont permis d'approfondir mon analyse de cette formule difficile.

4. Pour πάντῃ renforçant πᾶς afin d'indiquer non seulement une grande diversité mais l'exhaustivité, voir par exemple *Rep.*, V 466d1 πάντα πάντῃ κατὰ τὸ δυνατὸν κοινωνεῖν à propos des activités des femmes-gardiens, *Timée*, 82b2 πάσας πάντῃ μεταβολὰς δέχεται à propos des parties de chaque élément. Par ailleurs, πᾶς qualifiant un substantif singulier sans article signifie souvent « chaque », mais ce n'est pas toujours le cas. Il peut aussi signifier « tout », *every* (à la fois distributif et exhaustif) plutôt que *each*. Ainsi, en *Théétète*, 187b4,

pris chacun dans sa totalité (ἑκάστου ὅλου [1]). On pourrait donc traduire : « explorant en tout sens l'ensemble des natures des êtres chacun [pris] dans sa totalité ». Le point de vue du philosophe se distingue de celui des autres hommes non pas seulement par son caractère abstrait, essentiel et universel, mais aussi par son caractère total, qui justifie son indifférence aux objets proches et aux valeurs étriquées de la majorité des hommes, comme l'exige l'opposition centrale de la digression. Trois raisons me semblent confirmer cette hypothèse.

En premier lieu, la dimension totalisante est reprise avec insistance dans la suite de la description, quand le point de vue du philosophe est comparé à celui des autres hommes : il « a l'habitude d'embrasser du regard la terre entière » (174e4 : εἰς ἅπασαν εἰωθὼς τὴν γῆν βλέπειν), il est capable de « de toujours diriger le regard sur le tout et de raisonner ainsi : d'innombrables myriades d'ascendants et d'ancêtres sont à l'origine de chacun [de nous]… » (175a1-3 : εἰς τὸ πᾶν ἀεὶ βλέπειν…), il examine « le bonheur et la misère humaine dans leur totalité / en général (ὅλως) » (175c5). L'opposition n'est pas ici seulement entre les propriétés et activités contingentes des êtres humains et celles qui sont essentielles ou naturelles, mais entre des qualités qui sont distinctives à la petite échelle de la cité et qui perdent leur valeur à l'échelle globale de la Nature ou de

il est impossible de dire que « toute opinion » (Δόξαν μὲν πᾶσαν) est vraie, parce qu'il existe des opinions fausses (voir aussi les passages de *République*, V-VI cités *infra*, p. 232, notes 1 et 2). On trouve d'ailleurs dans le *Théétète* une autre formule similaire à la nôtre, c'est-à-dire avec πᾶς au singulier renforcé par un second πᾶς (*Théétète*, 179c2 : μὴ πᾶσαν παντὸς ἀληθῆ δόξαν εἶναι ; « toute opinion de quiconque n'est pas vraie »), que l'on pourrait aussi traduire par un pluriel « toutes les opinions ne sont pas vraies ». Cf. *Théétète*, 182a1 : πάντα δὴ πᾶσαν κίνησιν ἀεὶ κινεῖται (« toutes les choses sont mues toujours de tous les mouvements »).

1. La fin de la formule a aussi été comprise au sens de « chaque être pris universellement » (voir les traductions de M. Valgimigli et F. Ferrari et moins clairement celle de M. Narcy), mais il me semble préférable de conserver l'idée de totalité, de complétude impliquée par ὅλος. On peut en revanche hésiter sur le fait de savoir si cette idée concerne les objets en eux-mêmes (« explorer chacun des êtres qui sont complets ») ou leur exploration (« explorer chacun des êtres complètement »). La seconde option est sans doute plus simple et plus claire (cf. *Lois*, 811a1, cité par LSJ : ὅλους ποιητὰς ἐκμανθάνοντας, « apprendre par cœur des poètes entiers ») mais pourrait introduire une redondance par rapport à πάντῃ. La première impliquerait une distinction énigmatique entre êtres complets et incomplets. Cependant, si l'on accepte le rapprochement proposé ci-dessous (p. 241-243) entre la connaissance totale du philosophe et la distinction entre une totalité et la somme de ses parties, il est possible que la digression fasse ici allusion à la saisie de totalités en tant que telles, qui seront l'enjeu de la fin du dialogue avec la réfutation de la théorie du rêve et l'exemple du chariot. J'ai donc choisi une traduction ambiguë et utilisé « totalité » plutôt que « entier » afin de préserver la possibilité d'une telle allusion.

l'histoire humaine. La digression est sans doute la première et l'une des meilleures versions de cette *view from above* qui aura une certaine fortune dans la philosophie antique, par exemple dans le Songe de Scipion ou chez Marc Aurèle [1].

Il ne faut toutefois pas opposer ni même séparer ce point de vue de Sirius et l'enquête sur l'essence de chaque chose. Ils sont en fait interdépendants selon Platon, comme l'explique un passage bien connu de la fin du *Phèdre* à propos de la véritable rhétorique (269e-270d) : il commence par donner l'exemple de Périclès pratiquant la météorologie auprès d'Anaxagore puis compare le cas de la rhétorique à celui de la médecine, où l'on doit connaître la nature du corps pour pouvoir le soigner, nature qui ne peut être connue correctement si on ignore celle du tout (270c2 : ἄνευ τῆς τοῦ ὅλου φύσεως), comme l'affirme Hippocrate. Cette interdépendance réside semble-t-il dans le fait que connaître la nature de quelque chose de simple exige « d'examiner quel pouvoir naturel il a d'agir, et sur quoi, et quel pouvoir d'être affecté, et par quoi » [2], c'est-à-dire ses relations naturelles avec les autres réalités dans le cadre du tout. Or on vient de voir que ces dimensions relatives et contextuelles, l'action et la passion, sont justement mentionnées dans les deux passages de la digression qui expliquent la connaissance du philosophe en termes de connaissance de la nature de chaque chose (174b5, 175c7-8) [3].

En troisième lieu, la connaissance du tout propre au philosophe est particulièrement soulignée parce qu'elle joue un rôle crucial dans la stratégie de la digression. D'une part, conformément à la perspective maïeutique qui est celle du *Théétète*, elle permet de distinguer très nettement le point de vue du philosophe de celui du peuple, des orateurs et des faux philosophes, *sans pour autant* recourir explicitement aux distinctions de la *République* entre l'opinion et la connaissance, le sensible et l'intelligible, le devenir et l'être ou les choses particulières et les

1. Cicéron, *De re publica*, VI, 12-17 et Marc Aurèle, *Pensées*, VII 35 et 48, IX 30 et 32 ou X 17.

2. 270d4-5 (trad. Mouze) : σκοπεῖν τὴν δύναμιν αὐτοῦ, τίνα πρὸς τί πέφυκεν εἰς τὸ δρᾶν ἔχον ἢ τίνα εἰς τὸ παθεῖν ὑπὸ τοῦ.

3. Voir A. Macé, *Platon, philosophie de l'agir et du pâtir*, Sankt Augustin, Academia, 2006, p. 132 sur la digression et p. 159-161 sur le *Phèdre*, ainsi que p. 157 sur *Lois*, X 903b4-9, qui confirme le lien entre « souci du tout » et analyse de la puissance naturelle de chaque chose. Cette connaissance réaliserait la promesse d'Anaxagore du *Phédon*, 97c6-d1, relayée par Thalès dans la digression et Hippocrate dans le *Phèdre*. Ceci ne préjuge cependant pas de la nature du tout requis par la connaissance, comme le rappelle M. Dixsaut, *Naturel*, p. 63. Voir aussi récemment J. Laurent, « Penser le Tout sans le concept de totalité », *Les Cahiers Philosophiques de Strasbourg*, n° 45, 2019, p. 91-116. J'y reviens ci-dessous.

Formes, distinctions que les interlocuteurs de Socrate ou les adversaires du philosophe ne sont pas prêts à admettre, comme on l'a déjà souligné [1]. D'autre part, cette distinction entre point de vue global et point de vue local est pour Platon étroitement liée à la définition du philosophe par sa liberté. La preuve en est ce passage de l'analyse du naturel philosophe en *République*, VI 486a1-b5 (trad. G. Leroux) [2] :

> – Voici encore quelque chose qu'il faut certainement considérer si tu veux distinguer le naturel philosophe de celui qui ne l'est pas.
> – De quoi s'agit-il ?
> – Garde-toi bien que ce naturel ne comporte quelque servilité (ἀνελευθερίας). La petitesse d'esprit (σμικρολογία) est en effet absolument incompatible avec une âme qui doit tendre sans cesse à embrasser dans leur totalité et leur plénitude le divin et l'humain.
> – C'est la vérité même, dit-il.
> – Mais pour cette pensée douée d'une sublime grandeur (μεγαλοπρέπεια) et vouée à la contemplation du temps dans sa totalité, de l'essence tout entière (θεωρία παντὸς μὲν χρόνου, πάσης δὲ οὐσίας), crois-tu qu'il soit possible de considérer la vie humaine comme une chose de grande valeur ?
> – Impossible, dit-il.
> – Ainsi donc, un tel homme ne considérera pas la mort comme quelque chose de terrible ?
> – Lui moins que quiconque.
> – Il semble bien qu'un naturel lâche et servile (Δειλῇ δὴ καὶ ἀνελευθέρῳ) ne puisse donc prendre part à la philosophie véritable ?
> – Il ne semble que non, dit-il.

1. La dimension totalisante est d'ailleurs le point de départ de la définition du philosophe dans la *République*, où, par analogie avec les amoureux qui se délectent de *toutes* les formes ou instanciations de ce qu'ils aiment (les jeunes garçons pour certains, le vin pour d'autres, voir 475a6 : πάντα οἶνον ἐπὶ πάσης προφάσεως ἀσπαζομένους), le philosophe est dit désirer *toute sagesse* et non telle ou telle forme (475b8-9 : Οὐκοῦν καὶ τὸν φιλόσοφον σοφίας φήσομεν ἐπιθυμητὴν εἶναι, οὐ τῆς μέν, τῆς δ' οὔ, ἀλλὰ πάσης). Cette définition par l'exhaustivité est certes ensuite précisée, en particulier pour distinguer le philosophe des philodoxes, grâce à la distinction entre opinion et connaissance puis à celle entre particuliers et Formes (voir *supra*, p. 115), que la digression introduit allusivement elle aussi après l'anecdote de Thalès. Mais la dimension totalisante demeure cruciale pour *introduire* et distinguer le philosophe des autres hommes, ce qui est bien l'objectif de la digression, et elle ne disparaît pas une fois les critères épistémologiques et ontologiques introduits (voir *République*, VI 485a-b).

2. Sur ce passage peu commenté et en particulier sur la singularité de la référence à la totalité du temps comme objet de la philosophie, voir l'analyse très éclairante de K. Thein, *Le lien intraitable*, *op. cit.*, p. 32-41 et 114-117, qui cherche à l'expliquer à partir du reste de la *République* et néglige du coup le fait qu'il s'agit ici de montrer l'incompatibilité entre ἀνελευθερία et philosophie, donc d'insister sur les propriétés de la connaissance philosophique qui vont dans le sens de sa liberté-générosité-noblesse.

Quand il s'agit de définir le philosophe par l'absence de toute disposition servile, c'est la dimension globale ou totale de la connaissance philosophique, indépendamment de son objet intelligible ou sensible, qui est *mise en avant*[1] : telle est bien la spécificité de la digression et la clef pour comprendre l'idée de liberté qui y est mobilisée jusque dans la description du point de vue du philosophe.

La connaissance philosophique comme liberté

En quel sens la liberté implique-t-elle une connaissance globale ainsi que les autres aspects du point de vue du philosophe ? La notion aristocratique de liberté, on l'a vu, va de pair avec le désintéressement, la générosité, la hauteur de vue, la vérité, la justice et même l'élégance, et s'oppose à l'habileté, le sens pratique, la ruse, le mensonge, l'étroitesse d'esprit, la mesquinerie, la laideur, le souci exclusif de ses intérêts, parce que ces derniers sont tenus pour des effets des contraintes qui pèsent sur le développement naturel du corps, du caractère et de l'esprit des esclaves (173a4-9).

L'insistance sur l'opposition entre perspective globale et focalisation sur ce qui est proche permet donc d'abord de présenter le philosophe comme manifestant de manière exemplaire les dispositions propres à la liberté aristocratique. La chose est explicitée en 175c-176a, où Socrate décrit un orateur engagé dans un dialogue philosophique : obligé d'abandonner des questions intéressées, concrètes et pratiques pour des questions abstraites, « cet individu à l'âme mesquine, agressif et chicanier » s'avère incompétent, « il perd ses moyens ». Le point de vue de surplomb lui donne le vertige (175d3-4). À l'inverse, c'est précisément la liberté du philosophe, « habitué » (174e4 : εἰωθὼς) à une perspective haute, générale et généreuse, donc indifférente aux questions pratiques ou de détail, qui le rend maladroit et ridicule dans la cité[2], comme l'albatros de Baudelaire :

1. Pour un autre exemple plus concret, voir *Lois*, 781e1-3 (trad. E. Jouët-Pastré, *Le jeu et le sérieux dans les* Lois..., *op. cit.*, p. 110) : « Nous jouissons de loisir (σχολῆς γὰρ ἀπολαύομεν) et il n'y a rien qui ne nous presse ni nous empêche d'examiner complètement sous tous ses aspects (μὴ πάντη πάντως σκοπεῖν) la question des lois ». Cf. *Théétète*, 190e8-191a6 déjà mentionné ci-dessus.

2. Ce point me conduit à rejeter l'interprétation de l'anecdote de Thalès soutenue par F. Buddensiek, « Thales'Fall : Zur Funktion der Digression in Platons *Theätet* », *in* J. Kulenkampff, T. Spitzley (ed.), *Von der Antike bis zur Gegenwart : Erlanger Streifzüge durch die Geschichte der Philosophie*, Erlangen, Palm & Enke, 2001, p. 9-23 et « Thales down the well : Perspectives at work in the digression in Platos'*Theaetetus* », *Rhizomata* 2 (1), 2014, p. 1-32, selon laquelle c'est la servante qui imaginerait à tort que Thalès est tombé dans le puits, alors que ce dernier y serait en réalité descendu pour s'en

« Exilé sur le sol au milieu des huées / ses ailes de géant l'empêche de marcher ». De ce point de vue, l'assimilation à dieu ne fait que prolonger et accroître la distance et le surplomb du philosophe à l'égard de la vie quotidienne : après la διάνοια qui parcourt la terre et le ciel, la φρόνησις nous mène dans la mesure du possible au-delà de « la nature mortelle et son domaine » jusqu'au divin (qui pourrait inclure le ciel mais ne s'y réduit certainement pas)[1]. C'est bien la liberté aristocratique comme hauteur de vue, indépendance d'esprit et générosité que vient parachever l'assimilation à dieu.

Mais la digression ne s'en tient pas là. Elle transpose dans l'ordre de la connaissance et de l'éthique diverses caractéristiques de la liberté aristocratique. Le philosophe jouit d'une liberté intellectuelle qui consiste d'abord en un *affranchissement à l'égard des entraves*, des œillères propres aux hommes sans éducation, peuple, orateurs ou sophistes, dont les opinions sont enfermées dans le cadre étroit d'une cité, d'une région ou d'une époque déterminées[2]. À la fin de la troisième partie, ces hommes sont décrits par Socrate comme « incapables de délivrer de leur enflure leur âme insensée »[3] : χαῦνος signifie d'abord poreux, spongieux, détendu et, par métaphore, vide, frivole et prétentieux. Michel Narcy traduit judicieusement par « enflure ». Le terme désigne sans doute non seulement la vanité des hommes qui invoquent leurs ancêtres, mais aussi la légèreté, la mollesse, l'absence de fermeté de leur âme, qui accorde foi à des titres de supériorité aussi creux et douteux. À l'inverse, l'intellect du philosophe, c'est-à-dire dans le contexte sa vision globale, décharge, débarrasse, guérit, *libère* (ἀπαλλάττειν) son âme non seulement de tout orgueil mal placé, mais surtout de la sujétion à l'opinion commune, de la faiblesse intellectuelle qui empêche de distinguer entre la vérité et

servir comme d'un observatoire du ciel. Interpréter ainsi l'anecdote de Thalès et de la servante, c'est ruiner la hiérarchie de la digression entre point de vue local et point de vue global, puisque le sol et même le trou, c'est-à-dire la cité, deviennent un bon observatoire du ciel, c'est-à-dire de la vérité et des vertus. Une telle lecture rend l'anecdote inutile : rappelons en effet qu'elle est introduite pour expliquer pourquoi le philosophe ignore ce qui est proche de lui, tout en connaissant l'ensemble du monde.

1. *Cf.* D. Sedley, *Midwife*, p. 77 : « the philosopher… broadens his perspective into an alltogether universal one. We have now found out where this process ends. He has acquired a god's eye-view or, as Socrates puts it, become as like God as it is possible for a human being to become ».

2. Voir aussi la description du roi ou du tyran avec « leur citadelle les enfermant [comme] un enclos sur une colline » (174e1-2 : σηκὸν ἐν ὄρει τὸ τεῖχος περιβεβλημένον).

3. 175b4 : οὐ δυναμένων (…) χαυνότητα ἀνοήτου ψυχῆς ἀπαλλάττειν

l'illusion, ce qui a vraiment de la valeur et ce qui n'en a pas[1], et conduit au relativisme.

Or, bien que l'opposition entre âme et corps soit très discrète dans la digression, il est clair que cette liberté du philosophe est une liberté de la « pensée » (173e3 : διάνοια), non seulement par différence avec le corps, mais aussi à l'égard du corps, « qui gît seul dans la cité », et donc à l'égard des sensations[2]. Cette libération plus fondamentale est suggérée par le fait que la « pensée » explore le ciel et la terre « sans s'abaisser elle-même vers rien de ce qui l'environne » (174a1-2), mais surtout par la « fuite d'ici [vers] là-bas le plus vite possible » (176b1). Le « lieu » qu'il s'agit de fuir n'est certes pas délimité précisément, mais son opposition aux dieux et son association à « la nature mortelle »[3] indique qu'il s'agit au minimum de désigner la partie sublunaire du monde, voire l'ensemble du « lieu sensible ».

Mais le philosophe ne se distingue pas seulement par une liberté critique, qui l'affranchit des opinions fausses liés à sa société et à son corps. Il est également libre positivement, au sens où il peut parcourir à sa guise d'immenses espaces inaccessibles au commun des mortels : il « vole dans toutes les directions », libre comme un grand oiseau. Cette « exploration » ne serait pas possible sans sa *scholé*, qui lui donne le temps nécessaire pour parcourir à la fois l'ensemble du monde, du sommet du ciel aux profondeurs de la terre, voire l'ensemble de l'histoire humaine et ses innombrables générations (175a2-5).

L'opposition entre esclavage et liberté structure et oriente donc bien l'ensemble de la présentation du point de vue du philosophe dans la digression. Les différentes caractérisations (éthique, épistémologique, métaphysique) platoniciennes du philosophe, développées dans les autres dialogues, sont reprises allusivement mais comme refondues de manière à les faire apparaître comme des aspects ou des effets de la liberté qui y définit le philosophe. Même la définition théologique de la vertu qui a fait la célébrité de la digression est étroitement liée à la liberté, comme on l'a vu dans le quatrième chapitre. Juste avant ce passage, Socrate répète en effet la définition du philosophe par le loisir et la liberté et en donne pour manifestation la plus haute la capacité à « trouver les mots justes pour

1. Cette insistance sur la liberté intellectuelle du philosophe permet d'ailleurs à la digression de critiquer, *avant même* l'invocation d'un modèle divin de justice, le relativisme modéré des sectateurs de Protagoras (172a-b), qui sont assimilés à des intellectuels qui ne voient pas plus loin que les frontières de leur cité : voir *supra*, p. 85-86.

2. L. Mouze, *Chasse à l'homme et faux-semblants*..., *op. cit.*, p. 124.

3. 176a7-8 : τὴν δὲ θνητὴν φύσιν καὶ τόνδε τὸν τόπον...

chanter comme il faut la vie des dieux et des hommes heureux » (175e7-176a1). Il y a là sans doute une allusion aux hymnes de Pindare, cité peu avant (173e4) autant qu'une anticipation de l'assimilation à dieu [1]. Alors que l'esclavage et notamment l'urgence produisent des esprits mesquins et mensongers, la liberté engendre donc l'impartialité, la générosité et le loisir, qui permettent de considérer les choses d'un point de vue très large, d'en rechercher la nature objective, d'en apprécier la juste valeur et donc de faire l'éloge de celles qui le méritent, et en particulier de reconnaître que le bonheur, la justice et la sagesse véritables n'existent que chez les dieux.

« Raisonnement » et « regard d'ensemble »

L'insistance sur la liberté philosophique ne fait-elle cependant pas perdre à la digression beaucoup de l'intérêt que les allusions à l'hypothèse des Formes semblent lui conférer du point de vue du sens du dialogue dans son ensemble ? On voudrait montrer au contraire que cette interprétation permet également de rattacher la digression à la recherche d'une définition de la science, et ce de manière plus étroite et précise qu'on ne le fait habituellement [2].

Dans la présentation de la philosophie en termes de perspective totalisante, le passage le plus détaillé est la description assez longue de la réaction critique du philosophe aux éloges de la noblesse de certains personnages qui peuvent « attester de sept ascendants riches » (174e5-175a5). Le philosophe juge ces éloges comme venant de « de gens à la vue

1. En *Phèdre*, 247c-d, Socrate remarque qu'aucun poète n'a chanté et ne chantera jamais d'hymne digne du lieu supracéleste, à savoir intelligible. Voir N. di Vita, *Inno e filosofia nel mondo antico*, thèse de docorat, 2018, p. 25-33.

2. R. Polansky, *Commentary*, p. 135-148 estime déjà que les remarques de la digression sur ce qu'est l'homme (174b1-6) et sur l'assimilation à dieu proposent « sous une forme imagée » une réponse à la question principale du dialogue, et M. L. Gill, *Philosophos. Plato's Missing Dialogue*, *op. cit.*, p. 89 voit dans la digression l'esquisse d'une définition parménidienne de la connaissance comme perception directe d'objets immuables. Ces deux lectures sont donc des variantes de l'interprétation classique (voir p. 65-67) qui voit principalement dans la digression une référence aux normes ou objets intelligibles négligés par Théétète et Protagoras dans leur conception de la sagesse. Précisons cependant que, pour Mary Louise Gill, la conception parménidienne de la connaissance n'est pas celle que Platon souhaite défendre dans le dialogue et qu'elle est réfutée dans le *Sophiste*. Pour ma part, je vais suggérer qu'elle est critiquée dès la seconde partie du *Théétète* (voir D. Barton, « *The Theaetetus* on How We Think », *Phronesis* 44, 1999, p. 163-180) et que les descriptions de la connaissance du philosophe dans la digression ne vont pas du tout dans son sens, en dépit des verbes de vision qui y sont fréquents (M. L. Gill, *Philosophos. Plato's Missing Dialogue*, *op. cit.*, p. 87).

médiocre et mesquine, incapables, du fait de leur manque d'éducation, de toujours diriger leur regard sur le tout et de raisonner ainsi : d'innombrables myriades d'ascendants et d'ancêtres sont à l'origine de chacun [de nous et], parmi eux, se trouvent bien souvent par myriades pour n'importe qui des riches et des mendiants, des rois et des esclaves, des barbares aussi bien que des Grecs. » (175a1-5). La connaissance globale du philosophe n'est pas seulement un point de vue, une vision d'ensemble, mais donne lieu à des analyses ou calculs, l'idée étant nettement soulignée dans la conclusion du passage (175b3-4) : « il rit de ceux qui ne sont pas capables de raisonner [ainsi] (οὐ δυναμένων λογίζεσθαί) ». L'affranchissement de l'âme par l'intelligence philosophique passe par un « raisonnement » comparatif sur un grand nombre de données, en l'occurrence historiques [1].

1. Dans les deux passages que je viens de citer, j'ai préféré éviter de traduire λογίζεσθαί par « calculer » (et μυριάδες par « dizaines de milliers », car le terme désigne non seulement 10000, le plus grand nombre doté d'un nom spécifique en grec ancien, mais aussi une quantité incalculablement grande), car Socrate précise que nos « myriades » d'ancêtres sont justement « innombrables » (175a2-3 : λογίζεσθαι ὅτι πάππων καὶ προγόνων μυριάδες ἑκάστῳ γεγόνασιν ἀναρίθμητοι) et parce que la critique philosophique ne repose pas ici en dernière instance sur un calcul arithmétique mais sur une simple comparaison d'ordres de grandeur. Platon devait certainement savoir que, pour calculer le nombre d'ancêtres directs d'une personne à la n ième génération, il suffisait de multiplier 2 par lui-même n fois (2^n). Mais il suggère qu'à partir d'un nombre suffisant de générations, le résultat devient tellement immense qu'il ne peut plus (ou n'a pas besoin ?) d'être calculé, comme ces gens qui, selon Archimède, croyaient que le nombre de grains de sable présents sur toute la Terre est ou bien infini ou bien plus grand que tout nombre qui ait reçu un nom (*Arénaire*, 134, 1-9 Mugler, je remercie Fabio Acerbi pour cette référence éclairante). Socrate prend ensuite l'exemple de quelqu'un qui prétend remonter vingt-cinq générations jusqu'à Héraclès (175a5-7). On peut douter que Socrate suggère que le philosophe ait besoin de calculer que cela implique de parcourir $2^{25} = 33\,554\,432$ ancêtres (soit environ 3355 μυριάδες pris au sens strict) pour juger cette généalogie « étrangement mesquine » (175a7). Socrate poursuit d'ailleurs (afin d'expliquer le mépris du philosophe) en proposant de remonter vingt-cinq générations de plus à partir d'Amphytrion et même à nouveau cinquante plus haut (soit 2^{100} ancêtres) et en affirmant que c'est le « hasard » qui préside à de telles généalogies. Ceci montre bien que le raisonnement du philosophe ne repose ni sur un calcul effectif (qui ne prouverait d'ailleurs pas grand chose, sauf à dénombrer la population grecque depuis l'époque d'Héraclès) ni sur l'observation historique (contrairement à la procédure décrite par Hérodote, *Histoire* II, 143 *sq.*, je remercie Paul Demont pour cette référence), mais sur le fait que notre nombre d'ancêtres augmente à chaque génération et que l'on peut toujours remonter plus haut que n'importe quel ancêtre prestigieux identifié, si bien qu'il est absurde de penser maîtriser sa généalogie (au sens d'exclure qu'y figurent des hommes indignes, tels des pauvres ou des barbares). Si calcul il y a, il est donc au mieux entièrement virtuel et comparatif : comme dans l'exemple précédent des propriétaires terriens, où Socrate parle déjà en termes de « myriade » (174e2 : μυρία πλέθρα), l'important est que ce qui paraît très important (très étendu ou très ancien) aux « grands » de la cité apparaît tout petit au philosophe, parce qu'il « raisonne » à l'échelle bien plus grande de la Terre ou de l'humanité tout entières. Sur ce passage, voir aussi K. Thein, *Le lien intraitable*..., *op. cit.*, p. 312-314.

Or on retrouve une opération intellectuelle très similaire mise en évidence dans la conclusion de la première partie du dialogue, dont on a déjà noté plus haut qu'elle contient plusieurs échos de la digression :

> Par conséquent, dans les affections, il n'y a pas de science ; c'est dans le raisonnement (συλλογισμῷ) à leur sujet qu'elle se trouve. En effet, c'est là, semble-t-il, qu'il est possible d'entrer en contact avec la réalité et la vérité, alors que de l'autre côté, c'est impossible[1].

La digression a en fait déjà fourni un exemple assez précis de ce raisonnement critique sur les données des sens, de cette activité autonome de l'âme que présuppose la science et que Théétète va faire l'erreur d'identifier à « l'opinion »[2]. Le retour des orateurs à la fin de la deuxième partie, avec l'exemple du procès et l'allusion transparente à la digression qu'il contient, attire l'attention sur ce point : il aurait mieux valu aller chercher des exemples de ce que la science pourrait être (et une inspiration pour la définir) du côté des philosophes que du côté des orateurs.

Mais, une fois cette erreur de Théétète écartée, dans quelle mesure la dernière partie du dialogue confirme-t-elle la valeur épistémologique de la fin de la première partie et donc de la digression ? La théorie du rêve présentée au début de la troisième partie (201e-202c) possède plusieurs similarités avec les conclusions de la première partie qui viennent d'être mentionnées[3]. Dans les deux cas, la science est présentée comme consistant en un jugement ou un énoncé portant sur un objet commun (ou complexe) et formé sur la base – mais nettement distinct – de plusieurs données particulières perçues par les sens et qui ne peuvent être objets de science ni même de discours. Lorsque Socrate réfute ensuite la théorie du rêve, réfute-t-il du même coup sa suggestion de la fin de la première partie ? Il réfute plutôt une version fautive voire naïve de celle-ci, une

1. 186d2-5 (je traduis) : Ἐν μὲν ἄρα τοῖς παθήμασιν οὐκ ἔνι ἐπιστήμη, ἐν δὲ τῷ περὶ ἐκείνων συλλογισμῷ· οὐσίας γὰρ καὶ ἀληθείας ἐνταῦθα μέν, ὡς ἔοικε, δυνατὸν ἅψασθαι, ἐκεῖ δὲ ἀδύνατον. Sur l'ensemble de ce passage comme esquisse d'une définition satisfaisante de la science (dans l'esprit du *Sophiste*), voir D. Frede, « The Soul's Silent Dialogue : A non-aporetic reading of Plato's *Theaetetus* », *Proceedings of the Cambridge Philological Society* 215, 1989, p. 20-49, p. 21-24.

2. Sur la discussion à propos de l'opinion fausse comme visant à réfuter toute réduction de la pensée à une « saisie intellectuelle » (*mental grasping*) d'un objet, voir D. Barton, « *The Theaetetus* on How We Think », art. cit. Cette lecture de la deuxième partie du dialogue va dans le sens du rôle crucial de la fin de la première partie, qui insiste sur le fait que la science suppose un raisonnement critique sur diverses données empiriques plutôt qu'une intuition d'un objet simple.

3. Voir D. Frede, « The Soul's Silent Dialogue : A non-aporetic reading of Plato's *Theaetetus* », art. cit., p. 33-34 et D. Sedley, *Midwife*, p. 158-160.

mauvaise interprétation de la thèse de l'hétérogénéité entre objets de science et particuliers, entre sciences et sensation (et opinion)[1].

La théorie du rêve consiste en effet à caractériser la science d'un objet (nécessairement composé) par l'ajout à l'opinion droite d'un λόγος de cet objet, défini par Socrate comme une ὀνομάτων συμπλοκή (202b4-5), qui est le miroir discursif de la combinaison des éléments dans l'objet connu. Dès lors que les éléments ne sont pas objets de science (ils ne reçoivent qu'un nom), toute cette théorie épistémologique repose sur la συμπλοκή, que Socrate enferme dans un dilemme (203c4-6) : soit elle n'est que l'ensemble des éléments, soit elle est une forme distincte des éléments et possédant son unité propre, mais, dans les deux cas, la distinction entre saisie des éléments et science du composé s'effondre. Dans les termes des commentateurs contemporains, Socrate réfute l'asymétrie cognitive[2] qui est au principe de la théorie du rêve et qui lui permet de prétendre à la fois distinguer nettement entre opinion (ainsi que sensation) et science *et* baser celle-ci sur celles-là. C'est certainement ce double jeu de la doctrine d'Antisthène, voire d'autres similaires, que Platon refuse dans la théorie du rêve. Après avoir implicitement attaqué les faux philosophes au nom de leur incapacité à s'émanciper sérieusement des opinions et valeurs de la cité, il montre que leur épistémologie ne rompt elle aussi que superficiellement avec le sensualisme de Protagoras.

Si l'on revient maintenant à l'esquisse de réponse proposée à la fin de la première partie, on constate que Socrate attire l'attention sur la spécificité de l'opération mise en œuvre par l'âme *à propos mais à distance* des données sensibles. Il utilise divers exemples pour montrer que la saisie de certaines données « communes » suppose que l'âme se détourne et s'affranchisse de ces « instruments » (184d4) que sont les sens, et « examine » (ἐπισκοπεῖν), « pense » (διανοῇ), « compare » (ἀναλογιζομένη), « récapitule et confronte » (ἐπανιοῦσα καὶ συμβάλλουσα) les données fournies par les sens, et « s'efforce de juger » (πειρᾶται κρίνειν). C'est toute cette analyse qui est ensuite résumée dans le passage déjà cité[3] où est employé le terme συλλογισμός pour localiser la science (186d2-5). Même s'il ne s'agit pas d'une solution précise au problème du dialogue, on peut y

1. Cette version est probablement celle d'Antisthène, avec qui Platon partage certaines thèses élémentaires d'origine socratique et dont il vise à repousser la mauvaise compréhension de celles-ci (voir p. 64-65 et 106-107).

2. G. Fine, *Plato on Knowledge and Forms*, *op. cit.*, p. 235-236 et V. Harte, *Plato on Parts and Wholes. The Metaphysics of Structure*, Oxford, Oxford University Press, 2002, p. 33-35.

3. Cf. *supra*, p. 238.

repérer plusieurs différences significatives avec la théorie du rêve, mais aussi avec les trois conceptions du λόγος (ajouté à l'opinion droite pour obtenir la science) examinées ensuite (206c-209e)[1]. D'abord, Socrate évoque une ou plusieurs opération(s) intellectuelle(s) et non pas seulement linguistique(s). Il insiste sur le fait que la science requiert que l'âme opère « elle-même par elle-même », c'est-à-dire de manière autonome voire indépendante[2]. Lorsqu'il semble indiquer sur quoi débouchent ces opérations, il parle d'un jugement de l'âme (186b8 : κρίνειν πειρᾶται) et non d'un discours. Ensuite, les verbes employés par Socrate n'indiquent pas ou pas seulement une combinaison, une liaison (συμπλοκή), ni un « parcours », une énumération (207c7 : διέξοδος) des éléments ou parties de l'objet connu. Les plus précis suggèrent un raisonnement, voire un calcul, ou une comparaison entre plusieurs données particulières issues des sens pour porter un jugement sur un objet commun (et qui n'est pas perçu directement par les sens). La piste de la fin de la première partie est donc loin d'être identique à la théorie du rêve. Or les exemples de la digression, qui anticipent cette piste, peuvent être lus comme des

1. Ces trois conceptions améliorent la théorie du rêve, puisqu'elles laissent de côté l'asymétrie cognitive qui la caractérise. Elles exhibent au minimum ses autres présupposés, voire corrigent plusieurs de ses limites, mais elles demeurent néanmoins clairement dans son orbite. Sur leurs apports et limites, voir G. Fine, *Plato on Knowledge and Forms*, *op. cit.*, p. 242-247, D. Sedley, *Midwife*, p. 168-178, D. El Murr, « *Desmos* et *logos* : de l'opinion droite à la connaissance (*Ménon*, 97e-98a et *Théétète*, 201c-210b) », dans D. El Murr (éd.), *La mesure du savoir. Études sur le* Théétète, Paris, Vrin, 2013, p. 155-166.

2. L'expression est introduite par Théétète : αὐτὴ δι' αὑτῆς ἡ ψυχὴ τὰ κοινά μοι φαίνεται περὶ πάντων ἐπισκοπεῖν (185e1-2). Elle est reprise et précisée par Socrate (185e6-7) : τὰ μὲν αὐτὴ δι' αὑτῆς ἡ ψυχὴ ἐπισκοπεῖν, τὰ δὲ διὰ τῶν τοῦ σώματος δυνάμεων. Elle est ensuite répétée sous une forme abrégée plusieurs fois (186a4, 186a10, 186b7-8) avant de revenir sous une forme développée dans la conclusion sur ce que doit être la science (187a5-6 : ἡ ψυχή, ὅταν αὐτὴ καθ' αὑτὴν πραγματεύηται περὶ τὰ ὄντα). On a déjà noté les liens de cette conclusion avec la digression, et l'on pourrait comprendre cette formule sur l'autonomie de l'âme par rapport aux sens comme expliquant la liberté de l'esprit à l'égard du corps mise en scène métaphoriquement dans la digression. Qu'il s'agisse bien de cela est confirmé par la présence de formules très proches de celles qui viennent d'être citées dans les passages du *Phédon* sur cette déliaison : voir en particulier 65b9 (mentionné par D. Sedley, *Midwife*, p. 112), 66a1-6 (ἀλλ' αὐτῇ καθ' αὑτὴν εἰλικρινεῖ τῇ διανοίᾳ χρώμενος), ou 79d1-2 (αὐτὴ καθ' αὑτὴν σκοπῇ) cité par P. Demont, *Cité*, p. 313. Sur les similarités et les différences entre la fin de la première partie du *Théétète* et le *Phédon* (ou la *République*), voir M. Burnyeat, *Introduction*, p. 86-87, D. Sedley, *Midwife*, p. 113-114, S. Delcomminette, « Quel rôle joue l'éducation dans la perception ? », art. cit., F. Aronadio, *L'aisthesis…*, *op. cit.*, G. Fine, « Plato on the grades of perception », art. cit. et C. Rowett, *Knowledge and Truth in Plato*, *op. cit.*, p. 223-226 (qui récuse la continuité entre le *Phédon*, la Digression et la fin de la première partie du *Théétète*).

exemples de solutions aux objections contre la troisième définition de la science.

En premier lieu, le dilemme déjà mentionné qui réfute la théorie du rêve porte sur le rapport entre une « totalité » (τὸ ὅλον) et l'ensemble des éléments ou parties (τὰ πάντα μέρη) qui la composent (204a11-205a7) : s'ils sont identiques, alors le composé est connu de la même manière que les éléments, et si la totalité est une « forme unique » distincte des éléments, il est incomposé et donc aussi inconnaissable qu'eux. Or le « raisonnement » du philosophe à propos des généalogies aristocratiques résulte lui-même d'un « regard sur le tout » (175a1-2 : τὸ πᾶν ἀεὶ βλέπειν). Qu'un rapprochement doive être effectué est confirmé par le fait que, dans le dilemme, Socrate prend l'exemple d'une certaine quantité de plèthres (204d4-5 : ὁ τοῦ πλέθρου ἀριθμὸς qui est identique à τὸ πλέθρον). Or on se souvient que, dans la digression, le philosophe juge que « dix mille plèthres de terre » (174e2 : γῆς μυρία πλέθρα) n'est pas « une propriété d'une taille étonnante » (θαυμαστὰ πλήθει), mais « minuscule » (πάνσμικρα), du fait qu'il est « habitué à embrasser du regard la terre entière » (174e2-5 : εἰς ἅπασαν τὴν γῆν). Considéré du point de vue de la véritable totalité qu'est la Terre, un ensemble composé qui semble important lorsqu'on l'identifie au nombre de ses parties s'avère négligeable. L'approche quantitative ou additive des ensembles, qui est le principal présupposé du dilemme dans lequel tombe la théorie du rêve[1], a donc déjà été relativisée par le philosophe à partir du même exemple, et l'on doit sans doute en inférer qu'il n'accepterait pas de réduire et juger une armée au nombre de ses soldats (204d9-10), et ne serait pas non plus

1. Sur le problème de la composition dans le *Théétète*, voir V. Harte, *Plato on Parts and Wholes ..., op. cit.*, p. 32-47, qui soutient qu'il résulte de son « échec manifeste » à tenir compte de la notion de « structure » (p. 47), c'est-à-dire d'une organisation des parties qui empêche de réduire le tout à leur somme. Cette réduction n'est possible que dans le cas des collections dénombrables, qui constituent justement les exemples privilégiés du dilemme (p. 45). Qui plus est, F. Acerbi, « A Reference to Perfect Numbers in Plato's *Theaetetus* », art. cit. a montré que le passage contient une allusion aux « nombres parfaits » (Euclide, *Eléments* VII, def. 23). Ces nombres, tel 6 pris en exemple par Socrate, sont égaux à la somme de leurs diviseurs propres (1 + 2 + 3), à savoir de leurs « parties » au sens strict qu'a ce terme chez Euclide (*Eléments* VII, def. 3). Avec ce sens, même l'identification de Socrate entre un nombre et toutes ses parties (204d1-2) est fausse, puisque seuls les nombres parfaits sont égaux à la somme de leurs parties propres, et le mathématicien Théétète aurait dû s'en rendre compte, tout comme il aurait pu contester que la totalité qu'est une armée se réduise à l'ensemble dénombrable des soldats. Dans tout ce passage, Théétète témoigne d'ailleurs d'une certaine gêne (il répond seulement Φαίνεται plusieurs fois, en particulier en 204d3 à la question sur les nombres), ce qui renforce l'idée qu'il est possible d'échapper au dilemme, qui résulte de la théorie du rêve, et que le dialogue fournit des indices pour y parvenir.

impressionné par celui qui est capable d'énumérer toutes les parties d'un chariot (207a-c), contrairement à Théétète et Socrate[1].

Socrate examine en effet ensuite le λόγος comme « parcours des éléments » d'une totalité, par exemple des cent pièces du chariot évoquées par Hésiode, qui permettrait d'en garantir la science en s'ajoutant à l'opinion vraie sur cet objet. Socrate s'appuie sur l'observation que la connaissance d'un objet exige d'être capable de le reconnaître dans ses divers contextes et de ne pas le confondre avec des objets similaires (207d-208a) : l'enfant qui écrit correctement Théétète avec un Θ, mais écrit Théodore avec un T ne sait pas reconnaître la même lettre dans des mots ou syllabes différents, il ne connaît dès lors pas le Θ et ne sait donc pas non plus écrire Théétète[2]. Or, n'est-ce pas déjà la leçon du passage

1. Un autre passage qui a été mis en relation avec le dilemme final concernant tout et ensembles est le fameux passage mathématique : voir L. Brisson, S. Ofman, « Powers and division in the 'mathematical part' of Plato's *Theaetetus* », *Tropos. Journal of Hermeneutics and Philosophical Criticism*, 10 (2), 2018, p. 125-144. Théétète explique comment « puisqu'il apparaissait que les puissances étaient infinies en nombre, tenter de les englober dans une unité, au moyen de laquelle on pourrait les appeler en totalité "puissances" » (147d8-9 : πειραθῆναι συλλαβεῖν εἰς ἕν, ὅτῳ πάσας ταύτας προσαγορεύσομεν τὰς δυνάμεις). L'expression συλλαβεῖν εἰς ἕν pourrait ici être lue comme une anticipation de l'analyse du composé (ἡ συλλαβή) comme « forme unique » offerte en 204a-b (voir aussi la note 4, p. 243). Cependant, la procédure présentée ensuite par Théétète et ses compagnons consiste à « diviser en deux le nombre tout entier » (147e5) et à définir les « puissances » comme les racines carrées (pour employer une notion moderne) d'une des espèces du nombre (148a7-b2). Cette procédure peut faire songer à la division telle qu'elle sera pratiquée dans le *Sophiste*, mais elle n'en respecte pas du tout les règles (comme l'ont souligné L. Brisson et S. Ofman, « Powers and division in the 'mathematical part' of Plato's *Theaetetus* », art. cit.). Vues sa position dans le dialogue et sa méthode, ce passage mathématique semble donc offrir au mieux, d'un point de vue *épistémologique*, un exemple de ce qu'est une bonne définition, requise pour toute recherche (cf. *Théétète* 208d-e sur le *logos* comme énoncé de la différence, qui permet de distinguer un objet de tous les autres), comme l'a soutenu M. Burnyeat, « The Philosophical Sense of Theaetetus'Mathematics », *Isis* 69 (4), 1978, p. 512. Il n'est certes pas exclu que le contenu proprement mathématique de ce passage ait également un sens philosophique dans l'enquête du dialogue, pourvu que ce contenu ait pu être saisi sans trop de difficultés par les lecteurs de Platon, ce qui n'est pas invraisemblable s'il s'adressait surtout à des aspirants philosophes dans le *Théétète*. Mais, contrairement aux exemples de connaissance philosophique dans la digression, le contenu et la valeur mathématiques de la classification de Théétète sont aujourd'hui très discutés : voir les deux articles cités dans la présente note et leurs bibliographies, ainsi que B. Vitrac, « Les formules de la "puissance" (*dunamis*, *dunasthai*) dans les mathématiques grecques et dans les dialogues de Platon », dans M. Crubellier, A. Jaulin, D. Lefèbvre, P.-M. Morel (éd.), *DYNAMIS. Autour de la puissance chez Aristote*, Louvain-la-Neuve, Peeters, 2008, p. 73-148.

2. Voir G. Fine, *Plato on Knowledge and Forms*, *op. cit.*, p. 243-244 et D. El Murr, « *Desmos* et *logos* : de l'opinion droite à la connaissance… », art. cit., p. 158-159. Sur les lettres et la lecture comme modèle épistémologique chez Platon (dans le *Cratyle*, *Théétète*, *Sophiste*, *Politique*, *Philèbe*), voir la synthèse suggestive de V. Goldschmidt, *Le paradigme dans la dialectique platonicienne*, Paris, P.U.F., 1947, réédition Paris, Vrin, 1985, p. 66-72 et l'analyse de V. Harte, *Plato on Parts and Wholes ...*, *op. cit.*, p. 34-39, 143-156, 199-208.

de la digression qui a été interprété ci-dessus[1] comme un exemple de συλλογισμός de l'âme? Lorsqu'on célèbre un homme comme étant « noble parce qu'il peut attester de sept ascendants riches » (174e5-6), on a la vue « médiocre et mesquine », selon le philosophe, moins parce que l'on ne peut pas parcourir ses « myriades d'ascendants et d'ancêtres » (175a2), puisqu'ils sont innombrables, que parce que l'on ne voit pas que *tout le monde* a, parmi ses ancêtres, « des riches et des mendiants, des rois et des esclaves, des barbares aussi bien que des Grecs » (175a3-4). Celui qui s'enorgueillit de descendre d'Heraclès, fils d'Amphitryon, est comme l'enfant qui croit qu'il sait écrire parce qu'il a écrit son prénom correctement : tous deux ne peuvent pas avoir la connaissance des ancêtres ou des lettres (*pas même* de ceux/celles de leur propre lignée/prénom), puisqu'ils ne les énumèrent et combinent que dans un seul cas, *sans les comparer avec d'autres*. La simple énumération des pièces du chariot souffre du même défaut.

Les exemples de raisonnement du philosophe ne sont certes pas assez précis et explicites pour *répondre* aux problèmes de la troisième partie du *Théétète*. La digression utilise par exemple le lexique de l'ensemble (ἅπᾱς, τὸ πᾶν) pour caractériser le point de vue du philosophe, alors que la troisième partie suggère que c'est la totalité (τὸ ὅλον) dont il faudrait penser la spécificité par différence avec l'ensemble (des parties d'un tout). Cette objection n'est cependant pas dirimante, dans la mesure où Platon emploie ailleurs τὸ πᾶν à propos de cette totalité exemplaire qu'est le monde[2], qui semble être le point de référence du philosophe dans les exemples de la digression. En outre, on a vu que la digression décrit également le philosophe comme « explorant en tout sens l'ensemble des natures des êtres chacun [pris] dans sa totalité (ἑκάστου ὅλου) » (174a1) et l'on pourrait avoir là une description allusive de l'approche correcte de ses objets par une science, qui les saisit chacun à la fois comme totalité[3] et dans ses *relations* aux autres objets du même domaine. C'est ainsi la saisie d'une totalité *articulée* qui apparaît ou plutôt apparaîtra fondamentale à la science, puisque cette idée demeure indéniablement implicite dans le *Théétète* et ne peut y être lue que rétrospectivement à partir du *Sophiste*[4].

1. Cf. *supra*, p. 236-238.

2. Voir *Timée* 28c4 ou 30b5.

3. Voir *Sophiste*, 219c2, 219e1 ou 221b6 pour ὅλον employé pour désigner une totalité complète ensuite divisée selon ses espèces, par exemple « l'ensemble des arts ».

4. Verity Harte a bien montré comment l'idée de structure est introduite par Platon dans le *Sophiste*. On peut simplemer souligner que le terme qui y indique l'importance de l'organisation syntaxique des lettres dans les mots, συναρμόττειν (V. Harte, *Plato on Parts and Wholes ...*, *op. cit.*, p. 150-156 et 171 à propos de *Sophiste*, 253a) est déjà présent dans la définition que donne Socrate du composé (ἡ συλλαβή) comme μία ἰδέα ἐξ ἑκάστων

Il est donc important, pour finir, de s'interroger sur la manière dont la lecture de la digression qui vient d'être proposée peut affecter le sens du *Théétète* dans son ensemble, qui a fait l'objet d'un débat intense au XXe siècle.

LA DIGRESSION ET LES INTERPRÉTATIONS DU *THÉÉTÈTE*

Un premier grand problème oppose les interprètes qui pensent que le *Théétète* témoigne d'un abandon de l'hypothèse des Formes et développe une nouvelle théorie de la connaissance par rapport aux dialogues dits « intermédiaires »[1], et ceux qui estiment au contraire qu'il ne remet pas en question les doctrines de la *République* mais y introduit ou les confirme en critiquant les tentatives de définir la science autrement que par ses objets immuables et intelligibles[2]. La digression a été généralement invoquée par les tenants de la seconde interprétation, dans la mesure où le portrait du philosophe rappelle ceux du *Phédon* et de la *République* et semble même faire référence aux Formes. Ce dernier point a toutefois été contesté[3]. David Sedley a fait avancer ce débat de manière décisive : soulignant que la digression fait référence à plusieurs doctrines de la *République* mais de manière retenue ou implicite, il a montré que la digression ne peut pas être si facilement invoquée en faveur de l'interprétation continuiste du *Théétète*, mais la conserve néanmoins dans une large mesure. Il estime

τῶν συναρμοττόντων στοιχείων γιγνομένη ἡ συλλαβή (204a2). Socrate indique donc dès le *Théétète* l'existence de totalités ayant une structure pour ensuite élaborer son dilemme à partir de totalités qui n'en possèdent *apparemment* pas (voir p. 241, note 1). Il est dès lors difficile de ne pas supposer que Platon signale ainsi une piste pour dépasser les limites de l'entreprise maïeutique du *Théétète* et qu'il suit cette piste, comme celle de la fin de la première partie, dans le *Sophiste*. Selon E. Maffi, « Τὸ πᾶν, τὸ ὅλον e la confutazione della terza definizione di ἐπιστήμη alcune considerazioni su *Teeteto* 203a1-208b10 », *Plato : The Internet Journal of the International Plato Society* 7, 2007, le dilemme serait dépassé et la notion de structure déjà reconnue dans le *Théétète* avec la définition de la syllabe comme « forme unique », mais surtout avec le second sens de *logos* et l'exemple du chariot qui mobilise l'idée d'οὐσία d'un ὅλον (207c1-2). Il me semble cependant que le « parcours des éléments » introduit par Socrate en 207a-c ne requiert pas la prise en compte de *l'articulation fonctionnelle* de ces éléments entre eux et qu'il est tout aussi difficile de lire celle-ci dans la simple mention de l'οὐσία. On a là au mieux un nouvel exemple d'ensemble dont la connaissance *devrait* passer par la saisie de son organisation interne.

1. *Phédon*, *Banquet*, *République*, *Cratyle*, *Phèdre*.

2. Pour une présentation de ce débat et de son évolution, voir T. Chappell, *Reading*, p. 16-21. Parmi les *Revisionnists*, on trouve Ryle, Robinson, Owen, McDowell et Bostock. Parmi les *Unitarians*, les platoniciens antiques, Schleiermarcher, Diès, Ross, Cherniss, Cornford et Brisson.

3. Voir les références données dans le premier chapitre, p. 66-67.

en effet que, dans la digression, Platon a) réfute le relativisme restreint ou *civic relativism* et b) présente (comme dans le reste du *Théétète*) les bases socratiques (ou des reformulations socratiques) des doctrines (épistémologiques, métaphysiques, eschatologiques voire politiques) de la *République*, et c) permet au lecteur avisé de lire ces doctrines proprement platoniciennes entre les lignes et de comprendre qu'elles sont directement issues de celles de Socrate.

M'appuyant sur plusieurs acquis de cette lecture, j'ai pour ma part tenté de montrer que a) pour réfuter ses adversaires sophistes *mais aussi* ses rivaux socratiques (comme dans le reste du *Théétète*), Platon b) met en avant dans la digression une critique d'abord socio-politique fondée sur la liberté, c) qui fait appel à des valeurs partagées par ses adversaires, que Platon retourne contre eux et dont il prétend montrer que, bien comprises, elles conduisent à sa propre conception de la philosophie, d) conception qui est largement mise en pratique dans le *Théétète*, si bien que la digression possède une fonction principalement *réflexive*. Plutôt que d'invoquer la distinction exégétique entre Socrate et Platon, comme si Platon se faisait l'historien de sa propre pensée, mon interprétation propose une explication polémique au fait que Platon « revienne » à une méthode socratique ou dialectique qui laisse à l'arrière-plan ses doctrines métaphysiques (dans le *Théétète* comme dans la digression).

Dans la lecture la plus répandue, la digression ressemble à ces détours, parfois très longs, que l'on trouve au centre de plusieurs dialogues de Platon et qui réorientent l'enquête en l'articulant à un problème plus fondamental, souvent ontologique, dont le traitement permet de revenir à la question de départ et de la résoudre[1]. La différence est que, dans le *Théétète*, ce détour est pour ainsi dire avorté ou fantômatique : suspendu au-dessus du cours du dialogue, et sans aucun effet apparent sur lui, il indiquerait ce qu'aurait pu et dû être le dialogue si l'âme de Théétète avait conçu et enfanté un meilleur rejeton. Ma lecture propose au contraire de mieux tenir compte de sa situation d'*interlude polémique* (et non de détour métaphysique) au sein du processus maïeutique, position tout à fait analogue à celle des parabases comiques et donc certainement tout à fait réfléchie de la part de Platon. De même, du point de vue de son contenu, j'ai cherché à éviter de réduire la digression à un rappel discret

1. Voir V. Goldschmidt, *Les dialogues de Platon*, *op. cit.*, p. 64-68 qui parle de « détour essentiel » et H. Thesleff, *Platonic Patterns*, Las Vegas, Parmenides Publishing, 2009 qui parle de *pedimental composition*. Les meilleurs exemples en sont sans doute le *Phédon*, la *République* et le *Sophiste*.

de certaines doctrines de la *République* ou arguments du *Gorgias*. J'ai donc souligné les inflexions qu'elle apporte à la défense du philosophe et en particulier l'accent qu'y met Platon sur les critères socio-politiques de la liberté et du loisir, qui sont présents dans le *Gorgias*, le *Phédon* ou la *République* mais subordonnés à des arguments éthiques, épistémologiques et métaphysiques, alors qu'ils jouent le rôle principal dans la digression pour des raisons liées aux objectifs maïeutiques et critiques du dialogue, dont la manière spécifique de procéder et les enjeux ultimes sont justement mis en scène dans la digression.

Peut-on toutefois réduire le dialogue à de tels objectifs ? C'est le second grand problème de l'interprétation du dialogue dans son ensemble[1] : pourquoi le *Théétète* ne propose-t-il pas une définition acceptable de la science ? Il existe au fond trois grandes manières d'interpréter cette dimension critique[2] du dialogue, qui ne sont évidemment pas indépendantes du débat précédent. La première, sans doute la plus rare chez les interprètes contemporains, considère le *Théétète* comme un dialogue strictement critique ou réfutatif, comparable de ce point de vue à certains des premiers dialogues de Platon : il s'agirait juste d'y réfuter certaines doctrines sur la nature de la sagesse et de la connaissance, et au mieux de préparer pour plus tard une recherche positive à son sujet[3]. Cette lecture s'en tient donc à ce que Socrate explique à Théétète dans le fameux passage sur la maïeutique ainsi qu'à la fin du dialogue, et considère qu'il

1. Pour un bilan récent, voir F. Ferrari, « Aporia e maieutica nel *Teeteto* di Platone », *in* I. Männlein-Robert, W. Rother, S. Schorn et C. Tornau (ed.), *Philosophus orator. Rhetorische Strategien und Strukturen in Philosophischer Literatur*, Basel, Schwabe Verlag, 2016, p. 63-84.

2. Je préfère éviter de parler de « dialogue aporétique », car le *Théétète* ne s'achève pas sur un constat d'échec ni sur un appel à continuer la recherche, mais au contraire sur l'affirmation que l'objectif fixé, à savoir l'accouchement et l'examen des opinions de Théétète sur la science, a été réalisé et que ce résultat est tout à fait bénéfique (210b-c). Tout juste Socrate reconnaît-il que son art maïeutique ne peut aller plus loin, mais le contraste entre son ignorance et les « grands et merveilleux hommes » d'aujourd'hui et d'autrefois (210c5-6) pourrait bien être ironique, puisque Socrate ne s'est pas privé de réfuter de tels hommes dans le dialogue. Néanmoins, le dialogue a commencé par poser la question de la nature de la science (145a) *avant* de soumettre cet objectif au cadre maïeutique, qui, en outre, n'implique pas nécessairement un résultat négatif. Le dialogue demeure donc orienté par la recherche d'une issue positive, d'une définition satisfaisante de la science.

3. D. Sedley, « Three Platonist Readings of the *Theaetetus* », *in* C. Gill et M.-M. McCabe (eds), *Form and Argument in Late Plato*, *op. cit.*, p. 88-89 met en évidence une interprétation antique du *Théétète* (signalée par Proclus) comme une réfutation de Protagoras. Récemment, voir U. Zilioli, « The wooden horse », *in* G. Boys-Stones, D. El Murr et C. Gill (eds), *The Platonic Art of Philosophy*, *op. cit.*, p. 167-185 et surtout A. Balansard, *Enquête*, p. 15-16.

s'agit là d'une description adéquate des intentions de Platon à l'égard de ses lecteurs : l'âme de Théétète a été « vidée » de ses opinions fausses sur la connaissance, ce qui la rend bien mieux disposée pour la recherche et la découverte de sa nature véritable.

Si les commentateurs contemporains ont beaucoup de mal à s'en tenir à une telle lecture, c'est à cause du classement chronologique des dialogues de Platon, qui a été progressivement élaboré depuis la fin du XIXe siècle sur la base de la stylométrie et qui place le *Théétète* parmi les dialogues « intermédiaires ». Les interprètes se sont dès lors sentis obligés d'expliquer pourquoi Platon ne recourt pas dans le *Théétète* à la méthode constructive et aux doctrines métaphysiques typiques des dialogues de la même période, pourquoi il semble « revenir » au Socrate ignorant et au dialogue « aporétique »[1]. La réponse la plus fréquente constitue un second type de lecture du dialogue : elle estime que la solution au problème de la définition de la science est signalée dans le dialogue lui-même, soit qu'il contienne des allusions à d'autres dialogues de Platon où elle serait expliquée en détail[2], soit qu'elle s'y trouve esquissée et dispersée en divers passages que le lecteur doit identifier et combiner, comme dans un puzzle, pour reconstituer par lui-même la bonne définition.

Une troisième lecture, souvent négligée dans les bilans récents, refuse de réduire le silence de Platon à une feinte et prend au sérieux la fin négative du dialogue en estimant qu'elle signale une difficulté voire une impossibilité *essentielle* à la tentative de définir la science, et non une difficulté simplement relative à l'âme de Théétète (et du lecteur) ou aux doctrines examinées[3] : le *Théétète* montrerait que l'on ne doit pas ou que l'on ne peut pas (complètement) définir la science et/ou y accéder. Tel était déjà le principe de la lecture sceptique du *Théétète* par la Nouvelle

1. Par contraste, certains interprètes ne voient aucun inconvénient à tenir le *Théétète* pour l'un des dialogues « aporétiques » écrits par Platon au début de sa carrière : voir par exemple P. Natorp, *Platons Ideenlehre*, *op. cit.*, p. 90-91 qui place le *Théétète* dans ce groupe, même s'il considère déjà que le dialogue offre des résultats positifs à qui sait le lire. Il adopte donc ce que j'appelle la seconde lecture.

2. Il s'agit le plus souvent de dialogues antérieurs comme le *Ménon* ou la *République*.

3. Il faut mentionner ici la lecture (signalée par M. Burnyeat, *Introduction*, p. 304) selon laquelle le *Théétète* consignerait l'incapacité *de Platon* à définir la science au moment où il écrit le *Théétète*. Elle considère l'échec du dialogue comme réel et sincère (aucune définition satisfaisante n'est cachée dans le dialogue ou dans des dialogues antérieurs) mais comme contingent et insatisfaisant, dans la mesure où Platon aurait estimé qu'il était nécessaire de proposer une définition de la science. Cette lecture peut donc être considérée comme une variante de la première lecture, qui tient le dialogue pour simplement et seulement critique.

Académie[1], mais on le retrouve également dans plusieurs lectures non sceptiques proposées par des interprètes contemporains[2].

La digression a le plus souvent été utilisée par les tenants de la seconde lecture, et en particulier par ceux qui adhèrent également à une lecture continuiste du *Théétète*, puisqu'ils trouvent dans la digression les références les moins allusives du dialogue aux doctrines de la *République* ou du *Phédon* censées résoudre, par l'hypothèse des Formes, le problème de la définition de la science. Or, s'il me semble indéniable que la digression ouvre le dialogue sur une perspective plus large que la maïeutique et pointe même peut-être vers certaines solutions possibles aux problèmes du dialogue, elle n'implique pas pour autant nécessairement qu'il existe une bonne définition de la science qui résoudrait tous les problèmes du *Théétète*, et ce pour deux raisons.

En premier lieu, la digression ne cesse d'insister sur la rupture et même l'incompréhensibilité fondamentale et réciproque qui existe entre les orateurs et le peuple, qui incarnent l'opinion, et ceux qui « aspirent au savoir ». Elle rappelle ainsi le rôle crucial de l'examen critique des sensations et des opinions (et donc du *Théétète* lui-même) dans toute recherche de la connaissance. Cela revient à anticiper l'ultime objection contre la troisième définition de la science, selon laquelle on ne peut pas passer de l'opinion à la science simplement en ajoutant quelque chose à la première (209e-210a). Monique Dixsaut a bien formulé cet enjeu du dialogue : « la différence [du savoir] reste introuvable tant qu'on se

1. Voir D. Sedley, « Three Platonist Readings of the *Theaetetus* », art. cit., p. 86-88.

2. Voir, dans l'ordre chronologique, A. Nehamas, « *Epistémé* and *logos* in Plato's Later Thought », *Archiv für Geschichte der Philosophie* 66, 1984, p. 11-36, M. Dixsaut, *Naturel*, p. 299-309, F. Trabattoni, « Λόγος e δόξα : il significato della confutazione della terza definizione di ἐπιστήμη nel *Teeteto* », art. cit. et « Qual è il significato del *Teeteto* platonico ? In margine a una nuova traduzione commentata del dialogo », *Elenchos* 33 (1), 2012, p. 69-107, C. Rowe, *Plato and the Art of Philosophical Writing*, Cambridge, Cambridge University Press, 2007, chap. 8 ; C. Rowe, « La fin du *Théétète* », dans D. El Murr (éd.), *La mesure du savoir…*, *op. cit.*, p. 173-188 et F. Teisserenc, « Pourquoi n'y a-t-il pas de définition de la science ? Une lecture aporétique du *Théétète* », dans D. El Murr (éd.), *La mesure du savoir…*, *op. cit.*, p. 189-222. Nehamas, Dixsaut et Teisserenc soutiennent chacun à leur manière que la science ne peut ou ne doit pas être définie selon Platon, parce que toute définition s'avèrerait inutile, trompeuse ou absurde. Quant à Trabattoni et Rowe, ils soutiennent chacun à leur manière que la troisième définition de la science est juste si on la comprend bien, mais mérite néanmoins d'être réfutée pour montrer qu'elle n'est pas la science infaillible, accessible uniquement à l'âme séparée du corps. Ces deux dernières interprétations, en particulier celle de Rowe, pourraient donc être considérées comme intermédiaires entre la deuxième et la troisième lectures de « l'aporie » du *Théétète*, car elles y trouvent une définition acceptable de notre connaissance mais ne tiennent pas son échec final pour une ruse pédagogique.

demande *ce qui manque* à la sensation, à l'opinion vraie, pour qu'elles soient des savoirs. Car la question est bien plutôt : *qu'est-ce qui leur est présent, et dont le savoir s'est purifié.* Tel est le sens dans ce dialogue tardif qu'est le *Théétète* du retour à la maïeutique »[1]. En insistant sur l'incompétence sociale et pratique des philosophes dans la digression, il ne s'agit pas de suggérer que les philosophes sont un idéal inatteignable, et encore moins de les critiquer, mais de repousser la représentation commune, et en particulier sophistique, de la sagesse comme attestée par l'efficacité ou le pouvoir. Les philosophes de la digression incarnent ce paradoxe selon lequel la supériorité épistémologique peut aller et même va nécessairement de pair (au moins dans un premier temps, auquel s'en tient le *Théètète*) avec une infériorité dans les domaines pratique et politique, où l'opinion règne et suffit, si elle est vraie, pour réussir (*Ménon* 97a-c).

En second lieu, la digression n'insiste pas sur les connaissances objectives possédées par le philosophe mais sur le fait que le loisir, la liberté et tout ce qui va de pair avec eux sont essentiels à la recherche de la vérité. À la charnière entre les deux parties du *Parménide*, lorsque Socrate demande au vieux Parménide puis à Zénon de faire une démonstration de leur méthode d'examen à partir d'une hypothèse, Zénon fait remarquer qu'il ne conviendrait pas de faire pareille démonstration « devant un auditoire nombreux » : « En effet, le grand nombre ignore que, sans exploration en tous sens et sans errance, il est impossible de tomber sur le vrai et d'en posséder l'intelligence »[2]. La digression du *Théétète* développe ce constat et justifie ce faisant la méthode et le parcours suivis dans le dialogue, y compris ses détours, ses retours en arrière, ses errements *et* l'absence finale de réponse satisfaisante. Elle souligne, comme le passage sur la maïeutique, que seul un sophiste ou un orateur évalue un discours aux conclusions ou opinions tangibles qu'il a produites. En un sens, le début de la digression nous met lui aussi en garde contre toute lecture du *Théétète* qui chercherait trop vite à dépasser ce dialogue, comme si la critique des conceptions erronées de la science

1. M. Dixsaut, *Naturel*, p. 303. *Cf.* A. Nehamas, « *Epistémé* and *logos* in Plato's Later Thought », art. cit., p. 231 qui critique le « modèle additif de la science » selon lequel « la science est atteinte quand un second facteur, indépendant, est associé à l'opinion vraie » (je traduis). Voir aussi M. Dixsaut, « Du *logos* qui s'ajoute à l'opinion au *logos* qui en libère », art. cit. ; D. El Murr, « *Desmos* et *logos* », art. cit. et F. Ferrari, « L'interpretazione del *Teeteto* e la natura della epistemologia platonica. Alcune osservazioni », *Elenchos* 34 (2), 2013, p. 410-419.

2. *Parménide*, 136e1-3 (trad. L. Brisson légèrement modifiée).

et ses méandres n'étaient qu'un préalable ou un instrument distinct de la véritable recherche philosophique sur la nature de la science.

LA DIGRESSION ET LA CONCEPTION PLATONICIENNE DE LA SCIENCE

Du fait que le dialogue porte sur la nature de la science et que la digression défend une certaine manière de discourir et de rechercher la vérité, elle éclaire néanmoins l'enquête du *Théétète* et y contribue modestement mais positivement. Gail Fine a bien montré que les réfutations du second et du troisième sens de λόγος suggèrent en creux un modèle de la science qui est présenté positivement dans d'autres dialogues et selon lequel on ne peut connaître un objet isolément, car on doit saisir toutes les relations qu'il entretient avec les objets du même champ[1]. Or la perspective globale du philosophe de la digression va exactement dans ce sens. Dans le cas de la valeur d'une lignée, le philosophe procède de la façon décrite par Socrate à la fin de la première partie, à propos de l'examen par l'âme de la « réalité »[2] : « récapitulant et confrontant » la diversité des lignées humaines « entre elles » et dans toute leur étendue, il aperçoit que chacune comprend nécessairement des riches et des pauvres, du fait que l'on peut toujours remonter plus haut dans le temps *et* qu'il est donc impossible d'exclure le hasard (175b2 : τύχη) des unions, si bien que le philosophe peut « juger » qu'aucune lignée ne mérite des éloges particuliers. La science n'est pas affaire d'analyse et de synthèse d'un objet complexe pris en lui-même, mais de comparaison d'objets du même type (ou du même domaine) afin de discriminer ce qui est le même et ce qui est autre dans chacun. Les éléments sont connus à partir de la comparaison des différents composés qu'ils forment et de la manière dont ils s'y articulent (et non les composés à partir d'éléments inconnaissables), comme le suggère l'apprentissage des notes de musique et des lettres (206a10-b3, 207e7-208a3). C'est pourquoi le philosophe est dit explorer « en tout sens l'ensemble des natures des êtres *chacun [pris] dans sa totalité* » (174a1) ou bien « ce qu'à une telle nature, *à la différence des autres*, il convient de faire et de subir » (174b4-6), ou encore « la justice et l'injustice, ce qu'est chacune par elle-même et en quoi chacune diffère *de tout le reste ou de l'autre* » (175c2-3).

1. G. Fine, *Plato on Knowledge and Forms : Selected Essays*, Oxford, Oxford University Press, 2003, p. 227-228 et 249-251, qui parle d'un *interrelation model of knowledge*, défendu dans d'autres dialogues antérieurs (*Ménon*, *Phédon*, *République*) et postérieurs (*Sophiste*, *Politique*, *Philèbe*).

2. 186b8-9 : τῆς ἐναντιότητος αὐτὴ ἡ ψυχὴ ἐπανιοῦσα καὶ συμβάλλουσα πρὸς ἄλληλα κρίνειν πειρᾶται ἡμῖν.

On a là, me semble-t-il, des pistes esquissant une bonne manière de concevoir la science, qui sont loin de se réduire à la critique des sensations ou à la nécessité de poser des êtres intelligibles immuables comme seuls objets possibles de la science. Il ne s'agit toutefois pas de soutenir que la digression, même couplée avec la fin de la première et de la troisième parties du dialogue, fournit en pointillé une *définition* de la science. D'une part, la digression ne propose pas une explication de la nature de la science, mais simplement quelques exemples imagés de ce que l'on pourrait appeler le point de vue de *celui qui recherche* la science ou la sagesse, et de ses conditions et conséquences pratiques. D'autre part, comme on l'a déjà noté, la digression souligne le fossé entre opinion et science et ne permet pas de le dépasser, même si on la lit du point de vue d'un modèle relationnel de la connaissance [1].

C'est seulement dans le *Sophiste* que cette conception de la science est à la fois explicitée [2], justifiée par la priorité accordée à l'articulations entre Formes intelligibles par rapport à leur immuabilité et leur unité [3] et mise en œuvre par la méthode de division appliquée à la définition du sophiste. C'est d'ailleurs également dans le *Sophiste* et le *Politique*, qui forment un tryptique avec le *Théétète*, que plusieurs des problèmes soulevés par la digression (le rapport entre le savoir et la cité), la deuxième (l'erreur) et la troisième parties (le rapport entre tout et parties, la nature du *logos*) du *Théétète* font l'objet d'une nouvelle approche de la part de l'Étranger d'Élée [4]. La digression, même lue entre les lignes et à la lumière de la fin du *Théétète*, n'esquisse aucun des *arguments* du *Sophiste*, mais, comme

1. Je rejoins donc les commentateurs qui ont à la fois approuvé la thèse de Gail Fine, « Knowledge and *Logos* in *Theaetetus* », *The Philosophical Review* 88 (3), 1979, p. 366-397, selon laquelle Platon développe un modèle relationnel de la connaissance, et douté qu'il soit présent dans le *Théétète* et/ou qu'il permette, comme le pense Gail Fine, de résoudre le problème final de la circularité de toute définition de la science à partir de l'opinion vraie : voir A. Nehamas, « *Epistémé* and *logos* in Plato's Later Thought », art. cit., p. 231 et 235-236, D. Frede, « The Soul's Silent Dialogue : A non-aporetic reading of Plato's *Theaetetus* », art. cit., p. 34, D. Bostock, *Plato's Theaetetus*, Oxford, Clarendon Press, 1988, p. 249-250, D. Sedley, *Midwife*, p. 168 et F. Trabattoni, « Fondazionalismo o coerentismo? In margine alla terza definizione di ἐπιστήμη del *Teeteto* », *in* G. Mazzara e V. Napoli (ed.), *Platone. La teoria del sogno nel* Teeteto. *Atti del Convegno Internazionale, Palermo 2008*, Sankt Augustin, Academia, 2010, p. 295-317.

2. Voir *Sophiste*, 253a-d avec V. Harte, *Plato on Parts and Wholes ...*, *op. cit.*, p. 175-177.

3. Voir par exemple C. Kahn, *Plato and the Post-Socratic Dialogue*, *op. cit.*, p. 112-114.

4. Voir C. Kahn, « Why is the *Sophist* a sequel to the *Theaetetus* ? », *Phronesis* 52, 2007, p. 33-57. Sur les rapports entre le Socrate du *Théétète* et l'Etranger dans le *Sophiste*, voir A. A. Long, « Plato's Apologies and Socrates in the *Theaetetus* », art. cit., p. 129-136. Sur ses rapports avec l'Etranger dans le *Politique*, voir M. Lane, « "Emplois pour philosophes" : l'art politique et l'Étranger dans le *Politique* ... », art. cit.

pour le problème du rapport entre philosophie et politique[1], elle suggère la possibilité et même la nécessité d'une solution[2]. C'est pourquoi le *Sophiste* caractérise « la science peut-être la plus grande », à savoir la dialectique, comme « la science des hommes libres » et se demande à cette occasion si le philosophe n'a pas été découvert discrètement et par chance *avant* le sophiste[3]. Cette formule ne peut trouver un sens précis que référée à la digression, comme si le *Sophiste* signalait rétrospectivement l'anticipation par celle-ci de sa propre entreprise[4].

Réciproquement, ce passage doit nous inviter à ne pas considérer le *Sophiste* comme un dépassement pur et simple de la perspective du *Théétète.* Notons d'abord que l'enquête qui donne son nom au dialogue permet de confirmer de manière rigoureuse le diagnostic du *Théétète* (rappelé ci-dessus) sur le fait que l'habileté voire l'efficacité des sophistes dans de nombreux domaines n'est qu'une illusion et ne témoigne de la possession d'aucun savoir (*Soph.* 233a-235a). Ensuite, l'Etranger souligne qu'il « faut combattre avec toutes les ressources du discours celui qui emploie ses forces à supprimer le savoir, la pensée et l'intelligence (ἐπιστήμην ἢ φρόνησιν ἢ νοῦν) sur quelque sujet que ce soit et de quelque manière que ce soit » (*Soph.* 249c6-8, trad. L. Mouze). On peut y lire une explicitation de l'affinité entre ἐπιστήμη et φρόνησις, qui ne pouvait qu'être inférée de la présence de l'assimilation à dieu par l'intelligence au centre d'un dialogue cherchant à définir la science. Mais de quels savoirs ou sciences l'Étranger d'Élée parle-t-il ? Si le passage sur la connaissance des mélanges entre éléments (lettres, sons) prend, comme la fin du *Théétète*, l'exemple du grammairien et du musicien (253a-b), il n'y voit que deux exemples de τέχνη, un terme qui englobe également les arts manuels (226b9), et il parle d'ἐπιστήμη seulement à propos de

1. Voir p. 155-158.

2. Le *Sophiste* pourrait certes être très postérieur au *Théétète* et Platon n'aurait dans ce cas certainement pas eu en tête les arguments du second quand il a écrit le premier. Il pouvait cependant déjà avoir à l'esprit pluisieurs pistes à suivre pour aller plus loin. Le report de la discussion (demandée par Théétète) sur les Éléates en 183e-184a suggère que Platon prévoyait dès la rédaction du *Théétète* une suite du type du *Sophiste*, comme le notait déjà Schleiemarcher, *Introduction aux dialogues de Platon ...*, *op. cit.*, p. 253. Voir aussi à ce sujet les arguments de D. Sedley, *Midwife*, p. 181 et C. Kahn, « Why is the *Sophist* a sequel to the *Theaetetus* ? », art. cit., p. 41.

3. *Sophiste*, 253c cité en exergue de cet ouvrage, p. 5.

4. Rappelons que l'on trouve également une allusion à la digression et même au point de vue de surplomb en ouverture du *Sophiste* : « ceux qui sont réellement des philosophes – et non pas ceux qui le sont faussement – regardent d'en haut la vie des gens d'ici-bas » (216c, trad. N. Cordero).

celle qui est « nécessaire » pour « cheminer à travers les discours » en connaissant les mélanges possibles et impossibles entre « genres » et qui est ensuite nommée « science de ceux qui sont libres (τῶν ἐλευθέρων) », possédée par « le philosophe » et que l'Étranger désigne comme « la science dialectique (τῆς διαλεκτικῆς ἐπιστήμης) » (253b-d)[1].

Tout ceci n'équivaut en rien à une définition de la science mais, au mieux, à une description de la manière de procéder des sciences, qui a le mérite d'être à la fois plus générale et plus opératoire que les exemples discrets du *Théétète*, mais qui ne répond pas au problème final de la distinction entre l'opinion vraie et la science. On peut dès lors se demander s'il existe vraiment une définition irréfutable de la science et si le *Théétète* ne conduit pas à renoncer en partie à cet objectif[2], non par scepticisme à l'égard de la possibilité de la connaissance mais parce qu'ont été mises en lumière plusieurs conditions et exigences de la connaissance qui empêchent qu'elle se traite elle-même de la même manière que n'importe quel autre objet. « Dans la digression, il apparaît que le sujet de la science (*epistémé*), ce n'est pas le sage (*sophos*) mais le philosophe »[3], et on vient de voir que le *Sophiste* ne remet pas en question cette suggestion[4]. Or on sait que ce dernier dialogue annonce non seulement le *Politique* mais aussi un dialogue sur le philosophe (217a-b), que Platon n'a jamais écrit, ce qui fait *de facto* retomber sur la digression, ses exagérations et ses scènes

1. Le seul autre exemple de « science » que donnera le dialogue est celle, d'origine divine, dont la nature a besoin pour engendrer les animaux et les plantes (265c8). Il est vrai que la dialectique est reconnue par Théétète comme « la science la plus importante » (253c5 : τῆς μεγίστης) et que l'Étranger explicite plus loin le présupposé de cette caractérisation, à savoir le fait qu'il existe plusieurs arts et sciences (*Sophiste*, 257d2 : διὸ πολλαὶ τέχναι τ' εἰσὶ λεγόμεναι καὶ ἐπιστῆμαι, cf. *Théétète* 146d-147c) : s'agirait-il d'une rupture avec la *République*, qui ne reconnaissait ce dernier titre qu'a la dialectique, et d'un pas vers la thèse de la pluralité des sciences, qui sera celle d'Aristote? Sur la division des sciences dans le *Politique*, voir D. El Murr, *Savoir et gouverner...*, *op. cit.*, p. 91-114.

2. Voir A. Nehamas, « *Epistémé* and *logos* in Plato's Later Thought », art. cit., p. 237-241, qui soutient que tout en poursuivant l'analyse du *logos* dans les dialogues postérieurs au *Théétète*, Platon estime (à partir du *Théétète*) que toute réponse « unitaire » à la question « qu'est-ce que la science? » serait « trompeuse ou au minimum ne nous donnerait pas d'information ». M. Burnyeat, *Introduction*, p. 311-312 suggère également une piste de lecture de l'échec final qui relativise l'objectif de *définir* la science par ses éléments et invite à une analyse de la connaissance d'un autre ordre (en termes de facultés de l'esprit). *Cf.* C. Kahn, *Plato and the Post-Socratic Dialogue*, *op. cit.*, p. 139.

3. M. Dixsaut, *Naturel*, p. 301.

4. D. Bostock, *Plato's Theaetetus*, *op. cit.*, p. 248 note également que lorsque Platon développe l'*interrelation model of knowledge* dans le *Sophiste* ou le *Philèbe*, il attribue la capacité de saisir comment les choses se combinent à la dialectique ou au *philosophe*.

comiques, ses accents tragiques, ses polémiques explicites ou implicites, ses exemple de critique de l'opinion, ses notions politiques transposées et son envolée théologique, la charge de distinguer le philosophe [1].

1. Sur le fait que l'absence du *Philosophe* n'est pas contigente, voir M. Dixsaut, *Naturel*, p. 362-363 et récemment M. L. Gill, *Philosophos. Plato's Missing Dialogue*, *op. cit.*, p. 1-13, qui ne considère cependant la digression que comme une étape du *Théétète* (évoquant une conception parménidienne de la connaissance, qui serait réfutée par Platon dans le *Sophiste*), et jamais comme l'une des *intimations of the philosopher* proposées par Platon (*ibid.*, 203-206), alors que le passage du *Sophiste* sur « la science des hommes libres » (253cb9) qu'elle mentionne fait clairement référence à la digression (L. Mouze, *Chasse à l'homme et faux-semblants …*, *op. cit.*, p. 123). Pour autant, la digression ne peut être assimilée à « une présentation résumée, rhétorique même, d'une véritable enquête visant à définir dialectiquement la vie contemplative du philosophe » (J.-L. Périllié, « Ascèse, contemplation et dialectique définitionnelle dans le portrait du philosophe du *Théétète* », art. cit., p. 148). Il me semble qu'elle montre au contraire l'impossibilité d'un tel compromis entre rhétorique et dialectique. Elle fournit même sans doute l'une des raisons pour lesquelles le philosophe ne peut pas faire l'objet d'une enquête similaire à celles du *Sophiste* et du *Politique*, comme le montre bien M. Lane, « "Emplois pour philosophes" : l'art politique et l'Étranger dans le *Politique* … », art. cit., p. 339-341 : le seul paradigme adéquat pour *définir* le philosophe serait le dieu (cf. *infra*, p. 46 et 185-189).

CONCLUSION

LA DIGRESSION AUJOURD'HUI

> L'évidence d'une vie entièrement vouée à la connaissance n'est que pour nous. Les esprits indépendants qui jetèrent les fondements d'un savoir pur hésitèrent à s'affranchir des cadres traditionnels, familial, linguistique, géographique, social dont tout homme, depuis toujours, tirait l'essentiel de son humanité [1].

Si la lecture de la digression proposée dans cet ouvrage est juste [2], l'idée de liberté constitue un fil directeur qui permet d'expliquer ses différentes étapes, pourvu que l'on ne néglige pas l'ensemble des significations et connotations de cette notion dans le contexte de l'époque et que l'on replace la digression dans le dialogue entier, dont elle explicite les présupposés au même titre que le passage sur la maïeutique. L'idée de liberté et son opposition à celle de servilité permettent de lier entre eux a) le temps dont disposent les philosophes, leur *scholé* à l'égard des contraintes auxquelles sont soumis les autres individus, b) l'autonomie et l'ambition des recherches philosophiques, dont le *Théétète* constitue un *exemple* et qui ne s'en tiennent pas à une méthode ou un plan préétablis, formels ou imposés de l'extérieur, mais obéissent uniquement à une exigence de vérité, c) le point de vue désintéressé, objectif et exhaustif des philosophes, indifférents aux affaires pratiques et particulières parce qu'ils se posent des questions théoriques et d'essence, et enfin d) l'attitude éthique des philosophes, noble et pure de toute injustice, et leur poursuite

1. P. Bergounioux, *Une chambre en Hollande*, Lagrasse, Verdier. 2009, p. 36, à propos de Descartes.

2. Pour un résumé de mon interprétation et de ses apports, voir *supra*, p. 245-246.

d'un absolu (que Platon décrit comme un dieu-modèle), par delà la variété et l'hypocrisie des conduites et opinions humaines.

Ces différents éléments ne relèvent plus depuis longtemps de la seule notion de liberté, mais ils ont bien été incorporés dans l'idée occidentale de la science. La digression est, si l'on veut, le premier manifeste de la tour d'ivoire, c'est-à-dire de l'idéal d'une connaissance détachée des contingences et des conflits, autonome, objective et universelle, exigeante et donc incomprise du grand nombre, mais qui nous élève y compris moralement au-dessus de notre condition. La digression est en particulier le premier texte à associer étroitement loisir et activité intellectuelle, à faire du premier une condition de la seconde, thèse qui sera reprise tout au long de l'histoire de la pensée occidentale, d'Aristote à Nietzsche en passant par Hughes de Saint Victor, Descartes, Hobbes ou Marx et jusqu'aux débats actuels sur la programmation et le financement de la recherche scientifique.

Or cette idée ou cet idéal de la science a fait l'objet de nombreuses critiques depuis une cinquantaine d'années. Un bon résumé en est fourni par le titre d'un ouvrage de l'historien des sciences Steven Shapin, *Never Pure : Historical Studies of Science as if It Was Produced by People with Bodies, Situated in Time, Space, Culture, and Society, and Struggling for Credibility and Authority*[1]. À l'inverse, dans la digression, seul le corps du philosophe « gît dans la cité » : sa pensée parcourt l'ensemble de la nature et de l'histoire humaine, émancipée de tout contexte temporel, spatial et social et de tout intérêt politique. Si l'on en croit les *Science Studies*, leurs nombreuses enquêtes ethnographiques mais aussi historiques – Steven Shapin est un spécialiste de l'âge classique – prouveraient que la vision traditionnelle de l'activité scientifique comme désincarnée et désintéressée, élaborée en particulier par Platon, est un mythe qui ne rend pas compte de la manière dont la science s'élabore effectivement. Bruno Latour a particulièrement insisté sur la nécessité de critiquer ce mythe pour proposer une « version réaliste de l'activité scientifique » : « Ce qui choque de prime abord dans ce nouveau paradigme c'est qu'il ne repose plus sur le mythe d'un scientifique solitaire en rupture historique avec la société, les conventions et le discours, rupture censée lui permettre de dévoiler le monde tel qu'il est »[2].

1. S. Shapin, *Never Pure : Historical Studies of Science as if It Was Produced by People with Bodies, Situated in Time, Space, Culture, and Society, and Struggling for Credibility and Authority*, Baltimore, The Johns Hopkins University Press, 2010.

2. B. Latour, *L'espoir de Pandore. Pour une version réaliste de l'activité scientifique*, trad. D. Gille, Paris, La Découverte, 2001, p. 100.

Ces études nous ont beaucoup appris sur la « science telle qu'elle se fait », non seulement à notre époque mais aussi depuis la Renaissance, et ont mis fin à une histoire rétrospective des sciences focalisée sur les découvertes et les théories, voire les seuls génies. Est-il cependant si sûr que le « mythe » d'origine platonicienne de la rupture entre la science et la société constitue toujours la vision commune ou, du moins, la plus répandue du scientifique? On peut douter que la critique du mythe de la tour d'ivoire « choque » encore à une époque où les gouvernements européens se réunissent autour du projet d'une « économie » ou d'une « société de la connaissance », où les experts sont sans cesse renvoyés à leurs conflits d'intérêt et où aucun résultat scientifique ne semble pouvoir faire l'objet d'un consensus, pour peu qu'il ait le moindre enjeu culturel, économique ou politique. La question qui se pose est dès lors la suivante : faut-il adopter la vision « réaliste », concrète, impure, relative de la science contemporaine et renoncer ainsi non seulement au « mythe » platonicien mais aussi à un point de vue critique à propos de l'organisation et de la diffusion actuelles de la recherche, qui semblent traiter les chercheurs de la même manière que les tribunaux athéniens élèvent et encadrent les orateurs selon la digression?

La digression soutient au contraire que le loisir et la liberté sont des dimensions essentielles et exclusives de l'activité de recherche de la vérité, qui la distingue fondamentalement de toutes les activités sociales, si bien que, pour se consacrer véritablement à cette activité, il est indispensable de rompre avec une bonne partie des contraintes et des pratiques de la société qui entoure le « chercheur » et de se vouer à une connaissance surplombante et universelle de la réalité (qu'elle soit naturelle ou humaine), qui rend indifférent et même critique à l'égard de la majeure partie des affaires et valeurs communes.

Cet argument garde-t-il une certaine pertinence? On lui fera sans doute au moins trois objections censées établir son obsolescence. Premièrement, son aristocratisme restreint la liberté aux seuls philosophes et savants, et à ceux qui ont les ressources économiques ou les propriétés sociales pour prétendre à ces titres. Deuxièmement, l'argument est hypocrite, car la séparation qu'il instaure entre la science et les affaires humaines vise en réalité à légitimer le pouvoir du philosophe au nom de son objectivité et à délégitimer le pouvoir du peuple, comme le révèle la *République*[1].

1. C'est l'un des principaux arguments de Bruno Latour, qui l'a appuyé sur une analyse détaillée, provocatrice et stimulante du *Gorgias* : voir B. Latour, « Sur la pratique des théoriciens », *in* J.-M. Barbier (dir.), *Savoirs théoriques et savoirs d'action*, Paris, P.U.F., 1998, p. 145 et surtout *L'espoir de Pandore*, *op. cit.*, p. 229-284.

Troisièmement, la recherche « libre » de Platon est purement logique et métaphysique, or cette pratique de la science a été critiquée et entièrement abandonnée au profit de la méthode expérimentale, qui a révolutionné les sciences de la nature depuis la Renaissance et les sciences humaines depuis le XIXe siècle.

Avec la première objection, il me semble légitime de soutenir contre la digression que la liberté et le loisir ne sont pas l'exclusivité du philosophe ni même des artistes et des intellectuels, et encore moins de ceux qui ont les moyens d'accéder à ces professions, mais peuvent caractériser d'autres domaines, y compris les activités techniques et manuelles, qui n'en sont privées qu'artificiellement sous la contrainte des structures économiques et sociales dans lesquelles elles sont insérées [1].

Quant aux deux autres objections, on peut y répondre simultanément de deux manières. En premier lieu, si l'on admet la lecture que j'ai proposée de la digression, elle ne fonde pas son portrait du philosophe sur des hypothèses métaphysiques, et elle laisse dans l'ombre voire nuance la thèse de la compétence politique des philosophes. La digression inclut des allusion à ces grands principes, que Platon n'avait certainement pas abandonnés quand il l'a écrite, mais le fait qu'elle définisse le philosophe d'abord en termes de liberté et de loisir et insiste sur l'activité même de *recherche* de la vérité lui confère une pertinence *pour aujourd'hui* que les autres textes de Platon sur le philosophe n'ont pas. La mise entre parenthèses des hypothèses métaphysiques de la *République* est d'ailleurs ce qui a fait le succès du reste du *Théétète* dans les débats épistémologiques (sur le relativisme, le scepticisme ou la définition de la connaissance) des soixante dernières années. Qu'elle soit ou non justifiée d'un point de vue strictement historique, cette approche a énormément nourri la philosophie contemporaine *et* la connaissance du *Théétète*. La digression mérite un intérêt analogue de la part de ceux qui s'intéressent à « l'économie morale de la science »[2], à condition de replacer ce texte au sein des débats qui lui donnent sens, et de comprendre ainsi que le détachement de la science à l'égard de la société qu'il établit est le résultat d'une alchimie sociale.

Les historiens et anthropologues de la pensée grecque ont montré depuis longtemps que nombre de notions cruciales pour définir la philosophie à

1. On peut trouver une analyse de ce type chez Marx dans les *Manuscrits de 1844*. Voir aussi M. Crawford, *Éloge du carburateur. Essai sur le sens et la valeur du travail*, Paris, La Découverte, 2010 sur l'aliénation du travail intellectuel dans l'économie de la connaissance et la possibilité d'un travail manuel de l'ordre du loisir.

2. L. Daston, « The Moral Economy of Science », *Osiris*, 2 nd series, vol. 10, 1995, p. 2-24.

partir de Platon, de la « vérité » à « l'âme » en passant par la « théorie », constituent des *transpositions* de catégories culturelles antérieures qui en ont transformé le sens tout en tirant profit de leur autorité ou de leurs connotations pour légitimer et situer la philosophie dans l'espace culturel grec [1]. En ce qui concerne la figure platonicienne du philosophe voué à la connaissance théorique, élaborée dans la *République*, le *Timée* et le *Théétète*, elle a été examinée soit du point de vue des catégories et pratiques culturelles, civiques ou religieuses dont elle s'inspire, en particulier la *theôria* [2], soit du point de vue de la longue tradition grecque des modèles de sagesse dont elle hérite et qu'elle transforme (les Sept Sages, Pythagore, Xénophane, Parménide, Empédocle, Anaxagore) [3].

Or j'espère avoir montré à partir de la digression que la définition et la défense de la philosophie chez Platon puisent à des sources politiques et non pas seulement culturelles et religieuses, que l'invention de la vie vouée à la connaissance par Platon passe également par une « transposition » de catégories proprement socio-politiques, comme celles de liberté et de *scholé*. Ceci permet de résoudre au moins l'un des paradoxes de la genèse de la philosophie. D'un côté, comme ont tenté de le montrer Jean-Pierre Vernant ou Geoffrey Lloyd, la « raison grecque est fille de la *polis* » et en particulier de l'usage agonistique des discours à Athènes [4], et la philosophie n'échappe pas à cette filiation. De l'autre, la délimitation et la définition de la philosophie effectuée par Platon (en l'associant souvent aux mathématiques) se fait essentiellement et explicitement contre l'Athènes démocratique, ses valeurs et ses discours. L'étude de la digression du *Théétète* me semble éclairer ce paradoxe en montrant comment Platon a radicalement distingué le philosophe de la cité à partir de débats athéniens (au sein de l'arène politique et entre intellectuels) et

1. Voir en particulier A. Diès, *Autour de Platon*, Paris, Beauchesne, 1927, L. Gernet, *Anthropologie de la Grèce antique*, Paris, Maspéro, 1968, M. Détienne, *Les maîtres de vérité dans la Grèce archaïque*, Paris, Maspéro. 1967, A.-J. Festugière, *Contemplation* et H. Joly, *Le renversement platonicien*, qui parle de « renversement » pour insister sur le changement radical de sens qui va de pair avec la transposition. Ces historiens ne soutiennent pas que les « transpositions » en question ont toutes été effectuées par Platon : des penseurs antérieurs comme Parménide ou les Pythagoriciens jouent également un rôle crucial.

2. Voir par exemple A. Nightingale, *Spectacles of Truth in Classical Greek Philosophy*, *op. cit.*.

3. Voir dernièrement A. Macé et O. Renaut, « L'univers au service de la cité : l'image publique du philosophe », art. cit.

4. Voir surtout J.-P. Vernant, *Les origines de la pensée grecques*, Paris, Presses Universitaires de France, 1962 et G. E. R. Lloyd, *Origines et développement de la science grecque. Magie, raison et expérience*, trad. J. Carlier, F. Regnot, Paris, Flammarion, 1990, p. 248-276.

de certaines de leurs valeurs socio-politiques « transposées » et retournées contre la cité [1] : « Là même où l'écart est maximum, entre le textuel et le social, entre le texte philosophique, par exemple, élaboré par Platon, et "l'histoire athénienne d'Athènes", comme l'appelle Nicole Loraux, la relation existe » [2].

Dès lors, loin d'enfermer la digression dans le passé, sa contextualisation permet de révéler les enjeux et la spécificité de sa défense du philosophe *et* de découvrir qu'elle a été comme réactivée au sein même de traditions épistémologiques modernes ou contemporaines qui ont prétendu rompre avec l'idéalisme platonicien, contrairement à ce qu'affirmait la troisième objection. On peut en donner deux exemples [3].

Steven Shapin a ainsi bien montré comment l'*ethos* aristocratique joue un rôle important dans la défense de la méthode expérimentale au sein de la *Royal Society* et chez des savants comme Robert Boyle. En effet, le *gentleman* était tenu pour *truthful*, doté de dispositions naturelles et acquises qui le rendaient beaucoup plus à même que le reste de la société d'être un témoin fiable des expériences indispensables à la connaissance de la nature, et de leurs résultats. L'une des plus importantes était son désintéressement et son absence de soumission à un maître [4], deux critères qui sont déjà présents dans la conception de la liberté mobilisée par la digression du *Théétète* et que l'on pourrait facilement réutiliser

1. Une telle analyse est esquissée chez L. B. Carter, *The Quiet Athenian*, *op. cit.* et A. Nightingale, « Liberal Education in Plato's *Republic* and Aristotle's *Politics* », art. cit. et *Spectacles of Truth...*, *op. cit.* Cependant, après avoir bien montré comment Platon reprend et développe certaines idéologies ou valeurs aristocratiques (de la tranquillité ou de la liberté), ces deux interprètes se concentrent sur le rôle de la « contemplation » de l'intelligible dans la définition du philosophe et donc sur la rupture (métaphysique selon Carter, prenant pour modèles les pélerinages culturels ou religieux selon Nightingale) qu'elle implique avec la cité. L'importance de ces éléments est indéniable, mais la digression me semble montrer le rôle essentiel *et positif* que jouent également certaines valeurs d'origine *politique et sociale*, comme la liberté et le loisir, dans la définition de l'activité philosophique et de son rapport à la cité chez Platon.

2. P. Vidal-Naquet, *Le Chasseur noir. Formes de pensée et formes de société dans le monde grec*, Paris, La Découverte-Maspero, 1983, p. 15.

3. Un troisième exemple, plus connu et sans doute moins immédiatement convaincant du point de vue du projet d'une défense de la liberté de la recherche aujourd'hui, serait Nietzsche : dans *Humain trop Humain*, § 210, 225-230 et 283-291 et avant-propos, § 8, il établit des liens étroits entre liberté de l'esprit et loisir (propres à des « aristocrates-nés de l'esprit » et opposés à l'esclavage des gens d'action ou ayant une profession, y compris des savants « qui ont honte de l'*otium* »). Voir B. Stiegler, « Nietzsche à Sorrente. Devant la mécanisation de la vie », *Fario* 5, 2007, p. 39-69.

4. S. Shapin, *A Social History of Truth. Civility and Science in Seventeenth Century England*, Chicago, The University of Chicago Press, 1994, p. 83 et 91-92.

dans le contexte actuel de financement de la recherche par des agences (privées ou publiques). Ces dispositions aristocratiques ont fait l'objet d'une « appropriation »[1] dans le cadre des milieux savants voués à l'expérimentation, pour défendre et garantir cette méthode contre le recours à l'Autorité et contre les méthodes logiques associés aux scolastiques, mais aussi contre un modèle (plutôt cartésien) de la science comme démonstration mathématique : les dispositions à la vérité des *gentlemen* de la Royal Society permettaient selon eux de garantir en particulier l'usage indispensable de témoignages pour rapporter le déroulement et les résultats des expériences, et l'adoption d'une « certitude morale » plutôt qu'absolue dans la connaissance de la nature[2]. Le contexte social et intellectuel était donc entièrement différent de celui de la digression : il ne s'agissait pas pour Bacon ou Boyle de distinguer le philosophe des intellectuels soumis aux valeurs de la cité, mais de distinguer le nouveau savant de l'universitaire (et de son image d'homme solitaire, érudit, raisonneur et pédant) ou du métaphysicien. Néanmoins, dans ces deux contextes hétérogènes voire opposés, la légitimation de celui qui cherche vraiment à connaître la réalité est assurée par l'appropriation de valeurs aristocratiques comme la liberté, le loisir et l'honnêteté.

On peut retrouver une stratégie analogue dans la fameuse conférence de Max Weber *Wissenschaft als Beruf*, prononcée en novembre 1917. Weber a beau poser dès le départ la spécialisation et la révision inévitables du travail scientifique, devenue une « profession », la distinguer en conséquence nettement de « la réflexion des sages et des philosophes sur le sens du monde »[3], et soutenir un relativisme des valeurs d'inspiration nietzschéenne, il ne réduit pas du tout la « vocation de la science » à un « point de vue » relatif voire subjectif parmi d'autres au sein de la société. Il exige au contraire que les savants distinguent entre jugements de valeur et jugements scientifiques (sur des faits, des réalités mathématiques ou culturelles) et s'en tiennent aux seconds. Les compétences et les objectifs du savant sont pour lui tout à fait distincts de ceux du prophète ou du politique[4]. Il s'emploie par ailleurs à montrer que la science ne contribue pas seulement à nos vies *via* la technique, ce qui ne la distingue

1. *Ibid.*, p. 121.

2. *Ibid.*, p. 207-211.

3. M. Weber, *Le savant et le politique. Une nouvelle traduction*, trad. C. Colliot-Thélène, Paris, La Découverte, 2003, p. 104, qui évoque d'ailleurs (p. 85) l'allégorie de la caverne pour illustrer le fait que les anciennes conceptions de la science n'ont plus cours à son époque.

4. *Ibid.*, p. 92-95.

pas fondamentalement d'une « marchande de légumes » qui rappelle la servante thrace ; la science peut également nous apporter la « clarté » sur les différentes positions possibles à propos de telle ou telle valeur. Dès lors, elle peut en principe « obliger un individu à se rendre à lui-même des comptes quant au sens ultime de sa propre action » [1]. Loin de confondre – à l'instar des adversaires de Platon – la science et l'opinion politique, la connaissance objective et le vécu personnel [2] ou la connaissance théorique et la technique, Weber défend chacune de ces hiérarchies contre les tendances de certains de ses collègues universitaires et de « la jeunesse » à les dissoudre voire à les inverser.

Dans des contextes à première vue incompatibles avec tout platonisme, on peut donc retrouver l'alchimie de la digression consistant à défendre la connaissance en transposant certaines valeurs politiques pour la distinguer *a priori* de toutes les expertises sociales et à en faire une recherche autonome et désintéressée de la vérité et d'un savoir le plus global possible. Depuis l'Athènes classique, cette stratégie est assurément solidaire de l'exclusion, de fait ou de droit, de certaines personnes et même de certains objets hors des institutions scientifiques légitimes, mais on est en droit de penser que de telles discriminations ne lui sont pas consubstantielles mais sont liées au souci aristocratique d'isoler la science des pratiques manuelles, populaires et démocratiques. Or, aujourd'hui, ce type d'élitisme n'empêche plus et favorise même souvent les formes nouvelles et insidieuses de délégitimation ou de détournement de la recherche fondamentale, qui proviennent principalement de la sphère économique et des Etats. Ne pourrait-on pas alors adapter la stratégie de la digression à ces nouveaux « tribunaux » et à leurs « orateurs », c'est-à-dire aux penseurs qui négligent les spécificités de la connaissance ? Il s'agirait pour ainsi dire de réorienter l'élitisme platonicien ou plutôt de n'en conserver que la partie qui s'oppose aux grandeurs établies et à leurs idéologues (174d-175b : pouvoir politique, propriété économique,

1. *Ibid.*, p. 102-103. La science ne conduit plus à s'assimiler à dieu dans la mesure du possible, car il existe plusieurs dieux inconciliables, mais elle permet de savoir que « quand vous vous décidez en faveur de cette prise de position, vous servez tel dieu et *vous en offensez tel autre* ».

2. Si le « rapport à la science » que l'allégorie de la caverne décrit n'existe plus, surtout « dans la jeunesse », c'est parce que cette dernière réduit « les formes idéelles de la science » à « un arrière-monde d'abstractions artificielles » alors que « le cœur de la réalité véritable » se trouverait « dans la vie » (*ibid.*, p. 85-86). Weber estime au contraire que la vocation-profession scientifique exige le dépassement voire le sacrifice du vécu. Il définit donc « la formation scientifique » que doivent offrir les universités allemandes comme « une affaire d'*aristocratisme de l'esprit* » (*ibid.*, p. 74).

hiérarchie sociale), qui ne méprisent plus depuis longtemps la science mais cherchent au contraire à s'approprier l'intégralité de sa production. On voit mal comment leur résister sans diffuser le plus largement possible les exigences de la connaissance en train de se faire et surtout son *éthos*[1]. La défense de la digression possède en effet deux atouts qui la rendent certainement plus pertinente que d'autres argumentaires classiques et apparemment moins datés en faveur de la science. Elle concerne le *processus* de la recherche, ses conditions (y compris sa dimension collective), ses normes éthiques et épistémologiques et sa complexité autant voire plus que ses résultats, la liberté de la pensée scientifique autant que son contenu objectif. Elle souligne l'hétérogénéité de la recherche de la vérité et de la vie sociale sans pour autant rendre les deux sphères absolument indépendantes : le philosophe ne se pose pas les même problèmes pratiques que ses concitoyens, mais les questions qu'il se pose ne sont pas pour autant sans pertinence éthique ou politique. Ce qui n'était pour Platon qu'une parenthèse hésitant entre comédie et tragédie, un pas de côté ou en arrière pourrait-il encore nous inspirer pour définir et défendre, ici et maintenant, l'avenir de la connaissance ?

1. Pour une critique récente (inspirée par Dewey) de l'opposition entre libre recherche de la vérité et démocratie, voir M. Lynch, « Academic Freedom and the Politics of Truth », *in* J. Lackey, *Academic Freedom*, Oxford, Oxford University Press, 2018, p. 23-35.

BIBLIOGRAPHIE

La présente bibliographie rassemble les ouvrages cités en notes ou consultés, à l'exception des instruments de travail usuels (dictionnaires, grammaires, etc.).

SOURCES PRIMAIRES (ÉDITIONS ET TRADUCTIONS)

Éditions et traductions du Théétète *(dans l'ordre chronologique)*

The Theaetetus *of Plato*, with a revised text and English notes by L. Campbell, Oxford, Oxford University Press, 1861.

Theaetetus – Sophist, translated by H. Fowler, Cambridge (Mass.), Harvard University Press, 1921.

Théétète, notice, édition et traduction d'A. Diès, Paris, Les Belles Lettres, 1926.

Teeteto, traduzione e note di M. Valmigli, Roma, Laterza, 1931.

Plato's Theory of Knowledge. The Theaetetus *and the* Sophist *of Plato translated with a running commentary*, F. M. Cornford, London, Routledge, 1935.

PLATON, *Œuvres complètes*, vol. 2, traduction nouvelle et notes de L. Robin, Paris, Gallimard, 1942, p. 142-192.

Theaetetus, translated with notes by J. McDowell, Oxford, Oxford University Press, 1973.

Théétète, traduction inédite, introduction et notes de M. Narcy, Paris, GF-Flammarion, 1994.

Platonis opera, tomus I tretralogias I-II continens, F. Hicken, Oxford, Oxford University Press, 1995, p. 277-382.

Teeteto, traduzione di M. Valgimigli, introduzione e note aggiornate di A.-M. Ioppolo, Roma, Laterza, 1999.

Teeteto, introduzione, traduzione e commento di F. Ferrari, testo greco a fronte, Milano, BUR, 2011.

Teeteto, traduzione di Andrea Capra, introduzione e note di F. Trabattoni, Torino, Einaudi, 2018

Éditions et traductions d'autres textes antiques

Antisthenes of Athens. Texts, Translations and Commentary by S. Prince, Ann Arbor, University of Michigan Press, 2015.

ALCIDAMAS, *The Works and Fragments*, translation and commentary by J. V. Muir, London, Bristol Classical Press, 2001.

ARISTOPHANE, *Œuvres*, texte établi par V. Coulon et traduit par H. Van Daele, Paris, Les Belles Lettres, 1923-1928, 5 tomes.

ARISTOTE, *Constitution d'Athènes. Le régime politique des Athéniens*, traduction nouvelle, introduction, notes et index par M. Sève, Paris, Librairie Générale Française, 2006.

– *Metaphysics*, texte établi et commenté par W. D. Ross, Oxford, Clarendon Press, 1924, 2 volumes.

– *Politique*, texte établi et traduit par J. Aubonnet, Paris, Les Belles Lettres, 1960-1989, 5 volumes.

– *Les Politiques*, introduction, traduction et notes de P. Pellegrin, Paris, GF-Flammarion, 1990.

CICÉRON, *Brutus*, texte établi et traduit par J. Martha, Paris, Les Belles Lettres, 1923.

– *De l'invention*, texte établi et traduit par G. Achard, Paris, Les Belles Lettres, 1994.

– *De l'orateur*, texte établi et traduit par E. Courbaud, Paris, Les Belles Lettres, 1922-1928, 2 volumes.

EURIPIDE, *Tragédies*, texte établi et traduit par L. Méridier, H. Grégoire, L. Parmentier, Paris, Les Belles Lettres, 5 volumes, 1926-1961.

– *Tragédies. Tome VIII : Fragments*, texte établi et traduit par F. Jouan et H. van Looy, Paris, Les Belles Lettres, 1998-2002, 3 volumes.

HERMAGORAS, *Fragments et témoignages*, texte établi et traduit par F. Woerther, Paris, Les Belles Lettres, 2012.

HÉRODOTE, *Œuvre complète*, introduction par J. de Romilly, texte présenté, traduit et annoté par A. Barguet, Paris, Gallimard 1964.

HOMÈRE, *Iliade*, traduction nouvelle de J.-L. Backès, Paris, Gallimard, 2013.

ISOCRATE, *Discours*, texte établi et traduit par G. Mathieu et É. Brémond, Paris, Les Belles Lettres, 1929-1942, 3 tomes.

JAMBLIQUE, *Protreptique*, texte établi et traduit par E. des Places, Paris, Les Belles Lettres, 1989.

Platonis opera, édition critique et notes de J. Burnet, Oxford, Oxford Classical Texts, 1900-1910, 5 tomes.

Platonis opera, tomus I tretralogias I-II continens, F. Hicken, W. Nicoll, D. Robinson et J. Strachan, Oxford, Oxford University Press, 1995,

PLATON, *Apologie de Socrate*, *Criton*, traductions inédites, introductions et notes par L. Brisson, Paris, GF-Flammarion, 1997 [2].

– *Gorgias*, A revised text with introduction and commentary by E. R. Dodds, Oxford, Clarendon Press, 1959.

– *Gorgias*, traduction inédite, introduction et notes par M. Canto, Paris, GF-Flammarion, 1993 [2].

– *Ménexène*, traduction inédite, introduction et notes par D. Loayza, Paris, GF-Flammarion, 2006.

– *Parménide*, traduction inédite, introduction et notes par L. Brisson, Paris, GF-Flammarion, 1994.

– *Phédon*, traduction nouvelle, introduction et notes par M. Dixsaut, Paris, GF-Flammarion, 1991.

– *Phèdre*, traduction inédite, introduction et notes par L. Brisson, Paris, GF-Flammarion, 1992 [2].

– *Phèdre*, introduction, traduction, notes et bibliographie par L. Mouze, Paris, Librairie Générale Française, 2007.

– *Fedro*, traduzione a cura di Mauro Bonazzi, Torino, Einaudi, 2011.

– *Philèbe*, introduction, traduction et notes par J.-F. Pradeau, Paris, GF-Flammarion, 2002.

– *Le Politique*, présentation, traduction et notes par L. Brisson et J.-F. Pradeau, Paris, GF-Flammarion, 2003.

– *Le Politique*, introduction, traduction et commentaire sous la direction de M. Dixsaut, Paris, Vrin, 2018.

– *Le Sophiste*, traduction inédite, introduction et notes par N. Cordero, Paris, GF-Flammarion, 1993.

– *Le Sophiste*, introduction, traduction et notes par L. Mouze, Paris, Librairie Générale Française, 2019.

– *La République*, traduction de Pierre Pachet, Paris, Folio-Gallimard, 1993.

– *La République*, traduction inédite, introduction et notes de G. Leroux, Paris, GF-Flammarion, 2002.

Platonis Rempublicam, édition critique et notes de S. R. Slings, Oxford, Clarendon Press, 2003.

PORPHYRE, *De l'abstinence, livre I*, texte établi et traduit par J. Bouffartigue, Paris, Les Belles Lettres, 1977.

Socratis Socraticorum Reliquiae (SSR), collegit, disposuit, apparatibus notisque instruxit G. Giannantoni, Napoli, Bibliopolis, 1990, 4 volumes.

LES SOPHISTES, *Ecrits complets*, traductions et notes sous la dir. de J.-F. Pradeau, Paris, GF-Flammarion, 2009.

THUCYDIDE, *Œuvre complète*, introduction par J. de Romilly, texte présenté, traduit et annoté par D. Roussel, Paris, Gallimard, 1964.

XÉNOPHON, *Mémorables*, texte établi par M. Bandini, traduit et annoté par L.-A. Dorion, Paris, Les Belles Lettres, 2000-2011, 3 volumes.

Xenophontis Opera Omnia, édition critique et notes par E. C. Marchant, Oxford, Clarendon Press, 1910-1921, 5 volumes.

– *Constitution des Lacédémoniens, Agésilas-Hiéron*, suivi de Pseudo-Xénophon *Constitution des Athéniens*, traduit par M. Casevitz, Paris, Les Belles Lettres, 2008.

The Old Oligarch. The Constitution of the Athenians Attributed to Xenophon, edited with an introduction, translation and commentary by J. L. Marr and P. J. Rhodes, Oxford, Oxbow Books, 2008.

LITTERATURE SECONDAIRE

Sur le Théétète

ACERBI (F.), « A Reference to Perfect Numbers in Plato's *Theaetetus* », *Archive for History of Exact Sciences* 59 (4), 2005, p. 319-348.

ARONADIO (F.), *L'aisthesis e le strategie argomentative nel* Teeteto, Napoli, Bibliopolis, 2016.

BABUT (D.), « Platon et Protagoras : l'"apologie" du sophiste dans le *Théétète* et son rôle dans le dialogue », *Revue des Etudes Anciennes* XXCIV, 1982, p. 49-86, republié dans *Parerga. Choix d'articles de Daniel Babut (1974-1994)*, Lyon, Maison de l'Orient Méditerranéen, 1994, p. 197-234.

BALANSARD (A.), *Enquête sur la doxographie platonicienne dans la première partie du* Théétète, Sankt Augustin, Academia, 2012.

BARKER (A.), « The digression in Plato's *Theaetetus* », *Journal of the History of Philosophy* 14, 1976, p. 457-462.

BARTON (D.), « The *Theaetetus* on How We Think », *Phronesis* 44 (3), 1999, p. 163-180.

BEMELMANS (R.), « Why Does Protagoras Rush Off? Self-Refutation and Haste in Plato, *Theaetetus* 169a-171d », *Ancient Philosophy* 22 (1), 2002, p. 75-86.

BENARDETE (S.), *The Being of the Beautiful : Plato's* Theaetetus, Sophist and Statesman, Chicago, University of Chicago Press, 1984.

BERGER (H), « Plato's Flying Philosopher », *Philosophical Forum* 13, 1982, p. 385–407.

BORDT (M.), *Platons Theologie*, Freiburg/München, Verlag Karl Alber, 2006.

BOSTOCK (D.), *Plato's* Theaetetus, Oxford, Clarendon Press, 1988.

BRADSHAW (D.), « The Argument of the Digression in the *Theaetetus* », *Ancient Philosophy* 18 (1), 1998, p. 61-68.

BRISSON (L.), « The relations between the interpretation of a dialogue and its formal structure. The example of the *Theaetetus* », *in* F. Lisi, M. Migliori, J. Monserrat-Molas (eds.), *Formal Structures in Plato's Dialogues. Theaetetus, Sophist and Statesman*, Sankt Augustin, Academia, 2011, p. 87-98.

— et OFMAN (S.), « Powers and division in the 'mathematical part' of Plato's *Theaetetus* », *Tropos. Journal of Hermeneutics and Philosophical Criticism*, 10 (2), 2018, p. 125-144.

Buddensiek (F.), « Thales'Fall : Zur Funktion der Digression in Platons *Theätet* », *in* J. Kulenkampff, T. Spitzley (ed.), *Von der Antike bis zur Gegenwart : Erlanger Streifzüge durch die Geschichte der Philosophie*, Erlangen, Palm & Enke, 2001, p. 9-23.

– « Thales down the well : Perspectives at work in the digression in Platos'*Theaetetus* », *Rhizomata* 2 (1), 2014, p. 1-32.

Burnyeat (M.), « The Material and Sources of Plato's Dream », *Phronesis* 15 (2), 1970, p. 101-122.

– « Protagoras and Self-Refutation in Plato's *Theaetetus* », *Philosophical Review* 85, 1976, p. 172-195.

– « The Philosophical Sense of Theaetetus'Mathematics », *Isis* 69 (4), 1978, p. 489-513.

– « Socrates and the Jury : Paradoxes in Plato's Distinction between Knowledge and True Belief », *The Proceedings of the Aristotelian Society* suppl. vol. 54, 1980, p. 172-191.

– *Introduction au* Théétète *de Platon*, trad. M. Narcy, Paris, P.U.F., 1998.

Butti de Lima (P.), *Platone. Esercizi di filosofia per il giovane Teeteto*, Venezia, Marsilio, 2002.

Capelle (A.), « Protagoreer oder Politiker ? », *Rheinisches Museum für Philologie* 104, 1961, p. 191-192.

Castagnoli (L.), « Protagoras Refuted. How Clever is Socrates' "most Clever" Argument at *Theaetetus* 171a-c ? », *Topoi* 23, 2004, p. 3-32.

Chappell (T.), *Reading Plato's Theaetetus*, Sankt Augustin, Academia, 2004.

Cooper (J. M.), *Plato's* Theaetetus, New York, Garland, 1990.

Cornford (F. M.), *Plato's Theory of Knowledge. The* Theaetetus *and the* Sophist *of Plato translated with a running commentary*, London, Routledge, 1935.

Decleva-Caizzi (F.), « Da Protagora al discorso "maggiore" (*Tht. 171d5-172c1)* », *in* G. Casertano (ed.), *Il Teeteto di Platone : strutture e problematiche*, Napoli, Loffredo, 2002, p. 63-86.

Delcominette (S.), « Quel rôle joue l'éducation dans la perception ? », dans D. El Murr (éd.), *La mesure du savoir. Études sur le* Théétète, Paris, Vrin, 2013, p. 75-94.

Dixsaut (M.), « Du *logos* qui s'ajoute à l'opinion au *logos* qui en libère », dans D. El Murr (éd.), *La mesure du savoir. Études sur le* Théétète, Paris, Vrin, 2013, p. 129-150.

El Murr (D.), « *Desmos* et *logos* : de l'opinion droite à la connaissance (*Ménon*, 97e-98a et *Théétète*, 201c-210b) », dans D. El Murr (éd.), *La mesure du savoir. Études sur le* Théétète, Paris, Vrin, 2013, p. 151-171.

— (éd.), *La mesure du savoir. Études sur le* Théétète, Paris, Vrin, 2013.

Ferrari (F.), « L'interpretazione del *Teeteto* e la natura della epistemologia platonica. Alcune osservazioni », *Elenchos* 34 (2), 2013, p. 399-422.

– « Aporia e maieutica nel *Teeteto* di Platone », *in* I. Männlein-Robert, W. Rother, S. Schorn, C. Tornau (ed.), *Philosophus orator. Rhetorische Strategien und Strukturen in Philosophischer Literatur*, Basel, Schwabe Verlag, 2016, p. 63-84.

FINE (G.), « Knowledge and *Logos* in *Theaetetus* », *The Philosophical Review* 88 (3), 1979, p. 366-397, republié dans G. Fine, *Plato on Knowledge and Forms : Selected Essays*, Oxford, Oxford University Press, 2003, p. 225-251.

– « Plato on the grades of perception : *Theaetetus* 184-186 and the *Phaedo* », *Oxford Studies in Ancient Philosophy* 53, 2017, p. 65-109.

FREDE (D.), « The Soul's Silent Dialogue : A non-aporetic reading of Plato's *Theaetetus* », *Proceedings of the Cambridge Philological Society* 215, 1989, p. 20-49.

GAVRAY (M.-A.), « Comment ne pas interpréter un fragment philosophique : le dialogue avec Protagoras dans le *Théétète* », dans D. El Murr (éd.), *La mesure du savoir. Études sur le* Théétète, Paris, Vrin, , 2013, p. 25-48.

GIANNOPOULOU (Z.), « The digression in Plato's *Theaetetus* : observations on its thematic structure and philosophical significance », *Elenchos* 23, 2002, p. 75-88.

– « Socratic Midwifery : A Second *Apology*? », *Oxford Studies in Ancient Philosophy* 33, 2007, p. 55-87.

– « Socrates and Godlikeness in Plato's *Theaetetus* », *Journal of Philosophical Research* 36, 2011, p. 135-48.

– *Plato's* Theaetetus *as a Second Apology*, Oxford, Oxford University Press, 2013.

HACKFORTH (R.), « Forms in the *Theaetetus* », *The Classical Quarterly* 7 (1-2), 1957, p. 53-58.

HEIDEGGER (M.), *De l'essence de la vérité. Approche de l'« allégorie de la caverne » et du* Théétète *de Platon*, trad. A. Boutot, Paris, Gallimard, 2001.

HEMMENWAY (S.), « Philosophical Apology in the *Theaetetus* », *Interpretation* 17, 1990, p. 323-346.

ILIEVSKI (V.), « Traces of the Platonic Theory of Evil in the *Theaetetus* », *Journal of Ancient Philosophy* 11 (1), 2017, p. 68-98.

LABRIOLA (D.), « Plato v. Status Quo : On the Motivation for Socrates' Digression in the *Theaetetus* », *Apeiron* 45, 2012, p. 91-108.

– « On Socrates and the Κορυφαῖος of Plato's *Theaetetus* : An Alternative to Sandra Peterson's Reading », *Classical World* 108 (3), 2015, p. 343-358.

– « Philosophy in the *Theaetetus* », *Archiv für Geschichte der Philosophie* 97 (4), 2015, p. 397-415.

LANE (M.), « "Emplois pour philosophes" : l'art politique et l'Étranger dans le *Politique* à la lumière de Socrate et du philosophe dans le *Théétète* », *Les Études philosophiques* 74 (3), 2005, p. 325-346.

LÄNNSTRÖM (A.), « Socrates, the philosopher in the *Theaetetus* digression (172c–177c), and the ideal of *homoiôsis theôi* », *Apeiron* 44 (2), 2011, p. 111-130.

LEE (E. N.), « Hoist With his Own Petard : Ironic and Comic Elements in Plato's Critique of Protagoras (*Tht.* 161-171) », *in* E. N. Lee, A. P. D. Mourelatos and R. M. Rorty (eds.), *Exegesis and Argument. Studies in Greek Philosophy Presented to Gregory Vlastos*, Assen, van Gorcum, 1973, p. 225-261.

LONG (A. A.), « Plato's Apologies and Socrates in the *Theaetetus* », *in* J. Gentzler (ed.), *Methods in Ancient Philosophy*, Oxford, Oxford University Press, 1998, p. 113-136.

LONG (A. G.), « Refutation and Relativism in *Theaetetus* 161-171 », *Phronesis* 49 (1), 2004, p. 24-40.

MCPHERRAN (M.), « Justice and Piety in the Digression of the *Theaetetus* », *Ancient Philosophy* 30 (1), 2010, p. 73-94.

MAFFI (E.), « Tò πᾶν, τὸ ὅλον e la confutazione della terza definizione di ἐπιστήμη : alcune considerazioni su *Teeteto* 203a1-208b10 », *Plato : The Internet Journal of the International Plato Society* 7, 2007, DOI : https://doi.org/10.14195/2183-4105_7_1, consulté le 28 octobre 2019.

– *Lo spazio della filosofia : un'analisi del Teeteto platonico*, Napoli, Loffredo Editore, 2014.

– « The *Theaetetus* Digression : an Ethical Interlude in an Epistemological Dialogue », *in* M. Bonazzi, A. Ulacco and P. Forcignanò (eds), *Thinking, Knowing, Acting : Epistemology and Ethics in Plato and Ancient Platonism*, Leiden, Brill, 2019, p. 138-159.

MAHONEY (T.), « Is Assimilation to God in the *Theaetetus* Purely Otherworldly ? », *Ancient Philosophy* 24 (2), 2004, p. 321-338.

MAZZARA (G.), NAPOLI (V.) (ed.), *Platone. La teoria del sogno nel* Teeteto. *Atti del Convegno Internazionale, Palermo 2008*, Sankt Augustin, Academia, 2010.

NARCY (M.), « Socrate et Théétète font-ils le même rêve ? », *in* G. Mazzara et V. Napoli (ed.), *Platone. La teoria del sogno nel Teeteto. Atti del Convegno internazionale Palermo 2008*, Sankt Augustin, Academia, 2010, p. 263-280.

– « Pourquoi l'erreur ? », dans D. El Murr (éd.), *La mesure du savoir. Études sur le* Théétète, Paris, Vrin, 2013, p. 95-128.

– « Why was the *Theaetetus* written by Euclides ? », *in* G. Boys-Stones, D. El Murr, C. Gill (eds), *The Platonic Art of Philosophy. Studies in Honour of Christopher Rowe*, Cambridge, Cambridge University Press, 2013, p. 150-166.

PALUMBO (L.), « Struttura narrativa e tempo nel *Teeteto* », *in* G. Casertano (ed.), *La struttura del dialogo platonico*, Napoli, Loffredo, 2000, p. 225-237.

PÉRILLIÉ (J.-L.), « Ascèse, contemplation et dialectique définitionnelle dans le portrait du philosophe du *Théétète* », dans B. Pérez-Jean (éd.), *Les dialectiques de l'ascèse*, Paris, Classiques Garnier, 2011, p. 129-150.

POLANKSY (R.), *Philosophy and Knowledge : A Commentary on Plato's* Theaetetus, Lewisburg, Bucknell University Press, 1992.

RENAUT (O.), « Thalès dans un puits : quel lieu pour la philosophie ? », dans F. Lecercle, G. Navaud (éd.), *Anecdotes philosophiques et théologiques de l'Antiquité aux Lumières*, Paris, Classiques-Garnier, p. 19-31.

ROBINSON (R.), « Forms and Error in Plato's *Theaetetus* », *The Philosophical Review* 59 (1), 1950, p. 3-30.

ROLOFF (D.), *Platonische Ironie. Das Beispiel :* Theaitetos, Heidelberg, Winter, 1975.

ROWE (C.), « La fin du *Théétète* », *in* D. El Murr (éd.), *La mesure du savoir. Études sur le* Théétète, Paris, Vrin, 2013, p. 173-188.

RUE (R.), « The Philosopher in flight : the Digression in Plato's *Theaetetus* », *Oxford Studies in Ancient Philosophy* 11, 1993, p. 71-100.

SEDLEY (D.), *The Midwife of Platonism. Text and Subtext in Plato's* Theaetetus, Oxford, Oxford University Press, 2004.

SPINELLI (E.), « Socratismo, platonismo e arte della vita. Ancora sulla digressione del *Teeteto* (172c-177c) », *in* G. Casertano (ed.), *Il Teeteto di Platone : strutture e problematiche*, Napoli, Loffredo, 2002, p. 201-215.

STERN (P.), « The Philosophic Importance of Political Life : On the "Digression" in Plato's "Theaetetus" », *The American Political Science Review* 96 (2), 2002, p. 275-289.

– *Knowledge and Politics in the* Theaetetus, Cambridge, Cambridge University Press, 2008.

STERN-GILLET (S.), « Ὁμοίωσις θεῷ in the *Theaetetus* and in Plotinus », *Ancient Philosophy* 39, 2019, p. 89-117.

TARRANT (H.), « The *Theaetetus* as a narrative dialogue ? », *Proceedings of the Australasian Society for Classical Studies* 31, 2010 : classics.uwa.edu.au/ascs31

THALER (N.), « A *Hidden* Argument in Plato's *Theaetetus* », in S. Weisser and N. Thaler (eds), *Strategies of Polemics in Greek and Roman Philosophy*, Leiden, Brill, 2016, p. 55-70.

TITLI (C.), « Particularités de la maïeutique socratique : la métaphore de Socrate accoucheur dans le *Théétète* de Platon », *Bulletin de l'Association Guillaume Budé* 1, 2009, p. 81-97.

TEISSERENC (F.), « Pourquoi n'y a-t-il pas de définition de la science ? Une lecture aporétique du *Théétète* », dans D. El Murr (éd.), *La mesure du savoir. Études sur le* Théétète, Paris, Vrin, 2013, p. 189-222.

TRABATTONI (F.), « Il pensiero come dialogo interiore (*Theaet.* 189e4-190a6) », *in* G. Casertano (ed.), *Il Teeteto di Platone : strutture e problematiche*, Napoli, Loffredo, 2002, p. 175-187, traduit dans *Essays on Plato's Epistemology*, Leuven, Leuven University Press, 2016, p. 1-12.

– « Λόγος e δόξα : il significato della confutazione della terza definizione di ἐπιστήμη nel *Teeteto* », *Rivista di cultura classica e medievale* 48, 2006, p. 11-27, traduit dans *Essays on Plato's Epistemology*, Leuven, Leuven University Press, 2016, p. 13-30.

– « Il *Teeteto* di David Sedley », *Rivista di storia della filosofia* 63 (1), 2008, p. 61-73, traduit dans *Essays on Plato's Epistemology*, Leuven, Leuven University Press, 2016, p. 95-110.

– « *Theaetetus*, 200d-201c : Truth without Certainty », *in* A. Havlicek, F. Karfik, S. Spinka (eds), *Plato's Theaetetus. Proceedings of the sixth Symposium Platonicum Pragense*, Prague, OIKOYMENH, 2009, p. 250-273, republié dans *Essays on Plato's Epistemology*, Leuven, Leuven University Press, 2016, p. 31-46.

– « Fondazionalismo o coerentismo ? In margine alla terza definizione di ἐπιστήμη del *Teeteto* », *in* G. Mazzara e V. Napoli (ed.), *Platone. La teoria del sogno nel* Teeteto. *Atti del Convegno Internazionale, Palermo 2008*, Sankt Augustin, Academia, 2010, p. 295-317, traduit dans *Essays on Plato's Epistemology*, Leuven, Leuven University Press, 2016, p. 47-64.

– « Qual è il significato del *Teeteto* platonico ? In margine a una nuova traduzione commentata del dialogo », *Elenchos* 33 (1), 2012, p. 69-107, traduit dans *Essays on Plato's Epistemology*, Leuven, Leuven University Press, 2016, p. 65-94.

TSCHEMPLIK (A.), *Knowledge and Self-knowledge in Plato's* Theaetetus, Plymouth, Lexington Books, 2008.

VITRAC (B.), « Les formules de la "puissance" (*dunamis, dunasthai*) dans les mathématiques grecques et dans les dialogues de Platon », dans M. Crubellier, A. Jaulin, D. Lefèbvre, P.-M. Morel (éd.), *DYNAMIS. Autour de la puissance chez Aristote*, Louvain-la-Neuve, Peeters, 2008, p. 73-148.

WAYMACK (M.), « The *Theaetetus* 172c-177c : A Reading of the Philosopher in Court », *The Southern Journal of Philosophy* 23, 1985, p. 481–489.

XAVIER (D.), *Con Socrate oltre Socrate. Il* Teeteto *come esempio del teatro filosofico*, Napoli, Loffredo, 2011.

ZILIOLI (U.), « The wooden horse », *in* G. Boys-Stones, D. El Murr, C. Gill (eds), *The Platonic Art of Philosophy. Studies in Honour of Christopher Rowe*, Cambridge, Cambridge University Press, 2013, p. 167-185.

Sur Platon et Socrate

ANNAS (J.), « Plato's *Republic* and Feminism », *Philosophy* 51 (197), 1976, p. 307-321.

– *Platonic Ethics, Old and New*, Ithaca, Cornell University Press, 1999.

BÉNATOUÏL (T.), BONAZZI (M.), « θεωρία and βίος θεωρητικός from the Presocratics to the End of Antiquity : An Overview », *in* T. Bénatouïl, M. Bonazzi (eds), *Theoria, praxis and the contemplative life after Plato and Aristotle*, Leiden, Brill, 2012, p. 1-14.

BÉNATOUÏL (T.), « Empêchement(s) et genèse de l'habitus philosophique chez Platon », dans B. Gaïti et N. Mariot (éd.), *Intellectuels empêchés*, Lyon, ENS Éditions, à paraître en 2021.

BLONDELL (R.), *The Play of Character in Plato's Dialogues*, Cambridge, Cambridge University Press, 2002.

BOBONICH (C.), « Elitism in Plato and Aristotle », *in* C. Bobonich (ed.), *The Cambridge Companion to Ancient Ethics*, Cambridge, Cambridge University Press, 2017, p. 298-318.

BRISSON (L.), *Le Même et l'Autre dans la structure ontologique du* Timée, Paris, Klincksiek, 1974.

BROCHARD (V.), *Etudes de philosophie ancienne et de philosophie moderne*, Paris, Vrin, 1926.

CAPRA (A.), Ἀγων λόγων : *Il* Protagora *di Platone tra eristica e commedia*, Milano, LED, Edizioni Universitarie di Lettere Economia Diritto, 2001.

– « Platon et la comédie : une apologie fantastique pour la poésie ? », dans E. Jouët-Pastré et R. Saetta Cottone (éd.), *Usages philosophiques des poètes : huit études sur les dialogues platoniciens*, Paris, A.D.R.A, De Boccard, 2018, p. 111-127.

CARONE (G.), *Plato's Cosmology and its Ethical Dimensions*, Cambridge, Cambridge University Press, 2005.

CHARALABOPOULOS (N.), « The metatheatrical reader of Plato's *Protagoras* », *in* F. Budelmann, P. Michelakis (eds), *Homer, Tragedy and Beyond : Essays in Honour of P. E. Easterling*. London, Society for the Promotion of Hellenic Studies, 2001, p. 149-178.

– *Platonic drama and its ancient reception*, Cambridge, Cambridge University Press, 2012.

CLAY (D.), « The Origins of the Socratic Dialogue », *in* P. A. Vander Waert (ed.), *The Socratic Movement*, Ithaca (N. Y.), Cornell University Press, 1994, p. 23-47.

COTTON (A. K.), *Platonic Dialogue and the Education of the Reader*, Oxford, Oxford University Press, 2014.

DELCOMMINETTE (S.), *L'inventivité dialectique dans le* Politique *de Platon*, Bruxelles, OUSIA, 2000.

– *Le* Philèbe *de Platon. Introduction à l'agathologie platonicienne*, Leiden, Brill, 2006.

– « Qu'est-ce que l'intelligence selon Platon ? », *Revue des études grecques* 127 (1), 2014, p. 55-73.

DEMONT (P.), « Socrate et l'*apragmosynè* chez Platon », dans A. Macé (éd.), *Socrate : vie privée, vie publique*, *Études platoniciennes* 6, 2009, p. 43-54.

DESCLOS (M.-L.), « Le rire comme conduite de vie : l'Ésope de Platon », dans M.-L. Desclos (dir.), *Le rire des Grecs. Anthropologie du rire en Grèce*, Grenoble, Jérôme Millon, 2000, p. 441-457.

– *Aux marges des dialogues de Platon. Essai d'histoire anthropologique de la philosophie ancienne*, Grenoble, Millon, 2003.

– « Platon et la démocratie », *Dioti* 7, 2003, p. 103-122.

DES PLACES (E.) *Pindare et Platon*, Paris, Beauchesne, 1949.

DE VRIES (G. J.), *Antisthenes Redivivus. Popper's Attack on Plato*, Amsterdam, North Holland, 1952.

DIÈS (A.), *Autour de Platon*, Paris, Beauchesne, 1927.

DI VITA (N.), *Inno e filosofia nel mondo antico*, thèse de doctorat sous la direction de F. Ildefonse et G. Catapano, soutenue le 5 octobre 2018 à l'Università degli Studi di Padova et PSL Research University.

DIXSAUT (M.), *Le naturel philosophe. Essai sur les dialogues de Platon*, Paris, Vrin, 1985.

– *Platon et la question de la pensée. Études platoniciennes I*, Paris, Vrin, 2000.

– *Métamorphoses de la dialectique dans les dialogues de Platon*, Paris, Vrin, 2001.

– « Macrology and digression », *in* G. Boys-Stones, D. El Murr, C. Gill (eds), *The Platonic Art of Philosophy. Studies in Honour of Christopher Rowe*, Cambridge, Cambridge University Press, 2013, p. 10-26.

EBREY (D.), « The Asceticism of the *Phaedo* : Pleasure, Purification and the Soul's Proper Activity », *Archiv für Geschichte der Philosophie* 99 (1), 2017, p. 1-30.

EDELSTEIN (L.), « Platonic Anonymity », *The American Journal of Philology* 83 (1), 1962, p. 1-22.

EL MURR (D.), *Contrainte et cohésion : la notion de lien dans les Dialogues de Platon*, thèse de doctorat sous la direction de M. Dixsaut, soutenue le 10 décembre 2005 à l'Université Paris I Panthéon-Sorbonne.

– *Savoir et gouverner. Essai sur la science politique platonicienne*, Paris. Vrin, 2014.

– « Le possible, le réel, le réalisable : en lisant la *République* de Platon », dans J. Benoist (éd.), *Réalismes anciens et nouveaux*, Paris, Vrin, 2018, p. 119-138.

FESTUGIÈRE (A.-J.), *Contemplation et vie contemplative selon Platon*, Paris, 1975[4].

FINE (G.), *Plato on Knowledge and Forms : Selected Essays*, Oxford, Oxford University Press, 2003.

FRIEDLANDER (P.), *Plato : the Dialogues, second and third periods*, Princeton, Princeton University Press, 1969.

GAVRAY (M.-A.), « Apologie et Comédie chez Platon : essai de reconstitution croisée (*Nuées*, *Apologie de Socrate* et *Théétète*) », *Revue philosophique* 132 (2), 2007, p. 131-156.

– *Platon, héritier de Protagoras. Dialogue sur les fondements de la démocratie*, Paris, Vrin, 2017.

GIGON (O.), *La teoria e i suoi problemi in Platone e Aristotele*, Napoli, Bibliopolis, 1986.

GILL (M. L.), Philosophos. *Plato's Missing Dialogue*, Oxford, Oxford University Press, 2012.

GOLDSCHMIDT (V.), *Les dialogues de Platon. Structure et méthode dialectique*, Paris, P.U.F., 1947.

– *La religion de Platon*, Paris, P.U.F., 1949.

– *Le paradigme dans la dialectique platonicienne*, Paris, P.U.F., 1947, réédition Paris, Vrin, 1985

GOMPERZ (T.), *Les penseurs de la Grèce*, trad. A. Reymond, Paris-Lausanne, Alcan-Payot, 1908, 3 volumes.

GRENET (P.), « Note sur la structure du *Lachès* », *Mélanges de philosophie grecque offerts à Mgr Diès*, Paris, Vrin, 1956, p. 121-128.

GUTHRIE (W.), *A History of Greek Philosophy, vol. V : The Later Plato and The Academy*, Cambridge, Cambridge University Press, 1978.

HARTE (V.), *Plato on Parts and Wholes. The Metaphysics of Structure*, Oxford, Oxford University Press, 2002.

ISEBAERT (L.), « Le loisir selon Platon : épanouissement et bonheur », *Études classiques* 60 (4), 1992, p. 297-311.

JOLY (H.), *Le renversement platonicien. Logos, épistémè, polis*, Paris, Vrin, 1974.

JOLY (R.), *Le thème philosophique des genres de vie dans l'Antiquité Classique*, *Mémoires de l'Académie Royale de Belgique, Classe des Lettres et des Sciences Morales et Politiques* 51 (3), 1956.

JOUËT-PASTRÉ (E.), *Le jeu et le sérieux dans les* Lois *de Platon*, Sankt Augustin, Academia Verlag, 2006.

KAHN (C.), *Plato and the Socratic Dialogue. The Philosophical Use of a Literary Form*, Cambridge, Cambridge University Press, 1996.

– « Why is the *Sophist* a sequel to the *Theaetetus* ? », *Phronesis* 52, 2007, p. 33-57.

– *Plato and the Post-Socratic Dialogue. The Return to the Philosophy of Nature*, Cambridge, Cambridge University Press, 2013.

KAMTEKAR (R.), « Distinction without a Difference ? Race and *Genos* in Plato », *in* J. K. Ward and T. L. Lott (eds), *Philosophers On Race. Critical Essays*, London, Blackwell, 2002, p. 1-13.

LABORDERIE (J.), *Le dialogue platonicien de la maturité*, Paris, Les Belles Lettres, 1978.

LAURENT (J.), « Penser le Tout sans le concept de totalité », *Les Cahiers Philosophiques de Strasbourg* 45, 2019, p. 91-116.

LAVECCHIA (S.), *Una via che conduce al divino. La "homoiosis theo" nella filosofia di Platone*, Milano, Vita e Pensiero, 2006.

LISI (F.), MIGLIORI (M.), MONSERRAT-MOLAS (J.) (eds), *Formal Structures in Plato's Dialogues* : Theaetetus, Sophist *and* Statesman, Sankt Augustin, Academia, 2011.

LONG (A. A.), « Slavery as a Philosophical Metaphor in Plato and Xenophon », *in* R. Patterson, V. Karasmanis, A. Hermann (eds), *Presocratics and Plato : A Festschrift at Delphi in Honor of Charles Kahn*, Las Vegas-Zurich-Athens, Parmenides Publishing, 2012, p. 351-365.

McCabe (M. M.), *Plato and his predecessors. The Dramatisation of Reason*, Cambridge, Cambridge University Press, 2000.

Macé (A.), *Platon, philosophie de l'agir et du pâtir*, Sankt Augustin, Academia, 2006.

— (éd.), *Socrate : vie privée, vie publique, Études platoniciennes* 6, 2009.

– « Publicité politique et publicité sensible : le paradoxe politique du Socrate platonicien », *Etudes platoniciennes* 6, 2009, p. 83-103.

— et Renaut (O.), « L'univers au service de la cité : l'image publique du philosophe », dans A. Macé (dir.), *Le Savoir Public*, Besançon, Presses de l'Université de Franche-Comté, 2013, p. 103-165.

Mader (M.) *Das Problem des Lachens und der Komödie bei Platon*, Stuttgart, Kohlhammer, 1977.

Menn (S.), *Plato on God as* Nous, South Bend, St. Augustine's Press, 1995.

Mouze (L.), *Chasse à l'homme et faux-semblants dans le* Sophiste *de Platon*, Paris, Classiques-Garnier, 2020.

Muller (R.), *La doctrine platonicienne de la liberté*, Paris, Vrin, 1997.

– « La liberté socratique », dans G. Romeyer-Dherbey (dir.) et J.-B. Gourinat (éd.), *Socrate et les socratiques*, Paris, Vrin, 2001, p. 309-329.

Nails (D.), *Agora, Academy and the Conduct of Philosophy*, Dordrecht, Kluwer, 1995.

– *The People of Plato. A Prosopography of Plato and Other Socratics*, Indianapolis, Hackett, 2002.

Natorp (P.), *Platons Ideenlehre. Eine einführung in den Idealismus*, Leipzig, Meiner, 1921.

Nehamas (A.), « *Epistémé* and *logos* in Plato's Later Thought », *Archiv für Geschichte der Philosophie* 66, 1984, p. 11-36, republié dans *Virtues of Authenticity. Essays on Plato and Socrates*, Princeton, Princeton University Press, 1999, p. 224-250.

Niehues-Pröbsting (H.), *Überredung zur Einsicht. Der Zusammenhang von Philosophie und Rhetorik bei Platon und in der Phänomenologie*, Frankfurt am Main, Klostermann, 1987.

Nightingale (A.), *Genres in dialogue. Plato and the construct of Philosophy*, Cambridge, Cambridge University Press, 1995.

– « Liberal Education in Plato's *Republic* and Aristotle's *Politics* », *in* Y. Lee Too (ed.), *Education in Greek and Roman Antiquity*, Leiden, Brill, 2001, p. 133-173.

– *Spectacles of Truth in Classical Greek Philosophy.* Theoria *in its Cultural Context*, Cambridge, Cambridge University Press, 2004.

Notomi (N.), *The Unity of Plato's* Sophist : *between the sophist and the philosopher*, Cambridge, Cambridge University Press, 1999.

Peterson (S.), *Socrates and Philosophy in the Dialogues of Plato*, Cambridge, Cambridge University Press, 2011.

Popper (K.), *The Open Society and Its Enemies. Volume One : the Spell of Plato*, London, Routledge 1945, réédition London, Routledge, 2003.

PRADEAU (J.-F.), *Le monde de la politique. Sur le récit atlante de Platon.* Timée *(17-27) et* Critias, Sankt Augustin, Academia, 1997.

– *Platon, les démocrates et la démocratie*, Napoli, Bibliopolis, 2005.

– *Platon, l'imitation de la philosophie*, Paris, Aubier, 2009.

PRESTON (D.), *Between the Dionysia and the Dialogues : The* agon *between Philosophy and Comedy*, Phd thesis, Royal Holloway, University of London, 2017.

RANCIÈRE (J.), *Le philosophe et ses pauvres*, Paris, Fayard, 1983.

RASHED (M.), « Platon, Sathon, Phédon », *Elenchos* 27, 2006, p. 117-122.

– « Aristophanes and the Socrates of the *Phaedo* », *Oxford Studies in Ancient Philosophy* 36, 2009, p. 107-136.

REDEN (S. von) et GOLDHILL, (S.), « Plato and the performance of dialogue », *in* S. Goldhill, R. Osborne (eds), *Performance Culture and Athenian Democracy*, Cambridge, Cambridge University Press, 1999, p. 257-289.

ROHDE (E.), *Kleine Schriften* Tübingen, Mohr, 1901, réédition Hildesheim, Olms, 1969.

ROSS (D.), *Plato's Theory of Ideas*, Oxford, Clarendon Press, 1951.

ROWE (C.), *Plato and the Art of Philosophical Writing*, Cambridge, Cambridge University Press, 2007.

ROWETT (C.), *Knowledge and Truth in Plato : Stepping Past the Shadow of Socrates*, Oxford, Oxford University Press, 2018.

RYLE (G.), *Plato's Progress*, Cambridge, Cambridge University Press, 1966, réédition Cambridge, Cambridge University Press 2010.

SAYRE (K.), *Plato's Late Ontology : A Riddle Resolved*, Princeton, Princeton University Press, 1983.

SCHLEIERMACHER (F.), *Introduction aux dialogues de Platon (1804-1828), Leçons d'histoire de la philosophie (1819-1923)*, trad. M.-D. Richard, Paris. Cerf, 2004.

SEDLEY (D.), « The ideal of godlikeness », *in* G. Fine (ed.), *Plato 2. Ethics, Politics, Religion, and the Soul*, Oxford, Oxford University Press, 1999, p. 309-328.

SEDLEY (D.), « Socratic intellectualism in the *Republic*'s central digression », *in* G. Boys-Stones, D. El Murr, C. Gill (eds), *The Platonic Art of Philosophy. Studies in Honour of Christopher Rowe*, Cambridge, Cambridge University Press, 2013, p. 70-89.

STENZEL (J.), *Plato's Method of Dialectic*, translated by D. J. Allan, Oxford, Clarendon Press, 1940.

STRAUSS (L.), *The City and Man*, Richmond, The University Press of Virginia, 1964.

THEIN (K.), *Le lien intraitable. Enquête sur le temps dans la* République *et le* Timée *de Platon*, Paris, Vrin, 2001.

THESLEFF (H.), *Platonic Patterns*, Las Vegas, Parmenides Publishing, 2009.

TRABATTONI (F.), *Scrivere nell'anima. Verità, dialettica e persuasione in Platone*, Firenze, La Nuova Italia, 1994.

– « Il sapere del filosofo », *in* M. Vegetti (ed.), *Platone. La Repubblica, vol. V, libri VI-VII*, Napoli, Bibliopolis, 2003, p. 151-186, traduit dans *Essays on Plato's Epistemology*, Leuven, Leuven University Press, 2016, p. 139-166.

– « Plato : Philosophy, Politics and Knowledge. An Overview », *in* A. Bosch-Veciana, J. Monserrat-Molas (eds), *Philosophy and Dialogue. Studies on Plato's Dialogues, vol. 1*, Barcelona, Barcelonesa d'Edicions – Societat Catalana de Filosofia, 2007, p. 223-246, republié dans *Essays on Plato's Epistemology*, Leuven, Leuven University Press, 2016, p. 266-289.

TRIVIGNO (F. V.), *The Philosophical Muse : On Comedy in the Platonic Dialogues*, thèse de doctorat soutenue à Boston University, 2008.

– « Putting Unity in its Place : Organic Unity in Plato's *Phaedrus* », *Literature and Aesthetics* 19 (1), 2009, p. 153-182.

VAN RIEL (G.), *Plato's Gods*, London, Ashgate, 2013, réédition, London, Routledge, 2016.

VEYNE (P.), « Critique d'une systématisation : les *Lois* de Platon et la réalité », *Annales ESC* 37 (5-6), 1982, p. 883-908.

VLASTOS (G.), *Socrate. Ironie et philosophie morale*, trad. C. Dalimier, Paris, Aubier, 1994.

WARD (L.), « The Relation between Politics and Philosophy in Plato's *Apology of Socrates* », *International Philosophical Quarterly* 49 (4), 2009, p. 501-519.

WARREN (J.), *The pleasures of reason in Plato, Aristotle and the Hellenistic hedonists*, Cambridge, Cambridge University Press, 2014.

WILAMOWITZ-MOELLENDORFF (U. von), *Platon. Erster Band : Leben und Werke*, Berlin, Weidmann, 1920 [2].

WOOD (E.), WOOD (N.), *Class ideology and Ancient Political Theory : Socrates, Plato and Aristotle in Social Context*, Oxford, Blackwell, 1978.

ZAKS (N.), « Science de l'entrelacement des formes, science suprême, science des hommes libres : la dialectique dans le *Sophiste* 253b-254b », *Elenchos* 38 (1-2), 2017, p. 61-81.

ZUCKERT (C.), *Plato's Philosophers : the Coherence of the Dialogues*, Chicago, The Chicago University Press, 2009.

Sur la réception antique du Théétète

ANNAS (J.), *Platonic Ethics, Old and New*, Ithaca, Cornell University Press, 1999.

BALTZLY (D.), « The Virtues and "Becoming like God" : Alcinous to Proclus », *Oxford Studies in Ancient Philosophy* 26, 2004, p. 297-321.

BÉNATOUÏL (T.), « Le débat entre stoïcisme et platonisme à propos de la vie scolastique : Chrysippe, la Nouvelle Académie, Antiochus », *in* M. Bonazzi, C. Helmig (ed.), *Stoic Platonism and Platonic Stoicism*, Leuven, Leuven University Press, 2007, p. 1-20.

– « *Theôria* and *scholê* in Epictetus and Marcus Aurelius : Platonic, Stoic or Socratic ? », *in* A. G. Long (ed.), *Plato and the Stoics*, Cambridge, Cambridge University Press, 2013, p. 147-173.

– « La libre recherche de la vérité. La Nouvelle Académie à la lumière de la digression du Théétète », dans P. Galand, E. Malaspina (éd.), *Vérité et apparence. Mélanges en l'honneur de Carlos Lévy, offert par ses amis et ses disciples*, Turnhout, Brepols, 2016, p. 151-164.

BLUMENBERG (H.), *Le Rire de la servante de Thrace*, trad. L. Cassagnau, Paris, L'Arche, 2000.

LÉVY (C.), « Cicéron et le moyen platonisme : le problème du souverain bien selon Platon », *Revue des études latines* 68, 1990, p. 50-65.

MERKI (H.), *ὉΜΟΙΩΣΙΣ ΘΕΩΙ. Von der Platonischen Angleichung an Gott zur Gottähnlichkeit bei Gregor von Nyssa*, Freiburg, Paulus, 1952.

REYDAMS-SCHILS (G.), « "Becoming like God" in Platonism and Stoicism », *in* T. Engberg-Pedersen (ed.), *From Stoicism to Platonism*, Cambridge, Cambridge University Press, 2017, p. 142-158.

ROLOFF (D.), *Gottähnlichkeit, Vergöttlichung und Erhöhung zu seligem Leben. Untersuchungen sur Herkunft der platonischen Angleichung an Gott*, Berlin, De Gruyter, 1970.

SEDLEY (D.), « Three Platonist Readings of the *Theaetetus* », *in* C. Gill, M.-M. McCabe (eds), *Form and Argument in Late Plato*, Oxford, Oxford University Press, 1996, p. 79-103.

STERN-GILLET (S.), « Ὁμοίωσις θεῷ in the *Theaetetus* and in Plotinus », *Ancient Philosophy* 39, 2019, p. 89-117.

TARRANT (H.), *Plato's First Interpreters*, Ithaca, Cornell University Press, 2000.

TORRI (P.), « The *telos* of Assimilation to God and the Conflict between *theoria* and *praxis* in Plato and the Middle Platonists », *in* M. Bonazzi, A. Ulacco, P. Forcignanò (eds), *Thinking, Knowing, Acting : Epistemology and Ethics in Plato and Ancient Platonism*, Leiden, Brill, 2019, p. 228-250.

Sur Aristophane et la comédie attique

AMBROSINO (D.), « Aristoph. *Nub.* 218–234 (La «cesta» di Socrate ?) », *Museum Criticum* 19-20, 1985, p. 51–69.

BASTIN-HAMMOU (M.), « L'orateur et le poète comique. Réflexions sur Aristophane et Cléon », dans H. Vial (éd.), *Poètes et orateurs dans l'Antiquité. Mises en scène réciproques*, Clermont-Ferrand, Presses Universitaires Blaise Pascal, 2013, p. 57-71.

BILES (Z.), *Aristophanes and the Poetics of Competition*, Cambridge, Cambridge University Press, 2011.

BOWIE (A.), « The Parabasis in Aristophanes : Prolegomena, *Acharnians* », *The Classical Quarterly* 32 (1), 1982, p. 27-40.

BUIS (E.), « Échos sophistiques d'une rhétorique du droit dans le langage de Phidippide » dans A. Laks et R. Saetta Cottone (éd.), *Comédie et philosophie. Socrate et les « Présocratiques » dans les* Nuées *d'Aristophane*, Paris, Editions Rue d'Ulm, 2013, p. 151-167.

CAPRA (A.), « Aristophanes' Iconic Socrates », *in* A. Stavru, C. Moore (eds), *Socrates and the Socratic Dialogue*, Leiden, Brill, 2018, p. 64-83.

CORNFORD (F. M.), *The origin of Attic Comedy*, London, Edward Arnold, 1914.

FARMER (M. C.), « Playing the Philosopher : Plato in Fourth-Century Comedy », *American Journal of Philology* 138 (1), 2017, p. 1-41.

GAVRAY (M.-A.), « Apologie et Comédie chez Platon : essai de reconstitution croisée (*Nuées*, *Apologie de Socrate* et *Théétète*) », *Revue philosophique* 132 (2), 2007, p. 131-156.

HARSH (P.), « The Position of the Parabasis in the Plays of Aristophanes », *Transactions and Proceedings of the American Philological Association* 65, 1934, p. 178-197.

HUBBARD (T.), *The Mask of Comedy : Aristophanes and the Intertextual Parabasis*, Ithaca, Cornell University Press, 1991.

IMPERIO (O.), *Parabasi di Aristofane. Acarnesi, Cavalieri, Vespe, Uccelli*, Bari, Adriatica Editrice, 2004.

JUDET DE LA COMBE (P.), « Théâtre et connaissance. La tension entre philosophie et réalité selon les *Nuées* », dans A. Laks et R. Saetta Cottone (éd.), *Comédie et philosophie. Socrate et les « Présocratiques » dans les* Nuées *d'Aristophane*, Paris, Editions Rue d'Ulm, 2013, p. 169-190.

LAKS (A.), « Encore une histoire primordiale de la théorie », dans A. Laks et R. Saetta Cottone (éd.), *Comédie et philosophie. Socrate et les « Présocratiques » dans les* Nuées *d'Aristophane*, Paris, Editions Rue d'Ulm, 2013, p. 227-234.

— et SAETTA COTTONE (R.) (éd.), *Comédie et philosophie. Socrate et les « Présocratiques » dans les* Nuées *d'Aristophane*, Paris, Editions Rue d'Ulm, 2013.

MAJOR (W. E.), « Aristophanes and "Alazoneia" : Laughing at the Parabasis of the "Clouds" », *The Classical World* 99 (2), 2006, p. 131-144.

MAZON (P.), *Essai sur la composition des comédies d'Aristophane*, Paris, Hachette, 1904.

NOËL (M.-P.), « Aristophane et les intellectuels : le portrait de Socrate et des "sophistes" dans les *Nuées* », *Le théâtre grec antique : la comédie*, Paris, Académie des Inscriptions et des Les Belles Lettres (*Cahiers de la Villa Kérylos* 10), 2000. p. 111-128.

– « Socrate et la géométrie dans les *Nuées* d'Aristophane », *L'homme et la science, Actes du Congrès Guillaume Budé Montpellier 2008*, Paris, Les Belles Lettres, 2012, p. 195-206.

POE (J.), « Entrances, Exits, and the Structure of Aristophanic Comedy », *Hermes* 127 (2), 1999, p. 189-207.

RUFFELL (I. A.), *Politics and Anti-Realism in Athenian Old Comedy*, Oxford, Oxford University Press, 2011.

SANTORO (F.), « La citation de Socrate des *Nuées* dans l'*Apologie de Socrate* de Platon », dans A. Laks et R. Saetta Cottone (éd.), *Comédie et philosophie. Socrate et les « Présocratiques » dans les* Nuées *d'Aristophane*, Paris, Editions Rue d'Ulm, 2013, p. 193-206.

SIDWELL (K.), *Aristophanes the Democrat. The Politics of Satirical Comedy during the Peloponnesian War*, Cambridge, Cambridge University Press, 2009.

SIFAKIS (G.), *Parabasis and Animal Choruses : A Contribution to the History of Attic Comedy*, London, Athlone Press, 1971.

STARKIE (W. J. M.), *The* Clouds *of Aristophanes*, London, Macmillan, 1911.

TARRANT (H.), « Midwifery and the *Clouds* », *The Classical Quarterly* 38 (1), 1988, p. 116-122.

WHITTAKER (M.), « The Comic Fragments in their Relation to the Structure of Old Attic Comedy », *The Classical Quarterly* 29 (3-4), 1935, p. 181-91.

Sur d'autres philosophes et auteurs antiques

BRANCACCI (A.), « Antisthène et la tradition antiplatonicienne au IVe siècle », dans M. Dixsaut (éd.), *Contre Platon. Tome 1 : Le platonisme dévoilé*, Paris, Vrin, 1993, p. 31-52.

– « Antisthène, la troisième définition de la science et le songe du *Théétète* », dans G. Romeyer-Dherbey (dir.) et J.-B. Gourinat (éd.), *Socrate et les socratiques*, Paris, Vrin, 2001, p. 333-350.

– *Antisthène. Le discours propre*, trad. S. Aubert, Paris, Vrin, 2005.

– « La pensée politique de Protagoras », *Revue de Philosophie Ancienne* 30 (1), 2012, p. 59-85.

DECLEVA-CAIZZI (F.), « Antistene », *Studi Urbinati* 2 (N. S.), 1964, p. 48-99.

DEMONT (P.), « La réflexion d'Isocrate sur le pouvoir dans les années 360-350 », dans S. Franchet d'Espérey, V. Fromentin, S. Gotteland et J.-M. Roddaz (éd.), *Fondements et crises du pouvoir*, Bordeaux, Ausonius, 2003, p. 35-46.

– « Isocrate et le *Gorgias* de Platon », *L'Information littéraire* 60 (2), 2008, p. 3-9.

DIXSAUT (M.), « Isocrate contre des sophistes sans sophistique », dans B. Cassin (dir.), *Le plaisir de parler*, Paris, Minuit, 1986, p. 63-85.

DÜMMLER (F.), *Antisthenica*, Berlin, Weidmann, 1882. republié dans *Kleine Schriften*, vol. 1, Leipzig, Hirzel, 1901, p. 10-78.

HEATH (M.), *Unity in Greek Poetics*, Oxford, Clarendon Press, 1989.

JAEGER (W.), *Aristotle. Fundamentals of the History of His Development*, trad. anglaise R. Robinson avec les corrections et ajouts de l'auteur et deux appendices, Oxford, Oxford University Press, 1948 [2].

LAVAUD (L.), « La métaphore de la liberté : liberté humaine et liberté divine chez Plotin », *Archives de Philosophie* 85 (1), 2012, p. 11-28.

LOPEZ CRUCES (J.), FUENTES GONSALEZ (P.), « Isocrate d'Athènes », dans R. Goulet (dir.), *Dictionnaire des philosophes antiques*, t. 3, Paris, CNRS, 2000, p. 891-938.

MILLER (A.), « Pindar, N. 4. 33-43 and the Defense of Digressive Leisure », *The Classical Journal* 78 (3), 1983, p. 202-220.

MURPHY (D. J.), « Isocrates as a Reader of Platonic Dialogue », *in* A. Stavru, C. Moore (eds), *Socrates and the Socratic Dialogue*, Leiden, Brill, 2018, p. 105-124.

NAVARRE (O.), *Essai sur la rhétorique grecque avant Aristote*, Paris, Hachette, 1900.

NOËL (M.-P.), « L'orateur, le philosophe et le vantard : la question du rapport éthique au discours dans le *Contre les Sophistes* d'Isocrate », *in* C. Guérin, G. Siouffi et S. Sorlin (éd.), *Le rapport éthique au discours. Histoire, Pratiques, Analyses*, Berlin, Peter Lang, 2013, p. 121-139.

RIBAS (M.-N.), *La Querelle de l'expérience. Aristote, Platon, Isocrate*, Paris, Classiques Garnier, 2019.

ÉTUDES SUR L'HISTOIRE SOCIALE, POLITIQUE ET INTELLECTUELLE D'ATHÈNES ET DE LA GRÈCE

ANASTASIADIS (V.), « Idealised σχολή and Disdain for Work : Aspects of Philosophy and Politics in Ancient Democracy », *The Classical* Quarterly 54 (1), 2004, p. 58-79.

AZOULAY (V.), « Champ intellectuel athénien et stratégies de distinction dans la première moitié du IV [e] siècle : de Socrate à Isocrate », dans J.-C. Couvenhes et S. Milanezi (éd.), *Individus, groupes et politique à Athènes de Solon à Mithridate*, Tours, Presses Universitaires François-Rabelais, 2007, p. 171-199.

BONNER (R. J.), SMITH (G.), *The Administration of Justice from Homer to Aristotle*, Chicago, The University of Chicago Press, 1938, 2 volumes.

BOURRIOT (F.), *Banausos-Banausia et la situation des artisans en Grèce classique*, Hildesheim, Olms, 2015.

CAIRE (E.), *Penser l'oligarchie à Athènes aux V [e] et IV [e] siècles. Aspects d'une idéologie*, Paris, Les Belles Lettres, 2016.

CARTER (L. B.), *The Quiet Athenian*, Oxford, Clarendon Press, 1986.

CONNOR (W. R.), *The New Politician of Fifth-Century Athens*, Princeton, Princeton University Press, 1971.

DEMONT (P.), *La cité grecque archaïque et classique et l'idéal de tranquillité*, Paris, Les Belles Lettres, 1990.

DÉTIENNE (M.), *Les maîtres de vérité dans la Grèce archaïque*, Paris, Maspéro, 1967.

GERNET (L.), *Anthropologie de la Grèce antique*, Paris, Maspéro, 1968.

HANSEN (M.), *La Démocratie athénienne à l'époque de Demosthène. Structures, principes et idéologie*, trad. S. Bardet avec Ph. Gauthier, Paris, Taillandier, 2009.

IRWIN (E.), « The *nothoi* come of age ? Illegitimate sons and political unrest in late fifth-century Athens », *in* P. Sänger (ed.), *Minderheiten und Migration in der griechisch-römischen Welt : Politische, rechtliche, religiöse und kulturelle Aspekte*, Paderborn, Schöningh Wissenschaftsverlag, 2016, p. 75-122.

ISMARD (P.), *La démocratie contre les experts. Les esclaves publics en Grèce ancienne*, Paris, Seuil, 2015.

KURKE (L.), *Aesopic conversations. Popular Tradition, Cultural Dialogue, and the Invention of Greek Prose*, Princeton, Princeton University Press, 2011.

LLOYD (G. E. R.), *Origines et développement de la science grecque. Magie, raison et expérience*, trad. J. Carlier et F. Regnot, Paris, Flammarion, 1990.

LORAUX (N.), *L'invention d'Athènes. L'histoire de l'oraison funèbre dans la Grèce classique*, Paris-La Haye, Éditions de l'EHESS-Mouton, 1981, réédition, Paris, Payot, 1993.

MOSSÉ (C.), *Politique et société en Grèce ancienne. Le « modèle athénien »*, Paris, Flammarion, 1995.

OBER (J.), *Mass and Elite in Democratic Athens*, Princeton, Princeton University Press, 1989.

– *Political Dissent in Democratic Athens*, Princeton, Princeton University Press, 1998.

RAAFLAUB (K.), « Zum Freiheitsbegriff der Griechen. Materialien und Untersuchungen zur Bedeutungsentwicklung von *eleutheros/eleutheria* in der archaischen und klassischen Zeit », *in* E.C. Welskopf (ed.), *Soziale Typenbegriffe im alten Griechenland und ihr Nachleben bis in die modernen Sprachen*, vol. 4, Berlin, Akademie, 1981, p. 180-405.

– « Democracy, Oligarchy, and the Concept of the "Free Citizen" in Late Fifth-Century Athens », *Political Theory* 11, 1983, p. 517-544.

– *Die Entdeckung der Freiheit. Zur historischen Semantik und Gesellschafts-geschichte eines politischen Grundbegriffes der Griechen*, Munich, Beck, 1985.

– *The Discovery of Freedom in Ancient Greece*, trad. anglaise R. Franciscono, Chicago, The Chicago University Press, 2004.

ROMILLY (J.) de, *Problèmes de la démocratie grecque*, Paris, Hermann, 2006.

SIRON (N.), *Témoigner et convaincre. Le dispositif de vérité dans les discours judiciaires de l'Athènes classiques*, Paris, Éditions de la Sorbonne, 2019.

STOCKS (J.), « ΣΧΟΛΗ », *The Classical Quarterly* 30 (3-4), 1936, p. 177-187.

TAMIOLAKI (M.), *Liberté et esclavage chez les historiens grecs classiques*. Paris, Presses Universitaires Paris Sorbonne, 2010.

TARRANT (H.), « The Dramatic Background of the Arguments with Callicles, Euripides'*Antiope*, and an Athenian Anti-Intellectual Argument », *Antichthon* 42, 2008, p. 20-39.

TITLI (C.), *L'abandon de l'enfant dans la civilisation et la littérature grecques jusqu'à la fin du quatrième siècle*, thèse de doctorat en études grecques soutenue en 2009 à l'Université Paris IV-Sorbonne, sous la direction de P. Demont.

VERNANT (J.-P.), *Les origines de la pensée grecques*, Paris, Presses Universitaires de France, 1962.

VIDAL-NAQUET (P.), *Le Chasseur noir. Formes de pensée et formes de société dans le monde grec*, Paris, La Découverte/Maspero, 1983.

VILLACÈQUE (N.), *Spectateurs de paroles ! Délibération démocratique et théâtre à Athènes à l'époque classique*, Rennes, Presses Universitaires de Rennes, 2013.

YUNIS (H.), *Taming Democracy. Models of Political Rhetoric in Classical Athens*, Ithaca, Cornell University Press, 1996.

LITTÉRATURE, PHILOSOPHIE ET SOCIOLOGIE CONTEMPORAINES

AGAMBEN (G.), *L'uso dei corpi*, Vicenza, Neri Pozza Editore, 2014.

ARENDT (H.), *Condition de l'homme moderne*, trad. G. Fradier, Paris, Calmann-Lévy, 1983.

BERGOUNIOUX (P.), *Une chambre en Hollande*, Lagrasse, Verdier, 2009.

BOURDIEU (P.), *Le Sens pratique*, Paris, Minuit, 1980.

– *Les Règles de l'art*, Paris, Minuit, 1992.

– *Raison pratiques*, Paris, Seuil, 1994.

BRECHT (B.), *La Vie de Galilée*, trad. E. Recoing, Paris, L'Arche, 1990.

CRAWFORD (M. B.), *Éloge du carburateur. Essai sur le sens et la valeur du travail*, trad. M. Saint-Upéry, Paris, La Découverte, 2010.

DASTON (L.), « The Moral Economy of Science », *Osiris*, 2nd series, vol. 10, 1995, p. 2-24.

LATOUR (B.), « Sur la pratique des théoriciens », dans J.-M. Barbier (dir.), *Savoirs théoriques et savoirs d'action*, Paris, P.U.F., 1998, p. 131-146.

– *L'espoir de Pandore. Pour une version réaliste de l'activité scientifique*, trad. D. Gille, Paris, La Découverte, 2001.

LYNCH (M. P.), « Academic Freedom and the Politics of Truth », *in* J. Lackey, *Academic Freedom*, Oxford, Oxford University Press, 2018, p. 23-35.

NIETZSCHE (F.), *Humain, trop humain*, trad. A.-M. Desourreaux et H. Albert, Paris, Hachette, 1988.

POINCARÉ (H.), *La valeur de la science*, Paris, Flammarion, 1908.

RANCIÈRE (J.), *Le philosophe et ses pauvres*, Paris, Fayard, 1983.

SHAPIN (S.), *A Social History of Truth. Civility and Science in Seventeenth Century England*, Chicago, The University of Chicago Press, 1994.

SHAPIN (S.), *Never Pure : Historical Studies of Science as if It Was Produced by People with Bodies, Situated in Time, Space, Culture, and Society, and Struggling for Credibility and Authority*, Baltimore, The Johns Hopkins University Press, 2010.

SKINNER (Q.), *Vision of politics. Volume 1. Regarding methods*, Cambridge, Cambridge University Press, 2002.

STIEGLER (B.), « Nietzsche à Sorrente. Devant la mécanisation de la vie », *Fario* 5, 2007, p. 39-69.

WEBER (M.), *Le savant et le politique. Une nouvelle traduction*, traduit par C. Colliot-Thélène, Paris, La Découverte, 2003.

INDEX LOCORUM

TABLE DES MATIÈRES

ACHEVÉ D'IMPRIMER
EN JUILLET 2020
SUR LES PRESSES
DE
L'IMPRIMERIE F. PAILLART
À ABBEVILLE

DÉPÔT LÉGAL : 3e TRIMESTRE 2020
N°. IMP. 16578